觀
OBSERVE
乎

甘肃农业大学马克思主义理论重点学科团队建设资助项目

基于胡塞尔《逻辑研究》第一项研究

Studies on
Expression and Meaning

表达与含义

董春莉　马金娥　朱院利　著

甘肃人民出版社

甘肃·兰州

图书在版编目（ＣＩＰ）数据

表达与含义：基于胡塞尔《逻辑研究》第一项研究/董春莉，马金娥，朱院利著. -- 兰州：甘肃人民出版社，2023.12
 ISBN 978-7-226-05998-2

Ⅰ．①表… Ⅱ．①董… ②马… ③朱… Ⅲ．①胡塞尔（Husserl,Edmund 1859—1938）－逻辑学－研究 Ⅳ．①B516.52②B81

中国国家版本馆CIP数据核字（2023）第195715号

责任编辑：袁　尚
封面设计：苏金虎

表达与含义：基于胡塞尔《逻辑研究》第一项研究
BIAODA YU HANYI
JIYU HUSAIER LUOJI YANJIU DIYIXIANG YANJIU

董春莉　马金娥　朱院利　著

甘肃人民出版社出版发行

（730030　兰州市读者大道568号）

甘肃宏翔文化传媒有限责任公司印刷

开本710毫米×1020毫米　1/16　印张23.25　插页2　字数315千
2023年12月第1版　2023年12月第1次印刷
印数：1~1 000

ISBN 978-7-226-05998-2　　　定价：62.00元

序　言

胡塞尔开启的现象学运动在国际思想界产生了重大的效应，他在1900—1901年出版的《逻辑研究》正式揭开了现象学运动的序幕。胡塞尔的《逻辑研究》为我们提供了理解20世纪西方哲学思想的基础，在很大程度上影响了一大批20世纪著名的哲学家，它的作用远远超越了哲学领域，对其他自然科学和社会科学的发展产生了深远的影响。

在胡塞尔的诸多现象学术语中，"含义"和"意向性"这两个核心概念贯穿了胡塞尔思想发展的始终。胡塞尔在《逻辑研究》中所做的意向分析及其意义理论被看作他为当代哲学所作出的最重要的理论贡献。胡塞尔在《逻辑研究》第一研究中关于语言表达现象的分析是胡塞尔具体实践现象学分析的开端。胡塞尔的《逻辑研究》的立论部分就是从对语言的分析开始的，对语言的探讨是准确地解释现象学的必要条件，由此胡塞尔对表达理论及其相关经验进行了现象学的考察和研究，关于表达的意向行为及其语言含义的本质分析成为《逻辑研究》第二卷的中心内容。

胡塞尔的《逻辑研究》的第二卷包括六个研究。在第一研究中，胡塞尔首先就表达行为的性质进行了讨论，分析描述了语言符号与含义的问题。胡塞尔认为，成熟的科学理论是通过语言表达式表达的，我们必须首先考察表达本身的性质。因此在第一研究中，胡塞尔对表达与含义的相关概念进行了本质性的区分，表达被区分为由语音或字迹组成的物理部分和通过意指行为形成的含义部分，它们构成了一种表达的意向行为的现象学的统一体。表达与含义的关系具有本质性的意义，表达因为具有含义意向意指着某种东西而成为一种真正意义上的符号，由此使表达与其他符号区分开来，表达与含义的关系是一种符号和符号所标志之物的关系。含义是由意指行为赋予的，含义和含义赋予对于表达而言具有本质性的特征。胡塞尔在此详细地描述了一般意指行为的性质，对其不同的功能进行了区分，并集中讨论了那些通过含义意指客体的符号复合体。表达成为一个包含着可激活的语词符号与含义意向行为、含义充实行为以及与之对应的被表达的作为意指着的含义、作为充实着的含义和作为对象的内容的整体的意向活动。胡塞尔在对符号和表达行为的意向性分析的基础上，提出逻辑学是关于含义本身以及含义规律的科学，含义统一的本质是客观观念的统一。胡塞尔指出在表达中存在着语义偏差的现象，并通过分析使我们认识了含义随着话语的偶然状况的变化而变化的主观表达以及含义不具有任何偏差、不因说者和话语情况的变化而变化的客观表达。胡塞尔认为只有精确的无任何偏差的表达才属于严格意义上的客观表达。但"含义的偏差"并非意味着含义本身是主观的、随机的，而是说发生偏差的是那些赋予表达以含义的意向行为。胡塞尔指出含义被视为观念意义上的种类的同一，因而是客观的、本质性的，与含义直接关联的表达则被看作主观的、偶然性的，含义的偏差是意指行为的偏差。胡塞尔在对表达和含义体验的现象学内容和观念内容的进一步区分中指出了含义的"客观性"与其体验之间的区别。胡塞尔主张含义作为观念的同一性，它与意指行为所具有的心理特征并不相同，胡塞尔指出含义作为观念的同一性与杂多的个别性的意指行为相对应，含义的同一性相关于多样化的有含义的意指行为的实行。

　　本书通过对胡塞尔《逻辑研究》第一研究文本的解剖式阅读，阐释说明胡塞尔关于"符号""表达"与"含义"等概念术语，对其中所关涉的意向性理论、符号行为、含义赋予等重要的现象学问题进行分析与描述，并结合胡塞尔的《现象学的方法》《纯粹现象学通论》等相关著作，对文本进行总体探讨和系统阐述；通过把握"回到事实本身"、本质直观、现象学的描述等现象学的根本方法，从胡塞尔的角度出发考察胡塞尔的现象学问题；并结合其他研究者对胡塞尔思想的解读和评论，将其放在确定的解释框架内，探索有效的诠释方法，对胡塞尔的文本实施解释性的价值重估。

李朝东
2023年6月于西北师大

目 录

导 言 1
  一、选题背景及缘由 1
  二、研究的目的和意义 4
  三、国内外研究现状 5
  四、研究思路及方法 17
  五、研究的重点、难点与创新点 19
  六、文本和引文说明 20
  七、论文基本结构 20

第一章 《逻辑研究》概述 22
  第一节 胡塞尔与《逻辑研究》 22
  第二节 《逻辑研究》的主题和结构 26
  第三节 《逻辑研究》的思想进路 33

第二章 表达与含义的本质性区分 82
  第一节 符号的现象学区分 82
  第二节 含义的现象学分析 146
  第三节 表达与含义的区分 221

第三章 赋予含义的行为及其特征 235
  第一节 无直观的理解 236
  第二节 回溯与运用相应性直观的必要性 264

第三节　不同理解的特征与"相识性质性" ················ 281
　　第四节　表达中的统觉和直观表象中的统觉 ················ 284
第四章　语词含义的偏差与统一 ····························· 295
　　第一节　传诉内容与名称内容之间的相合关系 ·············· 296
　　第二节　主观表达与客观表达 ··························· 299
　　第三节　纯粹逻辑学与观念含义 ························· 321
第五章　含义体验的现象学内容和观念内容 ··················· 329
　　第一节　心理学意义上的与观念意义上的含义体验的内容 ····· 329
　　第二节　意指的多样性与含义的同一性 ··················· 333
　　第三节　对观念含义的再分析 ··························· 338
结　语 ··· 345
参考文献 ··· 350
后　记 ··· 363

导　言

一、选题背景及缘由

在20世纪西方哲学发展的过程中，胡塞尔作为德语哲学中的一个重要人物开启了20世纪影响最大的哲学思潮——现象学运动。胡塞尔与海德格尔、伽达默尔一同构成了德国现象学的思想标志，就如同康德、费希特、谢林和黑格尔构成德国古典哲学的思想标志一样，它们代表了德国哲学的主要思潮，其各自容纳了一批重要的思想家和研究者，他们使德国哲学的影响超越了国界。在现象学运动发展的近100年间，"胡塞尔的影响已经远远超越出了德国与欧洲的人文科学氛围，甚至超越了整个西方文化的视域，在国际思想界产生了重大效应"[①]。胡塞尔在现象学的研究中开拓了一种不同于旧的哲学理论的新理论，形成了一种不同于传统的研究方法的新的研究方法——"面对实事本身"；而且影响着越来越多的当代研究者不断地对其作品进行回顾和研究，并尝试着从中获得新的启示。

胡塞尔出版的《逻辑研究》（1900年发表了第一卷，1901年发表了第二卷）被视为20世纪哲学的开山之作，这部公认的经典作品的出版正式揭开了现象学运动的序幕。《逻辑研究》作为现象学运动的"突破性著作"，为我们提供了理解20世纪西方哲学思想的基础，在很大程度上影响了一大批20世纪著名的哲学家（如海德格尔、萨特、梅洛—庞蒂、伽

[①] 倪梁康：《意识的向度——以胡塞尔为轴心的现象学问题研究》，北京大学出版社，2007年，第12页。

达默尔等人的思维方向),并且对当代的哲学家们也产生了重大影响;《逻辑研究》的作用远远超越了哲学领域,对其他自然科学和社会科学的发展也有着深远的影响。对此《逻辑研究》的英译者J. N. 芬德莱(J. N. Findlay)指出,《逻辑研究》是一部"非凡优秀的哲学著作";海德格尔在回忆阅读《逻辑研究》的情景时说,"我一直对胡塞尔的这部著作着迷,以致在随后几年里,我总是反复地阅读它"①"即使在《纯粹现象学和现象学哲学的观念》出版之后,《逻辑研究》所产生的无穷魅力仍然还在吸引我"②。

在胡塞尔的诸多现象学术语中,"含义"(Bedeutung)与"意向性"(Intentionalität)成为贯穿胡塞尔思想发展始终的两个极为重要的核心概念。胡塞尔在《逻辑研究》中所做的意向分析及其意义理论被看作他为当代哲学所作出的最重要的理论贡献。因此在研究者们看来,《逻辑研究》不仅对英美分析哲学和语言哲学具有独特的现象学的文献价值,而且正如芬德莱所认为的那样,《逻辑研究》对后来的现象学体系和德国哲学的发展具有重要的基础性的意义,因为在芬德莱看来,胡塞尔在《逻辑研究》时期的分析就已经把他的目光与其后续所关注和研究的课题潜在地联结在了一起。

《逻辑研究》分为两卷。在《逻辑研究》第一卷中,胡塞尔对逻辑心理主义展开了批判,并提出了纯粹逻辑学的概念;在《逻辑研究》第二卷的第一研究中,胡塞尔对"表达与含义"的问题进行了现象学的分析与描述,或者说胡塞尔对"含义"问题的深入研究始于《逻辑研究》第二卷的第一研究中的语言表达现象,这也是胡塞尔践行现象学具体分析的开始。胡塞尔在《逻辑研究》第二卷中关于语言的分析成为胡塞尔现象学立论的基础,把语言作为对象来考察,或者说建立一门语言的现象

---

① 海德格尔:《海德格尔选集》(下),孙周兴选编,上海三联书店,1996年,第1281页。
② 海德格尔:《海德格尔选集》(下),孙周兴选编,上海三联书店,1996年,第1281页。

学是胡塞尔建立现象学之初就关注的目标任务。对语言的探讨是准确地解释现象学的必要条件，胡塞尔从现象学的本意出发研究了表达理论及其与语言相联系的经验现象，对语言的含义及其本质的意向性分析是《逻辑研究》第二卷的中心内容。与诸多哲学家一样，胡塞尔也试图通过从对语言符号的分析入手来探索人类知识体系的基础，因此胡塞尔在《逻辑研究》第二卷的论述一开始就集中在了对语言的分析以及对表达的理解上，并且通过对表达与含义的本质性的现象学分析来为其构造现象学理论体系开辟道路。

语言问题不仅是当代分析哲学关注的焦点，而且成为当代其他哲学流派感兴趣的主题，语言在当代所有理论意识中都发挥着重要的作用，正如伽达默尔所说："在某种程度上语言问题将能获有中心地位，归功于对实践的生活世界的重新认识。这种重新认识一方面发生在现象学研究中，另一方面也发生在英语国家的实用主义思想传统中。随着语言因其坚定不移地属于人的生活世界而成了主题，看来就可以为有关整体的古老的形而上学问题提供一个新的基础了"[1]，也就是说语言问题已经被视为20世纪哲学的中心问题。胡塞尔关于含义理论和表达行为的现象学分析为英美语言分析哲学和逻辑哲学开辟了一个新的方向，并且使现象学分析与当代分析哲学在日后的发展中表现出了某种亲和力。

此外，在某种意义上，《逻辑研究》的第一研究还有一个明显的意蕴，那就是现象学应当把含义作为首要关注的对象，而不是具体的感知对象。这个意蕴跟现代西方哲学的总潮流一致。德里达针对胡塞尔《逻辑研究》的第一研究，尤其是《逻辑研究》第一研究的第一章完成了他的早期作品——《声音与现象》，这本论著作为德里达思想的奠基之作表明德里达的思想始于他与胡塞尔的对话，而且与《逻辑研究》的第一研究直接相关。

---

[1] 伽达默尔:《科学时代的理性》，薛华、高地等译，国际文化出版公司，1988年，第3页。

胡塞尔生前发表的每一部著作都在其相关领域产生了重要的影响，胡塞尔的历史地位当然也远远不止于此。当下人们对现象学的发展和改造表现出了多样性的特点并且在哲学趋向上大相径庭，但这并不意味着胡塞尔的现象学已经失去了现时的作用。当下无论是现象学的方法还是现象学的思想，都意味着一种可以与"后现代"方式解脱任何规范性束缚的流行做法相抗衡的可能性。正如丹麦学者丹·扎哈维所言："诸如舍勒、海德格尔、梅洛—庞蒂、许茨、利科、亨利和德里达（只是举出几个）等人都欠胡塞尔许多，这不是没有理由的。尽管在其哲学的后继者中，一直有一种通过批判他来强调他们自己的优点的倾向，但是，现在人们能够觉察到对胡塞尔现象学的独特性的评价的上升。他不再仅仅被看成是海德格尔、梅洛—庞蒂或者列维纳斯的先行者；他不再被看成是现象学历史中的被超越的环节。"[1]因此，对胡塞尔的作品进行回溯性研究，考察胡塞尔现象学价值的独特性，并尝试从中获得新的启示，意义重大。

二、研究的目的和意义

（一）研究目的

1.本研究尝试对胡塞尔《逻辑研究》第一研究的文本进行解剖式阅读，通过疏通文字，打通局部的理解障碍，阐释说明胡塞尔的概念术语，对其中所关涉的现象学的重要问题做出恰当、细致的分析与描述，在充分把握与胡塞尔及其现象学的相关史料和理论材料的基础上，努力做到前后联系、忠实文本、弄清楚文本本身说了什么；并结合胡塞尔其他相关著作，对与文本相关的概念、术语、理论等进行总体探讨和全面系统地阐述，以此试着去展开一幅较为广阔的现象学图景。

2.本研究在力图把握胡塞尔现象学的根本方法、熟悉胡塞尔的思维方式的前提下，尽可能地把胡塞尔本人的思维视域融合在自己的思维视

---

[1] 丹·扎哈维:《胡塞尔现象学》,上海世纪出版集团,2007年,第156页。

域中，以胡塞尔自己的方式理解胡塞尔，努力从胡塞尔的角度出发去考察胡塞尔的现象学问题。

3. 结合其他研究者对胡塞尔思想的评论与解读，并将其放在确定的解释框架之内，通过对胡塞尔理论的逐层分析，深入到各种理论背后的内在逻辑、外部动机和各自的意向性结构中去探索有效的诠释方法，并尝试提供具有结构价值和全局地位的说明与论述，对胡塞尔文本实施解释性的价值重估。

（二）研究意义

1. 理论意义。本研究力图丰富、深化关于胡塞尔现象学思想、现象学方法、语言哲学以及诠释学等理论的研究，以推动当下现象学研究的发展。

2. 实践意义。本文将努力推动关于哲学文本尤其是经典哲学文本诠释方法的有效探索与创新，实现对胡塞尔文本读解的纵深发展与解释应用的横向扩解的合理关联，克服理解的片面性与局限性，实现对胡塞尔思想的准确诠释，并形成关于胡塞尔思想研究的入门性、导论性读物。

三、国内外研究现状

（一）国外研究现状

1. 关于胡塞尔现象学的研究

继《逻辑研究》发表之后，胡塞尔的理论受到了哲学界的普遍关注。在过去的100多年里有越来越多的学者参与到对胡塞尔思想的研究中，他们在对胡塞尔现象学理论进行分析的同时，也对其现象学方法进行了探讨，在不同时期表现出了不同的特点。总体而言，国外对胡塞尔现象学思想的研究和理解，大致经历了以下几个阶段：

首先，第一阶段主要是指与胡塞尔同时代的人对胡塞尔思想的研究。在这一阶段研究者们的研究主要依据的是胡塞尔本人已经发表的三本"导论"，他们讨论的重点主要集中在从《逻辑研究》的描述现象学到《纯粹现象学的观念和现象学哲学》（第一卷）和《形式的与先验的逻辑学》(1929年)的先验哲学的转变。这一阶段的研究包含着胡塞尔与海德格尔的根本分歧，并以胡塞尔与海德格尔的分道扬镳而结束。

其次，第二阶段主要表现为二战结束前后的思想家们对胡塞尔文本的研究，具体包括：(1) 著名思想家的解读。比如古维奇（Aron Gurwitsch）、萨特、梅洛—庞蒂等人，他们在解读胡塞尔的过程中，对胡塞尔现象学的重要贡献持基本肯定的态度；(2) 来自不同哲学方向和不同流派的思想家们的解读。这主要包括来自社会批判理论、解构主义以及分析传统中的现象学的思想家们，他们或者是挑战胡塞尔的整个方法，拒斥胡塞尔对语言、感知、时间性等所做的具体的理论分析，或者试图使用分析哲学的方法，强迫现象学达到分析哲学所要求的清晰性[①]；(3) 随着20世纪60年代以来欧洲若干新思潮的出现，各地对胡塞尔现象学的研究更加深入，在西方哲学领域出现了重新解读胡塞尔的新条件和新势头。

第三，自20世纪90年代以来，欧洲很多地方专门设立了"胡塞尔档案馆"和"胡塞尔研究中心"，随着《胡塞尔全集》的编辑出版，当代欧美国家关于现象学研究的原始材料得到了极大的扩充，西方新一代现象学研究者逐年增加，关于胡塞尔的研究成果得到了不断的丰富与发展，人们对胡塞尔的研究更加细致。在西方现象学运动内部出现了胡塞尔的影响逐渐增强而海德格尔的影响逐渐减弱的趋势，在欧美各国新一代的现象学研究者中出现了不少新型的精通分析哲学和欧陆哲学的胡塞尔研究专家，他们往往根据当代新的研究和思想条件重新对胡塞尔的现象学进行理解和评估。

2. 关于胡塞尔文本解读的研究

西方学者对胡塞尔思想的主流解读主要依据的是胡塞尔生前发表的著作，这些学者大多强调这些著作在整个胡塞尔思想体系中的核心意义，认为只有它们才能代表胡塞尔的成熟思想。但是我们知道胡塞尔在他的

[①] 道恩·威尔顿：《另类胡塞尔——先验现象学的视野》，靳希平译，复旦大学出版社，2012年，中文版序言第1页。

有生之年发表的作品非常有限，更多的论著在胡塞尔生前并没有被发表。这些未经发表的研究手稿和讲稿，或者是对现象学的具体应用，或者是对早期现象学理论的进一步发展。

在现当代哲学研究中，最早重视胡塞尔研究手稿中的现象学思想并强调其重要性的是胡塞尔生前的最后一位科研助手路德维希·兰德格里博（Ludwig Landgrebe）（兰德格里博给他的博士生导师胡塞尔做了八年的私人助手）。自20世纪60年代以来，兰德格里博的思想在胡塞尔现象学研究领域得到了进一步的发展并予以具体化。此外，继承这一传统的还包括兰德格里博的德国学生黑尔德（Held）、比利时鲁汶大学和胡塞尔档案馆的贝尔奈特（Bernet）、爱尔兰的德尔默·莫兰（Dermot Moran）、美国的道恩·威尔顿（Donn Welton）、杜伦蒙德（Durummond）、大卫·卡尔（David Carr）、克罗威尔（Crowell）、奈农（Nenon）和丹麦的扎哈维（Zahavi）等一大批学者，他们对胡塞尔进行了全方位的解读，并试图通过对胡塞尔理论的浅层阅读，深入到各种理论背后重新对世界观念作出结构性调整，使得胡塞尔的现象学思想成为区域性哲学研究可以利用的理论资源，并为我们进一步开展研究提供了新的工作方法和理论视角。

道恩·威尔顿作为兰德格里博的弟子沿用了老师的做法，仍然强调胡塞尔的工作手稿在现象学研究中的重要性。道恩·威尔顿在1983年出版了《意义的起源：胡塞尔现象学之开端的批判性研究》之后，在2000年又出版了《另类胡塞尔》一书。在《另类胡塞尔》这本书中，道恩·威尔顿指出，就解读胡塞尔的方式而言，分析哲学家与解构主义者以及其他的思想家们都存在着以对胡塞尔理解的片面性为基础的相似性，并且这一相似性形成了关于胡塞尔现象学的所谓"标准解读"。威尔顿认为这种"标准解读"是基于许多研究者对胡塞尔手稿的重要性的片面认识而形成的，具有这种片面性倾向的包括：德文出版物中的恩斯特·图根特哈特（Ernst Tugendhat）、托伊尼森（Teunissen）；英语出版物中的弗勒斯达尔

(Føllesdal)、莫汉蒂（Mohanty）、朱艾弗斯（Hubert Dreyfus）、麦金泰尔（Ronald McIntyre）和史密斯（David Smith）；解构主义思想家中的德里达（Derrida）、约翰·卡布拖（John Caputo）、罗多尔斐·伽塞（Rodolphe Gasché）、克劳德·埃文思（Claude Evans）；社会批判理论中的哈贝马斯和卡尔—奥拖·阿佩尔（Karl-Otto Apel）；甚至包括胡塞尔的学生奥斯卡·贝克尔（Oskar Becker）和助手欧根·芬克（Eugen Fink）。鉴于这些学者在学界的权威性，他们的做法使得这种片面解读成为胡塞尔文本研究的主流乃至标准，因而在某种意义上我们可以说这些学者对这一倾向的形成起到了助推作用，至今仍有影响[1]。

在分析哲学家们研究胡塞尔的著作中，他们通常会把胡塞尔的思想运用于当前的意向性理论、认知理论和分析认识论等主题的研究。分析哲学家们的这部分研究在20世纪70年代和80年代的发展推动了整个胡塞尔思想的研究工作，这些研究超越了对胡塞尔文本的早期注释阶段，转入到对文本细致的、具体的批判性研究，尤其是在对胡塞尔的意义理论、感知理论和判断理论方面的研究，比如：德国的恩斯特·图根特哈特在研究中把胡塞尔用作"分析哲学"与"德国现象学—解释学传统"之间的媒介，从而表现出了其研究的突破性；托伊尼森主要对胡塞尔的交互主体性和交往问题进行了研究[2]；在英语国家或者英语出版物中，从弗勒斯达尔、麦金泰尔和大卫·史密斯关于胡塞尔的研究来看[3]，他们通常

---

[1] 道恩·威尔顿：《另类胡塞尔——先验现象学的视野》，靳希平译，复旦大学出版社，2012年，译者序第7—8页。

[2] 参考恩斯特·图根特哈特《胡塞尔和海德格尔的真理概念》《语言哲学导论》，图根特哈特的论文集以《哲学论文集》为书名出版；托伊尼森的《他者》(*The Other: Studies in the Social Ontology of Husserl, Heidegger, Sartre and Buber*, Cambridge, Massachusetts: MIT Press, 1984年)。

[3] 参考弗勒斯达尔的《胡塞尔的意向相关项概念》("Husserl's Notion of Noema")，《哲学杂志》第66卷（1969年10月16日）；麦金泰尔和大卫·史密斯的《胡塞尔对意义和意向相关项的认定》("Husserl's Identification of Meaning and Noema")，*The Monist* 59（1975年1月）、《通过意向的意向性》("Intentionality via Intentions")，《哲学杂志》第68卷（1971年9月16日）和《胡塞尔与意向性：心智、意义和语言研究》(*Husserl and Intentionality: A Study of Mind, Meaning, and Language*, Dordrecht: D.Reidel, 1982年)。

会把对弗雷格（Frege）的分析与胡塞尔的意向性理论联系在一起研究，在对胡塞尔的意向相关项（Noema）概念的关注中[1]，他们总体认为在胡塞尔的理论中，胡塞尔往往把意向内容等同于命题内容[2]。

除了分析哲学家们对胡塞尔的文本所做的较早的解释研究，后来还出现了第二批的研究——这批研究把胡塞尔的思想与新近发展的认知心理学和人工智能科学联系在一起进行考察。朱艾弗斯表示既然胡塞尔把意义理解为各种原则（rules），既然胡塞尔"仅仅根据意向性样态的内容之结构"[3]来分析意义，那么他就应该忠实于人工智能支持的同样的理论思路。由此，朱艾弗斯进一步扩展了先前对胡塞尔的批判，并得出了以下结论：不论是胡塞尔还是认知科学家都不能对具有意义的、广泛的、数量巨大的经验领域作出说明。麦金泰尔也试图通过发现胡塞尔和福多（Fodor）之间的重要差异来彻底否定朱艾弗斯"对胡塞尔的计算主义的解读"[4]，他指出在关于心智性的"再当下化"（representation）的各种概念与在关于心智生活中意义的地位的看法之间存在着重要的差别。

在所有的这些研究文献中，分析哲学的解释者们往往把胡塞尔生前已经发表的文本与其身后发表的文本孤立开来，没有人把它们联系起来进行研究，更没有人以此为基础对胡塞尔的现象学方法进行整体性考察分析，他们把胡塞尔自己后来关于笛卡尔式思路的阐述作为胡塞尔现象学方法的最终表述，并且认为笛卡尔式的思路穷尽了胡塞尔先验现象学的全部内容。这里只有莫汉蒂例外，但莫汉蒂的研究也仅仅集中在建构先验性的本质现象学的构架上。

---

[1] 关于胡塞尔和弗雷格之间的关系，可参考莫汉蒂的《胡塞尔和弗雷格》（*Husserl and Frege*），以及达米特的《分析哲学的起源》（*The Origins of Analytical Philosophy*，Cambridge，Massachusetts：Harvard University Press，1994年）和麦金泰尔的《胡塞尔和弗雷格》（*Husserl and Frege*），《哲学杂志》第84卷(1987年10月)。

[2] 道恩·威尔顿：《另类胡塞尔——先验现象学的视野》，靳希平译，复旦大学出版社，2012年，第3—4页。

[3] 道恩·威尔顿：《另类胡塞尔——先验现象学的视野》，靳希平译，复旦大学出版社，2012年，第5页。

[4] 道恩·威尔顿：《另类胡塞尔——先验现象学的视野》，靳希平译，复旦大学出版社，2012年，第5页。

除此之外，解构主义思想家们的兴趣只在于胡塞尔的方法。他们对胡塞尔的结构性研究仅仅与德里达的著作直接关联①，然而德里达显然对胡塞尔在20世纪20年代的研究成果缺乏必要的关注，因为他对胡塞尔的解读仅仅依据的是胡塞尔的部分文本。在德里达对胡塞尔解读的基础上，又有研究者从不同角度对胡塞尔与德里达的关系进行了探讨，这其中包括约翰·萨利斯（John Sallis）的《划界：现象学和形而上学的终结》、约翰·卡布托（John Caputo）的《彻底的解释学：重复、解构和解释学筹划》、罗多尔斐·伽塞（Rodolphe Gasché）的《镜后的锡箔：德里达和反思哲学》、克劳德·埃文思（Claude Evans）的《结构的策略：德里达和声音的神话》等等②。

与上述研究不同，也有许多思想家对胡塞尔已经发表的著作和未经发表的资料进行了多方面的研究，其中继路德维希·兰德格里博在1962年发表的《胡塞尔对笛卡尔主义的背离》（*Husserl's Departure from Cartesianism*）中对胡塞尔的《第一哲学》做了十分翔实的分析之后，许多相关的重要研究成果相继问世，比如：克劳斯·黑尔德关于时间性的研究，埃尔玛·霍伦斯坦因（Elmar Holenstein）关于联想的著作③，保罗·詹森（Paul Janssen）和大卫·卡尔对历史的总结④，约翰·杜伦蒙德（John Du-

---

① 对胡塞尔的结构性研究所依据的德里达的著作包括《埃德蒙德·胡塞尔的"几何学的起源"引论》和《声音与现象》。

② 约翰·萨利斯（John Sallis）的《划界：现象学和形而上学的终结》（*Delimitations: Phenomenology and the End of Metaphysics*），Bloomington, Indiana: Indiana University Press, 1986年；约翰·卡布托（John Caputo）的《彻底的解释学：重复，解构和解释学筹划》（*Radical Hermeneutics: Repetition, Deconstruction, and the Hermeneutic Project*），Bloomington, Indiana: Indiana University Press, 1987年；罗多尔斐·伽塞（Rodolphe Gasché）的《镜后的锡箔：德里达和反思哲学》（*The Tain of the Mirror: Derrida and the Philosophy of Reflection*），Cambridge, Massachusetts: Harvard University Press, 1986年；克劳德·埃文思（Claude Evans）《结构的策略：德里达和声音的神话》（*Strategies of Deconstruction: Derrida and the Myth of the Voice*），Minneapolis: University of Minnesota Press, 1991年。

③ 可参考克劳斯·黑尔德（Klaus Held）：《活生生的当下：胡塞尔对先验自我的存在形式的追问——根据时间问题研究发展出来的思想》，《现象学丛刊》第23卷，1966年；埃尔玛·霍伦斯坦因（Elmar Holenstein）：《联想现象学：论胡塞尔的被动起源的基本原则的结构和功能》，《现象学丛刊》第44卷，1972年。

④ 保罗·詹森（Paul Janssen）：《历史与生活世界：晚期胡塞尔思想研究之论文》，《现象学丛刊》第35卷，1970年；大卫·卡尔（David Carr）的《现象学与历史问题》（*Phenomenology and the Problem of History*），Evanston, Illinois: Northwestern University Press, 1974年。

rummond) 关于胡塞尔的"意向性"观念的研究等等①。就胡塞尔方法论的研究而言，比较全面的研究是由安东尼奥·阿吉雷（Antonio Aguirre）所做的工作②。鲁多夫·贝尔奈特、耿宁（Iso Kern）、艾杜德·马尔巴赫（Edward Marbach）的《胡塞尔思想概述》③、欧根·芬克的《笛卡尔式的沉思》以及罗纳德·布鲁兹（Ronald Bruzina）对芬克和胡塞尔关系的考察，这些研究进一步丰富了我们对胡塞尔思想的认识④。

3. 关于胡塞尔的语言哲学的研究

当代语言哲学的发展有两条线索：一条是从弗雷格经罗素到卡尔纳普、奎因、波特曼、维特根斯坦等，另一条是从弗雷格经胡塞尔到因加尔登、海德格尔到伽达默尔。莫汉蒂在1964年出版的《埃德蒙德·胡塞尔的意义理论》（*Edmund Husserl's Theory of Meaning*）一书被看作最早的关于胡塞尔意义理论研究的著作。在这本著作中，莫汉蒂以语言和意义问题为线索对胡塞尔思想的发展与转变的内在理路进行了较为详细的描述。相对而言，虽然这部作品不够成熟，但它却对许多分析学家和学者产生了重要的影响，并且以此为开端，引起了越来越多的分析学家和学者对胡塞尔的意义理论进行了越来越多的关注和研究。综合这些研究，我们可以将其概括为以下几个方面：

（1）整体性、发展性研究。芬克指出："从整体来看胡塞尔的现象学文献是发展的文献。没有哪一份文本也没有哪一本书在其中这一哲学

---

① 约翰·杜伦蒙德(John Durummond)：《胡塞尔式的意向性和非基础主义的实在论：意向对象与客体》(*Huserrlian Intentionality and Non-foundational Realism:Noema and Object*)，Dordrecht:Kluwer Acsdemic Publishers,1990年。
② 安东尼奥·阿吉雷(Antonio Aguirre)：《发生现象学和还原》，《现象学丛刊》第38卷,1970年。
③ 鲁多夫·贝尔奈特(Ruldolf Bernet)、耿宁(Iso Kern)、艾杜德·马尔巴赫(Edward Marbach)写了《胡塞尔思想概论》(*An Introduction to Husserlain Phenomenology*)，Evanston,Illinois:Northwestern University Press,1993年。
④ 道恩·威尔顿：《另类胡塞尔——先验现象学的视野》，靳希平译，复旦大学出版社,2012年，第22—25页。

得到了最终的完整的系统展示"①，因此一部分研究者往往把胡塞尔的语言哲学作为胡塞尔整个思想体系中的一部分来研究，并把它与胡塞尔思想的发展联系起来；一部分研究者或者从发生学的角度，对早期胡塞尔的语言理论及其发展进行了关注分析。其中施皮格伯格的《现象学运动》对胡塞尔的语义学进行了简明的概括和梳理；施太格缪勒的《当代哲学主流》、索科拉夫斯基的《现象学导论》、德尔默·莫兰的《现象学——一部历史的批评的导论》以及鲁多夫·贝尔奈特、依索·肯恩（耿宁）、艾杜德·马尔巴赫合著的《胡塞尔思想概论》等都把胡塞尔的语言哲学放在胡塞尔的理论体系中，对胡塞尔的思想进行了全面的导读式介绍，其目的是想让读者理解胡塞尔的思想及风格；与之类似的论著还有丹·扎哈维的《胡塞尔现象学》、维克多·维拉德—梅欧的《胡塞尔》，这些著作把胡塞尔的语言理论作为胡塞尔思想体系的组成部分进行了简要的阐述；此外，巴利·史密斯和大卫·史密斯编辑的《关于胡塞尔的剑桥手册》(*The Cambridge Companion to Husserl*) 以及菲利普·马丁（Filip Matten）2007年主编出版的《含义与语言：现象学视角》(*Meaning and Language: Phenomenological Perspectives*)，则把不同时期胡塞尔关于含义和语言理论的论文收录于其中。

（2）比较性研究。秉持这一方向的研究者往往比较关注胡塞尔现象学中的语言理论，他们通常会把弗雷格、德里达、维特根斯坦等人与胡塞尔放在一起比较，把分析哲学、解构哲学的相关论题与胡塞尔的语言哲学进行对比性考察研究，其中包括：Leila Haaparanta 1994年主编出版的《心灵、含义和数学：关于胡塞尔与弗雷格的哲学观点的论文集》(*Maid, Meaning, and Mathematics: Essays on Philosophical Views of Husserl*

---

① (Eugen Fink, Nähe und Distanz. Phänomenologische Vorträge und Aufsätze, Freiburg/München: Alber, 1976, S.45.)。

and Frege*)、达米特的《分析哲学的起源》、德雷福斯编辑的《胡塞尔意向性和认知科学》、史密斯和麦金泰尔合著的《胡塞尔和意向性》等，这些论著将许多关于胡塞尔和弗雷格比较的论文（《心灵、含义和数学：关于胡塞尔与弗雷格的哲学观点的论文集》）以及对弗勒斯达尔、德雷福斯、史密斯和麦金泰尔等人而言的标志性论文（《胡塞尔意向性和认知科学》）收录在内，比较全面地展示了这一方向的研究成果。此外，德里达通过对胡塞尔的《论几何学的起源》和《逻辑研究》第一研究的分析完成了《埃德蒙德·胡塞尔的"几何学的起源"引论》和《声音与现象》这两部论著，阐述了他关于胡塞尔现象学的理论认识；在此基础上，麦肯纳（William R. Mckenna）和埃文思（J. Claude Evans）编辑的论文集《德里达与现象学》（*Derrida and Phenomenology*）也针对德里达对胡塞尔的批评提出了不同的意见。

鉴于语言研究受分析哲学关注的程度，胡塞尔的含义理论被视为分析哲学关注的焦点、汲取灵感的源泉和比较研究的对象。恩斯特·图根特哈特（Ernst Tugendhat）作为当代德国语言分析哲学的代表人物之一，对胡塞尔的现象学理论以及其中的语言哲学进行了对比性分析研究（《胡塞尔和海德格尔的真理概念》，1970年），同时通过对"含义"和"意指"这一被普遍关注的论题的分析，指出胡塞尔的含义理论存在着内在缺陷，对胡塞尔的现象学意识理论展开了批判，并由此引出语言分析哲学的含义理论（《现象学与语言分析》[①]）。

总之，胡塞尔的现象学理论包括其语言哲学乃至在《逻辑研究》中所包含的语言表达和含义理论都是国外研究者集中关注和热议的论题。在研究者们的诸多研究中，无论是把胡塞尔的语言哲学放在其整体的理

[①] 原文出处：Phänomenologie und Sprachanalyse, in R. Bübner et al.(eds), Hermeneutik und Dialektik: Hans-Georg Godamer zum 70. Geburtstag, Vol. 2, Tubingen: J. C. B. Mohr, 1970, pp. 3—33.

论体系中来介绍抑或是进行比较性研究，都表现出了以下特点：他们或者把胡塞尔的表达与含义的理论进行概括性的简要陈述（比如之前提到的整体性和发展性研究），或者选取胡塞尔含义理论的某个方面进行对比性分析（比如分析哲学家们把胡塞尔的含义和对象的关系理论与分析哲学的意义与指称理论进行的比较）。综观上述研究，对胡塞尔的《逻辑研究》的第一研究进行全面详细阐释的还未见。

（二）国内研究现状

1. 关于胡塞尔的现象学的研究

在中国，现象学的研究起步较晚，杨人楩在1929年写的《现象学概论》[①]被看作国内最早从学理上介绍胡塞尔的文章，也有学者指出张东荪和贺麟先生在20世纪30年代或者更早的时候也注意到了胡塞尔，但总体而言这一时期关于胡塞尔的相关介绍和研究较少，直到20世纪70年代以后国内学者才有了关于胡塞尔的进一步研究。

20世纪80年代，国内学者李幼蒸、罗克汀、范明生、张庆熊、张宪、涂成林等先后发表了一批关于胡塞尔现象学的论文；国内关于胡塞尔本人著作的翻译工作一直落后于其他广义现象学思潮作者的译著的出版，直到1986年才出现了首部关于胡塞尔著作的完整的中译本——倪梁康翻译的《现象学的观念》，这本书的出版具有较高的学术价值和实践意义，它对国内学者开展现象学的学习和研究帮助很大。随后李幼蒸翻译出版了胡塞尔的《纯粹现象学和现象学哲学的观念》（第一卷），倪梁康出版了胡塞尔的《逻辑研究》（三卷本）的中译本（1999年6月）等。以此为开端，国内关于胡塞尔著作的中文译本逐渐增多，这些译本具有较高的学术价值和使用价值。目前国内关于胡塞尔生前发表的著作乃至身后在国外出版的许多著作基本上都有了中译本。

---

① 杨人楩写的《现象学概论》一文刊登在1929年1月出版的《民铎》杂志10卷一号上。

在研究论著方面，20世纪80年代国人关于胡塞尔现象学的研究性论著在数量上远远比不上有关海德格尔和萨特的研究论著。在随后的30年间，国内学者在关于海德格尔、胡塞尔以及解释学的研究方面取得了长足的进步，较好地促进了国内学界对西方当代哲学尤其是欧洲大陆哲学的理解和认识。在早期现象学研究者研究的基础上，国内学界又涌现出了一批新的现象学的学习者、关注者和研究者，他们包括：叶秀山、靳希平、倪梁康、涂纪亮、张祥龙、张再林等等，其中倪梁康先生对国内胡塞尔现象学的研究发挥了重要的作用，他在多部著作中以不同的篇幅对胡塞尔现象学理论作了深入的介绍、分析和考察。倪梁康先后出版了《现象学及其效应：胡塞尔与当代德国哲学》（1994年）、《胡塞尔现象学概念通释》（1999年）、《面对实事本身》（2000年）、《自识与反思》（2002年）、《意识的向度》（2007年）以及《胡塞尔与海德格尔》（2016年）等著作，其中《现象学及其效应：胡塞尔与当代德国哲学》是关于胡塞尔及其思想效应方面的研究力作，而《胡塞尔现象学概念通释》已经成为国内研究者阅读和研究胡塞尔论著的工具用书。

由此可见，在20世纪80、90年代，我国的现象学研究往往是从海德格尔的存在主义、伽达默尔的诠释学角度来研究胡塞尔，也就是说从一种外围的视角，而非从胡塞尔现象学本身来对胡塞尔进行研究。这样的研究在有些学者看来，对于我们了解胡塞尔与海德格尔之间的联系以及帮助我们进一步认识和理解诠释学都有着重要的意义，但也有部分学者指出如果我们过分强调胡塞尔与海德格尔的存在主义以及与伽达默尔的诠释学之间的必然性联系，就有可能削弱对胡塞尔现象学本身的独特性研究。

近年来国内学界又出现了许多年轻学者，他们也从不同层次和角度对胡塞尔现象学进行了探索研究，成果颇丰。

2.关于胡塞尔的语言哲学的研究

目前,国内学界关于胡塞尔的语言哲学的研究相对集中在对胡塞尔的含义理论的研究上,这些研究与欧美学界相比,相对匮乏,综观如下:

(1) 关涉到胡塞尔语言哲学研究的著作:

张庆熊:《熊十力的新唯识论与胡塞尔的现象学》(第二章 意向性1.《逻辑研究》中的意向性学说);倪梁康:《现象学的始基》(第二章 第一逻辑研究:现象学如何理解符号与含义),张汝伦:《20世纪德国哲学》(第二章 胡塞尔)、《现代西方哲学十五讲》(第十讲 胡塞尔);洪汉鼎:《重新回到现象学的原点——现象学十四讲》《当代西方哲学两大思潮》,张祥龙:《现象学导论七讲》(第三讲 语言的表述与含义——《逻辑研究》第一研究第一章)、《从现象学到孔夫子》(第一部分 一、胡塞尔的意义学说及其方法论含义),王树人、叶秀山主编:《西方哲学史》(学术版 第七卷上第九章 胡塞尔),郑辟瑞:《胡塞尔的意义理论》;庄威:《胡塞尔哲学中的意义问题研究》,李忠伟:《回到胡塞尔的意向性理论:胡塞尔与弗雷格分道而行》(第二章 胡塞尔对含义——对象的区分:弗雷格式的灵感)。

以上论著凡是关涉到胡塞尔的语言哲学研究的,其或者是作为著作的某一部分或某几部分出现,或者是基于总体介绍和部分分析(张庆熊、倪梁康、张祥龙、王树人、叶秀山),或者是出于比较研究的目的(李忠伟)。相对而言,郑辟瑞和庄威对胡塞尔意义理论的论述较为全面。

(2) 与胡塞尔语言理论相关的论文:

近年来,以"胡塞尔含义理论"为研究主题的论文包括:硕士论文3篇,博士论文1篇[①],来源于文献期刊的相关论文数篇。这些论文或者对胡塞尔含义理论本身及其发展进行描述分析(倪梁康、张祥龙、周国

[①] 博士论文:郑辟瑞《胡塞尔的意义理论》,北京大学,2005年。

平、张再林、张庆熊、吴增定、靳希平、李朝东、朱光亚、陶建文、莫伟民、王昊宁、庄威、王庆丰等)①；或者就某个环节、某一项理论、从比较的角度进行研究②，具有较强的启示性。

综上，当前国内关于胡塞尔的语言理论研究的论文较多，但是相关系统性研究的论著较少，而对《逻辑研究》文本进行全面解读的尚属空白。这也是对本文论题进行研究的必要性所在。

四、研究思路及方法

(一) 研究思路

本研究的主题是胡塞尔的表达与含义理论，核心任务是在对胡塞尔现象学认识活动的整体性、本质性描述的背景下，对胡塞尔的《逻辑研究》(第二卷)第一研究进行全面的解读。这一部分研究的重点是对表达活动进行现象学分析，与之对应的是关于胡塞尔的第一项逻辑研究的文本诠释，其所依据的文本资料是胡塞尔的《逻辑研究》第一卷、第二卷的文本以及其他文本中的相关论述。本研究的主要目的是在忠于胡塞尔

---

① 上述论文包括：倪梁康：《现象学如何理解符号与含义？》(一、二)，张祥龙：《胡塞尔的意义学说及其方法论含义》，周国平：《胡塞尔意义学说四题》，张再林：《论后期胡塞尔含义理论的生成性》，张庆熊：《胡塞尔的意向性学说》，吴增定：《意义与意向性——胡塞尔的意义学说研究》，靳希平：《胡塞尔语言哲学简介》，李朝东：《表述与含义的现象学分析》，朱光亚：《表达与含义的观念分析》，陶建文：《胡塞尔对意义的图像论的批驳》，莫伟民：《论胡塞尔的意义理论》，王昊宁：《从语言分析到意识分析》，庄威：《胡塞尔〈逻辑研究〉中关于含义的观点及其发展》，王庆丰：《语言与现象学的本质还原》等。

② 此类论文有：倪梁康：《语言哲学的现象学视角——胡塞尔与马尔悌的思想史关联》《观念主义，还是语言主义？——对石里克、维特根斯坦与胡塞尔之间争论的追思》《直观的原则，还是在场的形而上学？——德里达〈声音与现象〉中的现象学诠释与解构问题导论》，周国平：《胡塞尔和弗雷格的语言哲学思想比较》，高松：《划界与通达——弗雷格与胡塞尔如何拯救和把握意义》，张祥龙：《胡塞尔〈逻辑研究〉与德里达〈声音与现象〉》，方向红：《误置中的意外——论德里达解构胡塞尔符号理论之得失》《论德里达与胡塞尔的符号学之争》，钱捷：《"Vouloir-dire"：创意还是误读？——谈德里达对胡塞尔指号现象学思考的解读》，尚杰：《论独白——从德里达对胡塞尔的批评谈起》，庄威：《在偶缘性问题上伽达默尔对胡塞尔符号论的超越》，董迎春：《论德里达对胡塞尔符号学思想的批判与继承——以德里达〈声音与现象〉为中心》，张燕京：《分析哲学与现象学的相通与分歧——达米特从意义理论视角的一种理解》，郑辟瑞：《直观语言分析——重温图根特哈特对胡塞尔的批判》《胡塞尔与言语行为理论》，谢刚、吕明臣：《通向语言的本质：索绪尔与胡塞尔语言哲学比较研究》，范民：《胡塞尔意向性学说：历史的回顾与分析》，陈志远：《胡塞尔〈逻辑研究〉的直观和意义》等。

的思想方法和文本的基础上，深入阅读胡塞尔《逻辑研究》第一研究的文本本身，通过对文本的解读与分析，梳理出胡塞尔思想发展的脉络，形成关于胡塞尔的表达与含义理论的理解与认识，具体思路如下。

1. 本研究从文本本身出发，以胡塞尔的思考、写作方法为线索，严格按照胡塞尔思想展开的顺序和文本的写作顺序，采取精读的方式，对文本进行逐章、逐节、逐句、从头到尾的解析，通过逐层剖析、层层递进的路径进行静态分析与阐释，搞清楚胡塞尔说了什么。本研究将尝试从该书的历史语境和胡塞尔的思想语境出发，参照胡塞尔的概念表述，透过文本的表层语言，认识并把握胡塞尔分析问题的基本进路与方法，以文本自身的表达逻辑来解读、阐释文本涉及到的相关概念、术语和背景知识，确定其意旨所在，形成对胡塞尔的理解并对胡塞尔的思想进行再现性阐述。

2. 熟悉并把握胡塞尔的思维方式。本文在对胡塞尔的表达与含义理论初步描述的基础上，尽可能地把自己的思维视域与胡塞尔本人的思维视域相融合；反思其他研究者关于胡塞尔的相关解读和评论，从而将文本放在相对确定的解释框架之内，阐明文本与相关对象的联系；分析阐释文本提出的一系列相关问题，据此讨论文本给出的答案并作出判断，从中获得其真理性要求；通过解释性的语言实现过去与现在的综合，形成对文本的本义或真义的理解，进行合理的诠释，并获得解读的意义。

3. 在研究中坚持的原则和注意的问题

（1）坚持现象学的方法和诠释学的立场。

（2）在论文结构安排上，总体框架遵循了《逻辑研究》第一研究原有的框架体系，按照各章节论述的内容依次阐释。

（3）在内容上，本研究原则上主要限制在对《逻辑研究》的静态分析和描述，既不过多涉及胡塞尔相关思想的前期研究，也没有结合胡塞尔的后续成果对胡塞尔的相关理论进行历时性的动态考察；对于其他现象学家的思考或理论不作过多的分析与考察，关于其他研究者的相关解读和评论大多会站在胡塞尔的立场上予以分析和讨论,由此形成对胡塞尔的《逻辑研究》第一研究的相关的现象学问题的比较分析研究。

(二) 研究方法

1. 文献研究法。通过对胡塞尔本人和他人的相关文献资料的研读和梳理,了解并把握胡塞尔自己对其思想的描述或评论以及其他研究者对胡塞尔的思想的解释与评论,夯实自己的理论基础,并在已有的研究基础上进行新的探索。

2. 现象学方法。在研究中,直接面对文本本身,不持任何预设和偏见,通过分析梳理,探寻并获得其真理性要求,在现象学的反思中进一步认识和揭示意识活动的本质结构,形成对胡塞尔的含义理论的现象学描述。

3. 诠释学方法。从文本的历史语境和胡塞尔的思想语境出发,按照胡塞尔的一贯思想和根本立场,以胡塞尔自己的方式,用胡塞尔的话语解释文本,引导读者进入作者和文本给予的思想世界,寻求文本建构指向的某种可能的世界。

4. 比较研究法。把胡塞尔关于自己思想的描述和评论与其他研究者对胡塞尔思想的解释和评论进行比较研究,在笺释文本的过程中容纳研究者对胡塞尔思想的相关解释、评论和论证,并将其放在确定的解释框架中,进行必要的梳理、分析和诠释,提供具有结构价值和全局地位的说明与论述。

五、研究的重点、难点与创新点

(一) 研究重点:"表达与含义"的现象学诠释。

(二) 研究难点:探索并实现在忠实把握原典和解释性的价值重估之间的合理关联。

(三) 创新点

1. 选题及研究领域的创新

本研究围绕《逻辑研究》第一研究文本进行全面解读,以此展开对胡塞尔的表达与含义理论的分析、讨论与描述。根据笔者目前掌握的有限资料，对《逻辑研究》文本进行全面解读的尚属空白，这是本研究选题的创新之处。

2.研究方法和思路的创新。运用现象学的方法和诠释学的立场对文本进行系统的全面解读。

六、文本和引文说明

本研究依据的基础文本是《逻辑研究》（1913年第二版）[①]，选取的核心文本的译文、引文均来自倪梁康先生的中译本，提供出处依循的是标准德文版页码，术语翻译主要参考的是倪梁康先生的《胡塞尔现象学概念通释》和李幼蒸先生翻译的《胡塞尔词典》。

七、论文基本结构

本书的基本内容主要包括七个部分：

导言。导言主要就选题背景、研究目的和意义、国内外的研究现状和综述、研究中应该注意的核心问题进行陈述，由此进一步提出研究的必要性，并勾勒出研究的基本思路和写作方法，表明创新之处。

第一章——《逻辑研究》概述。这一章主要是为进入文本解读而进行的理论准备工作，主要内容包括：胡塞尔写作《逻辑研究》的背景及目的、《逻辑研究》的主题和结构、《逻辑研究》的思想进路以及人们对《逻辑研究》形成的相关评价。

第二章——表达与含义的本质性区分。这一章对应的是《逻辑研究》第一项研究第一章的文本解读，主要就表达与含义的相关概念进行了本质性的区分，具体包括：对符号的现象学区分、关于含义的现象学分析

[①]《逻辑研究》的德文版在胡塞尔生前一共发行了四版，第一版发行于1900年（第一部分）和1901年（第二部分），第二版经胡塞尔修改后于1913年（第一卷和第二卷的第一部分）和1921年（第二卷的第二部分）分别再版，其中1913版是胡塞尔一再编辑而最终确定的文本，是《逻辑研究》第二卷的校勘版。

以及对表达与含义的比较性阐释。

第三章——赋予含义的行为及其特征。这一章对应的是第一研究的第二章的文本解读,主要对赋义行为进行了现象学的考察和分析。其内容包括:关于无直观的理解的分析、对回溯与运用相应性直观的必要性的阐述、考察不同理解的特征与"相识性质性"、对表达和直观表象中的立义活动进行描述。

第四章——语词含义的偏差与统一。这一章对应的是第一研究第三章的文本解读,主要对表达中存在的语义偏差现象进行了分析,具体内容包括:传诉内容与名称内容之间的相合关系、主观表达与客观表达、纯粹逻辑学与观念含义。

第五章——含义体验的现象学内容与观念内容。这一章对应的是第一研究文本的最后一章(第四章)的解读,主要对心理学意义上与观念意义上的含义体验的内容进行了考察,对意指行为与含义的关系以及作为观念统一的含义进行了进一步的澄清,具体包括:对心理学意义上的和观念意义上的含义体验的内容的区分,对意指的多样性与含义的同一性的关系以及观念含义的再分析。

结语。这是本书正文的最后一个部分,主要是针对文本的整体分析和阐释进行结论性思考,对相关的论点予以总结。

第一章 《逻辑研究》概述

胡塞尔在1900年和1901年分别发表了《逻辑研究》的第一卷和第二卷，这一著作自出版以来就产生了很大的影响，它被誉为20世纪西方哲学最有影响的著作之一，在胡塞尔的现象学研究中具有开端性的标志性特征。《逻辑研究》由两部分组成：《纯粹逻辑学导引》（第一卷）和《现象学与认识论研究》（第二卷）。胡塞尔在《逻辑研究》第一卷中对逻辑心理主义进行了尖锐的批评，并提出了现象学意义上的纯粹逻辑学的观念；在《逻辑研究》第二卷的六项研究中，胡塞尔致力于对意识活动进行现象学的本质分析，并揭示逻辑对象的观念性，坚持主观性和客观性的统一，据此试图从认识论上为逻辑学奠基。由此我们可以看出，胡塞尔在《逻辑研究》中的基本思路是在主客体的对立关系中通过向逻辑意识和逻辑思维的体验联系中进行的意义给予或认识成就的回复，返回到胡塞尔关心的意向体验，描述和阐明意向行为的本质性质和结构，澄清逻辑学的纯粹概念，认清意向活动的条件和规律，并通过观念性的反思对其进行描述。

第一节 胡塞尔与《逻辑研究》

《逻辑研究》这部规模宏大的著作是自1890年以来胡塞尔花费了近

十年的时间对数学和逻辑学的本质进行批评性反思的结果。胡塞尔在《逻辑研究》的前言里就表明了他写作的出发点："各项逻辑研究的发表以这部《导引》为始。这些研究的产生与一系列无法避免的问题有关，它们不断地阻碍并最终中断了我多年来为从哲学上澄清纯粹数学所做努力的进程……那些根据传统逻辑学或无论做了多少改革之后的逻辑学的阐述来说必定是显而易见的东西，即：演绎科学的合理本质及其形式统一与符号方法，在我对实际现有的演绎科学所做的研究中却显得模糊可疑。我分析得越是深入，便越是意识到：负有阐明现时科学之使命的当今逻辑学甚至尚未达到现时科学的水准。"①"它迫使我进行极为宽泛的思考，这种思考超出较为狭窄的数学领域而朝向一门关于形式演绎系统的一般理论。"②

胡塞尔在1891年出版了他的第一部著作《算术哲学》，在该书中对数的基础和数的运算进行了研究，其目的在于要"从哲学上澄清纯粹数学"③，也就是说胡塞尔写这本书的目的是要通过哲学分析来阐明数学的基础。然而，该书在1894年受到了一位心理主义的逻辑学家弗雷格的批评，弗雷格指出胡塞尔受到了心理主义的影响，批评胡塞尔对概念与表象不加区分，对胡塞尔提出的抽象概念是通过注意力的转向和对表象的心理行为的反思而获得的相关认识进行了否定。对此，胡塞尔表示"弗雷格的批评是他真正唯一要感谢的，它切中了要害"④，并且指出"我以那时流行的信念为出发点，即坚信：无论是演绎科学的逻辑学还是逻辑学一般，对它们的哲学启蒙都必须寄希望于心理学。据此，在我《算术哲学》的第一卷（也是唯一发表的一卷）中，心理学的研究占了极大的

---

① 胡塞尔：《逻辑研究》I，LIV。
② 胡塞尔：《逻辑研究》I，LIV。
③ 张汝伦：《二十世纪德国哲学》，人民出版社，2008年，第92页。
④ "W.R.博伊斯·吉普松1928年弗莱堡日记选录"，《哲学与哲学批判杂志》，第66页。参阅后面的A/B₁69。（《逻辑研究》第一卷，编者引论，第15—16页。）

篇幅。我对这种心理学的奠基从未感到过完全满意"①，胡塞尔认为《算术哲学》的失败之处就在于他把心理学的方法作为基本方法去分析数学的基本概念。这些认识使胡塞尔开始重新对逻辑学和数学的性质进行反思和研究。在研究中，胡塞尔认识到心理学无法成为包括数学基本概念在内的一切科学理论奠基的方法论基础；同时在对数学和逻辑学基础的反思过程中，胡塞尔发现同时代的人所持有的传统认识论观念不能有效地帮助他解决自己关注和讨论的问题，也就是说胡塞尔认为他所处的那个时代的逻辑无法完成他提出的反思和研究的任务，因此胡塞尔指出要真正地把握逻辑学的本质以及与此本质相关的哲学的基本问题，即主观性与客观性的关系问题，首先就需要对心理主义进行批判，然后深入到纯粹逻辑学的问题领域中去阐明与之相关的各种问题②。

虽然胡塞尔强调1896年他在哈雷做的关于逻辑学的讲演是《逻辑研究》成书的根源，但实际上更深刻的根源则在于他关于逻辑、意指作用和意义的研究，这是胡塞尔自《算术哲学》发表以来一直持续进行的工作③。整个19世纪90年代，胡塞尔认识到当代的逻辑学并不足以帮助他处理他在企图对算术基本概念提供阐明时所发现的问题。胡塞尔指出，数学和逻辑学所使用的概念和意义并未在这些学科内部得到充分分析，因此，有无数多的含混词语被容忍下来，数学家运用着不同的甚至相互冲突的理论去证明同一个观点。此外，这些理论的混淆并不仅仅限于数学和逻辑学，而且影响了一切形式演绎系统，所有这一切似乎都需要对体验的性质进行哲学阐明，因为它们都依赖于同一种心理运作并运用着同一类概念。

---

① 胡塞尔:《逻辑研究》I, AVI/BVI。
② 张汝伦:《二十世纪德国哲学》，人民出版社，2008年，第100页。
③ 德尔默·莫兰:《现象学：一部历史的和批评的导论》，李幼蒸译，中国人民大学出版社，2017年，第114—116页。

胡塞尔指出"思维的心理联系如何过渡到思维内容的逻辑统一（理论的统一）上去，在这个问题上我却无法获得足够的连贯性和清晰性。此外，数学的客观性以及所有科学一般的客观性如何去俯就心理学对逻辑的论证，这个原则性的怀疑就更使我感到不安了。由于我的建立在流行心理学信念——用心理学分析来逻辑地启蒙现有的科学——之上的全部方法以此方式发生了动摇，我便越来越迫切地感到需要对逻辑学的本质，尤其是对认识活动的主观性和认识内容的客观性之间的关系作出普遍批判的反思。每当我对逻辑学提出一定的问题并期望从它那里得到解答时，它总是让我感到失望，以至于我最后被迫决定：完全中断我的哲学—数学研究，直到我能够在认识论的基本问题上以及在对作为科学的逻辑学的批判理解上达到更可靠的明晰性为止。"①据此胡塞尔提出"在顾及那些曾经引导过我的严肃而实际的动机的同时，我独立地作出了与流行的逻辑学派别分道扬镳的决定；在这些多年劳作的成果、这些对纯粹逻辑学和认识论的新论证的尝试发表之际，我相信我所说的这种独立性不会遭到误解……至于我对心理主义逻辑学和认识论所做的坦率批评，这里可以用得上歌德的一句话'没有什么能比已犯过的错误的批评更严厉了'。"②

胡塞尔在19世纪90年代把他的主要精力放在探讨逻辑学和认识论的基本问题上，在谈到撰写《逻辑研究》的目标时胡塞尔指出："这个努力的目标在于：通过向在逻辑意识中、在逻辑思维的体验联系中进行的意义给予或认识成就的回复，澄清纯粹的逻辑学观念"③。由此《逻辑研究》就成了一种通过对基本概念提出认识论的和逻辑的阐明来解决这些理论困难的持续努力，而这些基本概念如"内容""含义""真理"等

---

① 胡塞尔:《逻辑研究》I, AVII/BVII。
② 胡塞尔:《逻辑研究》I, AVII/BVII-AVIII/BVIII。
③ 胡塞尔:《胡塞尔选集》(上)，倪梁康选编，上海三联书店，1997年，第301页。

则属于科学本身的形式，尤其是《逻辑研究》提出了对逻辑学真正对象的一种阐明；逻辑学研究表达、被表达者、含义、命题内容等诸多观念性内容之间的必然联系。胡塞尔指出《逻辑研究》为纯粹逻辑和认识论提供了新的基础。

随着1900年《逻辑研究》（第一卷）和1901年《逻辑研究》（第二卷）的相继出版，胡塞尔十年的反思结果终将公诸于世。

第二节 《逻辑研究》的主题和结构

《逻辑研究》分为两卷，第一卷是《纯粹逻辑学导引》，第二卷被命名为《现象学与认识论研究》，由六项研究组成。

一、《纯粹逻辑学导引》——《逻辑研究》（第一卷）

在《纯粹逻辑学导引》中，胡塞尔简洁地描述了他设定的三个目标：其一，把纯粹逻辑学的观念与关于逻辑学的一些理解分离开来，也就是说胡塞尔把逻辑学看作工艺论或者是一门规范科学的相关认识与纯粹逻辑学的概念区别开来；其二，从逻辑基本概念的意义出发进行一种认识论的论证，反对对那些从意识本性中构想出来的逻辑规律做心理学的论证；其三，对纯粹逻辑学的基本领域做一个初步限定，胡塞尔在这里将纯粹逻辑学定义为"观念规律和理论的科学系统，这些规律和理论纯粹建基于观念含义范畴的意义之中"[①]。

在导引中，胡塞尔完成了两个任务：一方面对当代哲学讨论的核心问题进行了精细而认真的研究，提出了现象学意义上的纯粹逻辑学的观念；另一方面对逻辑心理主义进行了尖锐的批评，"明确切断了心理主

[①] 胡塞尔：《逻辑研究》第一卷后面的"作者本人告示"，第258页。

义在逻辑学中的轴线"①。

首先,胡塞尔反对把逻辑学看作一种艺术、一种技术和一种规范科学的思想,并在此基础上规定了纯粹逻辑学的界限。胡塞尔在论述中提出了一门作为科学的最终基础的"纯粹逻辑学",并对其进行了澄清。胡塞尔强调指出:"纯粹逻辑是理想规律和理论的系统科学,它纯粹以理想的含义范畴的意义为基础,即以基本概念为基础,它们是一切科学的共同财富。……在此意义上纯粹逻辑是理想的'可能性之条件'的科学,是一般科学的科学,或概念理论理想构造的科学……充分阐明纯粹逻辑……要求非常深刻的现象学(即描述的而非发生学——心理学的)和知识论的研究"②。在胡塞尔看来,逻辑学是一门纯粹的理想真理和理想规律的科学,这些规律奠定了不同领域规则规范的基础,规范科学以逻辑学这门理论科学为基础,胡塞尔的任务就是要阐明纯粹逻辑的本质目标。

其次,胡塞尔对所有经验主义和心理主义把逻辑规律奠基在心理规律上的做法展开了斗争,对把心理主义看作逻辑理论的做法进行了批判。胡塞尔指出心理学的研究结果并不构成逻辑学的发展依据,逻辑学的发展甚至独立于心理学的研究;逻辑规律不是源自人类精神的实践状态的心理思维规律,而是以本身适用的规律(它以逻辑范畴的意义为基础)为准。在胡塞尔看来,从心理学立场出发,只能获得经验主义的结论,心理法则"只是一种对经验的模糊的普遍化,只是对一些有关并存或延续的大致合规则性的陈述,它们还远远无法做到,以绝对可靠的、单义的规定性确定"③,心理学的自然法则是以经验所与对象的归纳普遍性

---

① 艾尔玛·霍伦斯泰因:《人的自我理解》,徐献军译,浙江大学出版社,2012年,第4页。
② Kurt Wuchtel:Bausteine zu einer Geschichte der Philosophie des 20. Jahrhunderts(Stuttgart;Wien,1995),s. 41.
③ 胡塞尔:《逻辑研究》I,A61/B61。

为基础，只在一定的事实条件下才有效，它无法提供精确的和先天有效的规律，它只具有一种概然的有效性，并不具备绝对性；而逻辑法则对思维提供的规范与自然法则对自然现象提供的法则规范不同，它不是通过对事实判断的归纳概括获得的，逻辑法则在任何时间、对任何人、在任何条件下都有效，它独立于一切事实性条件，逻辑学的矛盾律保证着其绝对的效力，因此就排除了它作为自然法则的规定，逻辑法则针对绝对性的要求不仅能够提供精确的规律，而且能够提供先天有效的规律。因此，胡塞尔指出我们不能把逻辑学和心理学错误地等同化，不能把心理学看作逻辑学的基础，否则将会导致逻辑学的相对主义和怀疑主义。为此，胡塞尔提出逻辑学的认识论和理论基础就存在于逻辑学基本概念的意义中。

在《逻辑研究》第一卷中，胡塞尔对纯粹逻辑学进行了澄清，完成了对逻辑心理主义的清算。胡塞尔把纯粹逻辑从（经验的）心理学的秩序中解放出来，其最终目的不是解放形式逻辑的对象和心理学规定的法则，不是与描述的"心理学"相互分离，而是为了能够理解纯粹逻辑学和具体的（心理的或现象学的）思想体验之间的观念性认知条件和时间内单一化思想行为之间的关联性而进行的准备工作。在胡塞尔看来，"哲学是一门严格的科学；所谓'严格的科学'在这里一方面是指：最具有确定性的知识起源于内感知之中，更确切地说，起源于对意识活动的内在反思之中……'严格'又意味着一种不依赖于相对的经验认识的绝对观念知识"[1]。在这个意义上，胡塞尔在《逻辑研究》第一卷中反驳逻辑心理主义、探讨逻辑学的本质，其主要目的就在于对逻辑学观念的科学性质的确定。

由此，与逻辑学本质相关的哲学基本问题就成为胡塞尔集中关注的

---

[1] 胡塞尔：《胡塞尔选集》（上），倪梁康选编，上海三联书店，1997年，编者引论，第8页。

问题，胡塞尔试图通过对"主观性的认识活动"与"客观性的认识内容"之间的本质关系进行普遍的批判性反思来考察和解决主观性与客观性的关系问题，因而这就使得胡塞尔必然朝向《逻辑研究》第二卷中的"现象学研究和知识理论"[①]，因此现象学的建立就成了《逻辑研究》第二卷的基本任务。

二、《现象学与认识论研究》——《逻辑研究》（第二卷）

《逻辑研究》第二卷《现象学与认识论研究》由六项研究构成，胡塞尔在"自我宣言"中指出他所进行的是对知识的一种现象学阐明，而非一种"发生现象学的"研究。胡塞尔在1901年的时候把现象学看作对认知行为的一种分类学，以供"经验心理学"之用，并且他通过认识论来刻画现象学。《逻辑研究》第二卷被冠以"现象学与认识论研究"，在此使用的"认识论"一词并非意指通常用于克服怀疑主义威胁的那种认识论证明，而是在康德意义上对产生认知的那些行为的性质所进行的先天性研究，而且主要是布伦塔诺所规定的那些行为，即表象、判断、一般认知行为等等；同时正如胡塞尔所强调的，他关于认识论的论述是"纯粹的"，即是脱离了在不同领域内对不同的认知运用并研究其概念性质本身，显然这一强调比在1913年该书第二版文本中所改写的内容要强烈得多。胡塞尔把现象学理解为对概念的基础所进行的探讨，这些基础是所有认知行为所需要的，但无需牵扯传统哲学的理论和立场。然而，我们在进行这样一种认知批评时不可能不用基本的认识论概念，因此胡塞尔不得不先使用概念，然后再回过头来对这些被运用的概念加以阐释。

《逻辑研究》第二卷的这六项研究被视为"对纯粹逻辑学这门学科的哲学方面所做的准备性工作，这些研究将揭示，哪些是数学家不愿做也

[①] 鲁多夫·贝尔奈特、依索·肯恩(耿宁)、艾杜德·马尔巴赫：《胡塞尔思想概论》，李幼蒸译，中国人民大学出版社，2011年，第23页。

不能做的工作,然而却是人们非做不可的工作"①。在这六项研究中,胡塞尔对任何形式科学所必需的最基本的观念性概念进行了深入思考,他通过研究意识行为的必然结构而并非将其作为事实发生的心理过程对认识活动与认识内容之间的本质关系进行了反思。胡塞尔致力于主观性和客观性的统一,对意识进行现象学本质分析,揭示逻辑对象的观念性,据此而试图从认识论上为逻辑学奠定基础。

胡塞尔在六项逻辑研究中需要处理的关键问题也是贯穿《逻辑研究》始终的问题,其中对"知识何以可能"的追问被视为知识论所面临的核心任务。胡塞尔指出他的任务不是考察意识是否和如何能够获得关于独立于心灵的实在的知识,而是要考察:我们的认知行为如何变成真正的知识;认知行为如何不仅获得含义意向,而且获得含义意向对象的知识;以及知识如何在一个认识主体中可能、如何在主体性中获得客观性等等。针对上述各种问题,胡塞尔是通过对种种意识行为(例如知觉、思维、判断等)的本质的追问来回答的,因为在胡塞尔看来,这些问题不是事关认识行为的经验事实,而是事关这些认识行为的本质。因此胡塞尔拒绝用经验主义的方法而是将其视为现象学的本质,胡塞尔把现象学看作先天理想意义的领域。

胡塞尔的《逻辑研究》第二卷的六项研究分别研究的是:语言符号与含义问题、作为种类统一的观念问题、整体与部分的关系问题、意识的意向性问题以及认识的真理问题。

在第一研究中,胡塞尔指出成熟的科学理论是通过语言表达式表达的,我们必须首先考察表达本身的性质。因此在第一研究中,胡塞尔首先就表达这一意识活动的本质进行了考察,仔细描述了一般意指行为的性质,对其不同的功能进行了本质性区分,并集中讨论了那些通过含义

---

① 胡塞尔:《逻辑研究》I, A254/B254。

意指客体的符号意识。胡塞尔在对语言符号以及表达行为的意识分析的基础上，提出逻辑学是关于含义本身以及含义规律的科学，含义统一的本质是理论的统一、客观观念的统一。

在第二研究中，胡塞尔考察了个别与普遍项之间形式关系的诸多方面，并集中于观念对象及其相应的本质直观的阐述。胡塞尔通过对抽象达到普遍项的传统的论述性的思考，详细论述了本质直观的方法。胡塞尔的这一做法以及关于本质直观方法的阐述也成为我们理解胡塞尔现象学方法的重要基础。

第三研究是对第二研究的展开和继续，胡塞尔从特殊与普遍关系的阐述过渡到部分与全体的关系问题，具体来说就是讨论"观念整体"和"观念部分"的问题，并形成有关部分和整体之间可规定的本然先天关系的一种形式理论。

第四研究上接第三研究，胡塞尔把部分与整体的理论用于讨论"纯粹语法的法则如何作用于独立和不独立的含义"的问题，并说明它与任何语言体系的各种词类之间的关系，从而产生纯粹语法。由此胡塞尔从第一研究的纯粹语义学合乎逻辑地过渡到第四研究的纯粹语法学。这与胡塞尔在第三研究中讨论的"部分"与"整体""抽象"与"具体"的问题以及在第四研究中提出的"独立"与"不独立"的描述有着紧密的联系。由此可见胡塞尔的这六项研究彼此之间存在着紧密的逻辑关系。

继语言分析之后，胡塞尔在第五研究把目光朝向探索意识行为的性质及其内容，对作为构成意向相关项的含义和观念的意向活动进行讨论分析。由此胡塞尔开始了从第四研究的意向相关项的较高奠基层次向第五研究的意向活动的较深奠基层次的回溯。胡塞尔指出"意识总是关于某物的意识"，胡塞尔把意识理解为具有意向性结构的行为，把各种意识行为的奠基关系作为其讨论的主题，并对一般心理表象进行了细致的描述，详细论述了"含义"与"直观"的相合关系。

第六研究的篇幅较长，它单独构成了《逻辑研究》第二卷的第二部分，在内容上紧密联结第五研究。胡塞尔在第六研究中阐述了判断及其与真理的关系，胡塞尔认真探讨了意向体验的性质并阐明了作为现象学认知的明证性。在第五研究中，胡塞尔对"含义赋予"和"直观充实"进行了静态描述；而在第六研究中，胡塞尔对"意指"和"充实"的关系进行了动态的现象学分析。胡塞尔指出在静态关系中的意指本身并不是认识，并在此提出并回答了"认识如何可能"的问题。

胡塞尔在六项逻辑研究中对意识活动的结构与本质进行了现象学的分析与描述，并在此基础上指出逻辑对象所具有的观念性，以此从认识论层面为逻辑学奠定基础。胡塞尔在其现象学分析中提出了一种能够对所有观念的、范畴对象进行把握的方法，即"范畴直观"，这一方法又被称为"本质直观""观念直观"或者"本质还原"。这种方法尽管并非现象学所独有，但后来却被视为现象学运动所依据的特有手段，它成为现象学方法特有的本质性内涵。对于这六项研究，胡塞尔认为第一项研究、第五项研究和第六项研究较为重要。

三、《逻辑研究》第一卷和第二卷的关系

研究者们认为胡塞尔在《逻辑研究》中有两个等值的贡献：一是胡塞尔将逻辑学确定为一门纯粹的、形式的和自主的科学；二是胡塞尔实现了向一门新的"认识论"——现象学的突破。关于《逻辑研究》第一卷和第二卷的关系首先就体现在这两个贡献之中，并且在《逻辑研究》第一卷的"作者本人告示"中，胡塞尔的目光仍然指向从纯粹逻辑学的论证到认识论本身的内在的、前后一致的进展过程。对于《逻辑研究》第一卷和第二卷之间的关系，胡塞尔一再坚持一种统一性。在对这种统一性的强调中，胡塞尔指出："我现在倒是希望，第二卷能够提供这样的证明，即我与心理主义的争论不是一个空洞的原则之争，不是一个肤浅的绕着实事辨来论去的争论，而是建基于一个对认识体验现象学的极

为严肃的透彻研究之上。——致 A.迈农的信，1900 年 8 月 27 日。"①也就是说，胡塞尔认为他在第一卷中对心理主义原则的反驳需要通过在第二卷中对范畴意识的现象学分析来加以补充；同时胡塞尔又指出"只有通过一门纯粹的现象学，通过一门绝非是心理学、绝非是关于动物实在的心理特性和状态的经验科学的现象学，心理主义才能得到彻底的克服"。②由此可以看出，胡塞尔认为他在《逻辑研究》第一卷中对逻辑心理主义的批判为逻辑学进行现象学的论证做了必要的准备。总的来讲，在胡塞尔看来"同时代的批评令人惊异地始终没有看到这两卷的内在统一，这个统一无非在于对相关性（korrelativ）考察方式的方法原则的实现。但为了给主—客统一的研究创造一个恰当的起点，首先需要在任何错误的主体化面前努力地维护客体的客体性，在这里是逻辑构成物的客体性"③。

第三节 《逻辑研究》的思想进路

1925 年，胡塞尔在"现象学心理学"的讲座中回顾《逻辑研究》的任务和意义时说："我的《逻辑研究》一书出版于 1900/1901 年，它是我长达十年之久的努力的结果，这个努力的目标在于：通过向在逻辑意识中、在逻辑思维的体验联系中进行的意义给予或认识成就的回复，澄清纯粹的逻辑学观念。更确切地说，在《逻辑研究》第二卷中进行的各项个别研究是对那些逻辑体验的直观反思，当我们在思维时，这些逻辑体验就在我们之中进行着，但只要我们以自然原初的方式进行我们的思维活动，我们就看不到这些逻辑体验，就关注不到它们。思维者丝毫不

---

① 付印于《哲学书信：选自 A.迈农的学术通信》，R.金德林格编，格拉茨，1965 年，第 100 页。
② 胡塞尔：《逻辑研究》II/1，A8/B₁7。
③ 胡塞尔：《逻辑研究》I，编者引论，第 9 页。

知他的思维体验，而只知道他的思维所持续生产出的那些思想。人们必须通过随后进行的反思才能把握住这个在暗中进行的思维生活，并且在忠实的描述性概念中确定这些思维体验；此外，人们还必须解决一个新产生出来的问题，即说明，这个内在的逻辑体验的成就中，所有那些精神构成物是如何构成的，这些构成物在陈述的、判断的思维中作为以多种形式形成的概念、判断、推理等等出现，并且它们在逻辑的基本概念和基本公理中得到总的表述，获得普遍的客观精神的特征。"[1]

可见，胡塞尔在《逻辑研究》中的基本思想进路是：从主客体的对立关系返回到胡塞尔关心的"逻辑体验"，描述和阐明那些体验的本质性质和结构，阐明一切认知体验内的意义形成物，阐明逻辑学的纯粹概念；通过返回"逻辑体验"（胡塞尔把"认知"理解为诸体验），研究认知行为的必然结构，弄清认知行为的本质是什么，认清意向活动的条件和规律，然后从意向活动的条件和规律推进到意向相关项的条件和规律上，之后再通过观念性反思被思维者所掌握，并将其如实地描述出来。这在一定意义上说明认识论的思维是与主客两分的思维模式内在地、本质地结合在一起的，这实际上也是现象学思维的根本进路，胡塞尔先前已经把现象学在广义上设想为对一切认知内意义形成物的阐明，现象学通过阐明概念在具体体验中被构成的方式来服务于逻辑学和其他的形式科学。胡塞尔把现象学设想为一个先天观念意义结构的领域，这些结构为经验心理性行为和观念性实体、客体、事态之间提供着必要的结构性联系。这种把主体性和客体性相结合的特殊方式就是现象学的本质。

与此相关，胡塞尔在《逻辑研究》第二卷的导论中亦有类似的描述："一个事实是：所有思维和认识都与对象或事态有关，它们都似乎切中了对象或事态，以至于后者的'自在存在'显示为一种在杂多的现实的或

---

[1] 胡塞尔：《胡塞尔选集》（上），倪梁康选编，上海三联书店，1997年，第301页。

可能的思维行为中或意指中的可证实的同一；另一个事实是：在所有思维中都寓居着一种思维形式，它服从观念的规律，而且是服从那些对认识一般的客观性或观念性做出限定（umschreiben）的规律。——我要说，这两个事实一再地挑起如下的问题：客观性的'自在'被'表象'，在认识中被'把握'，就是说，最后还是成为主观的，这句话让人如何理解？对象是'自在'的并且在认识中'被给予'，这句话是什么意思？"[1]实际上，胡塞尔通过对《逻辑研究》任务和意义的回顾，不仅表明了他在《逻辑研究》中的基本思维路径和方法，而且反映了现象学思维的根本进路。鉴于此，在我们正式进入文本研究之前，我们需要先对与胡塞尔在《逻辑研究》中的思想进路相关联的理论和路径作一些基本的分析与阐述。

一、"严格科学"的哲学理想

从胡塞尔在《逻辑研究》第二卷所展示的整个思路来看，胡塞尔把哲学设想为一门严格的科学，这一哲学设想"在很大程度上是对欧洲近代哲学传统的继承和发展"[2]。那么所谓"严格的科学"对胡塞尔而言意味着什么？"严格的"本身又有着怎样的本质内涵？这实际上与胡塞尔所处的时代特点以及胡塞尔本人的学术探索和精神追求紧密相关。

胡塞尔生活的时代是一个充满危机的时代。在胡塞尔看来，这个危机从表面上看是科学失去了基础，表现为科学的危机，从根本上说是欧洲人失去了自己生活的方向，其一度稳定的价值系统被相对主义的各种世界观所取代，因此科学的危机实际上是欧洲人生活的危机，也是西方文明的危机。

随着1859年《物种起源》的出版、细胞学的提出以及能量守恒定律的发表，自然科学得到了极大的发展，自然科学的观念开始在欧洲人的

---

[1] 胡塞尔：《逻辑研究》II/1，A9/B₁8。
[2] 胡塞尔：《胡塞尔选集》(上)，倪梁康选编，上海三联书店，1997年，编者引论，第8页。

生活中占据主导性地位，科学的观念开始代替神学的观念，成为人类解释世界的依据；加之 19 世纪以后心理学得到了长足发展，其逐步从经验描述进入到理论思考的层面，并面向自身提出了哲学的问题，所有这些都对传统哲学构成了挑战。黑格尔哲学经叔本华和尼采遭受了摧毁性的打击，"回到康德"这一口号说明康德哲学本身具有生命力的同时也表明了当时哲学的困境，即德国古典哲学已无出路可言。形而上学式微，传统哲学自身也试图向经验科学靠拢以寻求新的出路。许多以哲学作为解释世界最终依据的德国学者，明确意识到自己长期以来尊崇的哲学一直处于一片混乱状态，根本不具有科学的说服力和明晰性，从而使自己处于一种感到生活依据丢失的强烈危机和痛苦之中。

1874 年，布伦塔诺在维也纳的就职演讲中以"哲学领域中沮丧状况的原因"为题，对他所感受到的那个时代的人们的绝望情绪进行了生动地描述，并且指出人们之所以对哲学失去了信心，不仅仅在于哲学家们的意见分歧，而且是因为哲学缺乏任何的发展。在布伦塔诺看来，自然科学的发展具有渐进性的特征，并且在实践中已经表现出了其应有的威力，然而哲学的发展却停滞不前，并没有表现出其应有的价值。哲学的困境来源于以下两个事实：自然科学的成功以及在自然科学映照下的德国古典"唯心论"在人们的信仰体系中的瓦解。

实际上不只是布伦塔诺，到了胡塞尔时代，稍有头脑的人都不否认危机的存在。

如果说胡塞尔时代之前的哲学方法已经垮台，那么哲学能否以一种新的方法获得重生？西方人试图通过其他途径重新找回哲学的位置。布伦塔诺认为既然自然科学的方法可以引导科学走向成功，那么它当然也可以带领哲学回归正途，因此哲学可以运用自然科学的方法获得新生。这里布伦塔诺所说的自然科学的方法指的是实证主义哲学的方法，这一观点认为科学的实证哲学最终可以取代唯心主义哲学，重新规范人们的生活秩序，重新建立人们的生活信仰。

胡塞尔一直试图寻找一门不以任何预先假定为前提的严格的哲学，这是一种笛卡尔式的哲学理想，胡塞尔不是在字面上而是从内心深处接受了这一理想。按照张汝伦先生的说法，胡塞尔就像"公元前五世纪的苏格拉底和柏拉图一样，面对礼崩乐坏的世界，想要通过找到确定可靠的、普遍的、永恒的东西，来重新给文明奠定基础。对于柏拉图而言，理性就是这样的东西；对于胡塞尔来说，通过给科学奠定基础，找到科学的基础，这个基础，或这个基础所体现的东西，就是那绝对的普遍永恒的东西，也就是文明不变的基础"[1]，它如同胡塞尔所言："我们时代的真正唯一有意义的斗争，是在已经崩溃的人性和尚有根基并为保持这种根基，或为新的根基而奋斗的人性之间的斗争。"[2]

胡塞尔在1911年发表了《哲学作为严格的科学》，该文开篇就指出："哲学从最早开始就要求成为严格的科学。不仅如此，它还要求成为能够满足最高的理论需求，并且能够使得从伦理—宗教的观点来看是受纯粹理性的规范规整的生活成为可能的科学。这一主张时而强时而弱地被强调，但是从来没有被放弃，甚至在对于纯粹理论的兴趣与能力处于萎缩的危险时代，或者在宗教压力限制理论探讨自由的时代，人们也未曾放弃过这种主张。"[3]在此基础上，胡塞尔进一步指出："哲学的历史目的是成为最高的、最严格的科学，这表现了人类对纯粹而且绝对的知识的不懈追求（与这不可分离的是人类对纯粹而且绝对的估价与意愿的需求）。"[4]

胡塞尔把哲学看作一种严格的科学，让哲学从虚假的形而上学中摆

---

[1] 张汝伦：《现代西方哲学十五讲》，北京大学出版社，2004年，第203页。
[2] 胡塞尔：《欧洲科学的危机与超越论的现象学》，王炳文译，商务印书馆，2012年，第28页。
[3] 胡塞尔：《胡塞尔选集》（上），倪梁康选编，上海三联书店，1997年，第83页。
[4] 胡塞尔：《胡塞尔选集》（上），倪梁康选编，上海三联书店，1997年，第84页。

脱出来，这是胡塞尔很早就确立的目标。在《回忆布伦塔诺》一文中，胡塞尔自己谈到："从布伦塔诺的讲座中，我获得了一种信念，它给我勇气去选择哲学作为终身的职业，这种信念就是：哲学也是一个严肃工作的领域，哲学也可以并也必须在严格科学的精神中受到探讨。他解决任何问题时所采取的纯粹实事性、他处理疑难问题的方式，对各种可能的论据的细致而辩证地考虑，对各种歧义的划分，将所有哲学概念都回溯到它们在直观中的原初源泉上去的做法——所有这一切都使我对他满怀钦佩和信任。"[1]

在胡塞尔看来，哲学自它的开端起就是要成为一门严格的科学。对胡塞尔而言，所谓"最严格"，是因为它"不可动摇""不可怀疑"、不受"质疑"，是追求明晰性和确定性的需要，是现象学发展中的重要因素。这个基本信念成为胡塞尔终生探索追求的目标，它指引着胡塞尔思想发展的方向，伴随了胡塞尔的全部学术生涯。

胡塞尔认为，在他之前的任何时期的哲学发展都没有能够实现"哲学成为严格科学"的要求，他指出如今"哲学的独特性的意义存留下来"[2]，但哲学本身却缺乏严格科学的品格，缺乏科学上可靠的规定性，哲学问题的确切含义甚至还没有得到科学的澄清；同时他又表明，如果没有搞清楚哲学问题的确切含义，哲学就无法按照其历史目的设定成为"最高的、最严格的"[3]科学的形式。

按照胡塞尔的看法，要实现"哲学作为严格的科学"，需要我们重新发现哲学作为严格科学的特殊领域，而不是把哲学还原为个别科学的方法论证明；另一方面还要把哲学从那种使其沦为受历史条件制约并摆脱任何普遍性和最终有效性要求的世界观的相对主义中解脱出来。由此，

---

[1] 胡塞尔：《文章与讲演》，倪梁康译，人民出版社，2009年，第338—339页。
[2] 胡塞尔：《胡塞尔选集》(上)，倪梁康选编，上海三联书店，1997年，第83页。
[3] 胡塞尔：《胡塞尔选集》(上)，倪梁康选编，上海三联书店，1997年，第84页。

胡塞尔对自然主义和历史主义进行了批判和斗争，并与之对应着两个方面的任务：第一就是要划清胡塞尔所说的本质的科学与事物的科学的界限，使认识论摆脱它与科学客观性概念不可改变的统一性；第二就是要让认识论摆脱历史主义怀疑论，使哲学成为一种不依赖于任何相对主义的经验认识的绝对观念知识。也就是说，胡塞尔认为的"严格的科学"与我们所认识的科学方法论不同，胡塞尔是想把哲学建设成一个完全崭新的"科学"，而不是把自然科学的方法论拿到哲学里面来。因此，"严格的科学"就绝不是经验科学或实证科学，不是世界观，不是历史主义，它应当具有科学性、普遍性和绝对性。

胡塞尔在1900—1901年发表的《逻辑研究》，是胡塞尔从逻辑的角度来建立科学哲学的思考与实践，他在1911年发表的《哲学作为严格的科学》则可以说是这一理想信念的集中表现和具体展开，这一论著因此也被看作"现象学的宣言"。

"哲学作为严格的科学"，在这里胡塞尔所用的"科学"一词的德文是"Wissenschaft"，与我们今天用的"科学"一词的英文"science"不同。"science"（科学）一词来源于古希腊，就是柏拉图、亚里士多德所说的"episteme"，它指的是一种经过严格论证而永远成真的学问，其科学特征经过文艺复兴与近代科学的发展而被严格地规定下来。19世纪中叶，穆勒在《逻辑学》里提到了人文、社会和精神科学，即他所谓的"moral science"（道德科学或精神科学），而这些科学却不都是那样恒真，那么这些学科究竟算不算科学？这由此引发了西方学术界关于人文学科的科学性的辩论。穆勒的"moral science"在德国被翻译成"Geisteswissenschaften"（一般翻译为精神科学），因为"Wissenschaft"在德文里仅仅是指一种学问和知识。因此，精神科学就没有"science"那种强烈的科学性，因为在德文里"自然科学"是另外一个字"Naturwissenschaft"，所以胡塞尔用的"Wissenschaft"（科学）显然与"science"（自然科学）

不同①。因此，胡塞尔在这里不是要把哲学还原到科学理论，也不是要哲学符合现代自然科学的方法。对胡塞尔而言，所谓"严格的科学"，在此有两个内涵：一方面是指"最具有确定性的知识起源于内感知之中，更确切地说，起源于对意识活动的内在反思之中"②，由此使胡塞尔的哲学从一开始便带有"'内在化'的趋向"③；另一方面"严格"又意味着"一种不依赖于相对的经验认识的绝对观念知识"④，因此胡塞尔的哲学"又始终具有'观念化'的趋向"⑤。后来胡塞尔对哲学的认识发生了变化，但他在"这两个方面的设想却始终保留在传统的哲学观念中"⑥。

胡塞尔把他的这一理想表述为："转型成其第一表象时现象学必须考虑到根本的怀疑状态，它要求最完全的排除。假定而且关于其自身还要完全的排除绝对的反思性的洞见"。这其中绝对的自明性以及现象学的方法及其对自身的反思使现象学成为没有预先假定的科学，胡塞尔的这一理想被称作"笛卡尔式的理想"。

二、对纯粹逻辑学观念的澄清

胡塞尔的哲学的"严格性"一开始便带有"内在化"和"观念化"的特性，具有明晰性和确定性，表现为科学知识的普遍性和绝对性。

胡塞尔把"严格性"作为其哲学追求的起点，在对严格性的探索中，胡塞尔提出了一门作为科学的最终基础的"纯粹逻辑学"。

胡塞尔在《逻辑研究》第一卷引论部分的宗旨就是引入纯粹逻辑学，确定逻辑学观念的科学性质并维护设定观念性对象的必要性。这一必要性不仅表现在数学与逻辑学中，而且可见于设定和运作观念性法则的一

---

① 洪汉鼎：《重新回到现象学的原点》，人民出版社，2008年，第125—126页。
② 胡塞尔：《胡塞尔选集》（上），倪梁康选编，上海三联书店，1997年，编者引论，第8页。
③ 胡塞尔：《胡塞尔选集》（上），倪梁康选编，上海三联书店，1997年，编者引论，第8页。
④ 胡塞尔：《胡塞尔选集》（上），倪梁康选编，上海三联书店，1997年，编者引论，第8页。
⑤ 胡塞尔：《胡塞尔选集》（上），倪梁康选编，上海三联书店，1997年，编者引论，第8页。
⑥ 胡塞尔：《胡塞尔选集》（上），倪梁康选编，上海三联书店，1997年，编者引论，第8页。

切科学中。胡塞尔想为一种新的逻辑学的观点和逻辑学的探讨开辟道路，并由此使哲学通过纯粹逻辑学获得其自身的不依赖于任何心理学和任何自然科学的"最具尊严"的独立研究领域。在胡塞尔看来，只有当哲学从自然的科学思维方式中解放出来，才能把目光朝向哲学的科学领域，朝向作为"普遍科学"的纯粹逻辑学。

考虑到澄清纯粹逻辑学并使其得以确立的任务，胡塞尔在《逻辑研究》中首先要做的工作包括：对常规逻辑学和纯粹逻辑学进行考察，把作为实践科学及规范科学的常规逻辑学与作为形式科学的纯粹逻辑学区分开来；批判、反驳逻辑学的心理主义和相对主义的论证以维护逻辑学；阐明纯粹逻辑学的观念与任务，并对其进行系统建构。

（一）常规逻辑学和纯粹逻辑学的划界

按照胡塞尔的观点，传统逻辑学经过长期的发展，其"仍然远远未能达到在逻辑学的定义上和各种逻辑学本质学说的内涵方面的全面统一性"①，现如今在"对逻辑学的各种定义中所反映出来的有争议的原则问题仍然是有争议的"②。随着心理学的发展和兴起，心理主义流派在逻辑学中逐渐取得了优势，但在胡塞尔看来，奠基于心理学的当代逻辑学在逻辑认识的过程中依然存在着诸多阻碍与危险，而这些阻碍和危险都毫无例外地来自"对领域的混淆"和"对理论基础的误解"③。

因此胡塞尔指出必须把常规逻辑学与纯粹逻辑学区分开来，探讨与二者划界相关的争论性问题：1."逻辑学究竟是一门理论学科还是一门实践学科（一门'工艺论'（Kunstlehre））"④；2."它是否是一门独立于其他科学，尤其是独立于心理学或形而上学的科学"⑤；3."它是否是一

---

① 胡塞尔：《逻辑研究》I, A3/B3。
② 胡塞尔：《逻辑研究》I, A3/B3—A4/B4。
③ 胡塞尔：《逻辑研究》I, A7/B7。
④ 胡塞尔：《逻辑研究》I, A7/B7。
⑤ 胡塞尔：《逻辑研究》I, A7/B7。

门形式学科，或者像人们习惯于说的，它是否仅仅关系'认识的形式'，它是否也须顾及认识的'质料'"①；4."它究竟是具有先天的和演证的（demonstraktiv）学科的特征，还是具有经验的和归纳的（induktiv）学科的特征"②。胡塞尔指出上面提出的所有问题彼此之间都有着紧密的联系，它们往往会因为我们对其中一个问题的态度，"在某种程度上一同制约着或实际影响着对其他问题的态度"③。因此就上述问题而言，实际上只存在着两个派别：一个派别认为"逻辑学是一门理论的、独立于心理学的并同时是形式的和演证的学科"④；而另一个派别认为"逻辑学却是一门依赖于心理学的工艺论，这样，它本身便不可能具有那种形式的和演证的特征"⑤。

于是胡塞尔把自己在《逻辑研究》这一卷的基本思路表述为："我们的目的实际上并不在于参与这些传统的争论，而是在于澄清在这些争执中起作用的原则差异，并且最终澄清一门纯粹逻辑学的根本目的。因此，我们必须走这样一条道路：我们以当前几乎受到公认的对逻辑学的规定为出发点，即以工艺论的规定为出发点，并且确定这个规定的意义和对它的证义。而后我们很自然地要提出关于这门学科的理论基础的问题，尤其是它与心理学的关系问题。从根本上看，这个问题与认识论的主要问题，即与认识的客观性有关的问题，即便不是完全相合，也可说是在一个主要部分上相合。我们与此有关的研究所得出的结果是划分出一门新的、纯粹理论的科学，它构成任何一门关于科学认识的工艺论的最重要基础，并具有一门先天的和纯粹演证的科学的特征。它就是康德以及其他'形式的'和'纯粹的'逻辑学的代表人物所企图建立的科学，

---

① 胡塞尔：《逻辑研究》I, A7/B7。
② 胡塞尔：《逻辑研究》I, A7/B7。
③ 胡塞尔：《逻辑研究》I, A7/B7。
④ 胡塞尔：《逻辑研究》I, A7/B7—A8。
⑤ 胡塞尔：《逻辑研究》I, A7/B7—A8。

但他们没有正确地把握和规定这门科学的内涵与范围。这里的思考所得出的最后一个成就在于获得了关于这门有争议的学科的本质内涵的一个清楚而明晰的观念，随着这个观念的得出，我们对上述争论的立场也就自然而然地得以明了。"[1]因此，这里就涉及到两个基本问题，即作为"工艺论"的逻辑学的理论基础以及它与心理学的关系。

胡塞尔分析指出，逻辑学——无论是常规逻辑抑或是纯粹逻辑——作为一种"科学理论"是有关真值陈述并且是在一种自成一体的科学理论的系统性关联体内有序排列条件的学说，它们都相关于可能的思想方式，都关心于可能科学知识的"基础"问题。

胡塞尔在《导引》中通过对逻辑技术的论述把纯粹逻辑作为逻辑技术的理论基础加以引用，并体现了纯粹逻辑学的实用性动机。在胡塞尔看来，一种通常的技术学需要一种理论基础，处理一般理论性条件的理论应该用于推动一种合乎理性的具体的生活。科学认知的技术学围绕的核心准则是：科学知识如何可能？这类准则可以被分解为规范命题和相关于具体实行的实际指引。其中规范命题相关于正确思维、判断和推论，以及命题在一种理论的关联体内的系统排列；实用的指引特别相关于实现规范准则的心理学条件。规范命题要求有一个基础，而这个基础有一个基本因素——基础规范的主题化，这一基本规范规定着学科的统一性，把规范化的思想纳入到这门学科的所有规范命题之中，表示着其所追求的统一基础目标。规范逻辑引自科学知识的目标，规范逻辑的每一规范命题也规范着一种具体事态并同时受基础规范的制约。规范逻辑亦如其他规范科学一样，也要求一种理论基础，因此就必须探讨受到规范化的事态与基础规范之间关系的"理论核心内涵"[2]。传统来看，作为具有实

---

[1] 胡塞尔：《逻辑研究》I, A8/B8。
[2] 胡塞尔：《逻辑研究》I, A49/B49。

用性学科性质的逻辑学被看作在一种组织过程中产生正确结论的"技艺"。那么作为"工艺论"的逻辑学所要求的理论基础从何而来？我们根据胡塞尔的研究得到的基本认识是：胡塞尔划分出了一门对于每一规范科学的建立来说具有根本意义的新的纯粹的理论科学，这一学科"构成任何一门关于科学认识的工艺论的最重要基础"[①]，它是相关于一般理性思维的观念的、客观的条件，它们相对于规范学科的可能性而言具有极为重要的本质性理论基础。这一科学具有先天的和纯粹演证的科学的特征，它是有关观念、真理和观念法则的一门纯粹的先天性科学，这门科学就是"纯粹逻辑学"。

（二）对心理主义的批判

胡塞尔在《导引》中的基本意图是要发展"一门形式演绎系统的普遍理论"，一门形式的普遍科学。胡塞尔的这一目的是通过对逻辑心理主义的反驳、拒绝和清算来实现的，是为通向关于科学或纯粹逻辑学的一般理论以及通向意向性分析（《逻辑研究》第二部分）扫清了道路来实现的，它是由一种纯粹逻辑学决定的。

在胡塞尔看来，经验心理学和纯粹逻辑学是两门根本不同的学科，在逻辑学和心理学这两门学科领域之间存在着根本的区别，逻辑法则不同于心理法则。心理主义主张逻辑学为心理学奠基，乃是因为存在着对经验心理学与纯粹逻辑学各个本质不同的问题的层次的混淆、心理学在认识论和怀疑论方面的不足以及在明晰性和理论严格性方面的欠缺，根本原因就在于心理主义对最本质的基础问题的误识。因此，胡塞尔指出需要对逻辑学与心理学进行必要区分并阐明二者之间的关系，这不仅是一种方法论的预备工作，而且是逻辑学本身的主要内容。

大多数反对心理学的证明都建立在两个观念之上：1. 任何理论如果

[①] 胡塞尔：《逻辑研究》I, A8/B8。

否认真实的客观知识的可能性，就不能避免相对主义，而相对主义是怀疑论的形式之一；2.逻辑学和心理学之间具有根本的区别，这种区别可由心理活动（意向活动）与意向对象之间的区别来证明它的合理性[1]。

胡塞尔对心理主义论证的反驳，是通过以下两种方式来实现的：一方面通过对逻辑心理主义背谬结论的证明；另一方面完成了对心理学的成见的剖析。在《导引》中，胡塞尔把主要篇幅用在了对成见的反驳上。

心理主义者认为认识论所关注的感知、信念和判断以及认识的认知本性都属于心智现象，而心理学的任务就是要对它的结构进行探索和研究，并且由此推及到科学和逻辑学。心理主义者认为逻辑学是心理学的一部分，逻辑规律就是心理规律，并且指出对逻辑规律的性质和有效性的研究必须是经验性的，以此主张心理学为逻辑学的理论奠基。

对此胡塞尔指出，心理主义的错误就在于混淆了逻辑学和心理学的关系，没有认识到两个领域之间存在的根本区别，"心理主义的逻辑学家们忽视了在观念规律与实在规律之间、在规范制约与因果制约之间、在逻辑必然性和实在必然性之间、在逻辑基础与实在基础之间存在的那种基本本质的、永远无法消除的差异"[2]。在《导引》中，胡塞尔着重论述了科学的理想、观念对象的性质以及与各种对象相关的观念性法则。胡塞尔指出，规范性科学基于观念真理的理论科学观念，真理表达于一般命题以及描述该永恒真理的观念领域的法则之中。胡塞尔在观念的理论法则和推理的规范、观念性和规范性之间进行了严格的区分，并批评新康德主义者混淆了这两个区域。

胡塞尔指出心理学和逻辑学是两门根本不同的科学，它们在各自的问题域、特点和目标上都存在着重大差异。心理学是一门事实科学，从

---

[1] 维克多·维拉德—梅欧：《胡塞尔》，中华书局，2014年，第26页。
[2] 胡塞尔：《逻辑研究》I, A68/B68。

而是一门经验的科学，它研究意识的事实性质，和其他所有经验科学一样，它只能得到多年被经验证实的事实规律，即自然规律。逻辑学或者说纯粹逻辑学是基础科学，不是经验科学，并且根本与事实上存在的对象无关，逻辑学研究观念性的结构和规律，逻辑规律是先天规律。

根据胡塞尔的观点，自然科学研究的是客观事实的因果联系，这些因果联系以对经验所与对象的归纳概括为基础，因此自然科学研究对象的性质决定了心理规律是对经验的模糊概括，这种模糊性是所有自然规律所共有的。因此心理学的研究结果具有含混性和或然性特征，心理规律的法则只有在一定的事实条件下才会有效，因此心理规律的精确性只是一种或然的精确性，而非绝对的精确性。在胡塞尔看来，心理学至今都未提出真正的、精确的规律，其自然规律只是一种对"经验的模糊的普遍化"，无法做到以绝对可靠的、单义的规定性确定对象的存在和产生；心理学的自然法则欠缺一种严格的概念性，它只具有一种"概然的有效性"[1]；即使是经验科学所说的"精确规律"，也只是一种形式的定律，一种"从理论上得到认证的、具有最高威严的或然性是……这个真理负载了许多事实性内涵，因而它本身绝不是一种真正词义上的规律。它自身显然还包含着许多界定含糊的概念。"[2]因此，关于事实的精确科学的所有规律，从认识论上看，它们只是一些具有实在根据的"理想化的臆想"[3]。

与之相反，胡塞尔指出逻辑规律具有确定性、精确性和绝对性。逻辑规律的绝对性要求该法则在任何时间、对任何人，在任何条件下都有效。因此逻辑规律调节思维和对思维提供的规范与自然规律调节自然现象和调节思维的心理过程以及对自然现象提供的法则规范不同，自然规

---

[1] 胡塞尔：《逻辑研究》I, A61/B61。
[2] 胡塞尔：《逻辑研究》I, A72/B72。
[3] 胡塞尔：《逻辑研究》I, A73/B73。

律是对经验的归纳概括，它们仅在某些条件下有效，而逻辑规律不是通过对客观事实的归纳概括获得的，它不与事实相关，也就是说逻辑规律排除了其作为自然法则的规定。然而胡塞尔的这一论点却遭到了心理主义的质疑：逻辑法则相关于思维，而思维相关于一种"心理的存在""判断的存在"的事实[1]，那么逻辑法则就由此显示出了一种与心理学事实的必然联系，即使其来源于纯粹的逻辑概念。对此，胡塞尔以间接的方式给予了回应：任何一种思维运作都是一种心理活动，其正确性是由逻辑法则规范的，而不是由逻辑法则引发的。也就是说，逻辑规律不是精神思维的原因，它不像心理规律那样引起我们的思维，它只是调节我们的思维，因此逻辑规律不同于心理规律。

胡塞尔指出，心理学的自然规律虽然可能具有一种"最高尊严的或然性"，但把逻辑法则表示为心理学的自然法则，并不能排除心理规律可能具有的虚假性，因为心理学的自然规律在心理活动中获得，没有必然性，只有或然性。逻辑规律具有绝对的精确性，它不是从心理活动中归纳得来的一般的思维规律，而是具有必然规范性的规律，它不以事实条件为依据，逻辑命题具有普遍必然性。因此纯粹逻辑学不能以心理学的经验为基础，而必须由先天必然的东西为其奠基。于是逻辑学的矛盾律就成为在任何条件下保证逻辑规律绝对效力的充分条件，或者确切地说，它独立于一切事实性条件。因此，逻辑工艺论的根本理论基础并非心理学，心理主义不可能为逻辑法则的绝对必然性奠定基础，逻辑工艺论的根本理论基础是纯粹逻辑学。

胡塞尔指出，用心理活动来解释逻辑规律、把逻辑规律等同于自然规律、将逻辑学还原为心理学是心理主义容易犯的一个范畴错误。此类错误把逻辑法则转化成自然法则，把规范的调节转化为因果联系，把逻

---

[1] 胡塞尔：《逻辑研究》I，A142/B142。

辑的必然性转化为实在的必然性①，这类错误完全忽视了逻辑规律的观念性、确定性和先天性（非经验的有效性）特征。因此，把逻辑学和心理学不正确地等同化所带来的后果是：如果把逻辑规律建立在心理经验事实的基础上，那么我们就无法将逻辑规律奠基于先天性，由此就会导致怀疑主义和相对主义。

胡塞尔在对怀疑主义和相对主义的批判中指出，这种逻辑相对主义是一种关于逻辑的"特殊的"相对主义，它是人类学的相对主义形式之一，它使知识和逻辑法则的有效性相关于一种作为特殊生命的人的存在。胡塞尔认为，对于这种相对主义而言，逻辑规律是一些思维规律，它们对人类来说是特殊的自然规律，因此逻辑规律可以宣称根本不存在任何永恒性和非时间性。如果逻辑规律如种类相对主义即"人类主义"所言：绝对依赖于人性特点，依赖于对人类本性的创造，那么由于进化或者其他理性种类可能造成的这种创造的改变将意味着逻辑规律也会改变②。无论是个体相对主义抑或种类相对主义都会导致激进的怀疑主义，它们都无法摆脱"令人无法忍受的混乱"③和"怀疑主义的荒谬性。他们在较为狭窄的范围内仍然坚持从普遍人类事物中推导出真理，即从实在之物中推导出观念之物，更确切地说：从事实的偶然性中推导出规律的必然性"④。因此，任何形式的心理主义都是相对主义，就其自然规律的特殊构成而言，心理主义是逻辑规律的相对化，逻辑规律的绝对有效性不可能依赖于心理规律。

究其根本，心理主义的错误在于没有正确区分认识活动与认识内容。在胡塞尔看来，认识活动是时间性的、主观的和易逝的，逻辑形式和规

---

① 胡塞尔：《逻辑研究》I,§19。
② 胡塞尔：《逻辑研究》I,§34、§35、§40。
③ 胡塞尔：《逻辑研究》I,§38。
④ 胡塞尔：《逻辑研究》I,§38。

律是非时间性的、客观的和永久有效的。逻辑规律与理念相关，在逻辑判断中所确认和拒绝的东西不是判断的实在的心理活动，而是判断的理念——逻辑内容。逻辑原则通过认识活动被掌握，认识活动认识到的是某种观念对象，观念对象不能被还原为实在的意识活动，因为观念规则的有效性是独立于任何实际存在的东西的。总而言之，逻辑规律是非时间性的，或者说在理念上是超时间性的，并且在任何环境下都是绝对有效的。如果逻辑规律依赖于人类的心理构成，那么思维的这种心理构成方面的变化，就永远只是一种可能。那么逻辑的和数学的观念对象与可能的心理体验是否存在关联？二者之间有着怎样的关系？这就成为胡塞尔在《逻辑研究》中需要面对和解答的最大课题，胡塞尔对这一课题的解答则是通过对意识体验的描述性研究来实现的。

（三）纯粹逻辑学的观念与任务

在《逻辑研究》第一卷，胡塞尔通过批判心理主义试图重新构建一门纯粹逻辑学的观念，"它将导致对一门在理论上独立于所有心理学和事实科学的科学之界定"[1]，它将被作为逻辑工艺论的根本理论基础。胡塞尔在《导引》结尾部分提出了纯粹逻辑学的观念及其任务，重新讨论纯粹逻辑学的科学理论功能。

胡塞尔指出"纯粹逻辑学是对传统形式逻辑学的改造"，逻辑学发展至今，通常被看作一门与客观事物没有丝毫关系的纯粹的科学，它既不以客观事物为基础，也不是关于客观事物的科学；逻辑领域被认为是与经验和现实世界构成的客观领域毫无关系的领域；大多数逻辑学家认为，由于逻辑关涉的是对象之间的形式关系，因此任何关于逻辑论断的否定都不会导致自相矛盾，从而具有必然性，而事实事件的关系则被认为是偶然的，因此具有必然性的逻辑真理不同于表现为偶然性的

---

[1] 胡塞尔：《逻辑研究》I，"作者本人告示"，第257页。

事实真理①。

"纯粹逻辑"这一观念是由莱布尼茨和波尔查诺提出来的,胡塞尔在这里重提的目的就是要为设定理想的对象物辩护。与西方哲学家传统的观点不同,胡塞尔认为世间存在着两种事物:实在的事物和非实在的事物。除了实在存在的事物,世间还有另外一种对象领域,它包括像"毕达哥拉斯定理"和"数字4"这样的"非实在的"或"理想的"对象物。"Gegenständlichkeiten"可以译为"对象性",胡塞尔采用了复数形式,以此来指所谓的"非实在对象"②。在胡塞尔看来,非实在的然而却是对象性的对象保持着绝对的有效性,"它保留着它的观念存在。它并不存在于'虚空中的某处',而是一个存在于观念的非时间王国之中的有效统一"③,即一种观念的、非时间领域之中的观念统一,如规律、概念、推理、真理、真理明证性等,以区别于一般对象。

胡塞尔认为逻辑领域与事实领域不同,他通过区分实在的事物和理想的对象,即在实在的存在和观念的存在的可能性之间的明确区别中,提出了有关纯粹逻辑学的新观念。胡塞尔指出,纯粹逻辑学是一种完全不同类型的科学理论,其作为观念规律和理论的统一,是"建立在理论的本质之中的系统理论"④,是一种关于形式的演绎系统的普遍理论。这些规律和理论纯粹建基于认识的"内容"之中,也就是建基于基本概念之中。这些概念和规律构成理论一般的观念成分,是关于观念的"可能性条件"。"纯粹逻辑"作为知识的形式结构和逻辑条件,为每一观念上可能的科学奠基,它既与其理论的形成相关,也相关于其对象与某研究领域的组合,它研究"意义本身"的本质和"对象本身"的最普遍形式

---

① 维克多·维拉德—梅欧:《胡塞尔》,中华书局,2014年,第30页。
② 张汝伦:《20世纪德国哲学》,人民出版社,2008年,第101页。
③ 胡塞尔:《逻辑研究》I,A130/B130。
④ 胡塞尔:《逻辑研究》I,A243—B243。

和组成法则，它以最一般的方式使科学在客观方面得以成为科学，避免逻辑的和形式的矛盾。纯粹逻辑学是关于科学一般的科学或者是关于理论观念的观念构成物的科学，是关于"理论的理论、科学的科学"①。正如胡塞尔所言"纯粹逻辑学是观念规律和理论的科学系统，这些规律和理论纯粹建基于观念含义范畴的意义之中，也就是说，建基于基本概念之中，这些概念是所有科学的共有财富，因为它们以最一般的方式规定着那些使科学在客观方面得以成为科学的东西，即理论的统一性。在这个意义上，纯粹逻辑学是关于观念的'可能性条件'的科学，是关于科学一般的科学，或者，是关于理论观念的观念构成物的科学。"②

胡塞尔指出，为了更深入地理解纯粹逻辑学作为一门先天学科的观念，根据这一观念的暂时规定，逻辑学的任务包括以下三个方面：

1. "确定纯粹含义范畴、纯粹对象范畴以及它们的规律性复合"③，也就是说对较为重要的概念尤其是对所有原始的概念予以确定并进行科学的澄清，"使客观联系之中的认识关系，特别是使理论关系'成为可能'"④，这一做法是为了澄清和确定那些"构造了理论统一这个观念的概念"⑤，以及与上述概念有着观念规律联系的概念，即"有关概念的概念以及其他观念统一的概念"⑥。

2. 寻找"建立在这些范畴中的规律和理论"⑦。胡塞尔指出建基于"两个种类的范畴概念之中"⑧的规律不仅涉及"这些概念的复合的可能形式以及通过这种复合而完成的对理论统一的变化改造的可能形式，而

---

① 胡塞尔：《逻辑研究》I，A243—B243。
② 胡塞尔：《逻辑研究》I，"作者本人告示"，第258页。
③ 胡塞尔：《逻辑研究》I，A243/B243。
④ 胡塞尔：《逻辑研究》I，A243/B243。
⑤ 胡塞尔：《逻辑研究》I，A243/B243。
⑥ 胡塞尔：《逻辑研究》I，A244/B244。
⑦ 胡塞尔：《逻辑研究》I，A246/B246。
⑧ 胡塞尔：《逻辑研究》I，A246/B246。

且更多的是涉及已形成的构成形式的客观有效性"①，也就是说，它既涉及一致性逻辑或"无矛盾性逻辑"，也相关于可能的（形式的）真与伪的观念性条件，特别是在复合的命题形式中，它由一系列可避免矛盾的法则构成，而这些法则可被纳入一个包容广泛的理论之中。这些规律朝向含义一般与对象一般的逻辑—范畴的普遍性，"因而也是可想象的最高普遍性的规律"②，其本身又在构造着理论。因此，所有这些原始的和基本的规律直接植根于范畴的概念之中，在这些规律的形式普遍性中包含着所有可能的含义和所有可能的对象，任何特殊的理论和任何特殊的科学都服从于这些规律，任何有效的理论和科学的运行都必须以此为根据。因此那些观念上完善的范畴理论和规律构成了一门包罗万象的理论，它将那些个别的理论作为相对封闭的组成部分包含在自身之中。这些规律成为任何一个确定的有效的理论的基础，"任何理论都根据这些规律来进行，任何理论都只有从这些规律出发才能作为有效的理论而在其'形式'方面得到具有最终根据的合理证实"③。

3. 构造出"有关可能的理论形式的理论或纯粹流形论"④。在完成前两项任务的基础上，我们"用纯粹范畴的概念来确定地构造出可能理论的多种概念，我们有可能构造这样一些理论的纯粹'形式'"⑤。因此，一门与理论一般可能性条件有关的科学的观念便得以充分地展示。同时，"这门科学超出自身又指明了一门填补性的科学，这门填补性的科学先天地涉及理论的本质种类（形式）以及从属的关系规律"⑥，由此"便产生

---

① 胡塞尔:《逻辑研究》I, A246/B246。
② 胡塞尔:《逻辑研究》I, A246/B246。
③ 胡塞尔:《逻辑研究》I, A246/B246。
④ 胡塞尔:《逻辑研究》I, A247/B247。
⑤ 胡塞尔:《逻辑研究》I, A247/B247。
⑥ 胡塞尔:《逻辑研究》I, A247/B247。

出一个关于理论一般的更全面科学的观念"①，这一科学不仅要求对观念中的本质概念和本质规律进行研究，而且还要对这些观念予以区分，其先天研究的是可能的理论，而非理论本身的可能性。

三、现象学的方法

胡塞尔在《逻辑研究》第一卷中提出并澄清了纯粹的逻辑学观念，在《逻辑研究》第二卷中进行了六项个别研究，通过对逻辑意识和逻辑思维的体验的直接回溯，对意识现象进行了本质分析，揭示了逻辑对象的观念性，从而为"对纯粹逻辑学进行认识批判"②和澄清现象学研究作准备，试图从认识论上为逻辑学奠定基础。在这个意义上，我们说现象学是纯粹逻辑学的哲学准备或者方法论。

"现象学"一词在胡塞尔那里首先标志着一种方法和思维态度，一种特殊的哲学思维态度和特殊的哲学方法，因此现象学既是一种方法，也指一种学说。现象学研究、现象学方法与现象学任务、现象学内容紧密地融为一体，我们要谈论现象学的方法论原则，就必须紧密结合现象学研究和解决的问题，我们要了解现象学研究的理论内容，就必须以现象学的方法、原则为路径和依据。如果没有透彻地了解现象学，就不可能掌握现象学的方法，只有在理解了胡塞尔用现象学方法解决的问题之后，我们才有可能更准确地把握现象学方法的含义和本质；同样，如果不掌握现象学的方法，就不可能理解现象学，由此在现象学和现象学的方法之间就形成了一个所谓的"现象学循环"。

胡塞尔在现象学的研究中逐步形成和发展了胡塞尔本人的现象学方法，胡塞尔依据其提出的现象学方法对现象学论题进行了分析和陈述，这不仅推动着胡塞尔本人的现象学研究广泛而深入地发展，而且他的方法论思想对欧美哲学也产生了决定性的影响。胡塞尔的目标是要使哲学

---

① 胡塞尔：《逻辑研究》I，A247/B247。
② 胡塞尔：《逻辑研究》II/1，A3/B$_1$1。

自身成为普遍的科学，这也是现象学的根本任务和目标，而现象学的方法就是通达这一目标的道路。现象学的方法不仅对其他学科具有极大的重要性，而且实际上还是现象学本身成为可能的条件，现象学方法论研究本身就是现象学。

因此我们要想真正地理解现象学，就必须掌握现象学的方法。现象学的方法体现在胡塞尔的一系列著作中，特别是表现在胡塞尔现象学的一些特有概念中，譬如直观、本质直观、悬搁、本质还原、现象学反思、明证性等等，我们了解了这些术语和概念的含义在某种程度上就等于把握了胡塞尔的现象学方法及其思想。接下来我们要通过对胡塞尔在《逻辑研究》中关于现象学的目的、任务和问题的若干考察，来进一步揭示现象学方法本身的结构特性，以进一步认识现象学的方法和现象学。

（一）现象学的描述

胡塞尔指出，现象学是一门描述性科学，因此描述既是现象学的任务也是现象学的基本方法，胡塞尔现象学的理论特点主要体现在其现象学的描述方法之中。

在《逻辑研究》第一卷，胡塞尔关于纯粹逻辑学的研究并不是他在《逻辑研究》中所追求的最大目的，胡塞尔要探索的最大课题就是对观念对象与意识行为之间的关系进行描述性研究。胡塞尔试图通过探讨心理之物，从对象的有关范畴出发，反思其特定的意识方式，反思纯粹逻辑领域的观念对象的明证的被给予性。胡塞尔指出现象学不是描述心理学，它是那种特有的"纯粹"描述，"即在对体验（即使在自由想象中臆造的体验）的范例性个别直观的基础上进行的本质直观，以及在对纯粹概念中被直观到的本质的描述确定，并不是经验的（自然科学的）描述，毋宁说它排斥所有自然进行的经验的（自然主义的）统觉和设定"[1]现象

---

[1] 胡塞尔：《逻辑研究》II/1, A18/B$_1$18。

学"不谈论动物生物的状态（甚至都不去谈论一个可能的自然一般的动物生物状态），它谈论的是感知、判断、感受等等本身，谈论它们先天的、无条件的（unbedingt）普遍性中作为纯粹种类的纯粹个别性所含有的东西，谈论那些只有在对'本质'（本质属、本质类）的纯粹直观把握的基础上才能明察到的东西"①。由此可见，胡塞尔在《逻辑研究》中所进行的描述性研究既不是心理、物理的研究，也不是在一般意义上的描述性研究，其兴趣不在于描述和分析心理过程，而在于对逻辑的、先天的意识结构进行本质的描述和分析，这就是现象学的描述与分析，这是现象学方法最重要的地方，这也是现象学作为方法的基本任务。胡塞尔的现象学在很大程度上就是围绕着这个基本任务展开的，这一现象学方法规定了《逻辑研究》的工作方式。

胡塞尔把现象学研究严格限制在意识中，现象学是对意识结构的研究，它研究现象如何向意识显现。在《逻辑研究》中，胡塞尔把现象学规定为对一般意识的纯粹描述的科学，它描述的是在直观自明中直接给予的东西。胡塞尔指出，意向性是意识的基本特征，意识的结构可分为意向活动和意向内容，胡塞尔将意识结构描述为：自我—我思—所思。"自我"即胡塞尔所说的现象学意义上的心理主体，它既非心理学意义上的经验自我，也非胡塞尔后来所说的先验自我，现象学意义上的"自我"是经过悬搁之后作为"剩余的纯粹自我"，即在现象学上还原了的自我②；"我思"是指向意向对象的意识活动，"所思"即我思之物，是现象学研究、描述的对象。因此，现象学作为关于现象的科学，是被给予我们的东西或在我们的意识中显现的东西的科学，现象学的任务就是如实地分析意识活动的本质特性，对给予我们的现象进行分析，研究现象如何向

---

① 胡塞尔：《逻辑研究》II/1，A18/B₁18。
② 倪梁康：《胡塞尔现象学概念通释》（增补版），商务印书馆，2016年，第237—238页。

我们显现,也就是事物对我们显现的方式,或者说它们是如何被给予我们的。在这个意义上,现象学描述的是显现在意识中的意识现象、显现物及其显现过程,现象学方法是对意识和给予意识的东西进行描述与分析的方法,这是现象学最主要的方法。这种方法是纯描述性的,哲学通过这一方法而成为严格的科学。

如前所述,胡塞尔指出现象学研究是描述性的。但现象学研究为什么是描述性的,它对先天性的描述如何可能?我们关于这一问题的探讨就涉及到现象学方法的根本特点、基本考察方向与方法、现象学描述方法的特点以及它们彼此之间的关系等。

(二) "回到实事本身"

胡塞尔在《逻辑研究》中指出:"纯粹逻辑学的任务是确定并澄清那些赋予所有认识以客观意义和理论统一的概念和规律"①,以此为根本的、普遍的知识奠定基础,以免陷入怀疑主义和相对主义。与此同时,胡塞尔进一步强调指出"作为有效的思维统一性的逻辑概念必定起源于直观;它们必定是在某些体验的基础上通过观念化的(ideierend)抽象而产生的,并且必定需要在新进行的抽象中一再地重新被验证,以及需要在与其自身的同一性中被把握。易言之:我们决不会仅仅满足于'单纯的语词',亦即不会满足于'对语词单纯的象征性理解',一如我们最初在反思纯粹逻辑学提出的那些关于'概念''判断''真理'等等连同其各种划分的规律之意义时所做的那样。那些产生于遥远、含糊和非本真直观中的含义对我们来说是远远不够的。我们要回到'实事本身'上去。我们要在充分发挥了的直观中获得这样的明见性"②,即必须返回"实事本身"。

---

① 胡塞尔:《逻辑研究》II/1,A5/B₁4。
② 胡塞尔:《逻辑研究》II/1,A7/B₁6。

如前所述，现象学的任务就是如实地分析意识活动的本质特性，仅限于描述在意识中的所与之物或显现之物的洞见与直观，现象学纯粹是对事物如何被给予以及如何向我们的意识显现的描述，它不包含任何对存在的描述。因此，任何来自形而上学、物理学、心理学等学科的假定都不可能成为现象学的出发点。在这种意义上，现象学是一门没有预先假定的科学，它不以这种非确定性和有假定性的前提为出发点，其出发点在于对直观中所汲取的东西的描述。现象学要描述的是本质，它关心的是现象，即事物如其所是地向我们显现的方式。在胡塞尔那里，本质或本质的规律，就是现象学所要描述的现象。因为在这里，"现象"作为客观意义上的现象指的是"纯粹现象"，是"作为意识的意识"[1]，是"纯粹意识本身"[2]，是在直观中直接、绝对地被给予[3]，它不是经验主义和实证主义的现象，而是根本的"本质"的现象，它既是主观的，又具有普遍客观性。胡塞尔认为现象学研究一切被给予的和被呈现为一种"现象"的东西，现象学不寻求一种"物本身"或现象背后的"实体"，它关注的是现象本身。胡塞尔指出，"根据显现和显现者之间本质的相互关系，'现象'一词有双重意义。现象实际上叫作显现者，但却首先被用来表示显现活动本身，表示主观现象"[4]，即是说"现象"概念既包括对意识的显现者的观念，又包含着对意识的显现行为本身。"现象"一词揭示了一种意向性结构，在此结构中"物自身"如其所是地向我们显示着自身。对胡塞尔而言，现象就是"实事本身"，现象学的著名口号"回到实事本身"就是在这个意义上理解的。

"回到实事本身"作为现象学的方法和原则，对胡塞尔而言，并不是

---

[1] 倪梁康：《胡塞尔现象学概念通释》（增补版），商务印书馆，2016年，第362页。
[2] 倪梁康：《胡塞尔现象学概念通释》（增补版），商务印书馆，2016年，第362页。
[3] 倪梁康：《胡塞尔现象学概念通释》（增补版），商务印书馆，2016年，第362页。
[4] 胡塞尔：《现象学的观念》，商务印书馆，2016年，第16页。

要回到事实性的、经验性的事物上去，而是要人们回到可直观到的、在意识中直接显现的现象，返回到在意识中被直接给予的绝对的所予物。在《逻辑研究》中，现象学被规定为对一般意识的纯粹描述的科学，它描述的就是在直观自明中直接被给予的东西。现象学要求回溯到主体所确立的明见性的领域追溯认知行为，在澄清和实现直观的基础上，回到概念的直观经验的源头上，因为纯粹逻辑学具有形式和"起源"的内容，而现象学"打开了'涌现出'纯粹逻辑学的基本概念和观念规律的'泉源'，只有在把握住这些基本概念和观念规律的来历的情况下，我们才能赋予它们以'明晰性'，这是认识批判地理解纯粹逻辑学的前提"[①]。也就是说，我们不可能满足于运用这样的概念和规律，即其明证性基础还未通过返回其直观中的原初根源而获得了真正的阐明，对于我们要把握住的基本概念和观念规律，我们只有通过回溯到其在直观中的原初根源，才能获得明晰性。所以"回到实事本身"，不是返回意向性的心理过程，而是指意识被直接直观到的本质因素，这些成分被看作结构性的意义意向（Bedeutungsintentionen）和相互关联的意义充实（Bedeutungserfüllungen）的本质性质，它是一切理解中都包含的本质结构，是构成观念性客体的行为的纯粹先天性本质。

"回到实事本身"意味着现象学要研究的是事物的纯粹本质，返回到直接给予我们的直观材料，而非研究其"本身"之外的事物。这一口号表明了现象学的基本态度、原则和方法，其目的就是要告别形而上学的主客体的分离，试图让现象学为一切科学奠基。但是，其悖论在于：实事本身就是现象，但其本身并不向意识的自然态度显现。那如何才能让实事如其所是地呈现自身？这就要求一种现象学的研究，一种先验现象学的作用，因为只有如此，现象才能如实地向意识显现，这里就关涉到

---

① 胡塞尔:《逻辑研究》II/1, A4/B$_1$3。

现象学还原和悬置等一系列现象学方法的实践。无前设性或无前提性，是现象学所遵循的"一切原则之原则"或"第一方法原则"，"每一个原本给予的直观都是一个合法的认识源泉，将所有那些在直观中原本地（可以说是在其切身的真实性中）展示给我们的东西就当作它们自身所给予的那样来加以接受，但也仅只是在其自身给予的范围内加以接受"①。

(三) 现象学的还原/无前提性

在对意识的分析中，胡塞尔对意识行为、意识内容、意向对象及其关系进行了描述性研究。在胡塞尔看来，意识行为和意识内容属于意识范围内的东西，意向对象属于意识范围以外的东西，因此意识行为和意识内容被当作内在的具有自明性的东西，意向对象则被视为外在的缺乏自明性的东西。按照胡塞尔的观点，被经验的"外在之物"不具有意向性的内在性，尽管经验本身作为关于外在之物的经验属于这内在性。胡塞尔指出外部世界的客观存在是一种设定，我们的意识知觉到的只是现象，而不是对象的客观存在，现象依赖于主观的意识，对象的存在未为可知。因此，胡塞尔主张现象学研究应该从具有自明性的东西出发，而不是从设定的东西出发。也就是说，现象学的研究要基于内在于意识的东西（意识行为和意识内容），而非外在的超越对象，只有这样我们才能把握向意识如实显现的现象；并且胡塞尔进一步指出如果想要获得作为纯粹现象的意识，就必须进行一种彻底的"悬搁"，就必须把我们的自然态度、关于现实生活的兴趣、科学假设乃至存在信念等统统悬置起来，这样才能打开通向先验纯粹意识领域的通道，"纯粹"的现象才能如其所是地向我们显现。

1. 悬置

悬置（Epoché）的希腊文原意是"中止判断"，是一种"中立性"或

---

① 倪梁康:《胡塞尔现象学概念通释》(增补版)，商务印书馆，2016年，第41页。

"无执态"。胡塞尔用这个术语来专门指称现象学的中止判断,即对在一切传统认识中被视为有效性的东西的质疑,这是对自然态度所信仰的事物的放弃,是对存在设定的排斥。在胡塞尔的现象学中,悬置与"现象学还原"同义,悬置是"现象学的还原"的第一步[1]。

胡塞尔指出在我们面对世界和自身时不仅具有"自然态度",而且还应该包括"现象学态度"。所谓"自然态度",在胡塞尔看来就是人类意识的自发态度,它作为一种信仰态度,对世界的存在不加怀疑,对直观的、经验的事物予以接受,对所处的生活世界不产生课题意识。这里的直观是对周围世界和事物的直接的感性直观,生活于其中的世界是非课题化的世界。在自然态度中,人们认为外部世界是确定的、客观存在的,把我们面对的一切都看作不言自明、毋庸置疑的前提,不把这个世界作为课题来研究,而沉溺于生活世界的自然性中。"现象学态度"被胡塞尔称为反思的态度,它是一种对世界和自身抱有怀疑、反思和批判的态度。在现象学态度中,人们对被给予意识之物的给予方式进行反思,以获得对世界和事情的真理性的认识。

人们在日常生活中常常持有一种自然的态度,这种态度对处理日常生活中的问题并无危害,但对纯粹的现象学分析却带来了严重的困难。在胡塞尔看来,现象学分析的所有困难的根源都在于其"所要求的那种反自然的直观方向和思维方向"[2]。

首先,在现象学分析中,"我们的意图并不在于对那些杂多的、相互交叠构成的行为的进行,并随之而素朴地将那些在其意义中被意指的对象设定为和规定为存在着的,或者以假设的方式以这些对象为开端,据此而设定一些结论,如此等等;我们的意图毋宁在于进行'反思',即:使这些行为本身及其内在的意义内涵成为对象。在对象被直观、被

---

[1] 倪梁康:《胡塞尔现象学概念通释》(增补版),商务印书馆,2016年,第138—140页。
[2] 胡塞尔:《逻辑研究》II/1, A10/B$_1$10。

思考、被理论地思维并在某种存在变式（Seinsmodalitäten）中被设定为现实的同时，我们不应把我们的理论兴趣放在这些对象上，不应按照它们在那些行为意向中所显现或起作用的那样将它们设定为现实，恰恰相反，那些至今为止非对象性的行为才应当成为我们所要把握、所要理论设定的客体；我们应当在新的直观行为和思维行为中去考察它们，分析、描述它们的本质，使它们成为一种经验思维的或观念化思维的对象"①。也就是说，现象学感兴趣的是在意识中显现的现象的被给予方式，而非存在的事物，胡塞尔现象学研究的是经过现象学还原以后的意识现象，是不带有任何物质存在设定的非生理——心理现象的"纯现象"。在严格的现象学的分析中，现象学分析描述的不是世界中具体存在的对象，它研究的是纯粹的先验意识结构，是意识行为的相互关系和作为意义的对象。

其次，在日常生活中，人们常常有一种"最为牢固的、从我们心理发展的一开始就不断增强着的习惯"②，这一习惯使人们"有一种几乎无法消除的秉好：一再地从现象学的思维态度回落到素朴—客观的态度中去；把那些在原初行为的自然进行中隶属于行为对象的规定性划归给行为本身，或者说，划归给内在于行为的'显现'（Erscheinung）或'含义'（Bedeutung），甚至还将所有类型的真实存在的对象，如观念（考虑到它们能够在观念的直观中明见地被给予），看作对对象的表象的现象学组成部分"③。这种牢固的习惯使人们一开始就处于一种与生俱来的自然态度中，这种态度是一种纯粹接受的态度，它固定着人们的思维方式和思维倾向，使人们习以为常地不加反思地预先设定了外部世界的客观存在，由此缺乏反思能力，不能进行认识批判，它所认为的明证性是胡塞尔要排除的明证性；同时这种态度不仅不容易被意识到，而且不容易被

---

① 胡塞尔：《逻辑研究》II/1，A10/B₁10。
② 胡塞尔：《逻辑研究》II/1，A10/B₁10。
③ 胡塞尔：《逻辑研究》II/1，A10/B₁10。

遗忘和克服。现象学"作为关于所有可想象的先验现象的科学，它不是客观存在之物的科学，而是那些在相关的意向构造中汲取其存在意义和有效性的存在之物的科学"[①]。因此，这里的困难就涉及到真正纯粹的自身经验的形成和真正纯粹的心理材料的形成，通向现象学的对象领域就需要一种特殊的方法，以确定它作为一门严格的、普遍的科学要求的合法地位。据此，胡塞尔提出，要研究和解决认识论的基本问题，就需要中止或改变自然态度种种的预先设定或者其设定性特征的那种方式，就要从根本上改变和取代这种自然态度，对自然的命题和自然的态度的本体论承诺保持中立，形成现象学的态度所具有的绝对明证性的领域，就必须进行严格的悬置和现象学还原。

胡塞尔在《逻辑研究》中对现象学方法的无前提性原则进行了描述，在《观念Ⅰ》中他对这一基本态度又作了进一步描述，他指出我们要从先于一切观点的东西开始，从本身被直观给予和先于一切理论思维的东西的整个领域开始，从一切人们可以直接看到和把握的东西开始。因此，胡塞尔提出应将所有超越之物"悬置"起来，把一切成见、科学假设以及关于存在的信念都放入括号存而不论。这一现象学的悬置不同于怀疑的悬置，现象学悬置的概念"并不相关于与对经验真实性直接否定的那种怀疑论的怀疑"[②]，怀疑论将所有被给予之物都贴上了可疑的标签，而现象学的悬置只是中止了对有关素朴经验问题进行的一般设定，对被给予之物的存在与非存在不做执态，保持中立。胡塞尔把对悬置的应用和实行现象学的先验还原作为现象学方法实践的必然特征。在这里，悬置并非清除，现象学的悬置只是要"使一般设定中止作用或将其排除"[③]即将那些超越之物用括弧括起来。通过悬置，把我们意识中的自然态度排

---

① 胡塞尔在给《大不列颠百科全书》写的条目中关于现象学的界定。
② 德尔默·莫兰、约瑟夫·科恩：《胡塞尔词典》，李幼蒸译，中国人民大学出版社，2015年，第74页。
③ 德尔默·莫兰、约瑟夫·科恩：《胡塞尔词典》，李幼蒸译，中国人民大学出版社，2015年，第75页。

除掉，把我们关于自然态度的存在命题、关于全部自然世界的存在信念乃至具有绝对自明性的自我的存在都放入括号，把我们关于自然世界的现实存在的问题悬置起来，把我们从日常生活、历史传统、科学知识和宗教信仰等方面接受的理论或意见也放入括号，置于一边。经过现象学的悬置，所有的存在之物被"加上括号"，包括意识在内的全部实在都被排除掉，世界及其存在的事物成为意识的纯粹材料和纯粹的所思之物。

胡塞尔指出通过悬置可以使人们从一个无前提性出发，进入一个纯粹现象的研究领域；离开悬置人们根本无法进入现象学的研究领域。按照胡塞尔的观点，悬置不是一个消极的否定步骤，它只是意味着一种态度和立场的转变。通过悬置，自然世界或者精神世界都仍然存在着，它们并没有因为质疑而被否定；通过悬置，哲学家放弃了已有的立场和任何先见，由此获得了一种新的经验方式、思维方式和理论方式，并以此来观察世界，使世界成为现象学的"纯粹现象"本身。正如胡塞尔所指出的那样："我们要回到'实事本身'上去。我们要在充分发挥了的直观中获得这样的明见性"[①]，"实事本身"就是现象，它作为现象学的对象只有在直观中才能获得绝对被给予的明见性，而这种直观，必须是纯粹直接的，必须是排除了一切理论和意愿的设定。由此按照胡塞尔的认识，悬置就成为"回到实事本身"的必要方式和途径，不经过悬置，"回到实事本身"将无法实现。

同时悬置作为现象学方法的首要因素和核心内容，它是还原的前提性条件和关键的第一步，没有悬置，还原不可能实现；还原是排除一切事实与实在获得纯粹意识，最终获得先验的观念本质，它是一种无前提的原则，是走向事情自身的现象学目标的具体化，还原是现象学悬置的应有之义，是悬置的进一步表述和补充。

[①] 胡塞尔：《逻辑研究》II/1，A7/B₁6。

2. 本质还原／本质直观

"还原"的概念并非是胡塞尔的独创，这一概念是指从事实、个别性到本质的、普遍性的一种注意的彻底转移，是放弃对自然态度的接受和信任，转移到对先验主体性领域的直观，它既包含对某些非本质性的事物的排斥，又意味着向某些本质性的事物的回归。现象学的还原概念与"回到实事本身"和现象学的无前提性原则是一致的。胡塞尔在现象学意义上使用还原概念，进行了多种内容的不同操作，使现象学的各种还原成为"抽象化的各种类型"，它包括"本质还原"和"超越论还原"[①]，从事实到本质的转移被称为"本质的还原"，从自然态度到先验的主体性的转移，被称为"现象学的还原"（或"超越论还原"）。

"现象学还原"作为胡塞尔现象学方法的一个中心概念，在胡塞尔那里具有双重意义：它既与"现象学悬搁"概念相近，又与"超越论还原"同义[②]。现象学还原对包括我们的意识在内的所有实在之物进行悬搁，经悬搁的"现象学的剩余物"即是"纯粹的"或"先验的意识"。现象学还原的真正目的是把认识活动中的主体还原到纯粹的思维内在上去，即纯粹的主体性上去，现象学的还原只研究纯粹的意识结构。这个纯粹意识为了自己的存在不需要任何实在的东西，这是一个绝对的、超验的领域，意识的绝对被给予性保证着它的绝对存在，因为经过现象学还原（悬置）后，剩余下的纯粹意识具有内在的自身被给予性，因而是明见的。由此"现象学的还原这个概念便获得了更切近、更深入的规定和更明白的意义：不是排除实在的超越之物，而是排除作为一种仅仅是附加存在的超越之物，即：所有那些不是在真正意义上的明证被给予性，不是纯粹直观的绝对被给予性的东西。"[③]

[①] 倪梁康：《胡塞尔现象学概念通释》（增补版），商务印书馆，2016年，第425—426页。
[②] 倪梁康：《胡塞尔现象学概念通释》（增补版），商务印书馆，2016年，第428页。
[③] 胡塞尔：《现象学的观念》，倪梁康译，上海译文出版社，1986年，第14页。

但是现象学的还原无法让现象学达到目的，它只能把超越的东西悬置起来，只能还原到纯粹内在的意识上去。现象学还原发现了纯粹思维的明证性，但这种思维只是个别的被给予性。如果现象学的视域不能到达外在事物，就无法解决认识论中的根本问题，就不能揭示思维内在与外在之间的关系的本质，就不能解决思维与存在、个别与一般的关系的问题。所以现象学必须由对思维内在领域的描述到达外在的超越之物，而对于内在与超越的区分，则是需要通过"本质直观"来把握的。

在胡塞尔的现象学中，"本质直观"（Wesensschau）与观念直观（Ideation）以及范畴直观（Kategoriale Anschauung）基本同义，与胡塞尔的本质论和本质还原紧密相联。胡塞尔从《逻辑研究》时期起就将本质直观作为现象学最基本的方法贯穿于其整个哲学生涯，作为其哲学研究分析的坚实依据，是胡塞尔早期意识分析方法最显著的标志[1]。

胡塞尔的现象学有别于"事实科学"，它属于本质科学。"本质"被胡塞尔界定为"一个个体的自身本己存在"[2]。胡塞尔的"本质"是相对于缺乏确定性的事实经验而言的纯粹意识观念，这种纯粹意识观念是通过现象学还原，悬置掉事实性的世界和个人心理主体而使相对于有限之我的流变经验观念化为纯粹意识中普遍的类，即普遍的"艾多斯"（Eidos）而实现的，此"自身本己"具有一种先天的普遍性和必然性，是一种先天的观念性，不是一种经验的事实性，它作为一种绝对的先验本质相对于绝对的先验主体而呈现。本质科学的基础在于本质直观（本质还原），本质通过本质直观而被把握。

根据胡塞尔的观点，直观是对事物的一种直接把握方式，是能够把握本源的意识行为，是认识的最后依据。胡塞尔的直观包括感性直观和

---

[1] 倪梁康：《现象学及其效应》，商务印书馆，2014年，第71页。
[2] 倪梁康：《胡塞尔现象学概念通释》（增补版），商务印书馆，2016年，第564页。

本质直观或者个体直观和普遍直观。感性直观包括感知和想象，想象奠基于感知；本质直观奠基于感性直观，本质直观可超越于感性领域而提供本质性认识。在个体直观中，个体对象被构造出来，为发现普遍之物提供基础。胡塞尔认为本质直观（观念直观）的基本特征在于"从心理学—经验科学的观点转向现象学—观念科学的观点。我们将所有经验科学的统觉和此在设定排除出去，我们根据其纯粹的体验组成来接受那些被内经验到的东西或以其他方式（如以单纯想象的方式）被内直观到的东西，并且将它们当作观念直观的底基；我们从它们之中直观出观念性的普遍本质和本质联系，即：在总体性的不同阶段上的观念体验种类和观念有效的本质认识，它们对于有关种类的观念可能的认识来说具有先天的、绝对普遍的有效性"[①]。现象学的本质直观，实际上是特殊的范畴直观或观念直观，就是通过对种类观念的直观，达到对"种类"本身的把握。

本质直观（观念直观）作为意识的一种能力，能够使意识的"普遍含义"通过观念直观而获得。现象学直观的真正特点就在于本质直观或观念直观，即认为在意识中直观被给予的不仅有感性个体，而且有关系范畴和本质观念，这种对本质观念的直观建基于感性直观之上。例如，胡塞尔在《逻辑研究》中对"红纸"的分析：红纸的尺寸、颜色等感性材料是个体的，我们无法从中获得普遍之物，我们以对个体对象（红纸）的感知为出发点，将目光转向观念的普遍之物对象（红本身），观念对象（红本身）原本地、直接地被给予我们，我们便直接把握了这个普遍的观念之物（红本身），即我们从这一个体的红中直观出了同一的普遍的红，此时个别的红不再作为意指之物，被意指之物是那个显现为普遍之物的红本身。也就是说，我们通过对一个或多个具有"红"色的个体物（比

---

① 倪梁康：《胡塞尔现象学概念通释》（增补版），商务印书馆，2016年，第251页。

如红纸、红鞋)的直观,从这个或那个"红"(红纸、红鞋)中直观出作为纯粹内在的同一之物——作为种类的观念之物的"红"本身,这就是通过现象学还原而获得的本质直观。在本质直观中直观到的本质之物既不是在感性材料中发现的,也不是意识活动的"创造",而是被"发现"的作为普遍之物的非时空的观念。这个本质之物是一种观念直观的抽象,在这一抽象中,"观念"作为普遍之物"现实地被给予"[1]。由此可见,悬置使对象摆脱了它的自然生活方式,使现象学者可以直接地面对现象。在胡塞尔看来直观是一个自我给予、但不建构对象的意识,现象学是在对各种经验典型的个别直观的基础上思考纯粹本质的,直观就是知识的开始。对胡塞尔而言,本质直观不仅仅是把握一般意识对象的方法,更确切地讲它是把握意识对象本质的方法,而且主要是一种把握意识行为本质的方法,胡塞尔也把它称之为"内在的本质把握"的方法。人们常常把胡塞尔的"本质直观"看作与"本质还原"同义,但在实际的基本操作中,本质还原是一个比本质直观更广泛的概念,它既可以指本质直观,又可以指本质判断[2]。本质还原就所与对象("现象")而言,首先必须悬置其存在,而完全专注于对象,专注于其"所是"(Whatness);然后必须从这个"所是"中排除一切非本质的东西,仅仅分析描述其本质。这其中被排除的非本质的东西,并非消除不见,而只是搁置一边,这时我们仅仅关注悬置之后剩下的东西;本质还原同样也不包括对所排除内容的价值判断,还原的规则只在进行现象学操作时才起作用。

(四)现象学的反思

本质直观也并非胡塞尔所独创,胡塞尔现象学的本质直观与其他科学的(如纯粹数学)本质直观的区别就在于现象学的本质直观方法的内

---

[1] 倪梁康:《胡塞尔现象学概念通释》(增补版),商务印书馆,2016年,第44—45页。
[2] 倪梁康:《胡塞尔现象学概念通释》(增补版),商务印书馆,2016年,第427—428页。

涵中包含着"反思"的内涵，这一思维方式与直向的思维方式不同。胡塞尔关于现象学的研究、描述都是在反思中进行的，这不仅体现在胡塞尔的早期著作《逻辑研究》中，而且还体现在胡塞尔的中期与晚期著作中，反思作为胡塞尔现象学最显著的特征在胡塞尔的现象学中自始至终都是现象学思维的一个不可或缺的重要前提。

因为胡塞尔对意识本身的描述与分析是完全在反思中进行的，因此现象学的反思具有"普遍的方法论功能"。所谓"反思"，就是"指我们的意识目光不是像我们在日常生活中所做的那样，直向地面对空间事物，包括动物植物、自然、人、社会、世界以及如此等等，而是反过来朝向我们意识本身的活动"①。胡塞尔在《逻辑研究》中，对反思的思维方式做了如下分析：

"我们的意图并不在于对那些杂多的、相互交叠构成的行为的进行，并随之而素朴地将那些在其意义中被意指的对象设定为和规定为存在着的，或者以假设的方式以这些东西为开端，据此而设定一些结论，如此等等；我们的意图毋宁在于进行'反思'，即：使这些行为本身及其内在的意义内涵成为对象。在对象被直观、被思考、被理论地思维并在某种存在变式（Seinsmodalitäten）中被设定为现实的同时，我们不应把我们的理论兴趣放在这些对象上，不应按照它们在那些行为意向中所显现或起作用的那样将它们设定为现实，恰恰相反，那些至今为止非对象性的行为才应当成为我们所要把握、所要理论设定的客体；我们应当在新的直观行为和思维行为中去考察它们，分析、描述它们的本质，使它们成为一种经验思维的或观念化思维的对象。"②

由此可见，当我们开始进行反思时，我们就进入到现象学的观点之

---

① 倪梁康:《现象学及其效应》,商务印书馆,2014 年,第 88 页。
② 胡塞尔:《逻辑研究》II/1,A10/B$_1$10。

中，我们不再以素朴的直向的思维方式以设定的或假定的对象作为意识对象，而是要悬置我们对日常世界抱有的"实存"信念，开始对意识本身进行回溯，将意识行为本身及其内在的意义内涵作为思维的对象，在反思中去考察它们，分析、描述它们的本质，这是区分自然观点与现象学观点的根本标准。这种反思的思维方式既不同于心理学中的"内省"，也不同于布伦塔诺意义上的"内感知"。现象学作为本质科学，其关注的是意识行为的本质性的、必然的规则，因此反思对单个的经验不感兴趣，它是在排除了对自然的统摄和设定，对意识本身的一种纯粹的内在反思；虽然从其对意识的"内在"的朝向来看，二者具有相似性。在《逻辑研究》中，胡塞尔批判了布伦塔诺关于"外感知与内感知"的划分，胡塞尔指出内感知与外感知相同的认识论特征不足以让我们用来区分布伦塔诺意义上的哲学与自然科学。在此基础上胡塞尔进一步提出用"内在感知"和"超越感知"的概念来取代"内感知"和"外感知"的模糊概念，这里的"内在感知"就相当于胡塞尔现象学意义上的"反思"。

与此同时，反思本身作为意识体验也是现象学意向分析的重要对象，这里就涉及到意识体验本身是否能作为一种纯粹直观所把握的对象的问题。对此胡塞尔对"自身意识"和"反思"进行了区分："自身意识"和反思行为是两个不同的意识体验，"自身意识"是当下进行的意识体验，"反思"则是以再造和当下化的方式进行的意识行为，即伴随当下体验的"自身意识"作为被反思的意识对象，现象学的反思活动原则上先以"自身意识"的方式进行行为意识活动，然后以再造、当下化的方式对这个被进行的行为再次显现的过程进行反思。由此可见，现象学的反思行为是在被反思的意识活动之后进行的。这种反思将目光从直向可把握的对象性回转到本己的体验之上，它作为一种认识活动将兴趣课题性从一个主导性意识活动回溯到另一个主导性意识之中。被胡塞尔称之为"自身知觉"的意识体验将其自身体验为有意识的体验，它既不是关于对象的知觉，也不是反思性的意识，而是指前反思意识的非对象性的自身关系。这里每一个进行的意识体验就是被反思的或前反思的意识，即"自身意识"或"原意识"，"反思"则是在每一个行为进行之后将此行为当下化的行为，又被称为"后反思"。在这个意义上，"反思"作为体验已经不是原本性的意识，原初意识在当下体验自身时，其自身作为非对象性的并未成为原初性意识的客体，而"反思"作为一种"意识变异"是关于原意识的体验，它使一个原初体验作为一个被反思的意识成为反思的客体，从而使"反思"作为一客体化行为成为关于自身意识的体验，它意味着对已经思考过的东西进行回溯，回溯到理论行为、评价行为或者实践行为之上。回溯就是反思，反思是主体对意识本身的回顾，"反思"始终是指"向以往体验的回溯"①，反思与其折返到的"以往体验"（即反思的对象）属于同一个意识流。在反思中，每一个意向体验原则上总可以被不走样地把握。

胡塞尔在《逻辑研究》中同时也指出了反思所面临的困境："对心理行为的任何内在描述的可能性，以及更进一步说，现象学的本质论的可能性原则上受到一种困难的威胁，人们已多次论述过这种困难，它表现在：当人们从素朴的行为进行向反思的观点，或者说，向从属于反思的行为过渡时，必然会改变素朴的行为。我们应当如何正确评价这种变化的方式和范围，甚至我们究竟能否知道这种变化——无论它是作为事实还是作为本质必然性？"②也就是说，现象学的反思作为一种"后思"，其被反思的意识经过有意性变化和再造性变化才成为反思的对象，但这一反思的思维方式是否能够把握原本的本质必然性？这是胡塞尔现象学面临的问题，这一问题使现象学的本质论的可能性原则上受到一种困难的威胁，这与胡塞尔所向往的原本性理想之间存在着较大差距。

---

① 倪梁康：《胡塞尔现象学概念通释》（增补版），商务印书馆，2016年，第438页。
② 胡塞尔：《逻辑研究》II/1，A11/B₁10。

同时我们还应当明确胡塞尔在《逻辑研究》中所用的反思与其在《纯粹现象学和现象学哲学观念》中强调的反思并不完全相同，该内容并非本章节所关注的部分，在此不再赘述。

综上，胡塞尔的现象学的分析与描述依赖于对意识本身的内在反思，在反思中，反思与本质直观紧密相联，不可分离。因此本质直观和现象学的反思作为现象学的基本方法和基本考察方向使现象学有别于一般意义上的逻辑学和心理学[①]。胡塞尔对反思的思维方式的考察进一步向我们说明了现象学的基本方法，同时也进一步强调了现象学明见性的方法论原则。

（五）明见性

"明见性"是胡塞尔现象学的中心论题，对明晰性和确定性的追求是现象学发展中的重要因素，是胡塞尔一生为之追求的理想目标。胡塞尔在《逻辑研究》第一卷就通过对心理主义的怀疑主义和相对主义的批评指出了心理主义拒斥明见性的错误做法，胡塞尔坚持主张把明见性作为真理的相关项是对真理的相应感知，并把明见性作为现象学追求的知识的最高标准提出来，也就是说胡塞尔关于明见性的哲学思考是从《逻辑研究》时期就开始的。胡塞尔在1906年的日记中写道："由于缺乏明晰性，由于犹豫不决的怀疑心情，我一直感到十分苦恼（Qualen）……只有一个需要使我念念不忘：我必须赢得清晰性，否则我就不能生活；除非我相信我会达到清晰性，否则我是不能活下去的。"[②]现象学要成为严格科学的哲学，就必须具有一种绝对的确定性。那么这种绝对的确定性从哪里来？它究竟如何实现？在胡塞尔看来，科学的确定性和真理来自明证性，明证性来自绝对地被给予。因此现象学要成为严格的科学，就要解决"明见性的认识"如何可能的问题，这就与意向对象在意识中被

[①] 倪梁康：《现象学的始基》，中国人民大学出版社，2009年，第25页。
[②] 赫伯特·施皮格伯格：《现象学运动》，王炳文、张金言译，商务印书馆，2011年，第126页。

给予的方式直接相关。现象学反思的任务就是研究意识对象及其被给予的方式，也就是说我们通过对意向活动和意向对象的分析阐明意向对象在意识中被给予的方式，来说明意向对象并不是单纯被意指的，而是自身按照一定方式被绝对地给予的，从而是具有明见性的，以确保意识对象自身的确定性。

明见性（Evidenz），又称为明证性、自明性。在胡塞尔的现象学里，"明见性"的概念"不是心理主义感觉论所说的感觉上的清楚、明白，而是指明晰、直接的感知本身，指对真实事态的'明察'（Einsicht）"[①]；同时这个概念"不包含证明、论证的意思，因为'直观是不能论证的'"[②]。胡塞尔分析指出明见性作为"一切原则之原则"，其基本含义是指当下拥有和体现性，实际上就是指直观的、直接的自身被给予性，这个绝对的自身被给予具有的明见性，就是指现象学意义上的显现在意识中的自明的、明晰的现象。与心理主义不同，胡塞尔认为明见性属于意识的内在性领域，内在性领域包括意识活动和意识对象。通过现象学意义上的悬置，将外在的超越之物排除之后让对象内在化，因而对象是客观的。因此胡塞尔所说的明见性是指内在对象的清晰、自明，而非"主观感觉"的清楚、明白，由此使明见性和主观性得以区分。

在现象学里，明见性是指一个意向的被意指之物对于一个直观的、直接和相应地自身把握的意识而言的"自身被给予性"[③]，它在现象学的研究中成为课题的意向性所具有的普遍形态，意向性被理解为意识对自身给予的指明性。"自我—我思—所思"是胡塞尔现象学的意识结构，其中"自我"作为现象学上还原了的"纯粹自我"与明见性息息相关，明见性成为一种在主体经悬置后的自在的明晰性，明见性的领域就是主

---

① 倪梁康：《胡塞尔现象学概念通释》（增补版），商务印书馆，2016年，第167页。
② 倪梁康：《胡塞尔现象学概念通释》（增补版），商务印书馆，2016年，第167页。
③ 倪梁康：《胡塞尔现象学概念通释》（增补版），商务印书馆，2016年，第164页。

体的领域。"我思"与"所思"皆具有被给予性，这种被给予性与现象紧密相连，胡塞尔指出只有对意识本身和在意识中显现的"现象"来讲才可能具有明见性。在这种被给予性中，自明性是与"我思"相伴相随相统一的明晰性，是绝对地被给予，但问题是"所思"的绝对被给予性如何被保证？对此胡塞尔指出所有的理性问题都是"明见性"问题，现象学作为对现象的回溯，只要被给予的活动是理性的，这个"所思"就可以作为绝对地被给予，这个被给予性便是明证的。胡塞尔认为意识活动包含着其自身的明证性和对自身的被给予性的保证，因此"所思"只有在意识中才有绝对的被给予性。胡塞尔在阐述了内在性与客观性统一的同时，着重讨论了纯粹意识中的一般本质与经验直观中的感性客体的被直接给予的问题。通过分析，胡塞尔指出现象学是本质科学，它追求的是本质，本质作为观念存在于意识之中。纯粹意识中的一般本质与经验直观中的感性客体的被直接给予不同，现象学的明证性存在于意识之内，胡塞尔反对以任何方式的思辨和论证来推论出本质，意识活动的本质必然性保证了认识的客观性。

现象学要成为严格科学的哲学，目的是要追求一种绝对的确定性，而这一确定性就来自明见性，明见性又来自绝对地被给予；同时该确定性来源于直观，直观是通达明见性的方法。这里的直观指的是内在的纯粹意识，而非外在直观。在直观中，对象不仅是被意指的，而且是被给予的。作为"一切原则之原则"的现象学的明证性存在于意识之内，只有内在的才能是明见的，外在的只能是设定的。因此胡塞尔所说的直观是能够直观到一般之物或者观念之物的，因为观念是内在的，观念不能从外部被给予，而直观又是带有构造性的，在现象学的悬搁之后就只留下在意识中构造的存在。胡塞尔现象学中的本质直观所直观的是纯粹意识中显现的本质，这种明证性是绝对的被给予性，本质直观和明见性的"内在性"原则在这里充分结合起来，所以本质直观能够真正通达明见性。因此胡塞尔把自己的研究始终限制在内在的纯粹意识之内,胡塞尔的明证性始终只是纯粹意识内的明见性。

与此同时,胡塞尔的明见性在更宽泛的意义上是指意向与充实的统一。这一部分内容连同感性直观和范畴直观我们将在后文进行描述。

(六) 纯粹逻辑与意识行为的关系

胡塞尔在《逻辑研究》第一卷对逻辑心理主义进行了严格的批判,对纯粹逻辑学的本质概念和理论进行了充分的澄清,由此获得一种"非实在性,然而却是对象性,获得这类对象的观念同一的存在,如概念、定律、推理、真理、真理明见性等等"[1],以取得观念对象在意识中自为的存在,并进一步澄清了纯粹逻辑学与其他科学的奠基关系。然而这种澄清需要深入到纯粹逻辑学的种种问题领域,通过阐明各种相关问题进行深入的现象学和认识论的研究。

在《逻辑研究》第二卷胡塞尔进行了一系列现象学和认识论的单项研究,这些在认识论上对逻辑学进行澄清的任务与批判地澄清认识论本身的任务是一致的。因此在第二卷,胡塞尔不再继续就批判性的工作进行准备,而是要试图解决关于逻辑学和逻辑思维的澄清问题。所以第二卷并没有为逻辑学提供一个体系,而是为纯粹逻辑学从认识论上的澄清以及逻辑学的体系建造进行了奠基和准备,因此我们可以说,《逻辑研究》第二部分只是一个为纯粹逻辑学所做的基础准备工作。

胡塞尔认为对于逻辑学而言至关重要的是一切知识的"根源"或"起源",即一切知识的最后基础,也就是被胡塞尔称作概念的"认识论"起源或者概念的"现象学"起源。这是胡塞尔追求的科学上的"最高度的严格性"或者说其"哲学上之彻底精神"[2]的具体表现,这种态度不仅表现在对心理主义背谬结论的批判上,而且建基于对意识的现象学分析

---

[1] 胡塞尔:《胡塞尔选集》(上),倪梁康选编,上海三联书店,1997年,第303页。
[2] 赫伯特·施皮格伯格:《现象学运动》,王炳文、张金言译,商务印书馆,2011年,第126页。

上，这种分析在指明范畴直观之可能性的过程中达到了极致。根据胡塞尔的认识，我们必须弄清观念领域以及它与实在领域的关系，必须指出纯粹逻辑法则是如何规范具体认知行为的，同时还不能因此损害它的观念性。反之，我们只有在把握了特殊心理行为是如何被构造的，才能把握在这一行为中逻辑法则的观念性存在，我们只有澄清实在界和观念界的关系并经由实证性论述充实后，心理主义才能被彻底地克服。

以上两种任务紧密地联系在一起，二者交织于"在何种意义上，观念的、纯粹逻辑的真理存在于知识中"的问题中，对此问题的回答正是《逻辑研究》第二卷的主要任务，并由此表明了《逻辑研究》两个部分之间的逻辑关系和系统连续性。

四、现象学和现象学的任务

（一）现象学

胡塞尔1907年在对现象学的定义中指出："现象学：它标志着一门科学，一种诸科学学科之间的联系；但现象学同时并且首先标志着一种方法和思维态度：特殊的哲学思维态度和特殊的哲学方法"[①]，现象学可以被称为关于意识一般、关于纯粹意识本身的科学。在这一定义中既包括"作为方法的现象学"的含义，又包括"作为哲学的现象学"的含义，而其中"意识一般"或"纯粹意识本身"是指意识活动和意识对象。

在《逻辑研究》中，现象学被看作纯粹逻辑学的哲学准备或者方法论，现象学首要的理论兴趣在于分析我们的"逻辑体验"，现象学就是描述和阐明那些体验的本质性质和结构的科学企图，现象学的范围包括了思维和认识的体验。在《逻辑研究》第二卷的"引论"中，胡塞尔指出"纯粹现象学展示了一个中立性（neutral）研究的领域，在这个领域中有着各门科学的根。一方面，纯粹现象学服务于作为经验科学的心理学。

---

① 胡塞尔：《现象学的观念》，倪梁康译，商务印书馆，2016年，第25页。

它纯粹直观地——尤其是作为思维和认识的现象学——在本质普遍性中分析和描述表象的、判断的和认识的体验，心理学将这些体验经验地理解为动物自然现实关系中的各种偶然实体事件，因而只对它们做经验科学的研究。另一方面，现象学打开了'涌现出'纯粹逻辑学的基本概念和观念规律的'泉源'，只有在把握住这些基本概念和观念规律的来历的情况下，我们才能赋予它们以'明晰性'，这是认识批判地理解纯粹逻辑学的前提"[1]。由此可见，胡塞尔在《逻辑研究》中，首先把现象学设想为对一切认知内意义形成物的阐明，把"认知"理解为诸多体验，理解为关于思想和认知体验的纯粹现象学；其次，胡塞尔指出现象学是关于纯粹现象的研究，也就是对在意识里直接被给予的现象即纯粹意识本身的研究，它包含着本质。胡塞尔强调，他不会像逻辑学家那样研究行为的逻辑内容，也不会将其作为事实上出现的心理性实体进行分析研究。现象学通过对纯粹逻辑学的基本概念和概念规律进行回溯追踪，阐明概念在具体体验中被构成的方式来服务于逻辑学和其他的形式科学。这种将主体性和客体性相结合的特殊方式就是现象学的本质。胡塞尔把现象学设想为一个先天观念意义结构的领域，这些结构为经验心理性行为和观念性实体、客体、事态之间提供着必要的结构性联系。因此，关于现象学，胡塞尔把它视为对纯粹逻辑学研究的必然因素，而非作为纯粹逻辑学的原本领域。

（二）现象学的任务

胡塞尔在《逻辑研究》第二卷的六项研究中，把现象学限制在直观里，专注于对意识行为的本质结构的分析研究，它"从各种对象出发回问主体生活和一个主体对此对象之意识的行为构成"[2]，其任务就在于通过从纯粹逻辑学的概念规律向具体的意向体验回溯，如实描述意识活动

---

[1] 胡塞尔：《逻辑研究》II/1，A4/B,3。
[2] 胡塞尔：《胡塞尔选集》（上），倪梁康选编，上海三联书店，1997年，第309页。

的本质特征，其目的有二：一是认识批判地理解逻辑的认识基础问题，其基本意向是构建一门纯粹逻辑学；二是通过探讨解决认识论本身的问题，即科学的认识如何成为可能。

胡塞尔在《逻辑研究》第二卷的引论开头，就其研究的对象表述如下："从逻辑工艺论的立场出发，人们往往会承认逻辑学以语言阐释为开端的必然性"①，因为按照穆勒的说法"不这样做的话，我们便没有可能去研究命题的含义，它是一种位于我们科学的'门槛边'的对象"②，而此点恰恰是"已经接触到了作为哲学学科的纯粹逻辑学的关键着眼点"③，语言阐释和分析成为建造纯粹逻辑学必要的"前工作"，因为只有借助于语言的阐释，纯粹逻辑学研究的概念规律及其客观有效的本质才能被人们所把握。所以这里的语言阐释属于客观认识理论以及现象学的更广泛的领域的最普遍的阐释，而不能被看作是经验历史意义上的语法阐释。这种纯粹现象学仅研究在直观中直接被给予的纯粹本质，并把在本质直观中把握到的本质及其联系描述性地表达出来，由此显现出语言及语言表达在现象学中的特殊地位。

胡塞尔指出，纯粹逻辑学的研究不是从感知开始而是以语言分析为开端，是基于纯粹逻辑自身的特殊性，因为"纯粹逻辑学所要研究的那些客体起先是披着语法的外衣而被给予的。更确切地看，这些客体可以说是作为在具体心理体验中的嵌入物（Einbettungen）而被给予的，这些心理体验在行使含义意向或含义充实的作用时［在行使后一种作用时是作为形象化的、明见化（evidentmachend）的直观］，隶属于一定的语言表达并与语言表达一起构成一种现象学的统一体。"④同时所有的理论研

---

① 胡塞尔：《逻辑研究》II/1, A3/B₁1。
② 胡塞尔：《逻辑研究》II/1, A3/B₁1。
③ 胡塞尔：《逻辑研究》II/1, A3/B₁2。
④ 胡塞尔：《逻辑研究》II/1, A5/B₁4。

究最终都会通过陈述行为来完成，因为"没有语言的表达几乎就无法作出那些属于较高智性领域，尤其是属于科学领域的判断。"[①]这里所谓"较高智性领域"是指奠基于包括感知和想象在内的直观的意识行为之上的符号行为，语言表达属于符号的认识行为，因此也是以感知、想象为基础的。也就是说，较高层次的理论研究、思维、判断都必须在语言符号和语言表达中进行，并且最终都要落实到语言的行为上，但这些语言表达行为又都是建立在感知和想象的行为之上的。因此现象学的语言分析要从作为客体的语言符号出发回溯到作为主体的表达行为上，也就是说现象学的语言分析既包括语言符号的语言现象，也包括作为语言行为的语言显现，即要从客观的"现象"回溯到主观的意识行为之上。

但纯粹逻辑学家真正的旨趣并不在于具体的心理体验，而在于与语词相关的具有普遍同一性的观念，也就是说现象学的语言研究和语言分析不是事实的、经验的，而是先天的、本质的。这在一定意义上可以说胡塞尔主要讨论的是观念语言，即普遍有效的语言现象。同时，这对具体意识行为的现象学分析促进纯粹逻辑学的研究又是必不可少的。任何逻辑之物及其规律的明见性是以直观的自身被给予为条件的；同时，逻辑概念和纯粹规律的被给予的状况往往又不够完善，无法令人满意，由此从认识论上澄清纯粹逻辑学的观念、概念以及逻辑规律就成了现象学分析的重大任务。

正如上文所提到的，胡塞尔同时指出纯粹现象学的分析存在着诸多困难，而"所有困难的根源都在于现象学分析所要求的那种反自然的直观方向和思维方向"[②]，其中一种困难在于对反思结果的把握，因为现象学的反思是否会改变被反思的对象是令人质疑的；另一种困难在于

---

① 胡塞尔：《逻辑研究》II/1，A5/B₁4。
② 胡塞尔：《逻辑研究》II/1，A10/B₁9。

难以阐述并向他人传达这些结果。胡塞尔在这里提出了问题，却没有提出解决问题的办法。但胡塞尔显然是对困难持乐观态度的，因为在他看来，无论是纯粹现象学或者说逻辑体验的纯粹现象学，就其克服所面对的困难的企图而言并非"毫无指望"①。

在逻辑学家为纯粹逻辑学的奠基准备进行的一系列分析性研究中，胡塞尔首先提到了含义分析和语法分析。胡塞尔认为要进行含义的现象学分析必然涉及表达和表达的表象，逻辑学家在进行现象学的分析时不能忽略表达这一复合行为、构成单纯表达的感性语言以及那些赋义行为之间的联结方式，而且进行含义分析时必然会受到语法分析的影响，因此需要澄清二者之间的关系，但胡塞尔同时又指出语法分析不能取代含义分析。除此之外，胡塞尔还对《逻辑研究》第二卷的六项研究的目的进行了介绍，包括表达与含义、含义意向、含义充实等等。

考虑到对纯粹逻辑学的相关概念和形式的澄清存在着现象学描述本身的困难，以及在现象学和认识论基本研究的系统顺序方面存在着"某些始终无法弥补的缺陷"②，胡塞尔为了避免把现象学解释为描述心理学，就对现象学进行了特有的纯粹描述，"即在对体验（即使是在自由想象中臆造的体验）的范例性个别直观的基础上进行的本质直观，以及在纯粹概念中对被直观到的本质的描述确定，并不是经验的（自然科学的）描述，毋宁说它排斥所有自然进行的经验的（自然主义的）统觉和设定。"③因此在《逻辑研究》中，现象学不同于心理学而成为纯粹逻辑学得以阐明的基础，是任何一门"自称为严格科学"的基础，其严肃的科学性要求认识论的研究满足无前提性原则。

现象学的研究者认为，在《逻辑研究》中胡塞尔成功地完成了两大

---

① 胡塞尔：《逻辑研究》II/1，A12/B$_1$12。
② 胡塞尔：《逻辑研究》II/1，A17/B$_1$17。
③ 胡塞尔：《逻辑研究》II/1，A18/B$_1$18。

任务，实现了两大突破：一是胡塞尔在第一卷中对当时在欧洲思想界占统治地位的心理主义进行了彻底的批判；二是胡塞尔在第二卷中用他的意识分析方法开辟了一个全新的研究领域，在方法论方面为我们提供了对胡塞尔早期现象学概念的一个方法论定义即现象学——"艾多斯"科学（本质科学），并以此为关于纯粹意识本身的科学的现象学奠定了坚实的基础。

当然也有人对胡塞尔的做法提出了质疑：在《逻辑研究》第一卷，胡塞尔鲜明地对逻辑心理主义进行了彻底的反对和批判；而在《逻辑研究》第二卷胡塞尔的做法让人感觉他又回到了心理主义。关于这个问题我们应该怎样理解呢？实际来讲，这里既存在着研究者认识的误区，也有胡塞尔本人的阐述所带来的误导。胡塞尔在《逻辑研究》第一版给第二卷写的导论中明确指出"现象学就是描述心理学。因此，认识论批判本质上是心理学，或至少能建立在一个心理学基础上"，他甚至认为现象学作为认识和认知行为的分类学将有助于"经验心理学"。这表明胡塞尔至少在这一时间是认同布伦塔诺和施通普夫的描述心理学计划的，然而在1901年《逻辑研究》第二卷发表后胡塞尔很快就发现了它的缺陷并承认其中存在着明显的矛盾：如果逻辑学是基于心理学的，那么胡塞尔在《导引》中对心理主义批判的意义何在？对此胡塞尔在《逻辑研究》第一版中给予的回复是：逻辑学和心理学是两种科学，但二者都建立在同一个领域的基础上，即有关纯粹现象描述的预备性领域。因此，现象学是对具体行为的描述，所以又叫认识论，而逻辑学则是从具体行为中汲取其本质的观念意义。

但显然胡塞尔对自己关于现象学的这一表述并不满意，他在1913年对新版的《逻辑研究》第二卷中的"引论"部分进行了彻底的修改。在经胡塞尔修改过的第二版的"引论"中，胡塞尔放弃了"描述心理学"一词，而且将现象学与传统意义上的各种心理学包括描述心理学都进行了区分。在胡塞尔看来，心理学描述的是心理过程作为自然中的事件和实在事实，而现象学则"谈论的是感知、判断、感受等等本身，谈论它们先天的、无条件的（unbedingt）普遍性中作为纯粹种类的纯粹个别性所含有的东西，谈论那些只有在对'本质'（本质属、本质类）纯粹直观把握的基础上才能明察到的东西"①，即基于经验个别例示性直观的纯粹本质的思考。

由于胡塞尔对《逻辑研究》第二卷"引论"的重新修改，《逻辑研究》达到了一个本质上更高的明晰性阶段；但同时需要指出的是，胡塞尔在《逻辑研究》第二卷中关于"意识现象"的定义还不完善，他对意识的分析还具有一定的局限性。胡塞尔在1913年为《逻辑研究》第二版的前言所写的引论中有意识地强调"《逻辑研究》是一部突破性著作，因而它不是一个结尾，而是一个开端"②，由此胡塞尔的现象学通过《逻辑研究》，从现象学的心理学迈向现象学的哲学。

综上，《逻辑研究》在西方哲学史上的重要地位是毋庸置疑的，它不仅开拓了新的研究视域，而且提供了一种新的哲学描述分析的方式，它对各种基本意识行为的描述与分析，尤其是语言表达在胡塞尔的意识现象学中的特殊位置，不仅成为现象学意识分析的经典范例，而且对后来的现象学语言分析和意义理论的研究都产生了重大影响。

以上对胡塞尔在《逻辑研究》中关于现象学的界定和现象学方法的分析，同样适用于第一逻辑研究的表达与含义的诠释与分析。

---

① 胡塞尔:《逻辑研究》II/1, A18/B$_1$18。
② 胡塞尔:《逻辑研究》I, BVIII。

第二章　表达与含义的本质性区分

如前所述，语言表达在胡塞尔的意识现象学中占有特殊的位置，这不仅因为语言问题与胡塞尔在《逻辑研究》第一卷中所阐述的逻辑学观念密切相关，而且在胡塞尔看来，"没有语言的表达几乎就无法作出那些属于较高智性领域，尤其是属于科学领域的判断"[①]。由于成熟科学都是用句子和命题来表达的，所以较高层次的理论研究、思维、判断都必须在语言符号和语言表达中进行。

因此，胡塞尔将《逻辑研究》第一研究的标题设定为"表达与含义"，其目的在于从研究含义和表达开始对纯粹逻辑学的相关构造性的概念和形式进行澄清。正因为如此，在意识框架下进行的这门纯粹逻辑学被理解为关于含义本身以及含义规律的科学。胡塞尔把这一研究视为其描述的现象学的第一阶段，在对表达与含义进行现象学的描述分析中，胡塞尔根据说话者的定位采用的是现象学反思中的第一人称视角，这是现象学描述的一般性方法。

第一节　符号的现象学区分

胡塞尔的含义问题与其符号理论紧密相连。胡塞尔指出我们的分析

[①] 胡塞尔:《逻辑研究》II/1, A5/B₁4。

首先应该从研究表达式本身的性质开始，他选择从符号层面进入，首先对符号、记号与表达式的相关概念及其关系进行了本质性的现象学区分。

一、符号概念的双重含义

胡塞尔在《逻辑研究》的第一研究伊始就提出了"表达与符号"这一对概念。胡塞尔指出，人们在对"表达"（Ausdruck）与"符号"（Zeichen）这两个概念的使用中常常把它们作为同义词来使用，但其含义在一般的日常用语中并非总是一致。因为在胡塞尔看来，每个符号虽然都是关于某种东西的符号，但并不是每个符号都具有一个含义（Bedeutung），"一个借助于符号而'表达'出来的'意义'（Sinn）"[①]。因此，胡塞尔从现象学的角度把一般意义上的符号区分为有含义的符号和无含义的符号。与此相对应，这个意义上的符号一般具有指示和意指两种功能。无含义的符号包括"指号"（Anzeichen）[或者"记号"（Kennzeichen）、"标号"（Merkzeichen）等]，此类符号"不表达任何东西"，仅仅具有指示作用，它所标示的东西并不是它的意指之物，它所进行的标示活动（Bezeichnen）并不是表达某物的意指活动（Bedeuten），我们只能说它指示着什么。比如一个人的脸突然变得苍白可能意味着（或指示着）某种恐惧的心理或者疾病，除此之外，它并无任何意指，即它并不表达任何含义。意指就是给予意义。具有含义的符号就是能够借助于符号而表达出含义的符号，它意味着一些特定的符号。在一般意义上，具有含义的符号既有指示（Anzeige）的或标志的功能又有意指（Bedeuten）的作用，它表达出来的含义是通过意指作用完成的。这一类符号只有行使意指的功能时才能使表达式具有含义，表达式才进行着表达；其作为具有含义的符号凭借的是被赋予了特定含义的语音符号或被写下的语词符号等来表述某些东西，因此这类符号被胡塞尔称为"表

[①] 胡塞尔：《逻辑研究》II/1, A23/B$_1$23。

达",也就是说,只有当符号具有含义时,它才可以被称为"表达"①。

胡塞尔的真正意义上的符号指的是在符号意识中的符号,即被限制在语言之中的符号(包括文字语言和口头语言)。因此胡塞尔把表达与通常意义上的符号进行比较得出的结论是:一方面,"表达"的概念要比"符号"的概念窄,它被包含在符号之中,但表达仅仅指的是一些特殊的有含义的符号;符号除了包含表达还包括不具有含义的"指号""记号"或者"信号"等。另一方面,"表达"的概念又比"符号"的概念宽,因为胡塞尔通过分析认为表达并非都与符号有关,只有在告知的话语中,在传诉中,表达才与符号交织在一起。鉴于这一认识,胡塞尔把我们对表达与记号的概念的讨论范围限定在了"活的对话中"。胡塞尔通过比较指出,"指号"的概念比"表达"的概念窄,因此意指的范围比指示的范围宽,因为意指与表达的含义相对应,指示与指号相对应。比如在孤独的心灵生活中,"指号可以摆脱这种交织的状况而单独出现"②,也就是说表达可以在独立于符号的情况下发挥意指作用而不需要指示的功能或标志的作用。

综上,按照胡塞尔的观点,关于"符号"我们可以进行以下区分:1."符号""指号"(或者记号、标号)和"表达"这三者的含义不同,其概念所处的范围也不同,"指号"和"表达"大都被包括在"符号"内;2.指号只有指示的功能而没有意指的作用,指号没有含义;3.表达往往既有指示的功能又有意指的作用(在孤独的心灵生活中的表达除外,它只有意指的作用而没有指示的功能),表达具有含义。因此,同时具有指示和意指两种功能,尤其是具有意指功能和含义的符号就是表达,而只有指示功能、没有意指作用和含义的符号就是指号。胡塞尔强调指出,"指号"与"表达"是依附于"符号"一词的两个概念,它们所具

---

① 胡塞尔:《逻辑研究》II/1,A23/B₁23。
② 胡塞尔:《逻辑研究》II/1,A24/B₁24。

有的两种功能截然不同,其中表达与通常意义上的"符号"并非一种本质性的关系,它们之间"并不存在宽与窄的概念的关系"①,它们只是相互交切的两个范围。

二、指号(无含义的符号)

胡塞尔在对符号的含义做了基本区分之后,首先对指号的概念做了进一步的深入考察,他分别从指号的本质特征、指号的概念起源以及指明与证明的区别等方面进行了分析性阐述。

(一) 指示的本质

胡塞尔将符号区分为纯粹只有指示作用的"指号"和超出自身意指他物的表达。通常来讲,烙印是奴隶身份的标记,国旗是国家的象征,路边小树上的箭头指示着一条山路的延伸方向。在这里,这些"烙印""旗帜""箭头"既不是图像,也并非语词,它们是被称作"指号"的符号,或者我们也可以把它们称为"象征(Symbol)"或者"信号(Anzeichen indicative sign)"。"指号"或"信号"与语词不同,它是指具有指示和标志功能的符号,其功能带出另一种意向性,即象征的或者指示性的意向性。"指号"或"信号"作为一个标记赋予某物,使人们相信它所标志的对象存在并与他物"变得易于识别"②。

实际上,指号的概念有时候涉及的范围比标记的概念涉及的范围要广,指示性符号一般还会把我们指向缺席的对象。比如:我们会将火星上的运河视为火星上有智性生物居住的信号,把"骨化石"看作太古生物存在的记号,甚至我们手绢里包着的一个纽扣、书本里存放的一枚书签、大地上矗立的一座纪念碑都会让我们回忆起某个人、某件事,如此等等。这一点和语词相似,但也有不同之处,因为指号没有非常明确地具体指定我们如何去意向那个对象,它只是让我们的心灵联想到那个被

---

① 胡塞尔:《逻辑研究》II/1,A24/B,24。
② 胡塞尔:《逻辑研究》II/1,A24/B,24。

指示的对象。比如，当我们看到那两扇打开的黄金双拱门，我们就会联想到那个全球大型跨国连锁餐厅麦当劳。也就是说，在指号与其指示或标志的对象之间没有必然的联系，指号和被指示者的"指示关系"是外在的，它们之间没有"内在的"意义或内容把指号与其所指示的东西连接在一起，指示物本身并不表达意义，它只是一个单纯的具有指示功能的记号，它与我们的意指意向没有联系。胡塞尔指出："如果有合适的物体、进程或关于它们的规定性被生造出来，以便使它们能够作为指号起作用，那么它们便叫作符号（Zeichen），无论它们是否行使这种作用"①，并且"在涉及那些随意的或带有指示的意图而造出的符号时，人们也谈及'符号标示活动'（Bezeichnen）"②，在这里无论是因为规定性或者是因为随意、偶然的意图而被生造出来的符号，都被视为指号以及指号进行的标示活动。之所以会这样，仅仅就在于这一符号行为创造了指号，比如"打烙印、用粉笔记账等"，并通过这些指号的指示功能把我们的心灵、指号与"指示着的客体"或"被标示"③的对象联系在一起，其中指号的指示或标示功能成为界定它的"特征属性"。

那么指号的概念是否具有本质统一性？如果有，其本质何在？对此胡塞尔分析指出，上述区别"并不会扬弃在指号的概念方面的本质统一性"④，"在本真的意义上，一个东西只有在当它确实作为对某物的指示而服务于一个思维着的生物时，它才能被称作指号"⑤。也就是说指号的概念具有本质统一性，而这些作为我们要把握的共同本质是胡塞尔通过向这些"活的作用的案例"的回溯，在对诸多心理体验的抽象中而得以实现的，因此指号存在于意识活动之中，是对进行着意识体验的我们而

---

① 胡塞尔：《逻辑研究》II/1，A25/B₁25。
② 胡塞尔：《逻辑研究》II/1，A25/B₁25。
③ 胡塞尔：《逻辑研究》II/1，A25/B₁25。
④ 胡塞尔：《逻辑研究》II/1，A25/B₁25。
⑤ 胡塞尔：《逻辑研究》II/1，A25/B₁25。

言的。在胡塞尔看来，这种共同本质仅仅在于指号被体验为一些东西或事态的存在，这些存在的东西或事态又为我们"指示了另一些对象或事态的存在"①，而我们则把对这些事物存在的信念体验为信仰或推测另一些事物存在的动机。也就是说，这些指示着和被指示的事态是通过这些信仰或推测的动机在判断行为中构造起来的，这些在判断行为中的信仰或推测的动机不仅把这些指示着和被指示的事态联结起来，使其成为统一的判断活动，而且在这一动机引发活动的总体性中总是使一个存在的东西或事态"具有一个显现着的对象性的相关物""被意指"②。按照胡塞尔的观点，这些事物之所以存在或必定存在是因为那些指示着和被指示之物的事物"已经被给予了"③。为什么会这样？这里就牵涉到了胡塞尔在文中提到的"动机引发活动"④。

在胡塞尔的现象学里，"动机引发"的概念具有各种不同的含义⑤。胡塞尔在这里用"动机引发"的概念来代替因果性概念，这个概念在胡塞尔那里并不首先意味着动因与意志决定之间的关系，而是指"意识之设定的合法性是通过那个原本的被给予性而合理地被引发的"⑥，即事物本身按其存在意义与一个经验主体发生联系时所具有的关系，由此在意识中带出一种意向性，一种对动机引发活动的客观相关物的意向，也就是被合理引发的象征地或者指示性地显现给经验主体的事物本身。例如，我们通过有关奴隶社会的文字或图片的历史资料了解到烙印与奴隶之间的关系性含义，当我们看见类似情况中的类似烙印，我们的意识体验就会自然地被引向由烙印关联着的奴隶；又如，每一个了解奥运五环旗的

---

① 胡塞尔：《逻辑研究》II/1，A25/B$_1$25。
② 胡塞尔：《逻辑研究》II/1，A25/B$_1$25。
③ 胡塞尔：《逻辑研究》II/1，A25/B$_1$25。
④ 胡塞尔：《逻辑研究》II/1，A25/B$_1$25。
⑤ 倪梁康：《胡塞尔现象学概念通释》（增补版），商务印书馆，2016年，第324页。
⑥ 倪梁康：《胡塞尔现象学概念通释》（增补版），商务印书馆，2016年，第324页。

人，看到它就会自然地联想到奥运会；再比如，我沿着一条山路快要走到尽头时，突然看到了一个箭头状的标记用以指示这条山路的延伸方向，就把它看作指示山路走向的符号，于是我在继续前行中每每看到一段道路的尽头，就会有意识地向前看，试图寻找另外一个箭头标记，以此来确认这条山路的未来走向。

"动机引发"有一种本质规律性，这一规律被描述为"如果—那么""因为—所以"（即动机引发—因果性）的规律。"因果性与动机引发便在如下意义上构成对立：因果性体现了作为自然实在的物与人的关系，而动机引发则意味着人与物之间的关系，而这个物不是指自在存在的自然物体，而是指被经验、被思维、或以其他方式设定地被意指的事物本身"[①]。也就是说因果性是一种建立在可感属性的一贯变化模式之上的设定，这种可感属性通过外感知被直接地给予我们，因果性不构成意识体验的组成部分；现象学意义上的"动机引发"是意识活动的一部分，是可以被直接体验到的关系，它植根于动机对自我的直接触发作用。因此可以说动机引发与因果性首要的区别就在于其各自的实在性和意向性的差异。胡塞尔将因果性称为假设，而把动机引发称为明见的被给予性。与之对应，我们还必须将"动机引发"区分为处于被动性领域的"动机引发"和在主动性领域的"动机引发"。处于被动性领域的"动机引发"是指通过联想唤起的"动机引发"，也就是说动机引发的实现不需要主体的主动参与，无须主体做出某种主动的意向行为。例如：我看到骨骼化石，就会联想到太古生物的存在；再如，每当我看到手绢里包着的那枚纽扣，就会想起过去的那段往事等等。在主动性领域的"动机引发"，是指在"自为的自由、合理执态"的"动机引发"，比如：如果我想重温过去的那段往事，我就会翻找出手绢里包着的那枚纽扣。由此可见，动

[①] 倪梁康：《意识的向度》，北京大学出版社，2007年，第234页。

机引发的实现需要一个主体或自我，除此之外这一关系还意味着"动机引发"的概念在这里涉及到"意识活动之设定与以充实性（明见性）样式出现的意向相关项之定理之间关系统一的合理基础"①。

胡塞尔指出，"动机引发"的概念可用于意识活动的所有区域，由于所有的构造都根据"动机引发—因果性"的规律进行，于是上述动机便在这些判断行为中"建立起一种描述性的统一"，即"这里的动机引发活动是一种可描述的、由众多判断行为交织成一个判断行为的特殊交织形式"②，也就是说"整个体验流始终是一个动机引发的统一"③，而指示的本质就在这种统一中。"这种统一"简单来讲就是指某些东西的存在促使人们去相信和推测另一些东西的存在而形成的带有规律性的关系，比如骨骼化石和太古生物之间的关联。而指号或信号的本性就在于：通过这些被称为"指号"或"信号"的东西引发你去注意另外一些因为你的相信或者源于你的推测，而让你认为其存在的东西，而这种"相信"或"推测"最初和最终都是由联想引发的。

（二）指明与证明

胡塞尔的上述分析使我们认识到指号是具有指示功能和标示功能的符号，但在指号与其所指示或标示的对象之间没有必然的联系，指号只能使人们相信或推测其所指示的对象的存在，而指号的本质就存在于指号的指示功能所引发的统一性中。但是胡塞尔认为上述关于现象学实事状况的描述是"如此一般"，以至于它未能尽述胡塞尔之意，因此胡塞尔接着又提出了"指示之指明（Hinweisen）"和关于"推理和论证之证明（Beweisen）"这两个概念，并对指号的指明功能和论证的证明功能进行了层层的现象学剖析。

---

① 倪梁康：《胡塞尔现象学概念通释》（增补版），商务印书馆，2016年，第324页。
② 胡塞尔：《逻辑研究》II/1，A25/B₁25。
③ 倪梁康：《胡塞尔现象学概念通释》（增补版），商务印书馆，2016年，第324页。

首先，胡塞尔指出"明晰性"是区分"指明"与"证明"这两个概念的重要因素。"实际上，当我们从另一些事态的存在中明晰地推论出一个事态的存在时，我们并不把前者称为后者的指示或符号。反之，只有在这种明晰的或有可能明晰的推理情况中才能谈得上本真的逻辑意义的证明。"①"指明"与"指号"或"信号"相关，"指明"一般来讲是说不上"明晰的"。因为在胡塞尔看来，即便我们能够从一些事态的存在明晰地推论出另一事态的存在，我们也不能把前者称为后者的指示或符号，可见在这里胡塞尔把符号设定成了指号或信号。相反，证明与明晰性紧密相关，因为本真意义上的证明是从明晰的或有可能明晰的推理中来。但是胡塞尔接着又指出"在那些被我们当作证明和最简单地当作推断而提出的东西中，有许多东西是不明晰的，甚至是错误的"②。我们知道"明晰的"作为胡塞尔现象学的核心概念，在胡塞尔这里与"当下的自身被给予性"有关，是"绝对的被给予性"，它被理解为明晰、直接的感知本身，是对真实事态的明察。"明晰性"并不包含证明、论证的意思，因为"直观是不能论证的"③。那么我们又如何用"明晰性"来区分"指明"与"证明"的概念？对此胡塞尔先对"证明"的特点进行了现象学的描述。

1. 证明的特点

直观不能论证，"明晰性"不包含证明、论证的意思，"但只要我们是将它们作为证明和推断而提出来的，我们就要求得到一个可以明察到的结论"④。也就是说，即使我们通过证明和推断而提出的东西是不明晰的甚至是错误的，或者涉及到的某些推理或证明的步骤没有明晰性，

---

① 胡塞尔：《逻辑研究》II/1，A26/B₁26。
② 胡塞尔：《逻辑研究》II/1，A26/B₁26。
③ 倪梁康：《胡塞尔现象学概念通释》(增补版)，商务印书馆，2016年，第167页。
④ 胡塞尔：《逻辑研究》II/1，A26/B₁26。

我们依然可以要求它们得到一个可以明察的结论。比如，我们在做数学演算时，推演的过程出现了错误，演算的结果也可能不正确，但我们却把它当作明察的结论了。在胡塞尔看来，这并不妨碍其中可以有证明；但就"指号"而言，我们却无法要求"为什么我一看到'骨骼化石'就能够内在地得到'太古生物'"这样一个存在信仰，这里面没有明晰性。

对于胡塞尔的上述观点，我们应该如何去理解和诠释呢？

胡塞尔指出，如果我们要求得到一个"可以明察到的结论"，其前提仅仅在于只要我们是"将它们作为证明和推断"而提出来的。"证明"和"论断"在这里究竟意味着什么？它有什么特点？胡塞尔认为，"推理"和"证明"在客观上与主观的推理活动和证明活动相符合，即"推理"和"证明"的客观理由和结论与主观的推理活动和证明活动相符合。通过这种主观与客观的符合就形成了"观念统一"，这个"观念统一"不是相关的认识体验，而是这些认识体验的观念"内容"，是命题。①。对于这种主客观的符合，在胡塞尔看来，关键点就在于它所表现出来的是一种"观念的合规律性"②。这种观念的合规律性超越了通过动机引发而联结起来的判断，并且它在"超经验的普遍性中把所有具有同一内容的判断本身，甚至把所有具有同一形式的判断本身都归结在一起"③，因此"无论谁来判断这些前提、推论和它们两者的统一，前提所证明的都是推论"④，也就是说对于一个数学证明，无论由谁来做，都不会影响我们从前提证明其结论的客观同一性。

"观念"作为胡塞尔在《逻辑研究》中使用的中心概念，它指的是"普遍对象"，与"本质"同义。"观念"在胡塞尔看来是所有客观认识

---

① 胡塞尔：《逻辑研究》II/1，A26/B$_1$26。
② 胡塞尔：《逻辑研究》II/1，A26/B$_1$26。
③ 胡塞尔：《逻辑研究》II/1，A26/B$_1$26。
④ 胡塞尔：《逻辑研究》II/1，A26/B$_1$26。

的可能性条件，它作为一种可能性，使所有必然的真理和认识都建基于其上，它意味着我们是否有可能直观地把握到普遍的本质或普遍的对象。胡塞尔进一步指出，在这里我们对这一"观念的合规律性"以及对这一"观念"或"规律"本身的把握是通过对在现时的证明和推理中"统一体验到的判断的观念化反思"①来实现的，也就是说我们是通过对各个命题在观念化抽象中把握到的东西进行回溯性反思而获得的。由此，"证明"的这一"观念的合规律性"使逻辑的根本逻辑观与经验主义的逻辑观以及句法主义的逻辑观得以区分开来。

2. 指示的特性

胡塞尔接着分析指出，上述对证明的"明晰性"特点的描述不符合指示的特性，与指示无关，"在指示的案例中恰恰排除了明晰性的可能，也可以客观地说，在指示的案例中排除了对相关判断内容的观念联系认识的可能"②，即在这里不会出现观念的统一，也就不存在观念的明晰性的可能。对此，胡塞尔举例分析说"当我们说，A 事态是 B 事态的一个指号，前者的存在指明了后者的存在，这时我们就会完全确定地去期待：确实可以发现后者是在那里；但当我们这样说时，我们并不认为在 A 和 B 之间有一种明晰的、客观的联系；我们的判断的内容在这里对我们来说并不处在前提和推论的关系中"③（比如，"山路的尽头有一个箭头标记"与"这条山路的延伸方向"）。"指明"表现的是事物之间存在的指示性和依赖性关系④，但这种关系排除了与判断内容有关的观念联系认识的可能，也就意味着指号与其所指示或标志的对象之间没有"内在的"观念或规律从而将指号与其所指示的东西联结在一起，指号与由指号引发

---

① 胡塞尔：《逻辑研究》II/1，A26/B₁26。
② 胡塞尔：《逻辑研究》II/1，A26/B₁26。
③ 胡塞尔：《逻辑研究》II/1，A26/B₁26—A27/B₁27。
④ 倪梁康：《胡塞尔现象学概念通释》（增补版），商务印书馆，2016 年，第 530 页。

第二章　表达与含义的本质性区分　093

的被指示者之间的关系是外在的，在指号和被指示的对象之间不存在必然的联系，也就是说，指号的指示功能中没有明晰的客观联系。

当然，在下述情况中，我们仍然会谈到指号，即当涉及一个间接的"论证联系客观存在时"[①]，比如：一个奇数次的代数方程可以作为符号而服务于一个计算者，这个符号表明这个方程至少有一个实根。但对于我们而言，这里涉及的仅仅是一种可能性：即在计算者当下并未提出"明晰证明的思想联系的情况下"[②]，关于"对方程次的奇数性的察觉可以作为直接的、不明晰的动机服务于这个计算者"[③]，也就是说计算者之所以会利用在规律上"从属于这个方程的特性"[④]并非出于证明的明晰性，而仅仅在于因关于"方程次的奇数性的察觉"[⑤]的动机而引发的计算的目的，即：当我看到"$X^3+X=2$"这一方程式时，在我还没有提出明确的证明的思想联系的情况下，仅仅以我对"方程次的奇数性的察觉"，也就是说，根据以往我对奇数次方程形成的认识和经验，就会认为这一方程式应当至少有一个实根。在这种情况中该动机并没有非常明确地具体指示我们如何去意向那个对象，它只是让我们的心灵联想到被指示的对象，"奇数次的代数方程"与我认为的"实根"之间没有必然的、明晰的证明关系。因此，每当出现从 A 事态推导出 B 事态，A 被视为 B 的指号而被运用时，这一指号行为以及它的指示功能建立起来的动机联系在思维意识中并没有必然的逻辑关系，指号跟逻辑没有直接关系，它不会出现观念上的明晰性，这种明晰的逻辑关系属于"证明"的特点。指号及其指示功能在指示者和被指示物之间的联结是借助于一种偶然的经验联系，这种联系或者来源于以往的直接的、明晰性的证明，或者来源于在

[①] 胡塞尔：《逻辑研究》II/1，A27/B₁27。
[②] 胡塞尔：《逻辑研究》II/1，A27/B₁27。
[③] 胡塞尔：《逻辑研究》II/1，A27/B₁27。
[④] 胡塞尔：《逻辑研究》II/1，A27/B₁27。
[⑤] 胡塞尔：《逻辑研究》II/1，A27/B₁27。

自然态度下进行的一种由学习的心理体验形成的经验记忆（比如：X能被4整除就一定能被2整除，或者办公室某位同事的电脑开着就意味着该同事已经到达工位，诸如此类）。因此，虽然在这种情况下有可能习惯性地知道一个合理联系的客观存在，但这其中也仅仅有动机联系，其指示物本身并不表达什么，它只是一个单纯的具有指示功能的记号，它与人的意向没有普遍必然的客观联系。

根据上述分析，我们已然得出的结论是：指示与必然性联系不具有本质的关系（比如办公室工位上开着的电脑不必然意味着该同事已经到达工位）。但是胡塞尔说：如果像我们所分析的那样——指示与必然性联系不具有本质的关系，那么人们就会问："指示是否必定会要求与或然性联系有本质关系？"[1]也就是说既然我们分析认为指示与必然性联系没有本质关系，那么是否就意味着指示必定会与或然性联系有本质关系？对此胡塞尔指出人们之所以会提出这个问题，是因为在人们看来，"每当一物指明另一物时，每当对此物存在的信念经验地（即以偶然的、非必然的方式）引发出（motivieren）对彼物存在的信念时"[2]，那么"这种引发的信念对于被引发的信念来说"[3]就必定会具有一种"或然性根据"[4]。那么指号是否必定会具有一种"或然性根据"？在胡塞尔看来，这里不是仔细推敲这个问题的地方，他仅仅告诉我们在下列这种情况中，人们必定会做出肯定的回答，即："只要这种经验的动机引发活动也服从一种观念的判决，这种观念判决允许人们谈论合理的和不合理的动机，即在客观的角度上谈论与虚假的（无效的，即不能给出或然性理由的）指号相对立的、现实的（有效的，即对或然性，甚至有可能对经验的可

---

[1] 胡塞尔：《逻辑研究》II/1，A27/B₁27。
[2] 胡塞尔：《逻辑研究》II/1，A27/B₁27。
[3] 胡塞尔：《逻辑研究》II/1，A27/B₁27。
[4] 胡塞尔：《逻辑研究》II/1，A27/B₁27。

靠性进行论证的）指号"①。也就是说，如果允许人们在客观的角度上谈论所谓"有效的"指号，那么人们自然会肯定地认为指号必定会具有一种"或然性根据"，指示必定与或然性联系有本质关系，这就好像人们关于火山的争论：火山现象是否就意味着地球的内部是一种炙热的液体等等。胡塞尔本人对这个问题既没有直接作答也没有做进一步的详细分析，他只是肯定地告诉我们：指号这个说法并不一定与或然性的想法有关。因为在胡塞尔看来，或然性的想法是建立在坚定无疑的判断的基础上的，它不以单纯的猜测为基础。或然性的想法虽然在前提与结论之间不具有蕴含关系，它也并非必然地得出真结论，在或然性的想法中存在前提真而结论假，但二者并不矛盾，（比如：在我出生以来的所有记忆里，太阳每天都从东方升起，所以太阳明天仍将从东方升起）。然而猜测却是经验的、偶然的，指号通过"动机引发活动"在指号与被指示之物或者被标示之物之间建立起来的联系虽然不具有必然性，但也并非具有确定基础的或然性，它仅仅是一种偶然性（比如：我看见一个人一边呻吟一边脸也跟着扭曲起来，我根据自己的经验就理所当然地认为此人一定是身体的某个部位在痛）。这里必然性并不与或然性必然相对，而往往与偶然性相对，指号不一定与或然性的想法有关，"因此，拥有其本己领域的观念判决必定会首先要求对在单纯猜测中的确定信念做出适当的限制"。②

在这里胡塞尔再次提出了"动机引发"的问题，并且指出"动机引发"是无法回避的。胡塞尔分析指出，在"动机引发"的一般意义中包含着论证和经验的指向，即意识的每一个设定的合法性是通过事物本身按其存在意义与一个经验主体发生联系时所具有的关系被合理地引发的，在意识中带出一种指向动机引发活动的客观相关物的意向，也就是被合理引发的象征的或者指示性的显现给经验主体的事物本身，从而在这里

---

① 胡塞尔：《逻辑研究》II/1, A27/B₁27—A28/B₁28。
② 胡塞尔：《逻辑研究》II/1, A28/B₁28。

"有着一种完全明确无误的现象学共同体"①。由此使人们既可以在指示所具有的逻辑的意义上,也可以在指示所具有的经验的意义上一般地谈论推理和结论。"动机引发"的概念可用于意识活动的所有区域,包括情感现象的领域,特别是意愿现象的领域等。在这里,"动机引发"被描述为"因为—所以",即动机引发—因果性的规律,胡塞尔用"动机引发"来代替因果性概念,因此胡塞尔说:"我完全同意他(指迈农,笔者注)的这样一个说法,即:对动机引发活动的感知无非就是对因果性的感知"。②

通过上述分析我们可以看出,"指明"与"证明"作为两个不同的概念,其主要区别在于"明晰性":"指明"属于"指号"一类,不具有"证明"表现出来的"观念的合规律性",因此就不具有像"证明"那样的明晰的、客观的联系,因而就没有明晰性;反之,"证明"是有明晰性的。

(三) 指示产生于联想

那么"指示"又是如何产生的呢?胡塞尔指出,指示产生于联想。他说"指号这个概念的起源是在心理事实之中,就是说,它在心理事实中被抽象地把握到,而这些心理事实又包含在一个更为宽泛的、历史上被称为'观念联想'的事实群组中"③。胡塞尔告诉我们指号产生于心理事实,心理事实又包含在"观念联想"之中。那么,这个"观念联想"在这里又意味着什么?胡塞尔认为"在'观念联想'(Ideenassoziation)这个标题下不仅包含着联想规律所表达的东西,包含着通过'重新唤起'(Wiedererweckung)而引起的'观念结群'(Vergesellschaftung der Ideen)的事实所表达的那些东西,而且还包含着更多的事实,在这些事实中,联想通过对固有特征和统一形式的创造而在这些事实中表明自身"④。由

---

① 胡塞尔:《逻辑研究》II/1,A28/B₁28。
② 胡塞尔:《逻辑研究》II/1,A28/B₁28。
③ 胡塞尔:《逻辑研究》II/1,A29/B₁29。
④ 胡塞尔:《逻辑研究》II/1,A29/B₁29。

此可见，联想在这其中的作用很大。

谈到"联想"，我们很自然地就会与休谟的思想联系起来。休谟曾用"联想"这个词解释意识活动对象的构成方式以及观念之间的联系。按照休谟的认识，经验的对象刺激我们的感官，我们的感官接受经验对象给予的刺激，形成一个个的印象，这些印象彼此区别、没有联系，通过联想却可以按照与这些印象相关的类似规律、接近规律和因果联结将其结合成一个具有恒定性和一贯性的统一体。我们把在意识中的相似者、相近者以及有因果联系的不同的、甚至发生明显变化的知觉对象通过联想联结在一起形成一个统一体，诸如"太阳晒石头热"的因果联想。而这种重复发生的联想，在休谟看来是建立在感觉经验的基础上的，并由此推演出人类知识乃至科学都建立在联想之上。

胡塞尔在其早期的研究著作中并没有对"联想"的概念予以深入的探讨，他只是到了发生现象学研究阶段才对"联想"问题有了更多的关注[1]。休谟的"联想"理论对胡塞尔产生了较大的影响，胡塞尔在对休谟的"联想"理论进行研究的基础上对"联想"概念进行了现象学改造，经胡塞尔全新改造过的"联想"概念不再指心灵材料组合的经验规律，而是意味着"纯粹本我构造的意向性本质规律。"[2]

胡塞尔指出作为意识行为的意向本质的质性和质料具有多样性，由此意向活动和意向对象也表现出相应的丰富性，而在意识过程中显现的对象或者是作为对象的组成部分，或者是对象的特征，并且会不同时地呈现，从而构成了意向活动——意向对象的多重结构。因此要使"显现对象所具有的、统一地突显出来的各个部分和各个方面的相属性"[3]形成现象的统一，将多样的意识"流"形成连续统一的对象，胡塞尔提出了

---

[1] 倪梁康：《胡塞尔现象学概念通释》(增补版)，商务印书馆，2016年，第62页。
[2] 倪梁康：《胡塞尔现象学概念通释》(增补版)，商务印书馆，2016年，第62页。
[3] 胡塞尔：《逻辑研究》II/1，A30/B$_1$30。

关于"联想"的现象学的新理论。在胡塞尔看来,"联想不仅把内容唤回到意识之中,而且还让意识根据内容本质的规律性规定把这些内容与现有的内容联结在一起"①。联想创造出新的现象学特征和统一,联想的必然性规律根据"不在被体验的内容之中,不在这些内容的抽象因素的种属中"②,而在于显现的对象之中。胡塞尔举例分析说"如果 A 把 B 唤入到意识之中,那么这两者不只是同时地或先后地被意识到,而是有一种可感受到的联系在这里涌现出来,这种联系表现为一物对另一物的指明关系,此物与彼物的相属关系"③,即由指示功能所产生的事物 A 与对事物 B 的经验的、可感受到的指明关系。这种联系是从"单纯的共在之物中构造出彼此相属之物"④,或者说是从"单纯的共在之物中构造出相属地显现着的意向统一"⑤。这一"意向统一"是"所有经验统一(Erfahrungseinheit),作为事物、过程、事物秩序和关系的经验层面上的统一(empirische Einheit),都是现象的统一,都是由显现对象所具有的、统一地突显出来的各个部分和各个方面的相属性所造成的统一"⑥,这就是联想的基本功能,这就是联想功能的"连续成效"。具体地讲就是联想的超越论的构造功能,即对统一和联系的构造(比如黄金双拱门的 logo——麦当劳连锁餐厅)。联想将一个对象的各个方面综合成统一体,实现意向对象的动态的综合统一。通过胡塞尔关于"联想"的现象学分析表明,"联想不是一个在物理时间中通过习惯来进行的生物过程,而是一种起源于活的意向性的意识成就。这种成就并不是'知性'的成就,而是'想象力'的成就。作为这样一种成就,'联想'意味着一种'超

---

① 胡塞尔:《逻辑研究》II/1,A29/B$_1$29。
② 胡塞尔:《逻辑研究》II/1,A29/B$_1$29。
③ 胡塞尔:《逻辑研究》II/1,A29/B$_1$29—A30/B$_1$30。
④ 胡塞尔:《逻辑研究》II/1,A30/B$_1$30。
⑤ 胡塞尔:《逻辑研究》II/1,A30/B$_1$30。
⑥ 胡塞尔:《逻辑研究》II/1,A30/B$_1$30。

越论的基本原则'…被动发生的普全原则'"①。

与休谟不同，胡塞尔认为联想规律是动机规律，而非因果规律，其中相似性因素、对应性因素和相邻性因素在这里起着决定性的作用。但这些因素"不是客观存在的关系，而是现象的被给予性"，每一个意识的被给予性都是在一个指明关系中显现出来，"在现象中，一物在一定的秩序和联结中指明另一物。而个别之物本身在这种往返的指明中并不是单纯被体验的内容，而是显现的对象（或者是对象的部分、对象的特征，如此等等），这对象之所以显现出来，乃是因为内容不再自身有效，而是使一个与它们不同的对象表象出来"②。每个意识活动都在意向上指明与自己相异的不同之物以及与自己相合的相同之物，这样经验便赋予这些内容以新的现象学的特征：相似的东西引起对相似之物的联想，对应的东西构成意向的联系，相邻的东西在视域上相互指明③。现在，"在这些事实的领域中也包含着指示的事实，即：一个对象或一个事态不仅使人回想起另一个对象或事态并以这种方式指出另一个对象或事态，而且一个对象或事态同时还为另一个对象或事态提供见证，建议人们去设想另一个对象或事态同样存在"，④因此随着联想对统一和联系的构造而引发的意识活动，一个指明关系就显示出了自身——指明产生于联想。

三、表达（有含义的符号）

在上述分析中，胡塞尔指明符号可以被区分为有含义的符号和无含义的符号，即可以被区分为表达与指号或者信号。胡塞尔首先对指号进行了深入分析，他指出指号是具有指示和标志功能的符号，它没有含义，不代表什么；而表达作为有含义的符号，它是某种代表其他事物的东西，由此把表达与其他符号区别开来。在胡塞尔看来，表达与其他符号的根

---

① 倪梁康：《胡塞尔现象学概念通释》(增补版)，商务印书馆，2016年，第62页。
② 胡塞尔：《逻辑研究》II/1, A30/B₁30。
③ 倪梁康：《胡塞尔现象学概念通释》(增补版)，商务印书馆，2016年，第62—63页。
④ 胡塞尔：《逻辑研究》II/1, A30/B₁30。

本区别就在于表达永远负载着含义。接着胡塞尔对表达做了进一步分析。

(一) 表达的有效性范围

为了能够对"表达"这一概念进行有效的分析，胡塞尔首先对"表达"这个术语使用的有效性范围进行了限定，他指出我们"是在一种有限制的意义上采用'表达'这个术语，它的有效性范围并不包括某些在通常用语中被称为表达的东西"①。这样胡塞尔就从外延上对接下来我们要讨论的问题——什么是表达——进行了前提或范围限定。因此胡塞尔指出"我们在其他方面也必须以此方式来强迫语言：有必要时，我们可以将那些仅仅具有含糊术语的概念从术语上加以确定。为了做出暂时的说明，我们首先设定，每句话语、话语的每个部分，以及每个本质上同类的符号都是表达。"②也就是说，胡塞尔将表达领域的界限设定在了包括话语或者跟话语本质上同类的那些符号上。

德里达对胡塞尔的这一做法颇有微词，因为在德里达看来，胡塞尔的此番论点表明胡塞尔对表达的使用有些"压制"语言。德里达认为所谓"话语"（Rede）指的是人说出来的语言符号，胡塞尔在这里仅仅谈论的是人们说出的话语，却没有强调我们书写的语词，因此德里达认为胡塞尔在这里的立场是一种"语言中心论"。但德里达同时又指出胡塞尔"这样进行的强制纯化着他的意向，而且同时揭示着形而上学牵涉的共同基础"③，由此"构成被说出来的东西的全部真实性、意义的形体象征、言语的机体的东西，在其理想性中属于一种经验地被规定的语言的东西"④，并且进一步指出"如果不是在话语之外，至少也相异于如此这般的表达性，相异于纯粹的意向，若没有这种意向，就不会有话语"⑤。德里达认

---

① 胡塞尔：《逻辑研究》II/1，A30/B₁30。
② 胡塞尔：《逻辑研究》II/1，A30/B₁30-A31/B₁31。
③ 雅克·德里达：《声音与现象》，杜小真译，商务印书馆，2015年，第41页。
④ 雅克·德里达：《声音与现象》，杜小真译，商务印书馆，2015年，第41—42页。
⑤ 雅克·德里达：《声音与现象》，杜小真译，商务印书馆，2015年，第42页。

为胡塞尔"承认口头话语是表达性的范围确实是不够的。一旦人们驱逐了一切非推论的、直接对言语（手势、面部表情变化等等）表现为内在的符号，那这一次在言语内部还保留着规模相当可观的一种非表达性。这种非表达性不仅系于表达的形体一面（可感符号，发声语音的复合，写在纸上的符号）"[1]。在德里达的理论中，他想要强调的是书写在表达中的优先性。

实际上，我们通过研究发现，在胡塞尔的著作及其思想包括"表达"的理论中，胡塞尔并没有把口头话语作为表达的有效范围的界限，严格意义上讲，胡塞尔认为"表达"就是"语言表达"，也就是说，胡塞尔把"表达"的范围限定在了"语言表达"的层面，这里既包括口头语言，也包括文字语言，胡塞尔从而把严格限制意义上的语言符号与日常用语中被称为"表达"的东西区别开来。

关于这一论点，胡塞尔在后续的章节中进行了清晰的描述与分析。胡塞尔在对"表达"进行限定的同时，更重要的是要强调"此话语是否被说出，就是说，此话语是否在交往的意图中被朝向某些人，这是无关紧要的"[2]。由此使表达的特点突显出来，也就是说，在胡塞尔看来说出的话语是表达，没有说出的、默念在心的话语也是表达，这也是胡塞尔的现象学学说与其他学说明显的不同之处。

那么，这个与"话语""本质上同类的符号"究竟意味着什么？对此胡塞尔并没有直接描述，他只是对"不是话语意义上的表达"做了进一步分析。这是胡塞尔在他的著作中对相关论题进行现象学分析和澄清而常用的方法。对于这种做法，德里达指出"胡塞尔总是在表述名下排除所有来自交流或心理体验的表现。证明这种排除是正确的运动……胡

---

[1] 雅克·德里达：《声音与现象》，杜小真译，商务印书馆，2015年，第45—46页。
[2] 胡塞尔：《逻辑研究》II/1, A31/B₁31。

塞尔永远不会对其中表现出来的论题提出质疑。相反，这些问题将不断得到证明。它们会使我们想到那最终把表达与指号分离开的东西"①。对此，笔者亦有同感，胡塞尔在对相关概念、论题进行现象学的分析和描述的过程中，往往会把他认为与论题本质上相异的或者在一般认识中错误的概念、论点进行层层剖析，并通过对结论的逐一排除，从而最终使这一概念和论题得以澄清。胡塞尔对与"话语""本质上同类的符号"的描述则是通过对手势和表情这些"不是话语意义上的表达"②的剖析开始的，胡塞尔在分析的基础上进行了排除，胡塞尔指出"我们要将表情和手势排除在表达之外"③。

  胡塞尔为什么要把手势和表情排除在表达之外？因为在胡塞尔看来，首先，"这些表情和手势无意地、至少不带有告知意向地伴随着我们的话语，或者，在这些表情和手势中，一个人的心灵状态即使不通过话语的作用也可以得到周围人可以理解的'表达'"④，即表情和手势不是话语，也不带有告知意向，也就是说当一个人做出手势和表情时并没有一同伴随出现通过这个手势和表情来告诉你的意向；其次，表情和手势不是"话语意义上的表达"⑤，它们不像表达那样，"在表示者的意识中与被表示的体验是同一个现象；在表情和手势这些表示中，一个人并不告知另一个人什么事情，他在表示时不具有以表达的方式提出某种'思想'的意向，无论是为别人，还是当他独自一人时为他自己"⑥。表情和手势与"话语意义上的表达"不同，它们在表示者的意识中与被表示的体验不是同一个现象。也就是说，我说出一句话，同时我也在意识中体验着

---

① 雅克·德里达：《声音与现象》，杜小真译，商务印书馆，2015年，第46页。
② 胡塞尔：《逻辑研究》II/1，A31/B₁31。
③ 胡塞尔：《逻辑研究》II/1，A31/B₁31。
④ 胡塞尔：《逻辑研究》II/1，A31/B₁31。
⑤ 胡塞尔：《逻辑研究》II/1，A31/B₁31。
⑥ 胡塞尔：《逻辑研究》II/1，A31/B₁31。

这句话的含义。按照胡塞尔的观点，我说"天空是蓝色的"，当我说出这句话时，我在心里面同时体验着这句话所构成的意义，也就是这句话被表达的含义，即我表达，我体验；同时我做了一个指向天空的手势伴随着我说出的这句话，但我在意识里并没有体验到这个手势要表示的东西，尽管它可能表示着什么。在表情和手势中，无论是向别人，还是为自己，都不具有以表达的方式提出某种"思想"的意向，即不告知什么。前者获得明晰性，后者没有明晰性。所以胡塞尔说手势、表情这类"表达"实际上不具有表达意义上的含义，不具有意指功能，可能它在客观上告知了些什么，甚至"即使有第二个人在解释我们的无意表示（例如那些'表达活动'），并且能够通过这些表示而了解我们内心的思想和感情活动"[1]（比如，我口里含着一块食物，你走进我的房间，我无法开口说话，我用眼睛和手势示意你坐下，你领会到我的意图，与此同时，我身旁的人也告诉你说"他请你坐下"，于是你坐了下来，我连忙点了点头）。尽管如此，胡塞尔关于手势和表情的认识也不会因此而发生改变，因为在胡塞尔看来即使对于它的诠释者来说，手势和表情"意味着"某些东西，但它"也仍然不具有确切的语言符号意义上的含义，而只具有指号意义上的含义"[2]。

对此人们也许会提出不同的观点和疑问：按照胡塞尔的分析，表情和手势是指号，表情和手势不同于话语，它没有伴随的告知意向，表情和手势不具有含义，那么我们应该怎样去理解和解释乐队指挥的手势？我们是否可以再进一步地把胡塞尔的手势、表情理论扩展到他所区分的指号的领域？我们对于交通信号、学校的铃声等又该如何认识？这是否与胡塞尔的论点相矛盾？

---

[1] 胡塞尔：《逻辑研究》II/1，A31/B$_1$31。
[2] 胡塞尔：《逻辑研究》II/1，A31/B$_1$31。

按照胡塞尔的观点，手势、表情没有伴随的告知意向，然而根据我们的经验，乐队指挥的手势是有告知意向的，乐队指挥手势的每一次具体呈现以及每一次的变化都旨在告知乐队的每一个成员应该怎样去处理乐曲的每一个乐句，而且每一名乐队成员也应该是"清晰地"接受并很好地领会了乐队指挥的手势告知的意义，否则我们是根本无法欣赏到优美和谐的旋律和乐章的；同理，每一个了解交通信号的人，在看到不同的交通信号（包括交通警察做出的手势、不同颜色的交通信号灯等）时，就会依照规定做出不同的反应：比如司机看到交通警察做出阻止的手势，行人看到红色的交通信号灯，都会做出停车或止步的举动；两个长期相处的人，心有灵犀，其中一个人做出一些表情、手势，另一个人会立刻"完全"领会，并做出相应的反应；学校的上、下课铃声亦是如此。在这些指号中，有告知，而且够清晰。那么按照胡塞尔的理论，我们对于这个问题应该怎样解释呢？

实际上，对于这个问题的理解和解释首先涉及到的一个关键性的问题就是表达与指号之间存在的现象学的本质性区别。根据胡塞尔的认识，手势、表情、铃声或者信号灯无论表现出怎样的功能和实际成效，它们都是作为指号存在的，它们作为指号的本性始终没有发生改变。首先，这里涉及到的仅仅是指号或信号的指示或标示功能。无论是当我们看到交通警察的阻止手势或者红色的交通信号灯时做出的停车或止步的举动，还是两个心有灵犀的人之间的心领神会，抑或是听到上、下课的铃声时我们做出的反应，这里表现出来的都是指号与被指示之物之间的一种联结，而这种联结（红灯—止步，微笑—赞同，铃声—上课、下课）是借助于一种偶然的经验联系建立起来的，而这种联系或者来源于以往的直接地、明晰性地证明，或者来源于在自然态度下进行的一种由学习的心理体验形成的经验记忆。因此，虽然在这种情况下我们有可能习惯性地知道一个合理联系的客观存在，但这其中也仅仅有动机联系，其指示物本身并不表达什么，它只是一个单纯的具有指示功能的记号，它与人的意向没有普遍必然的客观联系；其次，这与胡塞尔强调的表达与指号的意向性区别有关。表达与指号的根本不同就在于它们是否具有一个意识中的意指活动。这个手势和表情在客观上可能告知了某些东西，但它却没有告知的意向，它只是一个单纯的指号，与含义意向没有联系；表达式之所以具有含义，是由于它明确地提出了某种思想的意向，即由意指行为赋予表达以含义；再者，表情和手势不像表达那样，在表示者的意识中与被表示的体验是同一个现象，这是一个关键性的区别。当我们用语言进行表达时，我们在传达我们的思想意向的同时也在体验着那个被表述出来的含义，而做出表情、手势的人不认为表情、手势与借助于它们表达的经验在现象上是统一的，他们不会对其标示的东西进行同步体验。比如：我们看到一个与我们谈话的人做出了一种表情，就我们作为信号接受者的个体经验而言，我们认为这个表情表达的是一种极度痛苦的身体体验或者极为不快的心理状态，但就做出表情的人来讲，他做出这一表情也许并没有任何含义，甚至仅仅是自己的一种无意识的身体习惯；最后，双方在"明晰性"上相互区别。我们知道，胡塞尔所说的表达是关于"语言"的表达，而语言是处在一个语言共同体中并具有约定俗成的含义，其中"语言共同体"表明了语言的公共性、普遍性和非私人性，而"约定俗成"则表明了语言的稳定性和明证性。相反，表情与手势是作为指号发生作用的，其表示①的是做出表情、手势的人的心理状态，需要接收信号的人对它们做出适当的解释，它们本身不表示任何东西。比如：我们看到有人做出了一种表情，首先对观察者而言，不同的观察者会根据各自的经验体验对这同一个表情做出各自的理解：这是痛苦的表情、酸爽的表情、用力时的表情、由喜转悲或者由悲转喜的表情

---

① 在胡塞尔的现象学用语中，胡塞尔往往将"表示"归属于"指号"或"信号"一类，将"告知"既用于"信号"，也用于"表达"，但当"表达"与"信号"交织在一起时，往往就用"告知"。

等等；即使所有在场的观察者达成共识，一致认为这是一种痛苦的表情，那么人们还会存在以下疑问：他的这一表情"表达"的痛苦是来自于自己还是他人？是身体的痛苦，还是内心的不悦？如果是来源于自己身体的痛苦，那究竟是头痛、腿痛、牙痛还是其他部位的痛……一系列的不确定，这里没有一个确定的表达；再如，有人做出一个否定的手势表示不同意对面的人"骑车到前面来"，但就接收信号者的理解而言，这一手势是表示"不让前来"，还是"不让骑车"，抑或是"不让骑车前来"？以上种种表明表情和手势作为指号具有偶然性、主观性和不稳定性的特点。胡塞尔认为，这种通过表情或手势进行的交流往往不能取得令人满意的效果，因为在表情和手势的含义中具有许多不确定的因素，即便通过训练（比如乐队成员对乐队指挥手势的把握，行人对交警手势的了解），这些不确定的因素也仍然存在，也就是说我们在每一种情况下都有可能对表情和手势所指示的东西做出不同的理解和解释。通过前面的分析，我们知道明见性在主观性之内，但并非等同于主观性。因为，在直观中直接被给予的对象是客观的，它的构成不依赖于实项因素，它超越了主观意识的个体性和偶然性，因而具有普遍性。由此可见，客观性的依据在于普遍性，其归根结底在于意向性的超越性。因此语言表达是具有普遍性、客观性和明晰性的，而作为指号的手势和表情则不具有明见性的可能性条件：比如，语词中用于交通信号语境的"红灯"，其明确包含着"禁止"的含义，而十字路口交警的手势却可能各有千秋。因此胡塞尔告诉我们，表情和手势不是语言意义上的表达。

（二）表达的本质

表达在传统意义上，一般可以被区分为两个方面：一是物理方面。包括感性符号、被清楚地发出的一组声音、在纸张上写下的文字符号，以及其他等等。二是心理体验。它与表达以联想的方式连接在一起，使表达成为关于某物的表达。这些心理体验大都被人们称作表达的意义或者含义,而且人们认为通过这种称呼"可以切中这些术语通常所指的意思"①。但在胡塞尔看来,这种观点是不正确的,因为无论是指号还是表达都包含着物理方面和心理体验,比如做出手势的手臂、发出下课信号的铃声等等都属于物理方面,我看到手势、听到铃声时产生的某种感应则属于心理体验,并且胡塞尔指出我们对表达仅仅在物理符号和赋予意义的体验之间做出区分尤其对于逻辑目的来说是不充分的。

胡塞尔认为,在名称方面,我们一方面可以把每一个名称区分为这个名称所"传诉"的东西(即那些心理体验)和这个名称所意指的东西;另一方面,我们还可以区分这个名称所意指的东西(意义、称谓表象的"内容")和这个名称所指称的东西(表象对象)。同样我们对"表达"也会做出类似的区分,我们会在所有表达那里发现类似的区别,并且仔细地研究它们的本质,只有通过对这些关系的关注,我们才能对含义这个概念做出准确的认识,并且进一步地对含义的符号作用与认识作用之间的基本对立做出纯粹的划分。

因此为了进一步地分析和把握关于表达的逻辑本质的差异,胡塞尔对"在交往作用中的表达"和"孤独心灵生活中的表达"进行了区分和描述。接下来我们首先了解一下胡塞尔对在交往作用中的表达进行的相关考察。

1. 在交往作用中的表达

胡塞尔在本节伊始就指出"表达的交往作用"是表达的"原初的天职所在"②。在这里胡塞尔告诉我们,交流是语言表达的一个重要功能,表达的目的就在于交流,人们用语言来交流思想,所以人们用于交流的语言具有主体际性。

---

① 胡塞尔:《逻辑研究》II/1,A32/B₁32。
② 胡塞尔:《逻辑研究》II/1,A32/B₁32。

那么语言表达的这个"交往"作用又是如何实现的呢?

胡塞尔分析指出"只有当言谈者怀着要'对某物做出自己的表示'这个目的而发出一组声音(或写下一些文字符号等等)的时候,换言之,只有当他在某些心理行为中赋予这组声音以一个他想告知于听者的意义时,被发出的这组声音才成为被说出的语句,成为告知的话语"①。也就是说,语言要实现"交往"的功能,第一个步骤就是要说出"被说出的语句",形成"告知的话语"。具体来讲,就是"言谈者"在交往中带着一个目的,即带着一个想要告诉听者关于"某物"的含义的目的,并把自己想要告知听者的含义赋予自己发出的一组声音或者写下的一些文字符号,并通过这些声音和文字符号把含义表达出来。简言之,就是"言谈者"要说出赋予含义的话语或写下具有含义的文字。

要使这种告知成为可能,只有当听者也理解说者的意向时才可以。那么听者怎么才能够理解说者呢?对此胡塞尔指出,听者之所以能够理解说者,是因为听者把说者理解为一个表达者,一个通过语音或文字想要将其含义告知给听者的人,这个人不只是单纯地发出了一组声音或是写下了一串文字符号,而是在对听者言说,说者把他赋予了某种意义的声音或文字传播给听者。而听者之所以能够理解说者的意向则是因为"相互交流的人具有彼此互属的物理体验和心理体验"②。所谓"互属的物理体验",就是指听者和说者作为两个相互交流的人,他们首先得有一个"语言共同体",并掌握在语言共同体中具有的约定俗成的含义。如果相互交流的人彼此没有共同的语言和文字基础,没有掌握在语言共同体中具有的约定俗成的含义,那么,说者对听者进行告知,听者虽然会将说者理解为一个意欲告知其意向的人,但听者却并非能够理解说者的意

---

① 胡塞尔:《逻辑研究》II/1,A32/B$_1$32—A33/B$_1$33。
② 胡塞尔:《逻辑研究》II/1,A33/B$_1$33。

向，也就是说听者不能理解说者表达的含义，由此就会形成"鸡同鸭讲"的局面，交流自然也就无法实现。因此"在这两种体验之间的相互关系是通过话语的物理方面而得到中介的，正是这种相互关系才使精神的交流最初成为可能，使有联系的话语成为话语"①。那么这里表现在公共性语言的物理方面的东西，即感性符号（比如说盲文）、被清楚地发出的声音，写在纸张上的文字符号等就成了使精神的交流成为可能、使有联系的话语成为话语而进行中介的重要前提和基础。胡塞尔强调了表达的"交往"功能的公共性特征，而这一特征的决定性基础就在于语言符号的公共性，在此胡塞尔否认了语言的私人性②。这样听者与说者就在对具有公共性的语言符号的感知的基础上产生了彼此互属的心理体验。

胡塞尔通过分析认为在交往话语中的表达首先是作为指号起作用的，表达式通过话语将意义指示给交流的人们。实施交往功能的表达式作为指号具有指示的功能，这个功能是由"动机引发活动"引发的。说者发出一组声音或者写下一串文字符号，那么这个语词的物理声响或者这些文字的书写痕迹就会作为一个指号刺激和引发听者相信或者推测说者心中有一个想要表达的意思，促使听者自己去产生相应的心理体验，从而把这些作为指号的声音或者文字符号理解为说者的"思想"符号，理解为"说者的意义给予的心理体验，也就是那些包含在告知意向中的心理体验"③。在交往的话语中，表达式对听者而言是作为说者的思想、想象、怀疑、希望等等的符号发生作用的，胡塞尔把表达式的这种作用称之为"传诉的作用"④。

---

① 胡塞尔：《逻辑研究》II/1，A33/B₁33。
② "私人语言是否可能"是后期维特根斯坦着重讨论的问题，许多研究者往往将维特根斯坦关于私人语言的论点与胡塞尔在《逻辑研究》第一逻辑研究的独白中使用的语言进行比较，笔者也将此问题放到诠释第一逻辑研究的第一章第 8 节关于"在孤独心灵生活中的表达"时再行比较。
③ 胡塞尔：《逻辑研究》II/1，A33/B₁33。
④ 胡塞尔：《逻辑研究》II/1，A33/B₁33。

那么接下来我们首先要面对的问题是：我们该怎样去认识传诉的内容？

胡塞尔告诉我们，传述的内容是由被传诉的心理体验构成的。在这里，"传诉"一词具有广义和狭义之分，胡塞尔把狭义上的传诉限定在意义给予的行为，即只向听者传诉把意义赋予表达式的有关的心理经验；广义上的传诉则包含说者的所有行为，即"所有那些由听者根据说者的话语（并且也可能通过这些话语对这些行为所做的陈述）而附加给说者的行为"①，即是说听者归诸于说者的全部心理经验都将被传诉。对此胡塞尔举例说，"如果我们陈述（aussagen）一个愿望，那么对愿望的判断便在狭义上得到传诉，而愿望本身则在广义上得到传诉。同样的情况也适用于通常的感知陈述，它属于现时的感知，听者可以轻易地理解它。在这里，感知行为是在广义上被传诉，建立在这个行为之上的判断则是在狭义上被传诉"②。例如，我说"我判断，天空是蓝色的"或者"我希望，天空是蓝色的"，这一表达式就其狭义而言，它向听者传诉了说话者关于天空颜色的判断和认识；就其广义而言，它则向听者传诉了说者的一种判断和相信的活动，即判断行为或愿望本身等等。通常意义上，胡塞尔又把被传诉的体验称之为"被表达的体验"③。

其次，关于传诉我们该如何理解？胡塞尔对此做了怎样的分析与描述？

胡塞尔分析指出，我们对于传诉的理解不是一种关于传诉的概念性的知识和一种关于传诉方式的判断的认识；我们对传诉的理解首先仅仅在于，听者将说者"直观地理解为（统摄为）一个对此和对彼进行表达的人"④，或者说，听者将说者感知为一个说者，一个在叙述、在证明、在怀疑、在愿望的人；而听者则是在倾听说者叙述、证明、怀疑、愿望

---

① 胡塞尔：《逻辑研究》II/1，A33/B₁33。
② 胡塞尔：《逻辑研究》II/1，A33/B₁33—A34/B₁34。
③ 胡塞尔：《逻辑研究》II/1，A34/B₁34。
④ 胡塞尔：《逻辑研究》II/1，A34/B₁34。

的人。其次，听者也像他在感知传诉者本人一样在同样的意义上感知传诉——"尽管那些使此人成为此人的心理现象作为它们之所是并不可能落实为对一个他人的直观"①。也就是说，听者所接受的传诉即是对传诉的感知。对此胡塞尔解释说：人们通常认为可以将"一种对陌生人心理体验的感知分派给我们，我们'看'到他的愤怒、他的痛苦等等"②。而这种认识在胡塞尔看来是"完全准确"的，其前提仅仅在于只要人们将外在的物体看作被感知的事物，而且只要不把感知这个概念限制在"相即感知"的层面上就是可能的。"相即感知"作为最严格意义上的直观、严格的明见性，意味着被意指之物完全作为它自身是现前的，"相应"指的是"被感知的内容"与"感知对象"的相应，或者说在感知中被感觉到的内容就是在其中被意指的对象，"感知与被感知之物形成完全相应，构成一个无中介的统一"③。也就是说，如果人们不追求作为最严格意义上的直观和明见性的"相即感知"，不追求感知与被感知之物的完全相应，在胡塞尔看来，感知的本质特征就在于对感知对象进行自身的或直接地把握，在于将一个事物或一个过程把握为一个自身当下的过程。比如：一个人猫着腰走到我面前，皱着眉头用微弱的声音对我说"我有点难受"。我听见了，首先将此人感知为一个向我倾诉的人，同时我也能像感知此人一样感知到他的传诉，感知到他的心理体验——"我有点难受"，我在所接受的传诉中"看"到了他的不舒服和痛苦。因此我们可以说，我们对陌生人的心理体验的感知是可能的，我们关于感知体验的意向对象的把握也是可能的，被感知之物"甚至是在无限多的情况中被给予的，同时并不带有任何概念性的、表达性的把握"④，那么听者所接受

---

① 胡塞尔:《逻辑研究》II/1, A34/B₁34。
② 胡塞尔:《逻辑研究》II/1, A34/B₁34。
③ 胡塞尔:《逻辑研究》II/1, A34/B₁34。
④ 胡塞尔:《逻辑研究》II/1, A34/B₁34。

的就是对传诉的感知。

同时胡塞尔又强调指出"前面已经提到的那个本质区别还存在着"①。那么胡塞尔在这里所说的这个"本质区别"到底是什么？这一"本质区别"就是胡塞尔在上文提到的"那些使此人成为此人的心理现象作为它们之所是并不可能落实为对一个他人的直观"②。具体来讲，就是听者听到说者表达了某些心理体验，并且听者也感知到了这些体验，但是听者自身并不能体验到这些体验。这里就体现出了传诉的局限性：我对你说"我头痛"，你听到我说的话语，由此产生了一个相应的心理体验，你接收到了我表达的意思，知道了我头痛，但是你却无法直接体验到我对头痛的体验。具体来讲：

首先，听者之所以能够感知到这些体验，是因为在胡塞尔看来，听者对这些体验的感知不是一个"内感知"，而是一个"外感知"。在胡塞尔的现象学的意向分析中，"感知"是一个很具有现象学特色的概念，在胡塞尔那里，"感知"作为"原本意识"，作为"存在意识"，是关于存在着的对象的意识，是最具有奠基性的意识行为。在胡塞尔的研究中，尽管胡塞尔认为对"外感知"和"内感知"的区分不具有认识论的意义，但胡塞尔始终没有放弃对这一对概念的使用。"外感知"被定义为对事物和对他人的感知，即对物理现象的感知；"内感知"则被定义为对心理现象的感知。因而"外感知"不具有明见性，而"内感知"是一个明见性的感知③。也就是说，在交流的过程中，听者对传诉和传诉者本人的感知是一种对现时或当下存在的外在事物的感知，它不具有相即的直观性（明见性），即是说"在相即直观中真实地把握存在"④和"根据一个直

---

① 胡塞尔：《逻辑研究》II/1，A34/B₁34。
② 胡塞尔：《逻辑研究》II/1，A34/B₁34。
③ 倪梁康：《现象学概念通释》(增补版)，商务印书馆，2016年，第542—544页、第547—548页。
④ 胡塞尔：《逻辑研究》II/1，A34/B₁34。

观的，但不相即的表象臆指地（vermeintlich）把握一个存在"①这两者之间存在着巨大的差异，因为在前一种情况中涉及的是一个"被体验到的存在"②，而在后一种情况中涉及的则是一个"与真理不符的假设的存在"③。

其次，听者能够感知却并不能体验到传诉之人的诸多体验，这是因为传诉者对自己的意识的体验与对他人的意识的体验具有不同的体验特征。传诉者是自己的意识体验的主体，听者也同样具有自己的意识体验，也是自己意识体验的主体，但是二者的体验特征各不相同。胡塞尔认为，我们不仅可以体验到自己的意识体验，而且通过移情，我们还可以感知到他人的意识体验。例如，我看到一个人两眼放光，满脸通红，手舞足蹈。这时的我不仅仅是看到一个物体，或者说一个事件，而且能够明显地感受到这个人的兴奋情绪。但是对我而言，经历自己的意识体验与经验他人的意识体验，哪怕是同一种类型的意识体验，都有着不同的体验特征。我们每一个人都有过兴奋的经历，都会有一种关于兴奋的体验，所以当我们看到他人兴奋时，我们就能够感受到他的这种兴奋，但是我们却无法像兴奋者那样去体验他们自己的兴奋。在电影《天使之城》里有这样一段男女主人公的对白：男主看着正在吃梨的女主问道："你是什么感觉？"女主回应："你不知道梨是什么味道？"男主："我不知道你吃梨的感觉。"女主："就好像砂糖在嘴里溶化……"我们每一个吃过梨的人都知道梨的味道，都体验过吃梨的感觉，但我们却无法体验他人吃梨的感觉，即使通过对方的语言描述让我们能够清晰地知道他表达的含义。这是因为任何意识体验都具有时间性、实在性和主观性，我们不能够重复我们在某时某刻的具体的心智活动，更不能与他人共享我在某时某刻的意识体验。也就是说，从体验的角度，我自己兴奋、自己品尝梨与感知他人

---

① 胡塞尔：《逻辑研究》II/1，A34/B₁34。
② 胡塞尔：《逻辑研究》II/1，A34/B₁34。
③ 胡塞尔：《逻辑研究》II/1，A35/B₁35。

的兴奋、体验他人吃梨的感觉是两个不同的意识体验，就好像我对自己说"我很生气"，我在说出"生气"的同时也在体验着我的气愤情绪，这与听者不能够直接像说者一样体验到说者所说出的东西完全不同。

胡塞尔通过分析得出了以下结论："接受和传诉之间的相互理解恰恰要求某种在传诉与接受中展开的心理行为的两方面的相互关系，但决不是要求它们的完全相同性。"[①]

胡塞尔通过分析在交往作用中的表达发现传诉中的表达是与指号或信号交织在一起的，它既有指示功能，又有意指功能，它在交往中是说者对听者的一种传诉，听者对传诉的接受就意味着听者对"传诉"的感知，但听者却无法直接像说者一样体验到说者所说出的东西。虽然胡塞尔指出在接受和传诉之间的相互理解所需要某种在其中展开的心理行为的两方面的相互关系不要求其完全的相同性，然而"我知道"和"我听你说而知道"之间区别很大，并不一样。

胡塞尔告诉我们在传诉中发生作用的"表达"同时具有指示和意指功能，但在胡塞尔看来，这种"表达"并不纯粹，它不能够表明表达式的本质，只有在孤独的心灵生活中的表达才是一种纯粹的"表达"，它才凸显了表达式的本质[②]。

---

① 胡塞尔：《逻辑研究》II/1，A35/B₁35。
② 胡塞尔在传诉中的表达是与指号或信号交织在一起的，这一点亦成为德里达批评胡塞尔的着眼点。德里达认为"指示是表现信号和表述之间全部交错的根源和必然性的地方。"(德里达:《声音与现象》，商务印书馆，2015年，第26页)。对于这个观点，学者庄威表示赞同，认为由于和信号对应的指示的本质是联想，因此联想就同意义、意指关联在一起，联想本身可以作为我们从听到语词与把握住含义的瞬间和中介过程，并且指出在胡塞尔观点中的联想既和指示相关，又和意指相关，胡塞尔原先的区分在这里似乎就变得无效了，因此庄威认为胡塞尔"至少在《逻辑研究》阶段没有好的关注'指示'方面，而实际上'联想'标明的这个领域意味着'指示'层面可以继续挖掘下去，而不能简单地加以贬抑或避开不谈。"(庄威《胡塞尔哲学中的意义问题研究》，中国社会科学出版社，2016年，第143页)。对此笔者持不同意见，指示的本质虽然在于联想，与胡塞尔现象学中"联想"有关的"指示"层面固然也可以深入地研究下去，但联想并非和意义、意指关联在一起，因为二者的意向性本质和特征截然不同；联想本身也不能作为我们从听到语词与把握住含义的瞬间和中介过程，因为我们对语词的感知和对观念含义的直观把握与联想并不相同，表达作为符号行为虽然奠基于直观的感知和想象，但是表达的本质体现于意指和含义，表达的意识活动的本质结构与联想无关，但无论是符号的物理层面，还是含义的直观充实，抑或是含义本身，仅仅与感知、想象的感性直观和观念直观相联结。因此联想只和指示相关，而和意指无关，胡塞尔原先的区分在这里依然有效。

2. 孤独心灵生活中的表达

到此为止，胡塞尔关于"表达"的考察都是在交往作用中展开的。胡塞尔指出表达所具有的这种交往作用的本质基础在于：表达首先是作为指号起作用的，也就是说表达既具有指示功能，又具有意指作用，"但是，即使在与自己交流而不做告知的心灵生活中，表达也被赋予了一个重要的角色"①。所谓"与自己交流而不告知的心灵生活"就是胡塞尔所说的在孤独心灵生活中的"表达"。在这一表达中，该"表达"表达的对象是自己，并且这一表达只对自己进行交流而不做告知，也就是说，这个表达对自己不进行传诉。因此"孤独心灵生活中的表达"仅仅具有意指的作用，而不具有指示的功能，但这类表达也依然在"自我交流"中发挥着重要的作用，并且表达这一作用的变化并不会改变表达的本质。所以在"孤独心灵生活中的"表达，虽然不进行告知，不具有传诉的功能，但却一如既往地具有自己的含义，并且具有"与在交往话语中同样的含义"②。由此我们可以看出，于"表达"而言，它在传诉中与指号交织在一起，指示功能和意指功能兼而有之。然而胡塞尔却认为，与传诉功能相比，表达的意指作用更加重要，表达可以不具有传诉的功能，而只具有意指的作用，因为即使这样它也会一如既往地具有"与交往话语中同样的含义"；相反，表达不能只具有传诉的功能，而没有意指的作用，这是因为表达的本质就在于它是具有含义的符号。因此"表达"无论是在传诉中，还是在独白的心灵生活中，其本质都没有发生改变，究其原因就在于表达的意指作用始终没有变化。

那么，在什么情况下表达的本质才会发生改变呢？胡塞尔接着分析指出，只有当我们的兴趣仅仅朝向感性的表达的物质外壳，仅仅"朝向

---

① 胡塞尔：《逻辑研究》II/1, A35/B₁35。
② 胡塞尔：《逻辑研究》II/1, A35/B₁35。

单纯作为声响构成物的语词时，语词才不再是语词"①，语词才不构成表达，语词在这才不具有"表达"意义上的含义。这又该如何理解？按照胡塞尔的观点，当我们仅仅朝向表达的感性之物，即单纯的语音或者印刷、书写出来的语词符号时，这时我们的意向活动的性质就发生了改变，我们的意向仅仅朝向的是这个说出的语音符号或用墨水、油墨写出、印刷出来的文字符号本身，这个语词对我们来说是直观当下的，它直接显现给我们，这时它仅仅是作为一种单纯的外感知的对象显现给我们，我们具有的仅仅是关于这一语词的外感知。我们的意向不再朝向在意义赋予行为中被意指的实事，即通过这个符号而被标示出来的东西。因此这时我们的意向体验不再是以语词为基础的意指行为，即表达行为，此时的语词也不是"表达"意义上的语词。

"但只要我们生活在对语词的理解中，语词就在进行表达，而且无论这个语词是否朝向某人，它都表达同一个东西"②，只要我们的意向再次朝向在含义意指行为中被意指的实事，即通过这个语词而被标示出来的东西，而不再朝向这个被说出的语音符号或用墨水、油墨被写出、印刷出来的文字符号本身时，这个物理语词现象构造于其中的直观表象的对象便成为一个表达而有效。此时这个直观表象便又经历了一次本质的现象的变异。在这个转变的过程中，"构成这个直观表象中对象现象的东西不发生变化"③，而我们的体验的性质（意向活动的质性）却再次发生了改变，我们再次生活在对语词的理解中。这样，这个意指行为"不需要借助于任何一个充实性的或说明性的直观的出现就可以构造其自身，这个意指的行为是在语词表象的直观内涵中找到其依据的"④，语词就在进

---

① 胡塞尔：《逻辑研究》II/1，A35/B,35。
② 胡塞尔：《逻辑研究》II/1，A35/B,35。
③ 倪梁康：《胡塞尔现象学概念通释》（增补版），商务印书馆，2016年，第74页。
④ 倪梁康：《胡塞尔现象学概念通释》（增补版），商务印书馆，2016年，第74页。

行着表达，而且它自始至终都在表达着同一个东西，无论它是否朝向某人。由此看来，明显地，表达的意向行为与朝向语词本身的直观意向有着本质的差异，"表达的含义以及那些本质上包含在表达中的东西与表达的传诉成就是不可能相等的"①。

也许有人会说："我们在孤独的心灵生活中也在用表达进行着传诉，只是这种传诉不是针对第二者进行而已。或者我们是否应当说，孤独的说者是在对他自己说，语词对他来说也是符号，即他自己心理体验的指号？"②对此胡塞尔不予赞同，因为在胡塞尔看来，虽然"语词在这里和在任何地方一样，都是作为符号在起作用；而且我们甚至在任何地方都可以将语词看作是一种指向（Hinzeigen）"③，但是如果我们对表达和含义的关系进行反思，并且"为此目的而将意义充实了的表达的复合的、同时也是紧密统一的体验划分为语词和意义这两个要素，那么语词本身在我们看来就是自在地无关紧要的，而意义则在我们看来就是用此语词所'指向'的东西，就是借助于这个符号所意指的东西"④；因此，在孤独的心灵生活中，表达将兴趣从语词本身引开，并将它引向借助于该语词所意指的东西，即将它指向语词的含义，而语词本身的存在与否就变得无关紧要了，语词不再作为指号发生作用，表达不再进行传诉，而只具有意指的功能，不具有指示的作用，于是语词在这里就不再作为心理经验的指号存在着。因此，正如胡塞尔所言"这种指向（Hinzeigen）不是我们在前面所阐述过的意义上的指示（Anzeigen）。符号的此在并不会引发含义的此在，更确切地说，并不会引发我们对含义此在的信念"⑤，而"被我们用作指号（记号）的东西，必定被我们感知为在此存在着

---

① 胡塞尔：《逻辑研究》II/1，A35/B₁35。
② 胡塞尔：《逻辑研究》II/1，A35/B₁35。
③ 胡塞尔：《逻辑研究》II/1，A35/B₁35。
④ 胡塞尔：《逻辑研究》II/1，A35/B₁35。
⑤ 胡塞尔：《逻辑研究》II/1，A35/B₁35——A36/B₁36。

的"①。这一点仅适用于在告知的话语中的表达，而不适用于在孤独的话语中的表达。

那么在孤独的话语中的表达具有怎样的本质和特征？它与语词以及在交往中的话语又有着怎样的区别？

在胡塞尔看来，在孤独的话语中，我们不需要真实的语词，只需要被表象的语词。在想象中，浮现在我们意识当中一个被说出的或被写出的语词文字实际上根本不实存，我们不应该把想象表象与被想象的对象混为一谈。在这里，在我的想象中，我想象的是语词的表象，而被想象的对象则是具体的可以被听见或被看到的实存的语词。也就是说，这里实际存在着的不是被想象的语词声音或者被书写的文字，而是对这些声音或文字的想象表象，"这里的区别和在被想象的半人半马怪与关于半人半马怪的想象表象之间的区别是相同的"②。胡塞尔接着分析指出，语词的不实存并不妨碍我们在独白中与自己的交流，因为这对于表达行使其意指功能并不构成障碍和影响，就表达的本性而言，其本质特征就在于意指功能及其赋予的含义。因此语词是否实存，是否作为指号发挥作用，对于"在孤独心灵生活中的表达"根本就是"无关紧要的"③；然而对语词的实存倍加关注的地方，则是意指作用与传诉功能相结合的"在交往作用中的表达"。表达在交往的作用中，其思想内涵不仅应当以意指的方式被表达，而且应当通过传诉而被告知，这只有在现实的说与听中，即在真实的传诉中才得以可能。

当然，在某种意义上人们也可能会说，在独白中，我们自己把自己理解为对自己的说者和告知者，就像某人对自己说："你这事儿干糟了，你不能再这样干下去"④等等。但是胡塞尔对这一认识和说法给予了否

---

① 胡塞尔：《逻辑研究》II/1, A36/B₁36。
② 胡塞尔：《逻辑研究》II/1, A36/B₁36。
③ 胡塞尔：《逻辑研究》II/1, A36/B₁36。
④ 胡塞尔：《逻辑研究》II/1, A36/B₁36。

定。胡塞尔指出，在真正交往的意义上，处于这种情况中的人们只是把自己想象为说者和告知者，但实际上他是不说话的，他甚至不发出语音，他也不告知自己什么，他只是在心里默默地"说"："你这事儿干糟了，你不能再这样干下去。"当我们自言自语的时候，语词不可能再作为指号而服务于我们，在这里这种指示毫无用处，因为我们自己在说出的同一时刻就在体验着这些相关的行为①。因此，在胡塞尔的现象学里，真正的、纯粹的表达就是在"孤独心灵生活中的表达"。胡塞尔强调"孤独心灵生活中的表达"作为真正的、纯粹的表达与交往中的表达不同，其目的是要把表达式的传诉功能和意谓功能区别开来，并进而表明表达式的本质在于其意指作用，而不在它的传诉功能，也就是说表达的本质不在表达是否被当作指号加以运用，即表达的本质在意指，不在指示。相关的根本依据是：当我们自言自语的时候，我们之所以不告知自己什么，语词之所以在这里作为指号毫无用处，其根本原因就在于我们自己在同一时刻里体验着所有这些相关的行为（发声、传诉、意指、理解同时完成）。在这一段的描述分析中，胡塞尔指出一个人的自言自语是可能的，也就是说自己对自己诉说是可能的。例如，在这里，我对自己大声地说"你这事儿干糟了，你不能再这样干下去"，此时在空旷的房间里，我的声音久久挥之不去。这个行为在胡塞尔看来，即便如此，这些语词的声音在这里也不是作为指号发生作用的，与之相关的指示功能就变得毫无意义。因为在这种情况中，我对自己说与不说，发不发声，告不告知，都没有什么实质性的区别，这里并不增减任何东西，我对自己要表达的意思在我说出的那一瞬间甚至是在我说出之前就是明了的，这意味着我当下表达的东西是直接地被给予的，它具有明晰性，而我此时或在其他任何时刻对自己进行的"告知"或者说出的"话语"在这里都被等同于

---

① 胡塞尔：《逻辑研究》II/1，A37/B₁37。

"废话"一样的东西。因此在孤独的心灵生活中不需要告知，不需要传诉，没有接受，只有表达，一种胡塞尔意义上的"纯粹的表达"。"说出"在胡塞尔这里属于第二性的问题，而处于第一性的则是关于孤独心灵生活中的超越论的理解。

3. 胡塞尔的独白与维特根斯坦的"私人语言"

在众多中外研究者对胡塞尔现象学理论的研究和评判中，胡塞尔的《逻辑研究》的第一研究备受关注，而其中的第一章第 8 节胡塞尔关于"孤独心灵生活中的表达"的论述受关注、质疑乃至被非议的程度明显更高，与之相关的研究主要包括：

a. 胡塞尔所阐述的在交往中的表达式和在独白中的表达式的特点以及独白语言的特点和性质。

b. 结合胡塞尔现象学的反思，提出：独白这个意向体验本身是否可以被当作一种纯粹直观把握的对象？

c. 针对德里达对胡塞尔提出的论点进行分析判断。

d. 把胡塞尔的独白理论与维特根斯坦关于私人语言的证明进行比较研究。

综合比较，我们发现把胡塞尔与维特根斯坦放在一起进行比较考察的研究居多，接下来本文也将从这个角度针对这个相关论题做一些简要分析。

在关于胡塞尔和维特根斯坦的比较研究中，大抵呈现出了两种对立的观点：第一，维特根斯坦关于私人语言不可能的论证真正构成了对胡塞尔的纯粹现象学的严厉打击，使胡塞尔的现象学的还原及其整个哲学路线陷入了困境。第二，胡塞尔在独白中的描述与维特根斯坦对私人语言的否定有异曲同工之处。上述两种观点，一方否定，一方肯定。究竟孰是孰非？如果我们想就二人的观点和理论做一个合理的分析，首要的工作就是要对维特根斯坦关于"私人语言"的理论进行一些认识和了解。

关于"私人语言"的论证是后期维特根斯坦语言哲学理论的重要内容,维特根斯坦关于这些论点的论证被誉为"维特根斯坦的一个最著名的哲学分析"[①],他对"私人语言"的论证主要集中在《哲学研究》第一部分的第243—317节。

维特根斯坦关于"私人语言"的论证主要涉及两个基本问题:第一,私人感觉是否存在?第二,私人语言是否存在?私人感觉能否被语言描述?

首先,我们来看看维特根斯坦关于"私人感觉"的论点。

(1)"私人感觉"

什么是私人感觉?一般而言,每个人的内心经验都是私人性的,没有他人能够明了,也就是说我的经验只有我自己才能体验。我们说疼痛在某种意义上是私人的,只有自己体验过疼痛的人才能"看见"这个疼痛,所以我们倾向于认为只有感觉到疼痛的主体才可以理解疼痛的相对私人性。也就是说对于别人的疼痛,我只能根据我自己疼痛的经验间接地得知。维特根斯坦对于上述认识是明显认可的。因此,维特根斯坦说:"在什么意义上说,我的感觉是私人的?——只有我能知道我是否真的感到疼,别人对此只能进行推测。"[②]

维特根斯坦关于"私人感觉"的基本观点是:私人感觉(无论是我自己的还是其他人的)是存在的,我们可以通过他人的外部表现去了解他人的私人感觉。维特根斯坦认可"内在感觉的实在"的说法,并把它看作是心理学的主要研究对象,维特根斯坦主要通过内在事物与外在事物的对比来论证私人感觉的存在。维特根斯坦认为,一个人的私人感觉在表面上是确定的,因为每个人都知道自己的内在感觉,而自己以外的其他人却只能通过观察对象的行为举止和话语等这样一种不确定的方式从中推出他人在特定环境中的内在之物即"私人感觉"。人们经常会把内

---

① 贾可·辛提卡:《维特根斯坦》,方旭东译,中华书局,2015年,第59页。
② 维特根斯坦:《哲学研究》,§246。

在之物与那种与之相伴出现的外在之物联系起来进行考察，因此相比较而言，内在之物具有不清晰性和不确定性，也就是说内在之物不能被直接直观，不能被确切地知晓。

维特根斯坦承认我们对他人的私人感觉是可知的，因为任何人如果有某种私人感觉，他总会以某种方式把它表露出来。例如一个人感到疼痛时就会伴随着某种面部表情或者做出某种行为举止甚至发出某种声音，这些都是对私人感觉的自然表达。我们设想一个人在某个时刻感觉到自己身体上的某个部位剧烈地疼痛，但他却想要去掩盖这种疼痛，并尽力不做出任何与此相关的自然表达，极力掩饰，假装自己不痛，让自己看起来完全若无其事。然而我们要做到这一点却是十分困难的，因为即使我们竭尽全力也只能坚持片刻，不可能长久。因此，在很多时候，我们可以通过观察他人的某些自然表达来判断他具有怎样的私人感觉，因为我们都生活在某种共同体之中，我们在共同的社会生活和社会实践中逐渐形成了彼此之间已经达成共识的某些标准和惯例，形成了大家都理解的某种"语言"，所以一旦某个人以某种方式表露出他的私人感觉，除了他自己以外的人就可以把这些自然表达放在大家都认可的标准和惯例中进行比较，从而对这个人具有的私人感觉做出判断。因此在维特根斯坦看来，那种认为绝对无法理解或知道"他人的心"说法是站不住脚的[①]。

(2) 私人语言

什么是"私人语言"？在维特根斯坦看来我们可以把"别人都不理解而只有我自己'好像理解'的声音，可以称为一种'私人语言'"[②]，就是指那种用来描述个人所具有的私人感觉和内心体验的语言，由于别人不可能知道说话者的私人感觉和内心体验，因此用来描述这种私人感觉和内心体验的语言也是私人的，是不能传达的。根据维特根斯坦的观点，

[①] 涂纪亮:《涂纪亮哲学论著选》(第二卷)，武汉大学出版社，2007年，第220页。
[②] 维特根斯坦:《哲学研究》，§269。

私人语言具有三个基本特征:"a. 只有使用这种语言的人才可能知道这种语言中的语词所指的对象是什么；b. 这种语言中的语词所指的私人感觉和内心体验，只能为说这种语言的人所具有，而不能为其他人所具有；c. 这种语言是别人无法理解的因而是不能传达的"①。维特根斯坦根据这些特点分析指出，一个基于私人使用目的而构造编排并将此传递给他人为他人所理解的密码不属于私人语言；某个与世隔绝的人（比如鲁滨逊）独自使用的某种语言不属于私人语言；一个自言自语的独白者使用的某种语言不属于私人语言，因为这些语言的使用都预先假定了某种公共语言。

那么是否存在私人语言，或者说私人语言是否可能？

从《哲学研究》第 243 节开始，维特根斯坦就指出："一个人可以鼓励自己、命令自己、服从自己、责备自己以及惩罚自己；他可以对自己提出问题然后自己回答。我们甚至可以想象一些只能进行独白的人，他们一边做事情的时候一边自言自语。"②简言之，一个人可以自言自语，那我们是否可以想象一种写下或者说出一个人的内在经验的语言，仅供他个人使用？综观西方哲学发展史，这个问题并不是维特根斯坦的首创。关于私人语言讨论所及的范围，在哲学史上要追溯到很远的时期，笛卡尔、休谟、穆勒和叔本华都在不同历史时期以不同的方式提出了自己的观点。这些观点普遍要求使一种私人语言成为可能，在一定意义上认可了私人语言的存在。

后期维特根斯坦对上述关于私人语言的看法持反对意见。维特根斯坦通过分析指出上述认识之所以错误一部分原因在于研究者对语言本身的功能所具有的错误观念，一部分是因为研究者不能够正确认识表达感觉的语词用法。总体来讲，维特根斯坦认为导致这些错误产生的主要原

---

① 涂纪亮:《涂纪亮哲学论著选》（第二卷），武汉大学出版社，2007 年，第 223—224 页。
② 维特根斯坦:《哲学研究》，§243。

因"就在于不了解语言的真正性质"①，对此他在《哲学研究》中进行了系统地批驳：第一，"私人实指定义不可能"②。传统的观点认为我们可以通过一个私人的指示过程来给私人感觉一个名称，但维特根斯坦却指出没有哪个语词能够以这种方式获得意义，也就是说他通过论证表明不可能用名称来给"感觉体验"直接定义。第二，"即使是实指定义是可能的，也不能把由此得出的名称用于他人的情况"③。维特根斯坦通过上述论证表明不存在这样一种语言，即语词所指称的内容只有使用这种语言的那个人才知道。比如"疼痛"一词就不是私人语言词汇，一个人之所以能够知晓自己是在何时处于疼痛当中，是鉴于这个人自身关于疼痛的个人体验（假设私人实指定义是可能的），但是当这个人依据自身对疼痛的感觉体验来想象和对待他人的疼痛是不可能实现的。因为当我说我在疼痛，其他人大多是知道的，但是他们不会带有我自己对疼痛的那种确定性。因此疼痛不是通过私人实指定义才成为一个感觉的一种称谓的。第三，"即使私人实指定义是可能的，而且我们也可以把由此得出的名称有意义的应用于他人的情况，我们仍然不能按照这种模式来说明'公共语言'概念"④。维特根斯坦用"盒子里的甲虫"这个比喻来说明我们绝不可能从私人语言的模式中解释实际使用的公共语言，他认为在公共语言和私人语言之间横亘着一条鸿沟。维特根斯坦对个人情绪与感觉的可表达性并不质疑，但问题是：我们是如何成功表达它们的？根据维特根斯坦的观点，所有意义都是通过公共的语言游戏传递的，而私人经验却不能在其中的语言游戏中扮演角色，这是因为我们在谈论私人经验时，是不可能有任何其他的人能够回头检查我是否正确地提到了我的感觉，这就涉及到了语言的公共性。维特根斯坦所说的那种与私人性相区别的

---

① 洪汉鼎：《西方哲学两大思潮》(上)，商务印书馆，2011年，第207页。
② 涂纪亮：《涂纪亮哲学论著选》(第二卷)，武汉大学出版社，2007年，第223—224页。
③ 涂纪亮：《涂纪亮哲学论著选》(第二卷)，武汉大学出版社，2007年，第223—224页。
④ 涂纪亮：《涂纪亮哲学论著选》(第二卷)，武汉大学出版社，2007年，第223—224页。

公共性是指可以被公共进入，私人性指的是其他人无法进入，而不是指不能被一个共同体所分享。在这个意义上，语言具有公共性特征的原因就在于所有语言都依赖于语言游戏，在语言与世界的共同范围内所牵涉到的活动都是在物理空间与其他公共客体之间，尤其是在物理的空间被实施的。因此，按照维特根斯坦语言用途的这种类似游戏的特征使得语言在本质上是公共的[①]。维特根斯坦强调指出我们对公共语言的说明不应当从个人的内心体验中去寻找，而应该在人们的外部行为中去发现。显然，维特根斯坦关于私人语言的三点批驳在逻辑上是相互关联的。

综上，维特根斯坦关于"私人语言"的基本论点是：语言存在于语言共同体之中，私人语言只能建立在私有规则之上，而人们关于私有规则的想法只是一种虚构。私有规则同私有规则的印象是无法区别的，因为我有遵守规则的印象并不能保证我在事实上遵守规则。因此，私人语言不是一种真正的语言，它仅仅是一种虚构，私人语言的语法规则也不是一种真正的语法规则。

谈到私人语言，我们很容易地就把它与某种形式的自言自语或者我们与自身的对话关联起来。因此，许多研究者很自然地就把维特根斯坦的"私人语言"问题与胡塞尔在《逻辑研究》中专门探讨的关于"孤独的心灵生活中的表达"问题联系在一起进行比较研究。

在关于"表达"的现象学分析中，胡塞尔的一部分论点是与其他语言学家的观点相同的，即他们都认为语言首先并且主要是用作交往的工具；但胡塞尔同时又在关于独白的分析中认为，基本的语言效能不在于说者和听者相互沟通的信息交流，而在于"单独言语"，即思想者的独白。具体来讲，胡塞尔采取了一种有关含义和语言符号关系的思考方向，胡塞尔把交流活动中听者的活动理解为通过一种对传诉者的意义行为或

[①] 贾可·辛提卡：《维特根斯坦》，方旭东译，中华书局，2015年，第64页。

符号思想行为的信息"接受"而形成的意义理解；而传诉与接受的交流关系则是以语言指号的物理事实，即"语词"的存在为前提的。与之比较，相对于"孤独心灵生活中的表达"，实在语词的存在与否则是无关紧要的。因此在独白中，语词符号处于第二性的位置，处于第一位的是语词被赋予的含义，它对于表达具有本质性的特征，也就是说观念含义才是语言表达的本质核心，在孤独心灵生活中的表达才是最纯粹的表达。

鉴于胡塞尔的认识，这里就涉及到一些问题需要我们进一步地思考：在有声的或无声的自我交流中的语言具有怎样的特性，它是否就是人们所说的被维特根斯坦否定的"私人语言"？此外我们还需更进一步地探寻：这种自言自语的自我交流活动的实质是什么？

首先，在独白中不作为指号起作用的那个语词，就其特性而言，仍然是一种公共性语言，因为在胡塞尔看来，即使在"孤独的心灵生活中"的表达仍然和在交流传诉中的表达一样，其表达的仍是客观的含义，而非私人独有的东西。因此，在独白中，自己对自己说出的那些语词仍然和在传诉中作为指号的语词一样，是对某种公共语言的运用。笔者认为胡塞尔的这一观点与维特根斯坦并不相悖，相反，二者却有异曲同工之处，因为维特根斯坦也否认在独白中使用的语言是私人的。的确，我们的自言自语在大多数的情况下都是在使用公共语言，即使是对极为隐秘的情感和思想的表达也是如此。维特根斯坦认为，一个自言自语的独白者使用的某种语言并不属于私人语言，因为这些语言的使用者都预先假定了某种公共语言的使用。可见，维特根斯坦在这里论述的是私人语言的原则可能性问题，他并没有承认私人语言的可能性。就这一观点而言，维特根斯坦与胡塞尔的认识是相同的。维特根斯坦认为这种私人语言是别人无法理解的因而是不能传达的，胡塞尔认为在独白中使用的语言不是不能传达，而是不需要传达。维特根斯坦反对"我知道我疼痛"的这种表达方式，理由是这种表达式完全与我们日常使用"知道""疼痛"这些词的方式相冲突：我从不被说成是"知道"我的疼痛，我只是有疼痛，而且人们通常确实知道另一个人的疼痛；胡塞尔指出，我们在自言自语的时候，我们不告知自己什么，语词在这里作为指号毫无用处，因为在这种情况中，我对自己说与不说，没有实质性的区别，其根本原因就在于我在表达的同时就在体验着这些相关的行为，因而这里就只有表达，而且是纯粹的表达。

其次，这种自言自语的表达活动的实质究竟是什么？在笔者看来，自言自语的独白可以被分为两种情况：一种是发出语音的自言自语；另一种是无声的自我交流。其中有声的自言自语，语词在其中虽然不作为指号发生作用，对表达不具有本质性的意义，但它依然具有表达的基本结构，即是说它既包括表达的物理层面又有意义层面。而在无声的自我交流中，我并不告知自己什么，因为我在同一时刻体验着我所要表达的内容。按照胡塞尔的观点，这时我的兴趣只在于语词的含义，而非语词本身，我拥有的不是被想象的语词，而是对语词的想象表象。对于这种无声的自我交流，笔者比较认同柏拉图的观点，即主张这种自言自语实际上就是一种自我进行的意识活动，是一种在意识中进行着的思维，正如柏拉图在《智者篇》中把"思维"称作"心灵与他自己的无声对话"，关于这一论点后来的思想家们尤其是语言哲学家们进行了种种阐述，维特根斯坦也谈到他并不否认这种独自进行的意识活动的存在。

以上胡塞尔对在"交往作用中的"的表达和在"孤独心灵生活中"的表达的特点的描述分析是在比较的基础上进行的，并以此得出了表达的本质性特征。那么表达本身又包含着怎样的差异？胡塞尔立足于纯粹描述的基础对表达又进行了怎样详细的现象学的划分？

(三) 表达的现象学划分

1. 表达的三个层次划分

按照胡塞尔的观点，无论表达是在孤独的心灵生活中还是在交往的话语中起作用，二者都包含着一些差异——在交往行为中的语言表达需要借助于感性的语音或文字符号，而在孤独心灵生活中的表达则不需要任何可以感知的语言符号。胡塞尔指出，如果我们不去考虑上述差异，而仅仅就表达本身所包含的差异来考察表达，那么有两样东西是表达一般所具有的：一是表达本身；一是它所表达的作为其含义（意义）的东西。在前面我们已经指出，人们一般将表达区分为：a.物理方面，包括感性符号、被清楚地发出的一组语音，纸张上的文字符号以及其他等等；b.心理体验，与表达以联想的方式连接在一起，使表达成为关于某物的表达。这些心理体验大都被人们称作表达的意义或表达的含义。显然，胡塞尔对这种区分并不满意，因为在这里有许多关系交织在一起，其中关于"被表达出来的东西"[①]的说法以及关于"含义"的说法就充满了歧义，尤其是对表达进行区分的逻辑目的以及分析和把握关于表达的逻辑本质的差异不充分。因此胡塞尔对语言表达活动进行了现象学的三个层次的划分：物理的表述显现、意义给予的行为、意义充实的行为。

胡塞尔对表达进行的三个层次的现象学划分，总的来讲包括两个方面：物理显现和意向行为。一方面语词可以由声音或纸上的痕迹形成语词的物质外壳或者叫物理显现，表达在物理现象中根据符号的物理显现（语音或文字）提供的物理依据来构成含义，从而构造起自己；另一方面是意向行为，它包括给予表达含义的含义意向行为和有可能给予表达以直观的充盈，而且在行为中构造起与被表达的对象性的联系的意向充实行为[②]。由此，意向行为又被区分为两个层次——含义意向和含义充实。这样，表达就被区分为两个方面——即物质方面和行为方面，前者与真正意义上的"符号"有关，后者则与"含义"有关，"符号"与"含义"

[①] 胡塞尔：《逻辑研究》II/1，A37/B₁37。
[②] 胡塞尔：《逻辑研究》II/1，A37/B₁37。

之间的关系也可以说是"标识"与"被标识之物"之间的关系。表达的三个层次——物理的表述显现、含义意向的行为、含义充实的行为,其中含义意向行为和含义充实行为构成了完整的表达的意向体验,而表达的物理显现和表达的意向行为则构成了一种表达的现象学的统一。如图:

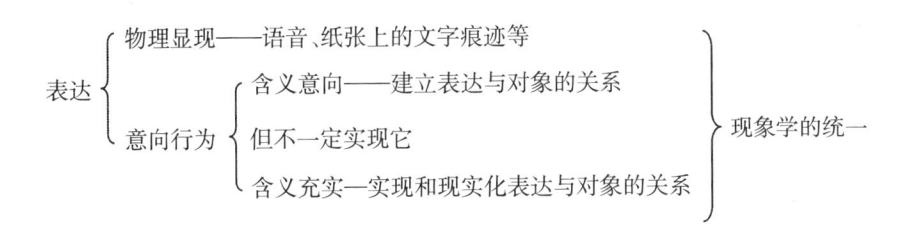

$$
\text{表达}\begin{cases} \text{物理显现——语音、纸张上的文字痕迹等} \\ \text{意向行为}\begin{cases}\text{含义意向——建立表达与对象的关系}\\\text{但不一定实现它}\\\text{含义充实——实现和现实化表达与对象的关系}\end{cases}\end{cases}\text{现象学的统一}
$$

首先,在这一划分中,胡塞尔把表达与"单纯的语音"进行了比较:由于表达所具有的意向行为的层面,才使表达与一个单纯的语音区别开来,(即表达除了物理层面,还有含义层面),并且比"一个单纯的语音更多"[1]。表达一方面使意向行为具有物理方面(语音、文字);另一方面表达与单纯的语音比较,表达的本质性的特征就表现在它的意指功能——表达意指某物,而且正是因为它意指某物,它才与对象性的东西发生关系。如果表达具有直观伴随的充实行为,即"这个对象性的东西或者由于有直观相伴而显现为现时当下的,或至少显现为被当下化的(例如在想象图像中)"[2],也就是说表达的意向对象无论是可感知的还是可想象的,都需要通过直观行为来充实,从而使这个对象性的关系得到实现。或者实际情况并非如上述所言,即"表达缺乏奠基性的、给予它以对象的直观"[3],也就是说表达不具有直观伴随的充实行为,它只是一个空乏的含义意向。针对这种情况,胡塞尔告诉我们:即便如此,表达也仍然比一个空乏的语言更多,因为"表达的作用也是含有意义的"

---

[1] 胡塞尔:《逻辑研究》II/1,A37/B₁37。
[2] 胡塞尔:《逻辑研究》II/1,A37/B₁37。
[3] 胡塞尔:《逻辑研究》II/1,A37/B₁37。

"表达与对象的关系是包含在单纯的含义意向之中的"①。只是就此而论，表达与意向之物的对象性的关系现在尚未得到实现而已。就比如，我们通常说名称在任何情况下都在指称对象，也就是说，只要它意指这个对象，它也就在指称这个对象；但是在单纯的意指中，情况就会不同，如果没有直观伴随的充实行为，如果名称缺乏直观的奠基，对象不是现时地存在于此，那么对象于名称而言，它就不是作为被指称的对象，即作为被意指的对象矗立于此。因为在直观充实中，首先被充实的是空乏的含义意向，由此使对象关系得到实现，也就是说指称是在名称和被指称者之间现时的联系中被意识到的。

其次，在这一划分中，胡塞尔对"无直观的含义意向和充实了的含义意向之间的根本差异"②进行了描述，也就是将含义意向行为和含义充实行为进行了比较性分析。在胡塞尔看来，其中一种行为对于表达来说是本质性的，而另一种行为对于表达来说是非本质性的。这样，我们便可以将这两种行为和两个行为序列区分开来，即可以区分为本质性的和非本质性的：一方面，对于表达来说，本质性的行为是指赋予含义的行为，我们将这些行为称作含义赋予的行为，或者含义意向；另一方面，对于表达来说，非本质性的行为指的是含义充实的行为，即在认识统一或充实统一中与含义赋予的行为相互融合的行为，我们可以把它简称为含义充实。表达作为有含义的符号，其特征就在于它们"意指"一个含义，含义意向在与单纯语音的结合中进行含义赋予的行为，只有含义意向才会使感性的语音成为在意义上被激活的语音。也就是说，在含义赋予中语音首先与含义意向达到一致。因此胡塞尔指出"只要表达还是表达，就是说，只要表达还是激活意义的语音，这些行为对于表达来说就

---

① 胡塞尔：《逻辑研究》II/1，A37/B₁37。
② 胡塞尔：《逻辑研究》II/1，A38/B₁38。

是本质性的"①。含义意向仅仅包含与被意指的对象的关系，但此时这种与被意指的对象的关系还没有实现，仅仅是非现时的。在单纯的含义意向中，表达与意向对象的关系仅仅是"潜能性"的，正如胡塞尔所指出的："意向分析就是对现时性和潜能性的揭示，对象正是在这些现时性和潜能性中作为意义统一而构造起自身"②。例如，有一天，我对你说"天空是蓝色的"，这个表达是有含义意向的，你听懂了我表达的意思。如果我对你说这句话时，我们是在一个密闭的空间，根本看不到天空，更看不到天空的颜色，我对你说的这句话也仍然具有意义，你依然能够听懂我的意思，但此时它只是给了你一个意义，这个表达还没有被充实，它仅仅是被赋予了含义，并没有要求直观充实意向对象，实现现时化。因此，此时的表达与表达所意指的对象的关系还处于那种潜能性中，而这种"潜能性"的对象关系就是含义意向，这一意向不一定要给予直观的充实，予以现时化。

虽然含义充实对于表达来说是非本质的，但却是与"表达在逻辑基础上相关联的行为，这些行为或多或少合适地充实着（证实着、强化着、说明着）表达的含义意向"③，并且因此而将表达的对象关系成为业已实现的当下直观。胡塞尔同时又指出这个"含义充实"的简称只有在"排除了那种容易产生混淆的可能性之后才能使用"④，即这个"含义充实"仅仅指的是使表达的意向得到充实的行为，我们不能将"含义充实"这个简称与把含义意向行为与含义充实行为包含在内的一个含义意指在相关的行为中找到充实的整个意向体验相混淆。也就是说，这个"含义充实"仅仅是属于完整的表达意向活动中的一个环节、一个组成部分，而作为

---

① 胡塞尔:《逻辑研究》II/1,A38/B₁38。
② 倪梁康:《胡塞尔现象学概念通释》(增补版),商务印书馆,2016年,第29页。
③ 胡塞尔:《逻辑研究》II/1,A38/B₁38。
④ 胡塞尔:《逻辑研究》II/1,A38/B₁38。

整个体验的表达则不仅包含物理—感性显现,而且包含含义赋予行为和含义充实行为,是一个含义意指在相关的行为中找到充实的意向体验,在表达与其对象性的现时的关系中,"'两个行为系列'从而构成为一个现象学的统一体"①,这其中语音首先与含义意向相一致,含义意向(与意向和其充实达到一致的方式相同)与有关的含义充实相一致,即被激活含义的表达与含义充实的行为达到一致②。

因此含义充实行为就是要使表达与意向对象的关系由那种潜能性予以现时化而成为当下直观的。我对你说"天空是蓝色的",此时的我不仅大声地发出了这几个语词的声音,而且我是站在太阳下用手指着蓝色的天空对你说的,因此这个时候的你不仅通过我发出的语音知道了我表达的含义,而且沿着我手指的方向看到了蓝色的大空。此时整个表达不仅通过语音激活了含义,使语音首先与含义意向达到了一致,而且还使表达的含义意向得到了充实。此时表达所意指的东西("天空是蓝色的")与你直接体验到的东西(蓝色的天空)实现了充盈,达到一致,含义得到了充实,含义意向和含义充实实现了统一,表达与其所意指的对象的关系予以现时化。据此,胡塞尔指出只要不是"单纯"的表达,即在纯粹意义上的、只具有意指功能而语词符号不作为指号进行指示的表达(比如在孤独心灵生活中的表达),人们通常就把"整个表达都理解为那种意义被激活的表达"③,也就是被理解为由胡塞尔划分为两个部分、三个层次的(即包括物理表达显现、含义赋予行为和含义充实行为)"整个"的表达。实际上构成表达式的物质和含义的这两个部分不仅完全不同,而且还相互独立,但二者却通过我们的意识结合在一起从而成为了含义意向行为的现象学的统一体。因此,胡塞尔说:"人们实际上不能(像我

---

① 倪梁康:《胡塞尔现象学概念通释》(增补版),商务印书馆,2016年,第84页。
② 胡塞尔:《逻辑研究》II/1,A38/B₁38。
③ 胡塞尔:《逻辑研究》II/1,A38/B₁38—A39/B₁38。

们常见的那样）说，表达所表达的是它的含义"①，这里比较恰当的关于表达的说法是："充实的行为显现为一种通过完整的表达而得到表达的行为"②。

通过上述分析，我们可以得出以下结论：在告知的话语中，表达作为整个意向体验既包括外在的物理表达显现，又包括本质的意向行为特征，而意向行为既可以包括含义赋予的行为，也可以包括含义充实的行为，其中赋予含义的行为构成了传诉乃至所有表达的本质核心。告知的意向之所以能够传诉和接受，其根本原因在于必须首先让听者了解这些赋予含义的行为，并且只有当听者将这些告知的意向附加给说者，听者才能理解说者，由此使接受和传诉得以联结，说者和听者相互理解，表达在交往中的作用得以实现。

2. 含义意向的现象学统一

无论是在告知的话语中抑或是在自言自语中，胡塞尔认为对于表达而言具有本质性特征的是含义赋予的行为（含义意向），而对于表达来说非本质的是与表达在逻辑基础上相关联的含义充实的行为（含义充实）。也就是说，是含义意向而非含义充实构成了表达的现象学特征，表达的本性存在于含义意向之中，有了含义意向行为赋予的含义，才使表达成其为表达。含义意向行为可以不借助于含义充实就能独立地构造起自身，含义意向是比含义充实更原本的意向行为。以此为基础，胡塞尔对"含义意向"进行了进一步的现象学分析与描述。

表达作为一种真正意义上的符号，与含义有着本质性的联系。含义意向赋予表达以含义，使表达与其他的符号区别开来。胡塞尔指出，含义意向和含义充实通过我们的意识聚合在一起，构成了一个"具有特殊

---

① 胡塞尔：《逻辑研究》II/1，A39/B₁39。
② 胡塞尔：《逻辑研究》II/1，A39/B₁39。

性质的密切交融的统一"①，而我们每个人都可以从自己的内经验中意识到这两个组成部分的"不等值性"，它反映出在表达和通过含义而被表达的（被指称的）对象之间关系的"不相等性"②。

那么，这种"不等值性"或"不相等性"具体表现在哪里？

胡塞尔分析指出，在表达的意向行为中，我们同时体验到了语词表象和赋予意义的行为，但当我们体验语词表象的时候，我们完全不生活在对语词的表象中，而是仅仅生活在对语词的含义、对语词意指活动的进行中。也就是说，语词表象作为表达的意向行为的一部分，我们在体验表达的意向行为时，我们的意向行为并不把语词表象当作对象看，而仅仅将其视为表达的物理显现的构成，一种似乎"可有可无"的存在。我们仅仅通过直观的语词表象去引发我们的含义赋予的行为，迫使我们的兴趣仅仅朝向那些在含义意向行为中被意指的，并且可能通过充实的直观而被给予的东西。我们曾经关注过一个语词，但仅仅就是一瞬间，当这个直观的语词表象引发出含义赋予的行为时，它就不再是我关注的主要对象，它仅仅作为一种晕圈在我的边缘视域里起作用了。我们通过这个语词去做了另外一件事，而在我们这样做的同时，我们完全投身于含义意向的进行并且有可能也投身于含义充实的进行，此时我们的兴趣完全朝向在含义意向中被意指的并且借助于含义意向而被指称的对象，我们不再关注语词表象。你指着天空对我说："天空是蓝色的。"当我听到你发出的这段语音时，我的关注点就落在了你的话语所意指的东西（蓝色的天空）上，我明白了你表达的意思，并且可能还会抬起头来顺着你手指的方向看向蓝色的天空。在这个传诉的过程中，我的兴趣完全朝向你在这句话中被意指的并且借助于含义意向而被指称的对象，我完全投身于含义意向的进行并且在观看蓝天的过程中投身于含义意向的充盈，

---

① 胡塞尔:《逻辑研究》II/1, A39/B₁39。
② 胡塞尔:《逻辑研究》II/1, A39/B₁39。

并就此获得一个完整的认识。而在我进行这些意向活动的时候，你发出的语音不再是我关注的对象，它仅仅在被你说出的那一瞬间，即引发我去朝向含义意向的那个瞬间被我关注。

胡塞尔同时又指出，这种指向（"朝向"）"不能被描述成为一种仅仅是有规则地将兴趣从此物引向彼物的客观事实"①。也就是说，胡塞尔认为我们应当把这种"指向"或者说这种"朝向"含义赋予的行为与心理学意义上的由联想的"动机引发"形成的对象的指示性的"指向"区别开来，因为"一对表象客体 AB 借助于一种隐蔽的心理学的协调而处在这样一种关系之中：对 A 的表象会有规则地引起对 B 的表象，而且兴趣会从 A 转而向 B"②。这就好比我们基于经验，看到"天空"就会想起"蓝色"，想到"苹果"就会引起关于"红色""甜的"等想象表象，我们的兴趣也自然会从"天空""苹果"转向"蓝色""红色"和"甜的"。但胡塞尔接着说"这个情况还没有使 A 成为对 B 的表象的表达"③。这是因为就表达而言，表达既包括物理显现，又包括与含义相关的含义意向和含义充实的意向行为，物理显现作为真正的"符号"与意向行为赋予的"含义"之间是"符号"和"符号所标志之物"的关系④，符号的存在是"一个在符号和符号所标志之物间的体验统一中的描述性因素"⑤，是"符号意识"的行为的统一。也就是说，当我看到在白纸上用墨水写下的"天空"这两个文字符号时，语词"天空"对我来说就是直观当下的，它显现给我，但是此时的我并不朝向这个用墨水写出来的文字符号本身，而是朝向在含义赋予行为中被意指的实事，即通过这个语词"天空"而被标识出来的东西。当我完成这一系列的意识活动，即从看到语词"天

---

① 胡塞尔：《逻辑研究》II/1，A40/B₁40。
② 胡塞尔：《逻辑研究》II/1，A40/B₁40。
③ 胡塞尔：《逻辑研究》II/1，A40/B₁40。
④ 胡塞尔：《逻辑研究》II/1，A40/B₁40。
⑤ 胡塞尔：《逻辑研究》II/1，A40/B₁40。

空"到认识语词"天空"所标识的那个在我头顶上面的现时的天空,在我的意识里就实现了含义意向行为的现象学的统一,或者说实现了符号意识行为的统一。这与我看到"天空"就会想起"蓝色",兴趣从"天空"转向"蓝色"的意向体验是不同的。

此时我低下头再次去打量在那张白纸上用墨水写下的"天空"二字,我注意到这两个字是用蓝色墨水的中性笔写下的,其中"天"字写得比"空"字大,从字迹上看,用的是规范而工整的楷书字体,并且书写的笔画十分流畅。此时的我已经将兴趣转向了"天空"这一文字符号本身,它与作为表达的"物理的符号显现和它的为它打上表达烙印的含义意向之间的描述性区别就会最清楚地表现出来"[①]。这时我对文字"天空"的意识体验是一个与其他外感知并无二质的感知,或者说,我拥有的是一个关于文字"天空"的以感知的方式被意指的外在的、直观的表象,而这个外感知的对象就失去了作为表达的有含义的语词符号的特征。如果我又一次地把它看作语词,它就会又一次作为语词起作用,那么我对它的表象的特征便会完全改变了。这时尽管语词作为外在的个体对我来说还是直观当下的,它还显现着,但"它已经不再是我们'心理活动'的对象"[②],我的兴趣和意向"仅仅朝向在意义给予行为中被意指的实事"[③],即"天空是蓝色的"。

那么,这种转变究竟意味着什么呢?"纯粹现象学地说,这无非意味着:如果物理语词现象构造于其中的直观表象的对象愿意作为一个*表达*而有效,那么这个直观表象便经历了一次本质的、现象的变异。"[④]也就是说,在这两个意向活动中构成这个直观表象中的对象现象的东西并

[①] 胡塞尔:《逻辑研究》II/1,A40/B$_1$40。
[②] 胡塞尔:《逻辑研究》II/1,A40/B$_1$40。
[③] 胡塞尔:《逻辑研究》II/1,A40/B$_1$40—A41/B$_1$41。
[④] 胡塞尔:《逻辑研究》II/1,A41/B$_1$41。

没有发生变化,而我的意向体验的特征却发生了改变,我的意向体验由对外在事物的感知体验转变成了关于符号的意向体验。按照胡塞尔的现象学理论,我们来做以下分析:"天空"作为语词突然出现时,我的意识的意向性发生了变化——之前我看到"天空"二字,我拥有的是一个关于"天空"二字的知觉意向,这个知觉是一个连续的过程,包括我的关注点的变化以及注意力从白纸上字迹的颜色(蓝色)向字体(楷体)和用笔特点(笔画十分流畅)等方面转移的一系列运动;但是当语词"天空"突然显现出来的时候,我就不再只是知觉我眼前的东西,一种新的意向体验开始了。这种新的意向体验使这些被知觉到的文字符号变成了表达的语词,我在不断意向直接在场的标记——"天空"二字时,我还意向着通过"天空"的含义被意向或被指称的对象,抑或是可能被直观充实的天空,这种心理意向就是胡塞尔所说的"符号性的意向"。这种符号性的意向是一种复合性意向,它把含义赋予文字符号,是一种缺乏充盈的空乏的意向,它奠基于直观行为,"属于某种更大的整体的一个非独立部分,因为它依赖于把变成语词的标记呈现出来的知觉基础"[1],并随着意指对象的直观充实而形成相关的知识。

因此符号性的意向与包括感知、想象的直观行为不同,它依赖并奠基于直观行为;符号性的意向作为空乏的意向也不同于那种伴随着知觉的空乏意向,也就是说知觉的这种空乏性不同于使用语词的时候起作用的空乏性。首先,渗透在知觉中的空乏意向是连续变化的。比如:我面前摆着一个立方体,我看着这个立方体的正面,同时我也在意向着它缺席的侧面、背面和底面,而这一立方体的侧面、背面和底面会随着我观察视角的变化又会逐渐成为我意向的正面和在场的,其他面则逐渐成为侧面和缺席的,正面和在场作为中心始终是被直接给予的,无论其他什

---

[1] 罗伯特·索科拉夫斯基:《现象学导论》,高秉江、张建华译,武汉大学出版社,2009年,第78页。

么面都会逐渐给在场让路。其次，语词的符号性意向则恰恰相反，它是离散的、不连续的。语词作为一个整体意指着它的意向目标，与知觉中的空乏意向相比，符号性意向能够更加精确、明白地指向它的意向目标；符号性意向不是平稳渐进的，而是呈起伏状，更可以认定为一，我们借助于"天空"这个语词，发现它仅仅意谓着天空，除此之外没有任何更多的东西。因此，符号性意向把那些可以放入句法并组成陈述的诸多零散的含义确立起来，"符号性意向是进入理性的入口，而渗透在知觉中的空虚意向仍然停留于感性"[①]。一旦我们渐渐理解有些声音和标记是名称，逐渐意识到万物都可以被命名，我们就已经进入到一个与动物的知觉、呼叫和发送信号完全不同的世界，此时的我们就已经进入到语言的推理之中。因此，这个转换——我从对白纸上的文字符号的感知转变到通过语词而意向缺席的被意指之物——完全是一种意向性的变化，即从一种意向行为向另一种意向行为的变化，当我的意识体验从知觉意向向符号行为转化时，我就会察觉到这些已经变化了的意向。

按照胡塞尔的观点，这其中还涉及到意识活动的层次性，或者说意识行为的奠基顺序。胡塞尔将意识行为划分为客体化行为和非客体化行为，其中客体化行为包括直观行为和符号行为，直观行为又由感知行为和想象行为构成。上述意识行为在胡塞尔那儿的奠基顺序依次是：非客体化行为奠基于客体化行为，客体化行为中的符号行为奠基于直观行为，直观行为中的想象奠基于感知。由此可见，感知是最具奠基性的行为，所有的意识行为都可以回溯到"感知"之上。这也就决定了意识的"超越性"也具有层次性，也就是说意识的意向性是逐层地超越，同时也是逐层地构成的。按照意识行为的奠基顺序，所有的意识行为首先超越的

[①] 罗伯特·索科拉夫斯基：《现象学导论》，高秉江、张建华译，武汉大学出版社，2009年，第80页。

都是实项因素（即在感性感知中的被给予之物），从而构成了一个不同于实项因素的意向对象，然后在这个基础上继续"超越"，意向性超越表象，在表象之上再构成一个意向对象。例如，"蓝天"是在感知的基础上被构成并被意指，"天空是蓝色的"则是在表象之上构成的判断。因此不同的意向对象有不同的构成基础，意向作用的超越性具有不同的层次，这实际上就意味着"对象是单纯符号性地，或直观地，或以混合的方式被表象"①的多种多样的立义形式。

因此胡塞尔指出，符号性的意指行为无需借助于任何一个充实性的和描画性直观的出现就可以构造起自身，它是在语词表象的直观内涵中找到其依据的，但它与朝向语词本身的直观意向根本不同，"与这个意指行为特殊地融合在一起的常常是那些新的行为或行为复合体，它们被称作充实性的行为，而且它们的对象显现为在意指中被意指的对象，或者说，借助于意指而被指称的对象"②。

由此可见，含义意向的行为是不需要借助于充实就能独立地构造起自身，"含义意向"构成了表达的现象学特征，使表达与空乏的语音相对立。在此基础上，胡塞尔又进一步地提出了这个问题：这种"含义意向"是否意味着要将被意指对象的想象图像与语音单纯地联结在一起，即这种"含义意向"是否有必要在这种想象行为的基础上才能够造起自身？或者说"相伴出现的想象图像属于表达的非本质性组成部分，并且它实际上已经属于充实的作用了，尽管这种充实在这里仅仅具有一种部分的、间接的、暂时的充实的性质"③。胡塞尔为什么会提出这样的问题？究其原因是胡塞尔认为在目前已经进行的研究的基础上还必须进行一项补充性的研究，要继续对现象学事物进行探讨，目的仅仅是"为了

---

① 倪梁康:《胡塞尔现象学概念通释》(增补版),商务印书馆,2016 年,第 68 页。
② 胡塞尔:《逻辑研究》II/1,A41/B_141。
③ 胡塞尔:《逻辑研究》II/1,A41/B_141。

对首要的本质差异做出确定的需要"①，由此就形成了胡塞尔在下一章要进一步研究探讨的主题。

到此为止，通过上述关于符号，尤其是关于表达的描述性分析，胡塞尔进一步指出如果我们想要正确地描述现象学的实事状态，还存在着诸多"麻烦"和"困难"。而这些"麻烦"和"困难"首先就表现为现象学研究的所有对象和对象关系只有通过那种与它们有本质差异的意指行为才会成为其所是，在这种意指行为中，这种对象和对象关系是作为被意指的统一被表象给我们，与我们相对立，在这种被意指的统一中，被纯粹现象学地"看到"的是各种意向行为交织在一起的状态。也就是说，现象学所研究的对象具有极其复杂的状况，要进行严格的现象学分析是异常困难的。

面对这些困难，胡塞尔指出如果我们仅仅从素朴—对象的兴趣来陈述这些问题，人们往往只用一种类似"表达和被表达之物、名称和被指称之物、注意力从此物向彼物的转移"②等这样一些简单的说法就能解释。但是如果我们把这些问题放在现象学的态度下进行纯粹现象学的考察，我们又会因此而多出一层的麻烦和困难，这就是对现象学状况进行描述存在的困难。因为这些现象学状况虽然已经被我们无数次地体验到，但却通常"未被我们对象性地意识到"③，更重要的是这些问题又必须借助于表达才能描述。一般而言，表达用于描述那些通常兴趣领域的对象似乎并不困难，但如果要进行严格的现象学分析那就另当别论了。正如胡塞尔在引论中所指出的那样，这种描述的困难的根源首先就在于现象学分析所要求的那种"反自然的直观方向和思维方向"④；与此同时，在这里涉及到的另外一个重要的问题就是语言表达。在引论中，胡塞尔一

---

① 胡塞尔：《逻辑研究》II/1，A41/B₁41。
② 胡塞尔：《逻辑研究》II/1，A42/B₁42。
③ 胡塞尔：《逻辑研究》II/1，A42/B₁42。
④ 胡塞尔：《逻辑研究》II/1，A10/B₁10。

再地强调和分析了语言阐释对逻辑学而言的关键性和困难性：首先，语言阐释是属于为建造纯粹逻辑学而在哲学上所做的必要的准备工作之一，因为只有借助于语言阐释才能清晰准确地把握住"逻辑研究的真正客体以及这些客体的本质种类与差别"①。但是这里的语言表达所涉及的不是经验的、与某个历史上已有的语言相关的意义上的语法阐释，它涉及的是最普遍的种类的阐释，而这些阐释属于"客观的认识理论以及——与此最密切相关——思维体验与认识体验的纯粹现象学的更广泛领域"②。胡塞尔强调现象学就是"用本质概念和规律性的本质陈述将那些在本质直观中直接被把握的本质和建立在这些本质中的本质联系描述性地、纯粹地表达出来"③。至此我们就大致理解了胡塞尔所说的针对上述问题采用纯粹现象学的考察方式所具有的困难性。胡塞尔又再次重申了语言表达对现象学研究的必要性和重要性（虽然语言表达被认为在胡塞尔的《逻辑研究》中仅占据第二的位置），这也同样表明了胡塞尔把语言表达放在六项逻辑研究第一位的原因。

四、表达与指号

到此为止，胡塞尔在第一项逻辑研究的第一章用了近十节的篇幅对"符号"这一概念进行了层层探讨和剖析，以期通过这种本质性的区分使与"符号"相关的概念得以澄清。

在胡塞尔的分析中，他从现象学的角度把一般意义上的符号区分为有含义的符号和无含义的符号，即被区分为"表达"与"指号"（或"记号""标号"等）。那么，表达与指号各自的本质是什么？二者之间有着怎样的一种关系？它们有无相同或相异之处……？这是继我们了解了胡塞尔关于"表达"与"指号"的现象学分析之后，需要进一步搞清楚

---

① 胡塞尔：《逻辑研究》II/1，A4/B₁3。
② 胡塞尔：《逻辑研究》II/1，A4/B₁3。
③ 胡塞尔：《逻辑研究》II/1，A4/B₁3。

的问题。

　　总体而言，相对于一般意义上的符号，语言符号仅仅是符号的一个组成部分，语言的概念远远小于符号的概念，因为在符号的范畴里除了语言符号，还包括各种指号、信号、记号等非语言符号，比如我们之前谈到的图标、图画、表情、手势与动作等等。通常来讲，在日常语言的使用中，"指号"与"符号"这两个概念的含义基本相同：在汉语和英语中，通常也把"符号"与"指号"这两个词当作同义词来使用，似乎没有严格区分的必要。但就实际情况来看，语言符号和非语言符号之间既有相同的地方，彼此又存在差异，而其中语言符号在符号中具有最重要的地位，同时"信号"和"象征"与"符号"和"记号"这些语词的含义也有所不同。因此符号，尤其是语言符号就成为包括胡塞尔、分析哲学家以及其他诸多哲学研究者重点关注的问题，同时也就形成了他们各自不同的认识和观点：其中有人将逻辑定义为"符号学"或"关于记号的理论"（皮尔士）；有人把语言和符号等同起来，把乌云、手势等非语言符号看作是语言符号（杜威、萨特等）；还有人认为记号是感觉可以感受的符号的一部分，两个不同的符号可以有共同的记号（维特根斯坦）。显然这些认识与胡塞尔的观点有所不同，上述这些看法不仅混淆了自然符号和人造符号的区别（乌云和手势），而且混淆了语言符号和非语言符号的区别（语言与手势、表情、动作）。接下来，我们对胡塞尔在符号的一般性概念中对"指号"和"表达"所做的本质性区分作一简要的回顾和总结。

　　通过对胡塞尔的现象学分析方法及其特点的认识和了解，我们知道在胡塞尔所做的现象学分析中，有三个形式结构是不断地出现于其中的，这三个形式结构分别是：部分与整体的结构、多样性中的同一性结构、在场与缺席的结构。这三个形式结构相互关联，但是不能彼此还原。下面我将逐一地按照这三个形式结构来对表达和指号作一些比较。

首先，整体和部分。按照胡塞尔的观点，整体可以被分析成两个不同的部分：实体性部分和要素。其中实体性部分是指能够与其整体相分离并且能够成为整体的部分，而要素则是不能够离开其所依存的整体而持存或者被呈现的部分，它们是非独立的。同时，一个整体还可以被称作一个具体物（concretum），而要素则被视为抽象物（abstracta）[1]。依据这一论点，"符号"是一个整体概念，"表达"也可以作为一个整体性概念，而"符号"又被区分为"表达"与"指号"，其中"表达"被视为有含义的符号，而指号被认为是无含义的符号，其作为两种特殊性的"符号"，在一般意义上构成了"符号"这一整体性概念。但二者（"表达"与"指号"）均是能够离开"符号"这一整体独立持存并且被呈现的部分。指号（或者记号、标号等）这类符号不表达任何东西，仅仅具有指示作用，它所标示的东西并非其所意指之物，其所进行的标示活动并不是表达某物的意指活动，我们只可以说它指示着什么，它是无含义的符号。表达作为一种特定的符号，它能够借助于符号而表达出含义，在一般意义上，它既具有指示或标志功能又具有意指的作用，它表达出来的含义是通过赋义行为完成的，它是具有含义的符号。因此"表达"与"指号"作为"符号"的两个组成部分，就其概念所处的范围而言，"指号"与表达都被包括在"符号"的范围之内。二者的根本区别在于其是否具有含义和是否具有意指功能——指号只有指示的功能，不具有意指的作用，没有含义，表达往往既有指示功能又具有意指作用（在孤独的心灵生活中的表达除外，其只具有意指作用，不具有指示功能），具有含义。无论是"表达"中的语音符号或语词文字，还是"指号""信号"都有其作为物理显现的物质外壳，它们都可以被看作一个具体物，而非抽象物。

---

[1] 罗伯特·索科拉夫斯基：《现象学导论》，高秉江、张建华译，武汉大学出版社，2009年，第22—24页。

其次，多样性中的同一性。"指号"或"信号"只具有指示或标识功能，它的这一功能引出了象征的或指示性的意向性，"指号"或"信号"作为一个标记赋予某物，使其所标志的对象与他物相互区别，因此能够作为"指号"和"信号"的标识之物多种多样，既可以是"烙印""旗帜"和用作标识的"箭头"，也可以是具有较大时空距离的火星上的运河和远古时代的"骨骼化石"；既可以是微小的"纽扣"，也可以是恢宏的"纪念碑"……但无论其被展示的材质和形式多么丰富，它们都有一个共同的本质，也就是说指号的概念具有本质的统一性，即指示的本质在于联想。指号与其所标志之物之间没有必然的联系，是因为它们之间的"指示关系"是一种外在关系，与"内在的"含义或者内容把指号与其所指示的东西连接在一起的关系不同，它只是一个单纯的具有指示功能的记号，它与赋予含义的意向没有联系。而"表达"的范围则被严格地限定在包括话语或者跟话语本质上同类的那些符号之中，由此与在日常语言中被我们称为"表达"的东西相互区别；并且无论是交往中的表达还是独白中的表达，其共同的本质都在于意指，在于其具有的含义，含义意向作为表达的本质性结构构成了表达的现象学特征。指示产生于联想，联想没有和意义、意指关联在一起，表达奠基于直观行为，但表达与含义和意指具有本质性的关系，其意识活动的本质结构与联想无关。表达与指号的本质区别就在于它们是否具有含义意向，是否被赋予了含义，由此表现出了多样性中的同一性。

再者，在场与缺席。一般而言，指号和语词往往是在场的，而指号所标志的对象和语词所意指的对象都存在着在场与缺席的状况，指号和语词往往也可能把我们引向缺席的对象，例如，一枚纽扣使我们回忆起某个人，"嫦娥"一词使我们意向那个神话传说中的婀娜多姿的女子。胡塞尔指出指号的本质在于指出一个事实、一个此在，而被指称的对象却根本不需要被看作实存着的对象，表达的关键并不在于把我们的兴趣引向这个表象或者与它有关的任何东西，而在于把我们的兴趣引向被表象的对象，也就是被意指的和被指称的对象，它在于向我们提出这个对象本身，一旦这个符号在我们眼前或在我们思想中出现，我们就可以想到这个个体的对象；同时胡塞尔还认为含义意向的行为是可以不借助于当下的、在场的充实性的和描画性的直观，就可以独立地构造起自身。因此，此时的含义意向是空乏的意向，但空乏的含义意向也可以通过含义充实的行为得到充实，成为当下或当下化的，即表达的意识活动中的含义意向既可能是空乏的也可能是充盈的，其意指的对象既可能在场，也可能缺席。

　　指号与表达除了这些相似的地方也有明显的不同之处。第一，指号或信号仅仅是指示或标识对象，但是对被指示或被标志之物没有做任何具体的限定，并没有非常明确地指向哪一个对象，只是让我们联想到被指示或被标志的对象。相反，被赋予含义的语词通常具有意指功能，为我们联结对象，给对象命名，面向对象有所言说，使我们的意识能够指向比较确定的意向对象。因此，在指号和表达之中存在着"明见性"的差异，对此我们可以从胡塞尔分析的属于指号的"指明"和属于表达的"证明"之间所具有的明见性的差异加以理解，指明不具有证明所具有的观念的合规律性，因此就没有像"证明"那样的明晰的、客观的联系，因而就没有明晰性，反之，"证明"是具有明见性的；同时，语言表达中的语词符号具有公共性、普遍性和非私人性，以及稳定性和明证性。相反，指号作用的发生需要接收信号的人对其做出适当的解释，其本身不表示任何东西。由此表明指号具有偶然性、主观性和不稳定性，指号不具有明见性的可能性条件。

　　第二，符号本身还具有两方面的功能：指示功能和意指功能。胡塞尔认为，其中指号的指示是一种标志，指一个具体的事实（对象）；而语词的意指是一种"表达"，是对一个普遍的观念的描述；前一种功能（指示）是经验性的，后一种作用（意指）则是观念性的；"指示"与"对象"有关，而"意指"则与"含义"有关，二者是有原则区别的。"所指"与"对象"的关系，是一种"事实"的因果联系，而语词表达所反映的是观念对象之间的客观联系。

第三，指号与表达的不同还表现为指号没有进入句法，而语词本质上是句法性的。指号可以由一个指向另一个，例如红色交通信号灯的熄灭连接着绿色交通信号灯的亮起，田径赛场运动员起跑时响起的发令枪声指向赛程结束时的挥旗信号等等，然而将这些信号联结起来的不是句法，而是串联。人们把这一系列的指号组合起来并非是运用了不同的方式，人们只是把它们按照一定的顺序进行放置，比如安排在田径跑道起点的发令枪声和放在终点的旗帜；相比较而言，运用在语言表达中的句法却被允许具有较大的灵活性，"我们可以用许多不同的方式来意向一个事物，因为我们能够通过语言的语法来联结它，但是象征却没有任由我们以这种方式来塑造事物的在场。它们只是把事物带向心灵，使我们想到事物"[①]。

第二节　含义的现象学分析

在上述关于表达的现象学的描述中，胡塞尔始终把可理解的表达作为具体的意向体验来考察，把构成表达的两个方面的要素即表达的物理显现与含义赋予或含义充实的行为当作考察的内容。胡塞尔把语言表达看作一种内在的意指过程和思维过程的外在的、以语言符号为中介的符号意识行为。这些语言符号的含义本质上取决于主观的含义意向行为的

[①] 罗伯特·索科拉夫斯基：《现象学导论》，高秉江、张建华译，武汉大学出版社，2009年，第86页。

意指功能的实行,意向作用所具有的统一方式是多种多样的,但其所遵循的原则却只有一个,那就是含义。也就是说,含义意向在含义当中实现统一,因此意向构成实际上就是含义构成。那么这里所说的含义指的是什么?它在哪里?这个含义属于什么类型的事物,是在心灵之中还是在语词之中?它是否真的存在?这个含义与语言表达行为之间有着怎样的关系?含义与含义赋予行为使这一语言符号相关于被意指的对象之间的关系如何?

这一系列的问题就关涉到胡塞尔将如何更准确地描述具体的表达行为和客观的被表达的含义之间的关系特点,即关于语言表达行为的性质与表达的含义内容的性质及其相互关系的问题。因此在第一项逻辑研究中,胡塞尔在对主观的表达行为进行初步的本质性区分之后,胡塞尔就从语言表达转向观念含义的再现关系,并且将其还原进入到以某种方式在这些具体的表达体验中被给予的东西中,即可明确理解的"表达本身、它的意义以及隶属于它的对象性"[1]之中。也就是说,胡塞尔从行为的实在关系回溯到行为对象和行为内容的观念关系,使对主观的考察让位于对客观的考察。然而这一做法不仅影响了胡塞尔的语言理论和意义理论的实证内容,而且也明显地让胡塞尔不得不面对一些必须加以克服的困难——将含义和含义赋予行为相互混淆、把含义和含义指称的对象等同化等问题。同样,如果我们把语言的符号结构规定为含义的表达,也同样会使胡塞尔的现象学考察陷入困难。因为只要人们对这样的语言表达(例如比喻性表达)进行考察就会发现"语言表达虽然是有意义的,但在语言的记号结构和直观思想意义或理性思想意义之间,并不可能形成一致性的(或同态的)对应关系"[2]。因此,语言的含义问题在哲学

---

[1] 胡塞尔:《逻辑研究》II/1,A42/B₁42。
[2] 鲁多夫·贝尔奈特、依索·肯恩(耿宁)、艾杜德·马尔巴赫:《胡塞尔思想概论》,李幼蒸译,中国人民大学出版社,2011年,第154页。

上是一件令人备感困难和困惑的事情。

因此我们首先需要弄清楚这个问题：含义作为符号性意向引入的三个元素（指称、语词、含义或意义）之一是介于语词和对象之间的某种居间的存在体，这个存在体又是对应着表达这一符号意向行为而产生。那么含义在何种程度上以及在实际和本质上被称作一种独立的语言功能，并因此必须与外部的表达行为相互区别？

对此胡塞尔对含义或意义进行了一项又一项的本质性剖析和区分。

一、含义和意义的现象学描述

"含义"（Bedeutung）和"意义"（Sinn）[①]作为胡塞尔含义理论的核心概念在英美学界备受关注。总体而言，在《逻辑研究》中，胡塞尔基本上是不加区分地对待含义"Bedeutung"概念和意义"Sinn"概念，"含义"与"意义"这两个概念在胡塞尔那里显然是被当作同义词来加以使用的。胡塞尔曾多次谈到："'含义'（Bedeutung）对我们来说是与'意义'（Sinn）同义的"[②]。这一方面是因为在这个概念上有了这两个平行术语使用起来会非常方便，我们在运用的过程中可以对它们进行灵活替换，尤其是像我们在当下进行的这些研究中，当我们对"含义"这个术语的意义进行探讨时，这种方便性就更为明显了；另一方面更多的则是出于这样的考虑——把这两个词作为同义词使用，这已经是基于根深蒂固的习惯[③]。同时胡塞尔指出，像弗雷格所建议的那样对这两个术语的含义进行区分，并且把一个术语——"Sinn"用于我们所说的意义上的含义，而把另一个术语——"Bedeutung"用于被表达的对象的做法并非是毫无疑义的，因为这两个术语在科学用语和日常用语中一样带有歧义，而且还表现得更为复杂："常常是在同一个思维序列中，人们可以时而

[①] 倪梁康先生把《逻辑研究》中的"Bedeutung"译为"含义"，把"Sinn"译为"意义"。
[②] 胡塞尔:《逻辑研究》II/1, A52/B$_1$52—A53/B$_1$53。
[③] 胡塞尔:《逻辑研究》II/1, A53/B$_1$53。

把握到被传诉的行为，时而把握到观念的意义，时而把握到作为有关表达之意义或含义的被表达的对象性。由于固有的术语划分已经破裂，所以现在概念本身含糊不清地交杂在一起"①。在《含义理论讲座》（1908年）中，胡塞尔说"含义，正如我们所知和所关注的那样是多义的名称。我们要致力于区分并阐明其不同的但相互关联的意义。"由此我们看到胡塞尔在研究手稿中也曾流露出要对含义与意义进行区分的想法，但是后来胡塞尔并未为之，所以胡塞尔的这一想法被认为是"不足以代表胡塞尔的主导思想"②。

实际上，胡塞尔在对"含义"和"意义"这两个概念的使用上始终是各有侧重的——"含义"（Bedeutung）概念更适用于语言逻辑分析，而"意义"（Sinn）概念则更适用于意识行为分析；与含义相关的是"表达"，而与"意义"相关的则是"行为"③。也就是说，胡塞尔后来把"含义"理解为语言性的意义，而关于"意义"的概念，胡塞尔本人在《逻辑研究》中就曾明确地指出了这个概念所具有的双重含义："（1）意义可以是指感知的完整内容，也就是说，意向对象连同其存在样式（设定）。（2）但'意义'也可以是指这样一个单纯的意向对象，人们能够从那些可能变化的存在样式中强调出这个单纯的意向对象"④。由此可见，在胡塞尔那里，"意义"概念与"对象"概念是密切相关的，"每个对象都必须回归到构造出它们的超越论意识之上，就这点而言，对象就是意义"⑤。

与此相关，胡塞尔在"含义"和"意义"这两个概念中还做了一个细微的区分，他把"含义"和"意义"区分为作为形式本体论的含义论和作为质料本体论的意义论，也就是说胡塞尔认为"'含义'应当与形式

---

① 胡塞尔：《逻辑研究》II/1，A53/B₁53。
② 倪梁康：《胡塞尔现象学概念通释》（增补版），商务印书馆，2016年，第472页。
③ 倪梁康：《胡塞尔现象学概念通释》（增补版），商务印书馆，2016年，第472页。
④ 《胡塞尔全集》第 XI 卷，第305页。
⑤ 倪梁康：《胡塞尔现象学概念通释》（增补版），商务印书馆，2016年，第472页。

本体论有关：含义应当是指对象一般的形式的含义；'意义'则应当与质料本体论有关：意义是指对象一般的质料的意义"①，正如胡塞尔所言："如果将对象一般的形式观念（按照我的《纯粹现象学与现象学哲学的观念》）与质料对象区域相对置，那么与'分析的'或'形式的'本体论与含义论相对应的便是一系列质料的本体论或意义论。它们合乎那些因为引入可能对象性的'质料'而形成并曾被我称作'区域的'基本划界"②。

这一确定的意义实际上已经超出了单纯概念定义的范围，因为胡塞尔并不把语言逻辑分析看作是与意识行为分析相并列的研究课题，"含义"一词的动名词结构显示它要比"意义"概念更为复杂，在胡塞尔的现象学分析中对"含义"动名词结构的运用表明含义在他那里首先并且主要是指与意向的统一；另外，含义也意味着意指的行为，这种行为本身又被区分为符号的意向行为和充实行为，"这两种意指行为的'现象学统一'是在第一个（笔者指出，第一个就是指形式本体论的含义论）意义上的含义之中"③；同时胡塞尔指出，语言逻辑分析奠基于意识行为分析之中，由此可以看出任何含义都是有意义的，但是任何意义不一定都具有含义。

相比较而言，在《逻辑研究》中，胡塞尔偏重于使用"含义"的概念，因为胡塞尔在这里首先要解决的是逻辑的问题，而在《纯粹现象学和现象学哲学的观念》的第一卷中，胡塞尔则侧重于运用"意义"的概念。在《逻辑研究》中，就"含义"作为"对象一般的形式的含义"而言，其主要特征就在于它是意指行为所意指的种类之物，或者说是种类的概念和命题含义，它作为"意向的同一之物对表达本身来说是本质性

---

① 倪梁康：《胡塞尔现象学概念通释》（增补版），商务印书馆，2016年，第472页。
② 倪梁康：《胡塞尔现象学概念通释》（增补版），商务印书馆，2016年，第472页。
③ 倪梁康：《胡塞尔现象学概念通释》（增补版），商务印书馆，2016年，第81—82页。

的"①，确切地说，含义"无非就是我们用表达所意指的东西或我们对表达所做的理解"②。根据以上关于"意义"的规定，这个概念所标示的是"意识行为的'意向相关项的核心'，它是一种'在某些行为中对我们展示出来的客观统一'"③。

在《逻辑研究》第一卷，胡塞尔指出纯粹逻辑学是观念规律和理论的科学，这些规律和理论纯粹建基于基本概念之中。胡塞尔的纯粹逻辑观念是通过观念性的含义和与其连接的规律来刻画的，即纯粹逻辑观念是基于对观念性的含义、概念及其规则的发现。也就是说，胡塞尔通过含义将其与一般意义上的对象以及具体的意向行为区分开来。胡塞尔关于这方面的分析和认识早在弗雷格发表《论意义和意谓》（1892年）的前一年，即1891年就已经开始了，那时的胡塞尔就已经提出了关于语词的意义（在这里胡塞尔交替使用了Bedeutung和Sinn来表示观念性的意义）、语词表示的对象、关于对象的（主观）表象这几个不同概念的类似区分。胡塞尔在自己的文章中指出他清晰地把握了表达式与被表达对象之间的"意义"层，一个不同于被表达对象的意义层，比如"被命名对象的表象"。后来，胡塞尔在《逻辑研究》中进一步进行了更为细致的现象学考察，关于表达与含义的区分，胡塞尔进一步指出："特别在名称方面，我们早已做出相关的说明。在每一个名称上，我们都可以区分这个名称所'传诉'的东西（即那些心理体验）和这个名称所意指的东西，另一方面，我们还可以区分这个名称所意指的东西（意义、称谓表象的'内容'）和这个名称所指称的东西（表象对象）"④。一个名称在"传诉"的过程中，通过语词的物理层面唤起了相关的心理体验，这个心理体验与意指的内容不同，这个名称"传诉"的东西与这个名称所"意指"东

---

① 胡塞尔:《逻辑研究》II/1, A52/B₁52。
② 胡塞尔:《逻辑研究》II/1, A143/B₁144。
③ 倪梁康:《胡塞尔现象学概念通释》（增补版），商务印书馆，2016年，第473页。
④ 胡塞尔:《逻辑研究》II/1, A31/B₁31。

西不同；这个名称所"意指"的东西就是语言的含义或意义，它不同于通过这个名称去指称的表象对象。

由此可见，在胡塞尔看来，表达和表达的含义是两个不同的概念。表达的含义的特点在于它与表达之间所呈现出来的一种观念性的关系，而不完全限于主观的意识体验。也就是说，胡塞尔认为，符号是具有观念性的，在符号的物质基质和符号的含义之间还有一个观念性的层次，这种关系表现为："当我们在询问某个表达（例如：'二次幂的余数'）的含义时，我们所说的表达显然不是指这个在此时此地被发出的声音构成物，不是这个短暂的、作为同一物永不复返的声响。我们所指的是那个'种类的'表达"[1]，即是说表达的含义不是指那个表达的物理层面的构成物，那个我们发出的转瞬即逝的、不可复返的语音，而是指那个"种类的"表达。显然，这个"种类的"表达是作为符号的观念的同一性的东西，胡塞尔把符号的这种观念性看作符号的同一性，是指符号的作为含义的观念同一性。因为这个同一性的存在，即使符号的物质部分不是当下的或者不存在，即便符号所指称的对象是臆想的或者消失不见的，甚至是不存在的，这种含义的同一性依然可能被理性主体重复地使用，即"无论谁说出'二次幂的余数'这个表达，它都是同一的一个东西"[2]。由此可见，含义与赋予含义的体验明显不同。

胡塞尔接着举例说：我做了一个陈述，"一个三角形的三条高相交于一点"[3]。对于这个陈述，我们应该如何分析，又将怎样去理解？胡塞尔告诉我们：首先，这个陈述的基础在于我做出了这样一个判断，即"一个三角形的三条高相交于一点"；其次，听者听了我的陈述并且听懂了我的意思，他也就知道了这个判断，其根本原因在于这个听者将我统摄为那

---

[1] 胡塞尔：《逻辑研究》II/1，A43/B₁43。
[2] 胡塞尔：《逻辑研究》II/1，A43/B₁43。
[3] 胡塞尔：《逻辑研究》II/1，A43/B₁43。

个做出判断的判断者；再者，我在这里所传诉的是我的判断活动，而这一判断活动本身却不是表达句的含义，表达句的含义是陈述所意指的东西，但不是陈述这一意识活动所表达的东西。当然，胡塞尔指出，在通常情况下，人们不会对陈述的意义和含义问题做出这种理解，以至于他会想到要回溯到作为心理体验的判断上去；而是说，每个人都会这样来回答"无论谁提出这个陈述，无论他在什么情况下和在什么时间里提出这个陈述，这个陈述所陈述的都是同一个东西"①，而这个陈述所陈述的同一个东西就是"一个三角形的三条高相交于一点"——"不比这更多，也不比这更少"②。因此，从形式上看人们是在重复着"同一个"陈述，这"同一个"陈述不是指人们做出的判断活动，而实则是对陈述所陈述的具有同一性的含义的重复，人们之所以重复这一陈述，乃是因为对于这个陈述所具有的含义而言，这个陈述是恰当的表达方式。这样，"我们随时都可以在对陈述的重复中将这个陈述的含义作为同一之物唤入到我们的意识之中，在这个同一的含义中，我们始终无法发现任何一个判断活动和判断者的痕迹。"③

对于胡塞尔而言，这里至关重要的是含义是具有同一性的存在之物，它可以被同一个说者反反复复地持有或者被不同的说者共同持有。我们可以重申：相同的表达式表达相同的含义④。胡塞尔发现了与含义相同的

---

① 胡塞尔：《逻辑研究》II/1，A43/B₁43。
② 胡塞尔：《逻辑研究》II/1，A43/B₁43。
③ 胡塞尔：《逻辑研究》II/1，A43/B₁43。
④ 实际上严格地来讲没有所谓相同的表达式，因为一般来讲，被意义激活了的表达式的具体现象可以分为两个方面，或者说表达式一般由两个方面构成：一方面是物理现象，表达在物理现象中根据其物理方面构造起自身；另一方面是行为，它给予表达以含义，且有可能给予表达以直观的充盈，而且在行为中构造起与被表达的对象性的联系。我们重复表达式首先是重复表达式的相同的物理类型，仅仅就这点而言，这种重复也是不相同的，因为不同的人发出的语音或者书写的文字并不相同，即便是同一个人重复发出的语音和重复书写的文字也是不尽相同的。因此，确切地说，我们称之为"相同的陈述"或"相同的表达式"，实际上是指含义相等的东西，即相同的含义。例如，我用汉语说的"天空"和你用汉语说的"天空"不是相等的，然而它们的含义是相同的，否则我们就应当承认存在着不同的汉语语词"天空"。

情形：含义在具有相同类型的重复表达式中是相同的，一个陈述的含义永远是相同的，不管这种陈述在确定什么。含义与许多表达式的这种相同性被胡塞尔称之为观念，因此"意义就是许多表达式所具有的理念的同一性"[①]。

由此可见，胡塞尔认为含义是观念的，这些非客体化的超越时间性的同一者就是观念项。不仅如此，符号的观念性还会以其特殊的形式给所有的人提供一种特殊的、超越时间的特性。也就是说，表达式的物质部分是具有时空性的，而表达式所表达的含义却是非时空的存在。当我在不同的时间说出同一个语词，语词的含义并不像这个语词一样仅仅出现在那个时间点，然而语词的含义每次向我显现的却是同一的。比如当我们说出"锦鲤"这个词时，这个网络热词作为时代的产物是具有时空性的，但是它的含义却不像语词本身那样存在，我们把含义带给意识，那些语词被创造出来，尽管那些语词是暂时的，但是它们的含义却总是超时空的、非时间的存在。因此，在所有表达的意向体验里都有一个在不同的时间可以被不同的主体重复分享的始终同一的含义。含义作为观念性的同一是不变的，它是不受表达活动和表达者的影响的，它是可供大家交流共享的那个共同的东西。

由此，事态"一个三角形的三条高相交于一点"的客观有效性就得到了保证，事态本身作为其所是是一个自在的有效性的统一，无论我们是否声称它有效，它都会将这个有效性通过陈述句的形式表达出来，显现给我们，并且如其所是地显现给我们。于是，我们把它客观地提出来说：它就是这样的，即"一个三角形的三条高相交于一点"。这样就形成了一个完整的陈述行为，在这一陈述行为中，事态如其所是地显现给我们，我们就此做出判断并进行陈述。因此，在这一作为心理学事实的陈

[①] 维克多·维拉德—梅欧：《胡塞尔》，杨富斌译，中华书局，2014年，第38页。

述中一同被包含着是的包含在心理体验之中的传诉和在陈述中被陈述的东西。其中传诉属于主观的表达行为，而非客观的观念之物，陈述中被陈述的东西始终是不同于主观的表达行为的客观的观念之物。我的判断行为作为一个短暂的体验产生又消失，但陈述所陈述的东西——"一个三角形的三条高相交于一点"这个内容不是一个产生又消失的东西。因此这一陈述不管是由谁在同样的意义上读出来，重复多少次，也不管人们做出的判断行为存在着怎样的差异，甚至无论是否有人把它读出来，判断行为所判断的东西，陈述活动所陈述的东西始终都是同一个，即"一个三角形的三条高相交于一点"的含义永远是同一个，始终是真的，"它是一个在严格的语义上的同一之物，它是同一个几何学真理"①。正是在这个意义上，我们说含义是观念的，含义不以时间作为其存在形式，因此不存在合适的含义生产问题，但是的确存在表达式的物质部分的生产问题②。观念的、逻辑的内容是由心理学的内容表达着或者在心理学的内容中被标志着，而且在无数的行为中保证着指称的同一性，我们对同一含义的重复性的部分正是这一观念性内容。

胡塞尔分析指出，所有陈述的情况都如上述所分析的那样，即不论陈述的状况如何，陈述所陈述的含义作为观念性的同一之物始终不变。即便在陈述所言说的东西是错误的乃至荒谬的情况下，我们也可以"将认之为真的和陈述的短暂体验与它们的观念内容、与作为多中之一的陈述含义区分开来"③，并且我们在各种明见的反思行为中也可以认识到作为意向之同一的陈述含义。这一陈述含义并非我们随意地将陈述意向置入陈述之中而形成的，也就是说，我们不能将它仅仅理解为与语言表达相伴相生的具体的心理体验，否则，含义就将是主观的、私有的和不确定的。

---

① 胡塞尔：《逻辑研究》II/1，A44/B₁44。
② 维克多·维拉德—梅欧：《胡塞尔》，杨富斌译，中华书局，2014年，第38页。
③ 胡塞尔：《逻辑研究》II/1，A44/B₁44。

含义与陈述活动紧密相联，我们在陈述活动本身的赋义行为中发现了含义。因此，陈述的含义不能来自心理活动，只能来自我们的表达活动本身的赋义行为。即使在缺乏意向充实的情况下，只要具有意向行为的意指，含义作为其统一的种类特征便构造起自身。胡塞尔同时又指出，一个表达意向在缺乏"可能性"或"真理性"的情况下，即在缺乏意向的直观充实的情况下，陈述的意向作为空乏的意向无法从直观和根据直观进行证实的范畴作用中吸取到构成其认识价值的充盈，因此陈述的意向就只能"象征性地"被实施，就不具有人们习惯所说的那种"真正的""本真的"的含义①，它就不能构成一个具体的、完整的行为。因为在胡塞尔看来，认识行为作为一种奠基性的意识行为，它首先涉及到对意识的奠基性作用。从静态现象学的角度看，它涉及到思维行为与充实直观之间的关系，从动态现象学的意向说，一个空乏的意向在直观中得到充实就意味着这个对象得到了认识。在这个意义上，胡塞尔将最狭窄意义上的认识定义为认同的行为或充实，胡塞尔认为直观认识是所有认识构造和认识发生的基础，"从这里出发，最深层的认识问题，包括对所谓超越意识之物的认识之本质和可能性问题都可以有步骤地得到解决"②。因此一个不能在直观中进行充盈的陈述行为作为一个空泛的意向如果不能根据直观充盈实现其认识价值，那么就无法形成真正的认识。但胡塞尔在这也肯定地指出，任何一个陈述，无论它是否处在认识作用之中，也就是说，无论这个陈述"在相应直观中和在构造它的范畴行为中是否充实了或是否能够充实其意向"③，该陈述都具有它的意指，"而在这种意指中，含义作为其统一的种类特征构造起自身"④。由此表明，意向作用的统一方式虽然具有多样性，但其所遵循的原则却只有含义意向，含

---

① 胡塞尔：《逻辑研究》II/1，A45/B₁45。
② 倪梁康：《胡塞尔现象学概念通释》（增补版），商务印书馆，2016年，第149页。
③ 胡塞尔：《逻辑研究》II/1，A45/B₁45。
④ 胡塞尔：《逻辑研究》II/1，A45/B₁45。

义意向在含义中实现统一，含义无非就是我们用表达所意指的东西，含义作为意向的同一之物对于表达本身来说是本质性的。

一般而言，当人们把"这个"判断称之为"这个"陈述句的含义时，就意味着人们所指的也是这种作为观念统一的含义。然而在现实中，因为"判断"一词的基本多义性常常会使人们将这种被明晰地把握到的观念统一——即判断行为所判断的东西，与实在的判断行为相混淆，"陈述所传诉的（kundgibt）东西与陈述所意谓（besagt）的东西相混淆"①，也就是将表达行为与表达所表达的含义混为一谈。

胡塞尔声称，以上对完整陈述所作的说明也同样适用于现实的和可能的陈述部分。对此胡塞尔举例说，"如果我做这样一个判断：'如果在任意一个三角形中内角之和与两直角不相等，那么平行公理也就无效'，那么前一个假言判断句自身就不是一个陈述；我实际上并不声称有这种不等性存在"②。也就是说，这个假言判断句意谓的东西和它传诉的东西是完全不同的，但在这个主观行为被传诉的同时，这个假设连同其概念内涵作为一个客观之物和观念之物被表达出来。之所以如此，是因为"这个假设可以在杂多可能的思维体验中作为意向性的统一出现，并且在那种对所有思维进行刻画的客观观念的考察中明见地作为自身同一的东西而成为我们的对象"③。而这一情况同样适用于其他的陈述部分，包括适用于那些不具有命题形式的陈述部分。由此再次表明，表达与含义不同，意指作用和作为观念统一的含义本身构成了表达的本质性特征。

二、含义与对象的区分

胡塞尔在《逻辑研究》中对相关概念的多层含义进行区分的方法是胡塞尔的基本的思考描述方式，由此表明了胡塞尔现象学的实质性思想。

---

① 胡塞尔：《逻辑研究》II/1，A45/B₁45。
② 胡塞尔：《逻辑研究》II/1，A45/B₁45。
③ 胡塞尔：《逻辑研究》II/1，A45/B₁45。

表达与含义不同，表达是进行传诉的意识行为，含义则是表达所意向之物，胡塞尔在对"表达"和"表达所表达之物"进行基本的区分之后，又对"一个表达所表达之物"的不同含义进行了一再地区分，以期进一步澄清其存在的多义性。

（一）"一个表达所表达之物"的不同含义

胡塞尔指出，根据之前所做的考察，关于"一个表达所表达之物"的说法存在着多义性，具体来讲，具有以下几个不同的含义：一方面它与传诉一般有关，并且尤其是与意义给予和意义充实的行为有关（只要这种行为发生）；另一方面，这一说法（即"一个表达所表达之物"的说法）涉及这些行为的"内容"，并且首先涉及含义，即被表达的含义；再有，"一个表达所表达之物"的说法的第三个意义与在含义中被意指的并通过这种意指而被表达的对象性有关①。也就是说，我们在表达一个意义的时候，"表达所表达之物"的内涵涉及到意向行为、含义（意向内容）和对象这三个方面。

实际上，这与符号的两种语义功能紧密相关：一方面，符号有所指谓，从而成为一个客观内容的载体，我们称之为客观功能；另一方面，符号又可以表达某些主观的东西，即符号发送者（人或动物）自身的情况，我们把它叫作"主观"功能②。例如，在一个陈述中，我表达我的判断，表达感知以及其他意义充实的、将陈述的意指直观化的行为，但我也表达涉及这些行为的"内容"。通常我们在一个常规语言的情境中使用符号，这些符号不仅具有主观功能，而且具有客观功能。我说"这是天空"。这一陈述首先主要指称的是某个客观的东西，即一个可以在某个时空坐标上找到的叫作"天空"的实体。与此同时，我也在思考着这个表达意向的东西，我提出这个陈述句，这个事态，就表明我有这个想法，

---

① 胡塞尔：《逻辑研究》II/1，A46/B₁46。
② J.M.鲍亨斯基：《当代思维方法》，童世骏等译，上海人民出版社，1987年，第52—53页。

所以我用这个陈述句还表达了一个主观情况，这个主观因素不仅限于思想，通常还有情感、意志等因素，这些主观因素在表达中的作用常常很大，以至于有些方法论学者把所有主观因素都称之为"感情"因素，以同"客观的"和"科学的"因素形成对照。虽然符号的两个语义功能通常在常规用法中会一起出现，但是我们还是有可能设想一些极端的情况，即其中的符号要么不表达任何主观的东西，要么没有客观的指谓。比如，有些形式的音乐作品很可能只有纯粹的感情上的力量，或在科学著作中有一些只用于有所指谓而根本无所表达的符号与陈述。①

就符号的这两种语义功能，从方法论的角度看，科学所研究的是那些能够认识并且能够言说的对象，因此在科学研究和科学著作中受到重视的是符号的指谓功能，也就是符号成为客观内容载体的功能。至于科学家本人主观地体验到什么，具有什么样的情感，则是完全无关紧要的。即使科学家对他的主观体验情况进行了叙述，这些叙述在某些场合也可能为心理学研究提供可以借鉴参考的材料，但因为这种叙述无所意指，什么也没有证明，它自然也就没有任何客观的指称。因此在符号的这两种功能中，人们往往比较重视它的客观功能，尽管其主观功能在某些领域具有较高的价值。

为了让我们易于理解和把握胡塞尔在《逻辑研究》中就相关概念的多层含义所做的区分，为了便于我们分析胡塞尔表达的实质性思想，在这里我们把分析对象设想成一些极端情况，即"一个表达所表达之物"要么不表达主观的东西，要么没有客观的指谓。接下来我们将表达设想为处于客观功能的极端情况中，同时对表达的主观因素加以悬搁，然后在这个基础上对"一个表达所表达之物"的多义性进行区分，以期澄清其中不同的、但可能相关的概念。

---

① J.M.鲍亨斯基：《当代思维方法》，童世骏等译，上海人民出版社，1987年，第53页。

我们可以从以下三个不同的角度来分析"一个表达所表达之物"具有的内涵：第一，我们对意向活动过程予以关注，并分析意向活动的内在（实在）内容；第二，我们分析意向经验的意义并借此来研究意向活动的意向内容（即含义）；第三，我们关注被意指之物，即是关注意识活动所意指的意向对象。

以上这三个角度都与语词符号的客观功能有关。就胡塞尔对区分概念所做的描述分析来看，胡塞尔的主要关注点集中在符号的客观功能上，即符号的指谓以及承载客观内容的功能。因此，胡塞尔通过对"一个表达所表达之物"的说法分析得出了两个不同的含义——一方面包含表达行为，一方面涉及被表达的含义，之后胡塞尔提出现在还需要"阐述的被表达状态的第三个意义"[①]。之所以如此，除了我们之前所提到的原因之外，胡塞尔还认为，如果我们不立即对表达状态的一个新的意义进行比较性的思考，那么在上一节最后那个段落所做的范例分析"是否足以提供对含义概念的哪怕是暂时性说明"[②]，会令人产生怀疑；同时"含义""内容""事态"以及所有与此相近的术语都带有如此发挥作用的多义性，"以至于我们即使小心地选择表达式，我们的意向也会遭到误解"。[③]

胡塞尔在符号的客观功能方面做了两种区分，区分出了一个表达式的含义及其客观的相关物，即它所指称的对象物，"每个表达都不仅仅表达某物（etwas），而且它也在言说某物（Etwas）；它不仅具有其含义，而且也与某些对象发生关系"[④]，即一个表达式不仅具有含义，而且是对对象的某种指称，也就是说符号在这里承载的客观内容包含着两种要素：含义和关于对象的指称。那么二者之间又是一种什么样的关系？

[①] 胡塞尔：《逻辑研究》II/1，A46/B₁46。
[②] 胡塞尔：《逻辑研究》II/1，A46/B₁46。
[③] 胡塞尔：《逻辑研究》II/1，A46/B₁46。
[④] 胡塞尔：《逻辑研究》II/1，A46/B₁46。

(二) 含义与对象的关系

胡塞尔指出，含义与对象这两者只是因为给予表达以含义的心理行为的缘故才同属于表达，人们在这些"表象"方面区分出"内容"和"对象"，也就是在表达方面区分出："表达所意指的或'所意谓的'东西以及表达所言说的东西"[①]，即表达式的含义和表达所指称的对象。胡塞尔强调说，含义与对象的关系在一定的情况下是多重的，并且指称的对象永远不会与含义一致。因为在胡塞尔看来，一个表达式因为有含义，它才是对象的指称，含义就是表达式通过其而指称对象的那种因素。如果一个表达式没有含义，那么它就无所谓指称，即在含义之外没有严格的符号和固定的指称。

根据胡塞尔的分析，含义与对象之间关系的多重性大抵可以表现为以下几种情况：第一，多个表达可以具有同一个含义，但却具有不同的对象；第二，多个表达可以具有不同的含义，但却具有同一个对象，即我们不能把表达式的含义与被指称的对象相等同。与此同时，胡塞尔还指出了以下的可能性，即："这些表达根据这两个方向而相互区分，它们也在这两个方向中相互一致"[②]，就是说不排除含义与对象一致的可能。由此，含义与对象的关系总体上可以区分为：二者相互一致；二者相互区分。下面我们就来看看胡塞尔对于上述关系是怎么分析的。

1. 含义与对象相互一致

胡塞尔举例分析指出，含义与对象相互一致的情况仅仅表现在同义词重复的表达中，例如表现在那些语言不同而含义和指称相同的表达中："伦敦""Landon""Londres"；"二""zwei""deux""duo"；"红""red""rot"以及"马""horse""Pferd"等等，这些语词存在于不同的语言体系之中，但其含义和指称却是相同的。

[①] 胡塞尔：《逻辑研究》II/1，A47/B₁47。
[②] 胡塞尔：《逻辑研究》II/1，A47/B₁47。

严格说来，以上属于不同的表达式。按照胡塞尔的理论，任何被激活了意义的表达式都包括两个方面：表达式的物理方面，即表达在物理现象中根据其构造起自身的语音或文字；表达式的行为方面，即赋予表达式含义的含义意向行为和可能给予表达以直观充盈的含义充实行为，"而且在行为中构造起与被表达的对象性的联系"①。就上述胡塞尔列举的表达式而言，其物理层面是相互区别的，抛开其语词发音和文字墨迹的差异，仅仅就其表现的语言形式，我们可以明显地看到它们是以不同的民族语言形式出现的，但是胡塞尔为什么在这里却说"它们"是"相互一致"的？显然，胡塞尔在这里所说的"一致"并不包含这些表达式的物理层面，这里的"它们"是就与其相伴而生的赋予意义的行为结果而言的，即赋予表达式的含义及其所指称的对象。也就是说，对于这些以不同的民族语言形式出现的表达，当我们说出、听到或者写出、看到这些表达式时，与之相伴的意向行为给出的含义是一致的，并且在这些意向行为中构造起的与被表达的对象性的联系也是相同的。比如当我们分别用汉语、英语抑或是德语说出"伦敦""Landon""Londres"时，它们给出的含义都是在意指同一个东西，它们指称的对象也是含义中表达出的同一个对象，即英国的首都伦敦。因此，在胡塞尔的意向行为分析中，意指行为扮演着一个极其重要的角色，同时胡塞尔也再次间接地强调了意指作用和作为观念统一的含义本身对表达而言所具有的本质性特征。

2. 含义与对象相互区别

在胡塞尔的分析中，我们可以看到含义与对象相互一致的情况比较单一，那么含义与指称的对象相互区别的情况在胡塞尔那里又是怎样的？胡塞尔指出含义与指称的对象不一致的情况大致包括以下几种：

---

① 胡塞尔：《逻辑研究》II/1，A37/B$_1$37。

(1) 含义不同，指称相同

胡塞尔指出，就对象关系而言，存在着"两个名称可以意指不同的东西，但却指称同一个东西"①，即含义不同，而指称相同。胡塞尔选择了一个关于名称的例子提供给我们：例如，"耶拿的胜利者"和"滑铁卢的失败者"，这两个不同的表达式所表达的含义是不同的，一个是"胜利者"，一个是"失败者"，然而这两个表达式却指称着同一个对象——拿破仑。与此类似的比如，"等边三角形"和"等角三角形"，在这两个表达式中，被表达的含义显然并不相同，前者是说"三条边相等的三角形"，后者的意思是"三个角全等的三角形"，但这些表达式所指称的对象却是同一个——那个三条边相等、三个角都是60°的等边三角形。因此胡塞尔说，那些由于其不确定性而被限定了"范围"的名称的情况也是如此："一个等边三角形"和"一个等角三角形"，这两个表达式表达的含义依然不同，但却具有同一个对象关系，同一个可能的运用范围②。

(2) 含义相同，指称不同

胡塞尔进一步指出相反的情况也可能出现，即：表达式具有同一个含义，但却指称不同的对象。胡塞尔举例说："一匹马"这个表达无论在什么样的语言关系中出现，它都具有同一个含义，都指的是那种头小面长、长着长尾巴擅长奔跑的单蹄食草的大型哺乳动物。"布塞法露斯是一匹马"和"这匹拉车马是一匹马"③，在这两个表达式中，尽管"一匹马"这个表达的含义没有改变，但指称的对象关系却发生了变化：前一个表达式借助于"一匹马"这个同一的含义表象出名字叫作"布塞法路斯"的马，而后一个表达式中的"一匹马"则指的是正在拉车干活的那只动物。实际上，所有通名、共相名称都有着类似的情形，比如人们在

---

① 胡塞尔：《逻辑研究》II/1, A47/B$_1$47。
② 胡塞尔：《逻辑研究》II/1, A47/B$_1$47。
③ 胡塞尔：《逻辑研究》II/1, A47/B$_1$47。

表达中运用"一"这个词,这些"一"一般都在指那个最小的正整数,具有相同的含义,但我们用它指称这一对象或其他任何对象时,每一次所指称的对象都是不同的,比如"一个人""一本书""一头牛""一棵树"……

接着,胡塞尔对专名的情况也做了简要分析。胡塞尔指出,无论是个体客体的专名还是总体客体的专名,只有当它能够意指不同的事物时,即只有当它是一词多义时,它才能指称不同的事物。但往往作为专名的语词只具有一个含义,它就只能指称一个对象,比如"苏格拉底"这个词就只有一个含义,所以它指称的对象也是唯一的——古希腊的那个叫作"苏格拉底"的哲学家。同样,像"这个二""这个红"等等这类表达也与"苏格拉底"这个词的情况相同,也就只指称一个对象[①]。胡塞尔提出我们要把多义的(歧义的)名称和多值的(大范围的、普全的)名称区别开来,不能混为一谈。所谓"多义的"就是胡塞尔所说的"一词多义",是指一个语词可以表达不同的含义。比如,"他拿着一个包袱"(指用布包起来的包裹)、"你要放下思想包袱"(指精神上的负担)以及"这个相声演员抖了一个包袱"(指在相声表演中逗笑观众的那个部分)。在这三个表达中"包袱"的含义各不相同,所以它们指称的对象也各不相同。而"多值的"则是指一个名称可以指称多个不同的对象。比如"兴趣"(兴趣可能很多,不止一个)以及"诗人""自然数"等等,在这些表达中名称的含义明确,但其各自所指称的对象却不是唯一的。由此我们可以看到多义的名称和多值的名称与专名不同,它们都可以指称多个不同的对象,但二者在含义层面却有着较大的区别——前者多义(歧义),后者具有一个确定的含义。[②]

[①] 胡塞尔:《逻辑研究》Ⅱ/1,A48/B₁48。
[②] 关于名称的多义性和多值性,后面还将进一步论述。

根据胡塞尔的观点，表达式不仅可以指称和命名个别对象，它还可以意指更为复杂的对象关系。因此，胡塞尔在对名称的含义与指称对象区分的基础上，对陈述和判断的情况也做了相关考察。胡塞尔指出，在具有"S 是 P"这一形式的陈述句中，其对象关系与名称这类表达式的情况类似，但同时也会因为其自身的多层次性为我们分析它的对象关系而带来一些困难。尽管如此，我们可以把"S"这个主词对象看作是被陈述的对象，或者也可以把整体的、隶属于陈述的事态理解为被陈述的那个对象，即类似于在名称中被指称的那个对象，并且还要把它与陈述句的含义区分开来。就好比"a 比 b 大"和"b 比 a 小"这一类对句，这两个不同的命题在语法和含义上都存在着差异，但却可以表达（指称）"同一个事态"[①]。在胡塞尔看来，表达式只要具有含义，就有其意向所指，无论我们怎样去定义陈述的对象这个说法，其涉及的对象相同而含义不同的情况总是可能的。

3. 意向对象的概念区分

"对象"这一概念从胡塞尔意识现象学的角度来看，它始终是指"意向对象"和"意识对象"，它意味着"一个东西被意识到并且面对意识而立"[②]。在胡塞尔的意识现象学分析中，"对象"这一概念是胡塞尔使用最多并且经历了不同的变化的在胡塞尔哲学中极具复杂含义的术语。

胡塞尔在《逻辑研究》中也将"对象"称作意识的"意向对象"或"内容"："对象是一个意向对象，这意味着，在此有一个行为，它带有一个具有确定特征的意向，这个意向在这种确定性中构成了我们称之为朝向此对象之意向的东西"[③]。胡塞尔在《逻辑研究》中对"意向对象"的概念做了进一步的区分，并将其区分为"如其被意指的对象"和"被意

[①] 胡塞尔：《逻辑研究》II/1，A48/B₁48。
[②] 倪梁康：《胡塞尔现象学概念通释》(增补版)，商务印书馆，2016 年，第 192 页。
[③] 倪梁康：《胡塞尔现象学概念通释》(增补版)，商务印书馆，2016 年，第 192—193 页。

指的绝然对象"。

胡塞尔指出,每一个意识都是关于某物的意识,每一个意向行为都以某种特定的方式朝向某个对象。例如,我看见了一棵树,我说:"我看到的是一棵树""我喜欢这棵树"以及"我希望能拥有这棵树"等等,在我体验的这些知觉、判断、喜爱和欲求等意向活动中,"一棵树"作为一个对象成为这些不同的意向活动共同朝向的目标,也就是说在所有这些不同的意向活动之间有一个相同的对象被意向性的朝向。再比如,对于这"一棵树",我们既可以从"环境的美化者"的角度来赞赏它,也可以从"环卫工人的麻烦的制造者"的视角来否定它;就好比对于拿破仑,我们既可以凭借"耶拿的胜利者"来肯定他,也可能因为"滑铁卢的失败者"而批判他。这些意向行为都是我所体验着的不同的意向行为,这些不同的意向行为所朝向的却是同一个对象,因此,"一棵树"或者"拿破仑"作为不同意向行为所意向的同一个对象,就是胡塞尔所说的"如其被意指的对象"。而对于这同一个"如其被意指的对象"则是通过我在每一个不同的意向活动中以不同的方式意向的:"一棵树"是我通过知觉、判断、喜爱等意向行为,以"环境的美化者"或者"环卫工人的麻烦的制造者"等方式被意向;而拿破仑则分别是以"耶拿的胜利者"和"滑铁卢的失败者"等这些方式被意向的。因此,"一棵树"和"拿破仑"作为具体的体验意向的对象,是以上述"如此"的方式被朝向。

在胡塞尔对"意向对象"的概念所做的进一步区分中,"如其被意指的对象"突出的是意指行为意指各个对象的特定方式,而"被意指的绝然对象"则强调的是在不同的意向活动中被意识到的那个始终同一的意指的含义,那个作为意义或者作为含义一般的"内容",即被我们意识到的那个"同一"的对象。比如"我看见一匹马在拉车"和"我希望拥有一匹马"①，在这两个表达式中，"一匹马"指称的对象不同，但表达的含义却始终同一。正如胡塞尔所指出的："对于意识来说，被给予之物是一个本质上相同的东西，无论被表象的对象是实在存在的，还是被臆想出来的，甚或可能是背谬的"②。就此而论，"对象"是指被意识到的东西。

胡塞尔关于"意向对象"的概念的区分与后来胡塞尔在《纯粹现象学与现象学哲学的观念》第一卷中把"意向相关项"的概念区分为"如此被规定的对象"和"绝然对象"是平行的，它们在一定程度上都可以被看作是与"意向对象"和"含义"相等义的概念③。

(三) 含义与对象的意指关系

从以上分析来看，表达的含义与指称的对象是相互区别的。同时胡塞尔又指出，只有通过对表达的认识作用和表达的含义意向的进一步研究，我们才能对上述含义与对象的关系做出更为深入的现象学澄清。

因此胡塞尔强调指出，一般来讲，每个表达都可以被区分为含义和对象这两个方面，而含义与对象彼此之间又存在着相互的紧密联系，这种联系具体表现为："一个表达只有通过它的意指才能获得与对象之物的关系"④，也就是说，当我们做出一个表达时，我们的意向行为是通过含义（意向内容）指向对象的，我们在含义中构成了与对象的关系，我们"有意义地使用一个表达和在表达时与对象发生联系（表象这个对象），这两者是一回事"⑤。表达是因为具有含义才与对象发生关系，而含义意向行为作为意指各个对象的特定方式，使其与意向对象之间形成了一种紧密的意向关系。

---

① 胡塞尔:《逻辑研究》II/1,A47/B₁47。
② 倪梁康:《胡塞尔现象学概念通释》(增补版),商务印书馆,2016年,第192页。
③ 倪梁康:《胡塞尔现象学概念通释》(增补版),商务印书馆,2016年,第193页。
④ 胡塞尔:《逻辑研究》II/1,A49/B₁49。
⑤ 胡塞尔:《逻辑研究》II/1,A54/B₁54。

1. 含义与对象之间是一种意指关系

按照胡塞尔的观点,含义和对象之间基本上是一种意指关系,含义意向行为一方面激活了表达式的物理方面,使其在物理现象中根据物理方面构造起自身的语音或文字,另一方面又活跃化了表达的言语行为,赋予表达式以含义,在其中构造起与意向对象的联系,使这一含义意向着该对象。由此关于意向性对象的规定就完全来自意向性行为的规定和含义意向的规定。那么我们就可以据此推断,在这个语境下我们谈论一个对象,仅仅是指一个意向对象,即被意向着的对象,而并不必然地指一个实际存在的对象,即对象是现实的存在还是纯虚构的存在,对其意指对象的功能是无关紧要的。

根据胡塞尔的分析,每个意向行为的意向本质都是由"质性"和"质料"构成的,其中"质性"是一种使某种行为能够成为这种行为的行为特征,"质料"与"质性"一样都被包含在意向行为之中,质性不会使意向行为与对象发生联系,相反意向行为只有通过质料才能取得与对象的联系。因此在这个意义上,胡塞尔认为"质料不仅确实地规定了整个对象,而且还确实地规定了对象被意指的方式"[①],但是质料仅仅给意向活动提供了朝向对象的指向性,并没有建立它。比如"我看见一朵红玫瑰"与"我看见一轮满月"这两个意向体验的质性相同,质料却不相同。其中"我看见"表明了意向体验的意向性特质,至于"看见"了什么,即让意向行为意向什么,也就是让意向行为与对象发生联系,则不是通过质性就能够实现的,它需要通过质料才能使意识取得与对象的联系;"红玫瑰"与"满月"作为意向行为的质料规定了意向活动的意向对象,但它仅仅给意向活动提供了朝向对象的指向性,若想建立意向行为与对象的关系,还需要通过"我看见""我回忆"抑或是"我想象"等这

[①] 倪梁康:《胡塞尔现象学概念通释》(增补版),商务印书馆,2016年,第307页。

些意向活动的模式被意向。由此可见，意向行为的质性和质料是抽象的并且二者不能相互独立存在，同样的质性可以和不同的质料结合，同样的质料也可以和不同的质性结合，比如"我看见一朵红玫瑰"与"我看见一轮满月"，这两个意向行为质性相同，质料不同，再比如"我看见一朵红玫瑰""我想起了那朵红玫瑰"和"我想象中的那枝红玫瑰"，这两个意向行为质性不同，质料相同。胡塞尔在对意向行为的质性和质料的分析中比较倾向于给予质料以优先性，同时胡塞尔也将活动的质料称为活动的观念性意谓或者含义，并且认为正是意谓或者含义给意向行为提供了对象的意向性，表达是通过意指才使对象性的关系得以形成。因此，从语言学的角度来看，表达、含义与对象之间的关系可以表示为：表达——含义——对象，即是说表达借助于含义与对象相关联；从意识的角度看，意向行为、意向内容、意向对象这三者的关系可以被看作：意向行为——意向内容——意向对象，也就是意向行为通过意向内容指向意向对象。

2. 含义决定着指称

胡塞尔指出表达借助于其含义来指称对象，意指行为作为意指各个对象的特定方式与含义本身可以在对象方向保持统一的情况下发生变换。胡塞尔强调，虽然我们是通过一个含义才意向某个对象，但我们必须坚持意向行为、含义与对象之间的区分。意向对象，无论是观念的对象还是实在的对象，既不能混同于意向对象的意向行为，也不能与作为观念的含义相混淆。通常情况下，我们指向的是通过含义意向的对象，而非含义，也就是说，我们的兴趣意向和思想仅仅在于指向含义赋予活动中被意指的事物。

由于表达的对象关系是变化不定的，往往同一个直观能够为不同的表达提供充实，——"只要这个直观能够以不同的方式被范畴地把握到并且可以与其他直观综合地联结在一起"[①]。这里就涉及到表达的认识作用

---

① 胡塞尔：《逻辑研究》II/1，A49/B₁49。

和胡塞尔的真理学说。表达作为含义意向是一种空洞的意向需要合适的直观予以充实,被充实的空洞意向和充实活动指向同一个对象,待充实的含义意向直接指向意向对象,充实活动则把意向对象带给直观的给予,充实过程就是把含义意向与直观充实进行综合关联的过程,就是两种意向活动的意向对象之间的综合关联。通过直观充实的综合关联,我们的含义赋予行为获得认知的相关性。比如我们以对一枝红玫瑰的直观感知为基础,我们可以说"这枝玫瑰是红色的""这枝红玫瑰长在花园里"或者"这枝红玫瑰会枯萎的"等诸如此类的各种论断,从中我们可以看到关于"红玫瑰"的论断极为相同,其表达的含义各不一样,但是这些意向活动都是在我们对那枝红玫瑰的直观感知的综合关系中被充实的。当然以我们对红玫瑰的现时知觉是不足以充实"这枝红玫瑰会枯萎的"的这一论断的,因为"这枝红玫瑰会枯萎的"作为一个预言性的论断不能依靠纯粹的感性知觉,于是胡塞尔又提出了范畴直观的概念。也就是说,"这枝红玫瑰会枯萎的"是一个空洞的意向,它的充实需要范畴直观予以完成,通过范畴直观,使我们关于"枯萎的红玫瑰"的空洞意向得到其相对应的感知对象的参照物,使我们的空洞意向能够指向感知对象,即我们关于"枯萎的红玫瑰"的直观"被范畴地把握到"并且可以与感性直观"综合地联结在一起"。由此可见,范畴直观奠基于感性直观,以感性直观为基础(关于直观充实我们将在后文予以详述)。

表达及其含义意向不仅可以让自己在直观中得到充实,而且使自己符合各种观念形式,通过这些形式,"那些单纯被直观到的客体才成为合乎知性地被规定的、彼此相互关联的客体"[1]。也就是说,表达通过含义意向在含义和可能的含义充实中构造起与被表达的对象性的联系,由此使我们获得关于该对象的认识。在胡塞尔看来,含义意向是将表达行为、

---

[1] 胡塞尔:《逻辑研究》II/1,A49/B$_1$49。

含义和对象联结起来的本质性的因素,尽管同一个直观能够为不同的表达提供充实,而相关于意向性对象的含义意向,必然意指着一种"观念同一性的"含义,即使在表达不具备直观充实的可能时,它也仍然作为符号意向而指向具有观念同一的含义。这样,在同一个直观能够为不同的表达提供充实的前提下,必然可以使这些表达具有不同的含义,但却能够指称同一个对象;然而当一个含义与一个整体范围的数个对象相符合时,就意味着这个含义具有不确定性,它不会指向同一个直观,它会为可能的直观提供一个充实领域。胡塞尔在这里又一次强调了含义意向对表达所具有的本质内涵:表达所表达的含义与含义赋予行为及其意指功能的联系是本质的,其与对象的联系是非本质的。含义是意向对象的观念性反映,是观念的统一体;含义是意向对象的核心,含义决定着指称,含义作为意向对象中被意指的规定性和观念性内涵与围绕这一意义核心的"边缘域"构成一个意识中的实践对象,由此对含义的理解就成为理解意向对象的关键。但这并不意味着一种意向行为的含义意向具有两种不同的意向对象,也不意味着赋予意义的含义意向既指涉着含义,又指涉着意向对象。

相对而言,语词的意指功能要比含义弱,因为意指总是由含义决定的,反之则不然。这是因为同一类所指往往可以按照不同的方式加以刻画,因而不同的含义可对应于同一类所指。比如,我们以"正方形"为例,关于这一术语的指称是通过列举一切正方形而给定的,但是与这个指称对应的可以是一些很不相同的含义,"正方形"可以以这些特征的刻画为基础:"四条边相等并且四个角都是直角的平面图形"或者"两条对角线垂直且相等的四边形"等等,关于这些相关特征的每一个刻画都决定了术语"正方形"所意指的类。尽管如此,逻辑学和自然科学都显著倾向于外延性思维,即使用名称时只考虑它们的所指。之所以如此,是因为处理所指要比处理含义方便得多。当然,要完全排除含义是不可能的，因为只有通过含义才能确定意指。

3. 含义不同于对象

含义和对象不能等同，我们从那些具有相同的对象但却具有不同的活动质料的情况里就可以清楚地认识这一点。胡塞尔拒绝将含义与对象相混合，认为"对象永远不会与含义完全一致"①。在《逻辑研究》第一研究中，胡塞尔关于含义和对象关系的这一断言没有建立在含义意向内有关含义与对象的意识所与性的现象学意向分析的形式之上，而是借助了语言分析的方式，此举意在表明："借助所谓'语言分析方式'暗示着这样的语言表达，对此语言表达的理解，须以意义和对象的区别为前提"②。在上述分析中，我们已经了解到在表达中存在着这样的情况，即表达虽然有着不同的含义，但却指涉着同一对象，以及表达虽然有着相同的含义，但却指涉着不同的对象。例如，我们之前提到的"耶拿的胜利者"和"滑铁卢的失败者""等边三角形"和"等角三角形"等这一类"等价表达"，还比如胡塞尔在后面将要提到的包含"这个""这里"等这一类的"指代表达"。胡塞尔指出，个别的含义意向是观念性含义的一种特殊单一化，其本身被规定为一种"意指各个对象的特定方式"③，在这一方式内，含义与对象的区别成为表达的基本前提。因此，胡塞尔指出"我们不能过于认真地对待在每个表达上都可以区分'两个方面'这种说法，更确切的说法应当是，表达的本质仅仅在于它的含义"④。

那么，当同一性含义本身被标示为一种意向性的观念作用或意向相关项的"对象性"时，含义与对象相互区别的性质又会如何呢？一般而言，在一种有意义的言语行为的原初实行中，含义意向并不朝向含义，

---

① 胡塞尔：《逻辑研究》II/1，A46/B₁46。
② 鲁多夫·贝尔奈特、依索·肯恩（耿宁）、艾杜德·马尔巴赫：《胡塞尔思想概论》，李幼蒸译，中国人民大学出版社，2011年，第162页。
③ 胡塞尔：《逻辑研究》II/1，A49/B₁49。
④ 胡塞尔：《逻辑研究》II/1，A49/B₁49。

而是通过非主题性的被意识的含义在主题上相关于意向性的指涉对象，因此该指涉对象就成为这一表达的直接对象。从胡塞尔关于含义和对象的区分中，我们可以看出胡塞尔在讨论含义指称问题时较多进行的是对赋予含义的意识的意向性分析，而较少运用语言学的分析方法，这凸显了胡塞尔现象学意向分析的显著特点。

三、关于含义本身的区分

在《逻辑研究》第一研究的现象学分析中，胡塞尔对表达分别从主观和客观两个方面进行了考察。在胡塞尔看来，我们可以将语言表达分为表达本身与表达所表达的东西这两个方面来考察，其中主观考察主要包括对表达过程中人们的物理体验（语词、语音方面）和心理体验过程中具有实在意义的考察；而所谓客观考察是指对表达所表达的东西的观念关系的考察。在这里现象学的任务就是要对表达本身和表达所表达的东西进行本质性的区分并澄清二者之间的关系。通过主观考察，胡塞尔认为被"意义激活了的表达"（具有含义和被充实了的表达）可以分为物理显现和含义意向、含义充实的行为。而在整个表达的体验中，表达根据其物理方面（语音或文字）构造起自身，通过含义意向行为赋予表达以含义，并且有可能通过含义充实行为给予表达以直观的充盈，由此在行为中构造起与被表达的对象性的联系，于是一个含义意指在相关的行为中找到充实，在表达与其对象性的业已实现的关系中，被激活意义的表达与含义充实的行为达到一致，从而实现了含义意向的现象学的统一。对于表达而言，含义意向是本质性的行为，而"一个现时被给予的、充实着它的含义意向的对象性的关系"[①]并非本质性的关系。通过对表达的客观考察，胡塞尔指出"表达所表达的东西"或者"被表达的内容"是一个充满歧义的说法。也就是说，胡塞尔通过对表达所做的主客观的

---

① 胡塞尔:《逻辑研究》II/1,A50/B₁50。

考察，使我们认识到"'传诉''含义'和'对象'这些相关的说法本质上属于任何一个表达。随着每一个表达都会有某物被传诉，在每一个表达中都会有某物被意指并被指称，或以其他方式被标示"①，但在人们充满歧义的说法中，所有这一切都叫作"被表达"。因此胡塞尔在上述分析的基础上指出，为了进一步澄清表达和"表达所表达之物"之间的关系，我们有必要对"表达所表达之物"这一表述的多义性做更进一步的区分。

（一）关于"被表达内容"的区分

对"被表达内容"进行区分，首先就涉及到我们在上文曾经提到的关于语言符号的主观功能和客观功能的问题。一般而言，在一个常规的语境中，作为人类的我们使用的语言符号，既包括客观的功能，也包括主观的功能。与之相对应，我们在使用语言符号表达时一方面表达了行为意义上的内容，另一方面又表达了一个主观情况，即包括思想、情感和意志等主观因素在内的"感情"因素。在胡塞尔看来，一个语言符号被说出或者一个语词文字被书写都会在我们心里唤起某种心理体验，形成了我们的意向经验，而这个心理体验本身就会在意识里构成一个"意指"和意指的内容，也就是这个符号所表达的含义；但与此同时，它还表达了我内心的一种主观体验：例如，有一天我心情愉悦，从而在内心生发出一种强烈的生命意志，我振臂高呼"生活啊"，这时我体验到的可能是一种催人向上、充满着激情与动力的内涵；又有一天我情绪低落，我低声呐喊着"生活啊"，此时我感受到的又可能是让人沮丧和备感困难的含义。在不同的情绪情感中，我说出"生活啊"这个表达式所形成的心理体验的色彩就会不同，然而在所有的意识体验里被给予意识的"内容"则是不完全受我内心的主观体验限制的。这就又涉及到了符号的客观功能，对此我们又可以把它区分为所指和含义这两个方面进行分析。

---

① 胡塞尔：《逻辑研究》II/1，A50/B₁50。

因此就表达所表达的东西而言，在笔者看来，在其多层的歧义性说法中，不仅仅包含着意向经验的内涵，而且还伴随着表达者自身的思想、情感和意志等主观情况。

当然，胡塞尔对意向性经验的兴趣和关注点主要集中在意识的"内容"上。"'内容'是胡塞尔在《逻辑研究》中多次讨论分析的概念，它在胡塞尔的意向分析中具有多重含义，在其内涵中几乎包含着'意识'概念的全部意义。"①

"内容"在胡塞尔那里首先可以划分为"主观意义上的内容"和"客观意义上内容"。在《逻辑研究》的第一版中，胡塞尔也把这种内容分别解释为"现象学、描述—心理学、经验—实在意义上"和"逻辑的、意向的、观念的意义上的内容"，它们相当于胡塞尔在第五研究中所说的"作为体验的内容"和"作为对象的内容"②。

1. 主观意义上的内容

"主观意义上的内容"或"主观内容"是指"现象学自我的实项构成物"，亦即"感性材料"，它是意识行为中最为内在的"内容"。那么意识行为的内在"内容"指的是什么？例如：我坐在桌子旁并观察着桌子上的一只茶杯，之后我看向远方，很快我又将目光收回转向这只茶杯。那么上述我所经历的这一系列意向体验既包括意向行为本身又包括意向行为所包含的意识"内容"，在这些意向体验中我的体验方式是"感知"，我体验的内容是"茶杯"，我通过"茶杯"的内容关注着桌子上这只实存的茶杯。

由此我们可以从上文所说的三个角度来分析我所获得的意向经验：关注这一意识过程并分析意识活动的内在内容；分析经验的意义并借此来研究其意向内容；关注由意识活动所意指的意向对象。

接下来我们就具体地分析一下这个意识活动：我坐在桌子旁并观察

---

① 倪梁康：《胡塞尔现象学概念通释》（增补版），商务印书馆，2016年，第261页。
② 倪梁康：《胡塞尔现象学概念通释》（增补版），商务印书馆，2016年，第262页。

着桌子上的一只茶杯，之后我看向远方，很快我又将目光收回转向这只茶杯。在这一系列的意向体验中，我分别形成了两个不同的关于这只茶杯的知觉和现象。至此我们就会产生这样一个疑问："我"两次看到的是同一个茶杯，并且指向的是同一个意向内容，为什么说是"我分别形成了两个不同的关于这只茶杯的知觉和现象"？根据胡塞尔的观点，在这个意向行为中，我处理的是两个不同的知觉，两个带有各自相分离的内在内容的心灵过程。这个知觉作为一个经验，一个时间性的意识过程，其内在内容作为意识活动的具体环节或者组成部分与超越活动的意向对象和意向内容不同，它不能像意向对象和意向内容那样在无数的不同意向活动中保持同一的 "观念性内容"被我和其他人反复意向和共享。相反，意向行为的内在内容"在严格意义上是内在于心灵和私人的"[1]，因此我们谈论在不同的意向行为中发生了相同的内在内容是没有意义的。

那么意向行为的内在内容究竟是什么？胡塞尔在《逻辑研究》中从另一个角度对意识体验的本质因素进行考察分析时引入了一个重要的"现象学区分"：即对行为的"实项内容"和行为的"意向内容"的区分。在胡塞尔看来，意识内容是由"实项的"和"意向的"两部分构成，其中"实项内容"从属于意识的材料方面，它受意向活动的统摄或赋形，可以被理解为一种对感性材料的内在拥有方式。因此可以说"材料的组成部分"与"意向活动的组成部分"一同构成了"实项内容"的总和。就此而论，"实项的"和"意向的"相对立，也与"超越的"相对立。在胡塞尔看来，每一个意向行为就是一个意指活动，每一个意识行为所具有的意向本质都是由质性和质料这两个抽象的成分组成，意向活动的意向作为质料和质性的统一体内在于活动的时间意识流。我们知道，所有正在发生的意识活动在主观意向的意义上都有一个内在内容，另外有

---

[1] 丹·扎哈维：《胡塞尔现象学》，李忠伟译，上海译文出版社，2007年，第20页。

些活动还包括进一步的内在元素，即感性的成分。意向活动的"实在的"内容，并非时空意义上的物理对象，而是某些"真实的"实体在当下意义上适合于意识构成的东西，它是一种抽象的具体，就好像我们在书本上"读"到的东西。比如，我们知道在法国文学家雨果的《巴黎圣母院》里有一个重要的人物叫卡西莫多，他有着极为丑陋的相貌：几何形的脸，四面体的鼻子，马蹄形的嘴，参差不齐的牙齿，独眼，耳聋，驼背，难听而忠厚的声音，在他的身上几乎可以看到人间所有的不幸……这个外表丑陋的敲钟人，却有着一颗善良的心，他对爱斯梅拉达怀着一种高贵圣洁的爱，是真善美的代表。雨果用极其夸张的手法，把一个在世界文学中外貌最丑陋的人物形象具体而生动地展现在了我们的面前。但是我们知道卡西莫多并非我们肉眼所能看到的生活在现实中的某个人，他没有血肉之躯，不具有时空中的物理性质，虽然他具有某些细节的真实，但他不是一种现实的物理意义上的存在，他仅仅是作者通过文字描述让我们想象出来的一人。尽管如此，每当我们读到那些关于他的描述，卡西莫多的形象就会栩栩如生地跃然纸上，但是就我们的阅读活动而言，我在阅读中体验到的东西和你在阅读中体验到的东西是不一样的，我在这一次的阅读中体验到的东西和我在之前的阅读中体验到的东西也并不相同。这些在意向体验中内在于心灵和私人的东西就是胡塞尔所说的意向行为的内在内容或者"实项的"内容。因此，具有同一性观念性的含义与具体的意指活动之间的关系被理解为一种观念性和具体实例之间的关系，而观念性的含义作为具体意向的本质与不同的意指活动相关，从而使意向活动的内在内容就成了观念性的意向内容的一个实例，比如作为种类的"红"和"红纸"之间的关系。同样的意向内容还可以存在于同样种类的其它活动里，内在内容构成了活动的成分。因此，实际上意向活动的内在内容包含于意向活动之中，而观念性的意向内容对于具体活动来说则具有一定的独立性。因此，胡塞尔指出，我们的意向活动并不指向意向行为的内在内容,即感觉构成活动,但同时它也不是我们的意向之物。比如,我观察着桌子上的茶杯,此时我感知到的不是我观察茶杯的视觉活动,而是位于我面前的这只茶杯。意向活动以及它的内在的成分,仅仅是"被非主题化地和前反思地体验了"①,因此"包含在活动里的并非我们所意向的,而我们所意向的也不包含在活动里"②。

2. 客观意义上的内容

所谓"客观意义上的内容"或"客观内容"就是指"行为的内容"。与它相对应的观念是"行为特征"③,胡塞尔也将"行为内容"称作一个意指行为的"质料"或"立义意义"(Auffassungssinn)④。胡塞尔在《逻辑研究》中把意识活动区分为"质性"和"质料"两个部分,把意识的内容分为"实在的"和"意向的"或"观念的"两个方面,"客观意义上的内容"对应的则是"意向的"部分。如果"实项内容"被理解为"对最普遍的,在所有领域中都有效的内容概念在意向体验上的素朴运用"⑤,那么,"意向内容"则从属于"'意向相关项'"方面⑥。据此胡塞尔进一步将意向内容区分为三个相关的主题,即:意向对象、意向活动的质料和意向活动的意向本质。根据胡塞尔的观点,意向对象作为被意指的对象,并非是某种真实的实体,意向内容作为经验本身的内在环节使意识成为意向性的,并给意向活动提供所指,每个意向活动都被认为拥有一个意向内容,而这个意向内容具有两个不同的、但是不可分离的环节——含义与所指。

胡塞尔指出质性作为意识活动的性质是使一个意识活动成为这个意识活动并与其他不同种类的意识活动相互区别的东西。无论是判断、希

---

① 丹·扎哈维:《胡塞尔现象学》,李忠伟译,上海译文出版社,2007年,第22页。
② 丹·扎哈维:《胡塞尔现象学》,李忠伟译,上海译文出版社,2007年,第22页。
③ 倪梁康:《胡塞尔现象学概念通释》(增补版),商务印书馆,2016年,第262页。
④ 倪梁康:《胡塞尔现象学概念通释》(增补版),商务印书馆,2016年,第307页。
⑤ 倪梁康:《胡塞尔现象学概念通释》(增补版),商务印书馆,2016年,第264页。
⑥ 倪梁康:《胡塞尔现象学概念通释》(增补版),商务印书馆,2016年,第264页。

望、愿望、回忆、怀疑、害怕，还是其他类型的意识活动都是不同种类的意识活动。胡塞尔将其称为意向行为的意向性特质。胡塞尔指出质性和质料的结合形成了每一个意向行为的意向本质，当我们意向一个对象时，这个对象总是关于一个特定的"什么"，就是说任何意向对象都有其自身的意义，而质料就是使不同的对象得以区别的自身的基本意义。作为行为的"内容"或"立义意义"的质料不会因质性的不同而产生变化，它与质性一样包含在意向行为之中。胡塞尔分析指出，同样的质性可以和不同的质料结合，并且同样的质料也可以和不同的质性结合。例如，我看见桌子上有一只茶杯，张三看见我坐在一张桌子旁，这两个意识行为具有同样的性质，尽管它们指向的对象不同。我判断那张桌子上是一只茶杯，张三则希望那张桌子上有一只茶杯。这两个意识活动意指着同样的事件，指向相同的对象，但其具有不同的质性。可见我们总是以某种特殊的方式意向性地指向某物，即在特定的概念和描述下或者从某个特定的角度将某物作为某物意向，也就是说，我们的意向活动虽然可能具有同样的主体和同样的对象，但是如果意向行为在意指共同对象时的方式不同，那么其意向性也会不同。比如，我想到"耶拿的胜利者"和我想到"滑铁卢的失败者"这两个意识活动，其主体相同，所指的对象相同，但材料不同，因而内容也就不同。因此，意向活动的质料与质性相互结合共同决定了我们的意识活动。

胡塞尔在对"客观意义上的内容"（"意向的"或"观念的"内容）的分析中又进一步地将其划分为：(1) 内容作为"意指的含义和作为意义、作为含义一般"；(2) 内容作为充实的意义；(3) 内容作为对象。

胡塞尔在关于"客观意义上的内容"的进一步分析中主要对已经实现了的与对象的关系中区分出一个双重性的东西：一方面是对象本身，即作为以这种或那种方式被意指的对象；另一方面，是在构造着含义充实行为中的对象的观念相关物，即充实着的含义。也就是说，胡塞尔主要通过分析在实现了直观充实的含义意向与对象之间的情况以进一步澄清被意指的对象与充实的含义之间的关系。因此这里就涉及到三个要素：意向含义、充实的含义和对象。其中意向含义和对象与"赋义行为"（含义意指行为）相对应，而充实的含义则与"含义充实"的行为相对应。

所谓"意向含义"是指由意指行为所意指的那个"观念之物"或"种类之物"。在表达的意向行为中感性的语音被含义意向行为激活，语音符号被赋予含义，语音符号成为有含义的语音，意向含义作为那个"被意指的绝然对象"是表达行为本身所构成的、纯描述的意义。比如，在任何地方任何时间无论由谁说出"一个三角形的三条高相交于一点"这句话，我们都能够明白他说的是什么。在这里那个能被我们理解并且能被反复重复的东西被胡塞尔称之为"含义"，但如果这含义还没有在直观中获得充实，那么我们获得的就是意向含义，构成这种意义的行为就是"含义意向"行为。在这一意指行为中表达通过含义所意指的对象并不必然地指一个实际存在的对象，而仅仅是指一个意向对象，即那个"如此被意指的对象"。"如此被意指的对象"和"被意指的绝然对象"之间的区分并不是两个实体之间的区分，而是处于具体的表象行为方式中的对象和对象本身的区分。任何一个表象，如怀疑、判断、欲求等都有一个对象"被表象"，而只有把这些被表象的对象汇合成一个意向统一的对象才是"绝然含义"的对象本身。比如，我们以"拿破仑"的表象为例，胡塞尔指出这个对象既可以被表象为"耶拿的胜利者"，又可以被表象为"滑铁卢的失败者"。因此，虽然在两个意向行为中被指向的对象是相同的——拿破仑，但是被意指的方式却不相同。总之，被意指的"拿破仑"本身以及我们所列出的两种表象方式中的对象都是意向对象。

胡塞尔指出"只要含义意向根据一致的直观而得到充实"[①]，也就

---

① 胡塞尔：《逻辑研究》II/1, A50/B₁50。

是说表达在现时的指称中，意向对象得到直观充实，成为在某些行为中"被给予的对象"而构造起自身，与当下的表达发生联系，此时对象作为"被给予的对象"在这样一些行为中被给予的方式与这个对象在含义意向中被意指的方式是同一的。这里所谓"一致的直观"就是意向对象在这一直观中作为"被给予的对象"构造起自身，而意向含义就在这一直观中成为充实着的含义，于是表达就在这一直观中实现了现时的指称。具体来说就是指在含义与含义充实之间的相合统一中，含义作为意指的本质与含义充实的相关性本质达到一致，而这就是充实的含义，或者说是通过表达而被表达出来的含义，含义与含义充实之间的相合统一就是通过在直观中对意向含义进行的充实而实现的。例如，我看见我面前的桌子上有一只茶杯，或者通过几何学直观地证明"一个三角形的内角之和是180°"，由此就构成了这两个意向行为的意向含义与其所意指的对象之间的关系或"观念的相关物"。因此，我们得到的含义便是充实了的含义，而与充实的含义相对应的行为就是含义充实的行为。

胡塞尔举例说："例如，在涉及感知陈述（Wahrnehmungsaussage）时，人们说，感知陈述在表达感知，但人们也说，它在表达感知内容，与任何一个陈述一样，在感知陈述方面我们也区分内容和对象，而且是这样来区分，即：内容被理解为同一的含义，它可以被听者（即便他自己不是感知者）正确把握到。我们在充实着的行为中，即在感知中和在其范畴形式中也正是进行相应的区分，通过这些行为，合乎含义地被意指的对象性作为被意指的对象性与我们直观地相对立"①。这就好比我指着桌子上的茶杯说："我看到桌子上有一只茶杯。"根据胡塞尔的观点，在这一陈述中，我一方面在表达我的视觉感知——"我看到"，另一方面又表达了我的视觉活动的内容——"桌子上有一只茶杯"。对于这一陈述，

---

① 胡塞尔:《逻辑研究》II/1，A51/B₁51。

胡塞尔指出我们可以进行如下区分：当我说"我看到桌子上有一只茶杯"，这一陈述内容很容易就会作为具有同一性的含义被听者范畴地把握到，即他理解了我陈述的含义，而我指着的那只被我看见的放在桌子上的茶杯则是作为感知直观充实的部分与我们相对立。

这里实际上还涉及到对象与对象性之间的区别与联系。胡塞尔在《逻辑研究》中从两个方面强调了对象性与对象这两个术语之间的区别：其一，胡塞尔指出"我常常选用'对象性'这个比较不确定的表达，因为在这里所涉及到的都不仅仅是狭义上的对象，而且也涉及到事态、特征，涉及到非独立的实在的形式或范畴的形式等等"[1]。从这个角度上说，"对象性"意味着最宽泛意义上的对象，即在意识中被构造的东西，无论它是抽象的，还是具体的，是简单的，还是复合的。其二，对象性与对象的区别还在于"前者受到一个完整的行为的朝向，后者则受到各种不同的、构成这个行为的部分行为的朝向。每一个行为都意向地关系到一个从属于它的对象性。这一点既对简单行为有效，也对复合行为有效。即使一个行为是由部分行为复合而成的，只要它是一个行为，那么它就会在一个对象性中具有其相关物。正是关于这个对象性，我们在完整的和第一性的意义上陈述说，这个行为与此对象性有关。部分行为（如果它们的确不仅仅是行为的部分，而且是作为部分寓居于复合行为之中的行为）也与对象有关；这些对象一般不等同于整个行为的对象，尽管它们有时可以等同。"[2]

在这里，胡塞尔指出通过我们在范畴直观和感性直观中充实着的行为"合乎含义地被意指的对象性作为被意指的对象性与我们直观地相对立"[3]，所谓"合乎含义地"实际上就是指含义充实与意向含义之间的相

---

[1] 倪梁康：《胡塞尔现象学概念通释》（增补版），商务印书馆，2016年，第194页。
[2] 胡塞尔：《逻辑研究》II/1, A377/B₁400。
[3] 胡塞尔：《逻辑研究》II/1, A51/B₁51。

合统一，而"被意指的对象性"在这里既意味着最宽泛意义上的在意识中对构造对象的朝向，也是指对整个完整的意向活动的朝向。在一个完整的意向活动中，每个具体的意向体验，总是以特定的意向方式朝向对象，对象也以某种方式向意识显现。因此，在对整个完整的意向活动的朝向中，不仅涉及到被意向的对象，而且涉及到被意向对象的意指方式，其中对象性受到一个完整行为的朝向，而对象则受到各种不同的构成这个行为的部分行为的朝向。比如，关于"一只放在桌子上的茶杯"的知觉体验，与整个知觉体验相关的是对象性，即放在桌子上的茶杯，茶杯以如此的方式，即通过知觉体验成为意向的对象。当然我们也可以通过另外的方式来把握这只茶杯，比如"我回忆着那只放在桌子上的茶杯"等，由此同一只茶杯被两个不同的意向体验意向性地朝向。这其中对于某个具体的意向体验，它所朝向的是以特定方式显现的对象，比如"我看见一只放在桌子上的茶杯"，尽管"茶杯"是被判断和被陈述的对象，但它却不是第一性的对象，即不是完整判断的对象，而对于这一整个知觉活动的对象性来说，它就是"放在桌子上的茶杯"，与整个判断相符的是"我看见一只茶杯放在桌子上"的这个事态。

这里同样涉及到整体意识体验与组成整体的部分体验之间的关系的区分。对于这个整体的知觉体验而言，其所朝向的是对象性，即"桌子上的茶杯"，而对于"桌子上的茶杯"这个整体知觉的部分体验而言，它还包含着一个关于"桌子"的体验。鉴于部分体验是整体体验的组成部分，那么"桌子"在某种程度上也构成了"茶杯"被意向的方式，因此我们可以说，对于这个整体的知觉体验，其首要意义上的对象是"茶杯"，而在从属的意义上，"桌子"也可以被视为其意向对象。因此，胡塞尔说"部分行为（如果它们的确不仅仅是行为的部分，而且是作为部分寓居于复合行为之中的行为）也与对象有关；这些对象一般不等同于整个行为的对象，尽管它们有时可以等同"①。

　　胡塞尔这样分析的目的一方面是为了对他之前提出的观点进行一以贯之的强调。胡塞尔指出人们把含义充实这个简称与整个含义的意向体验混为一谈的做法是错误的，含义充实的行为作为一部分体验仅仅是整体的表达意向体验的一个组成部分，是被包含在整体的表达意向体验之中的。而在这整个体验中，一个含义意指在相关的行为中找到充实，在表达与其对象性的业已实现的关系中，被激活含义的表达与含义充实的行为达到一致——"语音首先与含义意向达到一致，含义意向又（与意向和其充实达到一致的方式相同）与有关的含义充实达到一致"②。因此关于表达较为恰当的一种的说法是："充实的行为显现为一种通过完整的表达而得到表达的行为"③。另一方面胡塞尔旨在将意向含义、充实的含义以及对象在"被表达的内容"这一层面上区分开来。

　　由此，胡塞尔指出我们必须在充实着的行为中再次区分内容，即从中区分出合乎含义之物和被感知的对象，其中"合乎含义之物"是意向层面的具有范畴形式的含义，而被感知的对象则是就经验的外部对象而言的。于是在充实的统一中，充实的内容与意指的"内容"彼此"相合"，在相合统一的意向体验中，在含义意向行为中被意指的对象和在含义充实行为中"被给予"的对象不是作为两个对象"双重地"与我们而立，而是作为含义充实与意向含义之间实现了相合统一的整个意向体验的"一个"对象与我们相对立，此时"充实的行为显现为一种通过完整的表达而得到表达的行为"④，表达就成为一个包含着可激活的语词符号和含义意向行为和含义充实行为，以及与之对应的被表达的"作为意指

---

① 胡塞尔：《逻辑研究》II/1，A377/B₁400。
② 胡塞尔：《逻辑研究》II/1，A38/B₁38。
③ 胡塞尔：《逻辑研究》II/1，A39/B₁39。
④ 胡塞尔：《逻辑研究》II/1，A39/B₁39。

着的意义的内容，或作为意义、绝然含义（Bedeutungschlechthin）的内容，作为充实着的意义的内容，以及作为对象的内容"①的整体的意向行为。也就是说，对含义赋予行为的意向本质的观念把握使得我们获得作为观念的意指着的含义，与此相同，对含义充实行为的相关本质的观念把握也使我们获得同样是作为观念的充实着的含义。这个带有直观的表达行为与感知行为是统一的，都属于可感知的直观行为的总体，从而表明这个"内容"作为充实着的含义也是含义，但它不能被等同于被意向的对象，它与这种对象处于直观自明的被给予的关系中，这一被直观充实的"内容"作为这一个对象的"观念相关物"，在某种程度上被赋予了"被直观构成的观念对象"的含义，而这个对象则完全可以是一个臆想的对象，而并非一个实存的对象。

3. 客观意义上的内容与主观意义上的内容

综上所述，胡塞尔对"实项内容"和"意向内容"的区分是与"主观意义上的内容"和"客观意义上的内容"的区分相吻合的。在胡塞尔那里，与"实项内容"相平行的概念，还有"感性内容""描述性内容""现象学内容"和"第一性内容"；与"意向内容"相平行的概念，还有"客观内容""对象性内容"等等。②

根据以上分析，我们可以归纳出在胡塞尔的意向分析中所使用的三个最基本的"内容"概念：(1)"在意识或自我进行立义或统摄之前，感觉材料是意识所具有的须被立义的'内容'"③；(2)"在立义的过程中，意义或质料是意识赋予感觉材料的'内容'"；④ (3)"在立义完成后，作为意识活动之结果而对立于意识的对象是第三种意义上的'内容'"⑤。

---

① 胡塞尔：《逻辑研究》II/1，A52/B₁52。
② 倪梁康：《胡塞尔现象学概念通释》(增补版)，商务印书馆，2016年，第264页。
③ 倪梁康：《胡塞尔现象学概念通释》(增补版)，商务印书馆，2016年，第262页。
④ 倪梁康：《胡塞尔现象学概念通释》(增补版)，商务印书馆，2016年，第262页。
⑤ 倪梁康：《胡塞尔现象学概念通释》(增补版)，商务印书馆，2016年，第262页。

（二）有含义与无含义的区分

通过胡塞尔的现象学分析，胡塞尔指出在现象学的研究中人们关于概念的认识和使用存在着诸多混乱，这些混乱不仅包括"表达所表达之物"的歧义性——比如"含义"和"意义"被人们时而把握为被传诉的行为，时而把握为观念的意义，时而把握为作为有关表达之意义或含义的被表达的对象性等这样一些概念本身含糊不清地交织在一起的情况，而且与此相关的还存在着一些根本性的混乱：一方面，普全名称和多义名称不断地被混杂在一起；另一方面，"与此相关的是那些在涉及集合（kollektiv）名称和普全名称之间差异的真正本质时常常表现出来的不明晰性"①，但是对我们而言更重要的是"要仔细地将这些会造成严重后果的关于含义和意义的说法的歧义性，或者说，关于无含义表达或无意义表达的说法的歧义性划分开来"②。在胡塞尔看来，这些认识和使用中存在的歧义性和概念上的混乱会对我们的认识"造成严重后果"，因此我们有必要"将这些相互混淆的概念区分开来"③。

1. 名称的多义性与多值性

关于名称的多义性，我们在前文作了简单的分析，它是指一个语词的歧义性，也就是说一个语词可以表达多种含义，因而使其能够指称不同的事物，比如，上文中所说的"包袱"，类似的还有"水分""门槛"等等，再如"这个二""这个红"这一类表述就是一种具有多义性的表达。与名称的多义性相对的是语词只有一个确定的含义，因而它指称的对象就只有一个，比如像"拿破仑""伦敦"这类专名，它们只有一个确定的含义，因此指称的对象也是唯一的。那么是不是说只要表达具有一个确定的含义，它指称的对象就一定是唯一的？要回答这个问题，还需

---

① 胡塞尔：《逻辑研究》II/1，A53/B₁53。
② 胡塞尔：《逻辑研究》II/1，A54/B₁54。
③ 胡塞尔：《逻辑研究》II/1，A54/B₁54。

要我们对名称的多值性展开进一步的分析。所谓名称的多值性,就是指普全名称所具有的与众多对象发生陈述关系的能力,也就是说一个名称可以指称由所有具有相同属性的对象组成的类的每一个个体,也就是说它指称的对象是多个,而不是只有一个,所有的通名和共相名称都具有类似的特点。例如"马"这个词在任何表达中都具有同一个含义,但它指称的是马这一类事物中的每一个对象,即所有马的个体;再比如我们在前面提到的"一"这个词,它在表达中始终都具有相同的含义,但当我们用它指称对象时,每一次所指称的对象都是不同的,比如"一本书""一匹马""一片蓝天"等。与之相关的就是"那些在涉及集合(kollektiv)名称和普全名称之间差异的真正本质时常常表现出来的不明晰性"①,胡塞尔指出我们在对普全名称和集合名称的认识和实际运用中常常伴有一些混乱。普全名称反映的是一类事物,但不是指一类事物的集合体,它指称的是这类事物中的每一个对象;集合名称指的是同类分子有机结合而成的集合体,其指称的对象只有一个。普全名称的对象类具有的性质在这类事物中的每一个个别对象必然具有,比如"人";集合名称集合体的性质在构成集合体的个别对象中不必然具有,比如"中国人"。普全名称和集合名称在不同的陈述和语境下,其表达和指称也会有所变化,普遍名称与集合名称会形成互换,比如"中国人都是亚洲人"。就上述分析单方面来看,普全名称与集合名称在表达的含义与指称的对象上存在不同,在不同的陈述中,二者的区分就较为复杂。但对二者之间的区分更为复杂的情况应该表现在含义充实之中。在含义充实中,普全含义被直观到的是多个事物,比如关于"马"的充实,在充实活动中被直观到的有黑马、白马,汗血宝马、拉车的马……在集合含义得到充实的情况中,被直观到的也是多个事物,比如"中国人"的充实,被直观到的包

---

① 胡塞尔:《逻辑研究》II/1,A53/B,53。

括中国男人、中国女人、中国儿童、北京人、上海人……因此我们看到无论是在普全含义还是在集合含义的充实中，充实都被划分为了多个个别直观，这让我们直观地认为"有关的集合表达具有众多的含义"①。综上所述，胡塞尔认为之所以会存在这些混乱和不明晰性，一方面是因为"在缺乏固定概念的情况下，人们不知道怎样把多义名称的多义性和普全名称的多值性区分开来"②，即我们会把多义名称指称对象的非唯一性与普全名称指称对象的多样性相混淆；另一方面是因为"在集合含义得到充实的情况中，被直观到的是多个事物"③，这就会让我们觉得有关的集合表达具有众多的含义。通过胡塞尔的分析使我们认识到表达可以区分为其"所意谓的"东西和其"所言说的"东西，即表达式的含义和表达所指称的对象，含义又进一步地被区分为意向的含义与充实的含义。与此相对应，含义意向活动既包括含义意向行为又包括含义充实行为，其中含义意向作为表达的本质性特征又使其与非本质的含义充实得以区分开来，成为两个不同的意向活动。因此，在胡塞尔看来，在直观充实中，被直观到的多个对象似乎使普全名称与集合名称变得没有区别，然而如果我们把含义意向和含义充实划分开来的话，我们就会认识到"集合名称（kollektiv）和普全名称之间差异的真正本质"不在含义充实中的直观，而在含义意向中的含义，含义作为表达的本质性特征并决定着指称。虽然在集合含义得到充实的过程中，会有多个被直观到的事物与要充实的含义相对应，但是有关的集合含义始终只有一个。

2. 无含义和背谬的区分

通过上述分析，我们将"含义"和"意义"这些术语不仅运用于与表达本身不可分的含义意向的内容上，而且用于含义充实的内容上，胡

---

① 胡塞尔：《逻辑研究》II/1，A53/B₁53。
② 胡塞尔：《逻辑研究》II/1，A53/B₁53。
③ 胡塞尔：《逻辑研究》II/1，A53/B₁53。

塞尔指出这样就自然会产生一种"非常令人不快的歧义性"①。之所以令人不快,是因为我们看到在含义充实的过程中意指着的含义和充实的含义在其中构造起自身,与之对应的分别是含义意向行为和含义充实行为。然而,在含义意向与含义充实之间的相合统一中,含义作为意指的本质与含义充实的相关性本质达到一致,这样我们就将原来仅用于含义意向的"含义"和"意义"这些术语又转用到充实上去。结果就造成了这样一种局面——我们本来是要试图通过层层分析,根据形容词的变化来消除歧义,然而这种做法不但没有消除歧义,反而使我们更进一步地认识到歧义几乎无法避免。因此,胡塞尔只好"无奈"地告诉我们只需继续将"含义"全然理解为这样一种含义,即"它作为意向的同一之物对表达本身来说是本质性的"。②

尽管无奈,胡塞尔还是认为在上述分析描述的基础上,对我们来说更为重要的是要仔细地把关于含义和意义说法的歧义性,尤其是关于无含义表达或无意义表达的说法的歧义性划分开来,否则将会造成严重的后果。

根据胡塞尔的分析,我们尝试着从以下几个层次把这些相互混淆的概念区分开来:

(1) 无含义的"表达"不是表达

胡塞尔对符号概念的双重含义进行了细致的分析,他把符号分为两大类:一类是无含义的符号,另一类是有含义的符号。其中对于无含义的符号,胡塞尔将其称为"指号""记号"或者"信号"。这些符号只是一种指示意义上的符号存在,它只具有指示的作用,而不具有意指的功能,它仅仅能进行各种标示活动而不能实施意指行为,这种意义上的符

---

① 胡塞尔:《逻辑研究》Ⅱ/1,A52/B₁52。
② 胡塞尔:《逻辑研究》Ⅱ/1,A52/B₁52。

号不表达任何东西；另一部分是有含义的符号，胡塞尔将其称为"表达"。这些符号不只是一种指示意义上的符号存在，它不仅具有指示的功能，而且具有意指的作用，这些符号在完成指示作用的同时，还完成了一个意指作用，它不仅具有指号意义上的含义，而且具有语言符号意义上的含义，在表达的概念中就含有这样的意思，即：它具有一个含义。

如前所述，正因为表达具有含义，因而我们才能把它与其他的符号区别开来。因此，胡塞尔明确指出，一个无含义的"表达"根本就不是表达，"它至多也只是一个要求，或一个初看是表达、细看却根本不是表达的东西"①，例如，"Abracadabra"这种听起来类似语词的发音，实际上是一些无意义的音节，它不具有确定性，因而不会成为意识的东西。自然地，这种所谓的"表达"因为形式上的不当而不具有含义，因此它就不是胡塞尔意义上的有含义的表达；同时另一方面，还有一些在形式上貌似表达的所谓"真实表达的组合"，例如，"绿是或者"②等，这些"表达"由于表达的内容不当，它们与任何统一的含义都不相符合，因而也不具有含义，但是它们的外表却给人们带来一种错觉，让我们觉得它们是在陈述一个统一的含义，好像是一个真实的表达。

(2) 关于表达的对象性

胡塞尔指出"对象的关系在含义中构造起自身。因而，有意义地使用一个表达和在表达时与对象发生联系（表象这个对象），这两者是一回事"③。这一陈述实际上是在阐述关于表达的对象性问题，相关的探讨实际上就集中在了表达的含义取决于含义与意向对象的完全统一的这个问题上。在胡塞尔看来，语词符号本身一方面是有"所指"的，它是一种标志，指向对象；另一方面语词符号又是一种"表达"，它描述一个普遍

---

① 胡塞尔：《逻辑研究》II/1，A54/B¹54。
② 胡塞尔：《逻辑研究》II/1，A54/B¹54。
③ 胡塞尔：《逻辑研究》II/1，A54/B¹54。

的观念，"所指"与"对象"有关，"表达"与"含义"有关，二者有联系亦有区别。对此胡塞尔分别从以下几个层次进行了分析讨论：

第一，胡塞尔指出，这里的问题根本不在于"对象是否存在或对象是否是臆想的"[①]，甚至对象是否是根本不可能的。但是如果我们是在包容了对象存在的意义上诠释这一命题，即认为表达是因为具有含义才会与对象发生关系，那么必然会形成这样一个结论：如果有一个与表达相应的对象实际存在，表达便具有含义；反之，如果没有这样一个对象实际存在，表达便没有含义。胡塞尔认为这是一种错误的认识，这种错误源于人们在日常中的认识误区。在日常生活中人们通常把含义等同于被意指的对象，认为含义与意向对象同一时，表达就具有含义。这样一种把含义等同于被意指对象的做法在胡塞尔看来是无法坚持下去的，"即便在它之中掺杂着真正的含义概念"[②]。

这里就涉及到胡塞尔关于含义与对象以及含义意向的规定。如上所述，我们一般认为，包括早期维特根斯坦也认为语言的意义等同于其所指称的对象，认为语言的含义就是在这种意义上描述对象，因此在很多人看来，"Sinn"（意义）和"Bedeutung"（指称）是同一的〔当然胡塞尔将这两个概念："含义"（Bedeutung）和"意义"（Sinn）也未加严格区分，并常常将其二者作为同义词来使用〕，但是在这个问题上弗雷格是个例外，弗雷格与胡塞尔同样都认为含义区别于指称，语言的含义独立于指称对象。根据胡塞尔的观点，含义作为同一性的种类概念，是一个非时空的存在。含义作为意向行为中的"意向的"内容，虽然它具体化于意识活动的"实在的"内容之中，但它不是这个意识活动的"实在的"成分，因此含义是独立于意向对象和使用语言表达的心理主体的。

[①] 胡塞尔：《逻辑研究》II/1, A54/B$_1$54。
[②] 胡塞尔：《逻辑研究》II/1, A54/B$_1$54。

含义虽然独立于意向对象,但它却决定着意向对象。意向对象以含义为核心,含义作为一种"被意指的绝然对象"不是"意向对象全部组成中的一个具体的本质,而是一种内在于意向对象之中的抽象形式"①。意向对象比含义所包含的领域更为宽泛,它标志着非表述性的被意指之物以及非语言性的被意指之物,而含义则主要是指语言性的意指和述谓判断的意指,含义具有逻辑的性质,因此含义主要是一种符号性的表达。

　　第二,胡塞尔认为每一个意向性行为都有一个意向性对象作为其目标。在胡塞尔这里,每个意向行为都有其对象,有含义的表达也有其意向性对象,胡塞尔指出"每一个行为都意向地关系到一个从属于它的对象性。这一点既对简单行为有效,也对复合行为有效。即使一个行为是由部分行为复合而成的,只要它是一个行为,那么它就会在一个对象性中具有相关物"②。就此而论,"意向对象"作为被意识到的东西,无论这个东西是实在的还是观念的,是现实的还是虚构的,是可能的还是不可能的,是有含义的还是荒谬的或者无含义的,都是无关紧要的。正如胡塞尔所说的:"对于意识来说,被给予之物是一个本质上相同的东西,无论被表象的对象是实在存在的,还是被臆想出来的,甚或可能是背谬的。我对'朱庇特'的表象不会不同于我对'俾斯麦'的表象,对'巴比伦塔'的表象不会不同于对'科隆大教堂'的表象,对一个'等千角形'的表象不会不同于对一个'等千面体'的表象"③。据此胡塞尔坚持每个意向性行为都有一个意向性对象的论断,但并不预先假定意向性对象的实存,因为意向性对象相当于被意向着的对象。可见胡塞尔对意向性对象的这一规定具有充分的逻辑一致性。按照胡塞尔的分析,胡塞尔把"实际存在的意向性对象理解作一种特殊的意向性意念[Vermeinung]之

---

① 胡塞尔:《纯粹现象学通论》,李幼蒸译,商务印书馆,1992年,第319页。
② 胡塞尔:《逻辑研究》II/1,A377/B₁400。
③ 胡塞尔:《逻辑研究》II/1,A353/B₁374。

意向性目标,即理解作一种直观充实的意向性行为的对象"①。也就是说,就意向对象而言,胡塞尔认为表象的对象可以包括"不实存的对象"甚至是"不可能的对象"。

第三,胡塞尔接着分析指出,如果按照人们所理解的那样将含义视为与表达的对象性相同一,甚至将含义与意向对象的实存直接关联起来,那么像"金山"这样一类名称便是无含义的。但在胡塞尔看来,"每个表达都不仅仅表达某物(etwas),而且它在言说某物(Etwas);它不仅具有其含义,而且与某些对象发生关系"②。因此按照胡塞尔的认识,每个表达不仅具有含义,而且与对象发生关系,那么这就意味着像"金山""方的圆"这些表达不仅具有含义,而且有对象。对于这个观点我们该如何理解?

根据胡塞尔的分析,如果以对象存在与否来判断表达是否具有含义,那么显然人们通常都习惯于将无客观对象的概念和无含义的语言联系在一起。在胡塞尔看来,人们一般会将无对象性与无含义性区分开来,但是实际上人们往往会将"那些充满矛盾的、带有明显不相容性的表达,例如'圆的四方形',称之为无意义的,或者在等值的措辞中否认它们具有一个含义"③。比如,持同一观点的西格玛特就认为,像"四方形的圆"这样的语言措辞充满了矛盾,它对我们而言,仅仅意味着一种不可能成为现实的语词,而根本就不能表达任何我们可以想象的概念。在西格玛特看来,概念是"一个语词的普遍含义"④,而"不存在圆的四方形"⑤这个存在命题排除了将这些语词结合成概念的可能性。埃德曼也

---

① 鲁多夫·贝尔奈特、依索·肯恩(耿宁)、艾杜德·马尔巴赫:《胡塞尔思想概论》,李幼蒸译,中国人民大学出版社,2011年,第161页。
② 胡塞尔:《逻辑研究》II/1,A46/B₁46。
③ 胡塞尔:《逻辑研究》II/1,A55/B₁55。
④ 胡塞尔:《逻辑研究》II/1,A55/B₁55。
⑤ 胡塞尔:《逻辑研究》II/1,A55/B₁55。

认同这一观点，他认为"一个四方形的圆是轻率的"①。但是马尔悌对这两位研究者的论点提出了批评，他说："如果语词无意义，我们怎么能够理解这类东西是否存在这样的问题，并且对此做出否定的回答？即使是为了提出这一问题，我们也必须某种方式想象这样一类矛盾的质料……如果将这种荒谬性称之为无意义，那么这只能意味着，它显然不具有合理的意义……"②。显然，马尔悌是站在了西格玛特和埃德曼的对立面。对此胡塞尔认为马尔悌的批评"完全是恰当的"③，因为在胡塞尔看来，西格玛特和埃德曼这两位研究者的认识是令人质疑的。胡塞尔指出，他在上文第 1 点的论述中已经将"无含义性"区分为两种类型：一种是由于形式上不适当而无意义，如"Abracadabra"等；一种是因为内容上不适当而无意义，如"绿是或者"等，这两种表达在形式上貌似表达，实则却根本不是表达，因而都不具有含义，它们不是胡塞尔意义上的有含义的表达。而西格玛特和埃德曼显然是主张另一种无含义性，一种与胡塞尔的认定完全不同的无含义性，即"一个充实的意义的先天不可能性"④。

由此可见，人们一般认为所谓的"无含义"（Unsinn）包括两种意思：一种是对象上不允许，即一种没有客观的所指对象的表达形式，也就是说没有客观的对象与之相对应，比如"金山"；另一种是意义上不允许，即一种充满了逻辑矛盾或荒谬性的表达，它在人们看来仅仅意味着一种不可能成为现实的语词，比如"圆的方""木的铁"等等。因此胡塞尔指出，按照人们的一般认识，无对象性的和荒谬的表达（无论是直接荒谬的表达还是间接荒谬的表达）都被称作无含义的。

---

① 胡塞尔：《逻辑研究》II/1，A55/B₁55。
② 胡塞尔：《逻辑研究》II/1，A55/B₁55—A56/B₁56。
③ 胡塞尔：《逻辑研究》II/1，A56/B₁56。
④ 胡塞尔：《逻辑研究》II/1，A56/B₁56。

对此胡塞尔持不同的观点。首先，可以肯定的是，像"金山""圆的方"（或"方的圆"）这些表述是有含义的。在胡塞尔看来有含义的表达式大致可以分为以下几种情况：其一，有一部分表达式或者表现为质料上一致，或者表现为分析上一致，比如"年满十八周岁的人是一个成年人""天空是蓝色的"这两个命题，前者在质料上一致，后者也属于质料上一致，但仅是适当的；其二，表达式还有一部分表现为或者是有逻辑矛盾的，或者是分析上不一致的，比如"圆的方""木的铁"，这一表达因质料上的不一致而形成了逻辑矛盾，从而表现为荒谬的，再比如"P是非P"，这一命题则属于分析上不一致的。由此可见，"无含义"和"表达的含义存在矛盾"不是一回事。"含义"和"无含义"与"含义"和"含义存在矛盾"这两对概念彼此之间的区别显然都与含义是否具有适当性有关，对于这个问题，胡塞尔采取了与分析哲学的做法不同的现象学的态度和方法。分析哲学认为"所指"决定"意义"，"无所指"就是"无意义"。胡塞尔在此明确指出，"金山"和"圆的方"这些表述，虽然没有对象，但也仅仅是在"客观对象"上不允许，它具有观念的存在方式，在"含义"上是允许的，也就是说它是具有含义的。其中"金山"属于无对象的"有含义的表达"，"圆的方""木的铁"则属于既有逻辑矛盾又无对象性的"有含义的表达"；而"Abracadabra"和"绿是或者"是既没有对象也没有含义，属于"无含义"的范畴。由此看来，与"无含义"和"含义存在矛盾"相对应的两种不适当性是完全不同的，"无含义"属于一种不适当性，而"含义存在矛盾"则属于另一种不适当性。对此，胡塞尔认为无论是"无含义"的不适当性还是"含义存在矛盾"的不适当性都应当成为我们关注和研究的对象。这样，在胡塞尔这里就形成了"含义"与"实存对象"之间的一种"游离"的关系，在此胡塞尔一如既往地坚持了"含义"在其现象学中所具有的独立性。

我们更进一步地来看，实际上在胡塞尔这里，"意向对象"这一概念并不具有任何本体论的内涵,它仅仅指的是被意识到的、面对意识而立的东西,"这意味着,一个行为在此存在,它带有确定地被描述的意向,在这个确定性中的意向恰恰构成了被我们称作对这个对象之意向的东西"①,它相当于胡塞尔现象学意义上的"现象"。因此在这个意义上,"茶杯"呈现于我们的意识之中,"金山"同样也呈现于我们的意识之中。也就是说,按照胡塞尔的观点,无论是"茶杯"抑或是"金山"都是意向对象,在我们对其进行考察时,我们并非把它们作为"实存"的"客观对象"来考虑,我们考虑的角度仅仅是基于它们对意识的显现。

就此而论,胡塞尔和布伦塔诺一样都认为在某种非本真的意义上,"对象"作为以各种可能的方式被意指的东西,原则上是不同于在意识中实项地被给予的东西(感觉材料),即是说意向对象处于意向行为之中仅仅是在"意向的"意义上,而非在"实项的"的意义上。因为胡塞尔对实项的内在于体验的"内容"持否定态度,比如把"感性材料"作为意向对象,在胡塞尔看来,感性材料只能被我们体验到,而非我们感知的对象,除非它是在完全相应的内在感知中。据此胡塞尔指出,我们所面对的实际上是双重意义上的"现象":即"在这种现象中显现出客观性"②和"客观性意义上的现象"③,"现象"在这里指的是作为意识的意识、纯粹意识本身的"纯粹现象"④。明显地,"在这种现象中显现出客观性"指的是内在于意识流的实项内容;"客观性意义上的现象"作为显现的客体,是指意向行为所意向的对象,而非实项内容。

由此可见,对胡塞尔来说,"对象"是指直接被给予意识的、相对于意识而立的东西,是作为对象的"现象",而非我们一般意义上的外在

---

① 胡塞尔:《逻辑研究》II/1,A388/B₁413。
② 倪梁康:《胡塞尔现象学概念通释》(增补版),商务印书馆,2016年,第362页。
③ 倪梁康:《胡塞尔现象学概念通释》(增补版),商务印书馆,2016年,第362页。
④ 倪梁康:《胡塞尔现象学概念通释》(增补版),商务印书馆,2016年,第362页。

的、实在的、独立于心灵的对象;而"金山"作为"非实在的"对象,不是真正内在的实项内容,它作为"客观性意义上的现象"被体验为意向对象本身,因此它不必被要求是实际存在的。在这个意义上,我们说"金山""方的圆"这些表达不仅具有含义,而且有对象。

那么,对象在何种情况下能够"在这种现象中显现出客观性"而内在于意识的实项内容之中?胡塞尔回答说"在完全相应的内在感知中"。因此,在这个意义上,胡塞尔指出"如果一个表达的意向与一个可能的充实相符合,换言之,如果一个表达的意向与统一直观的可能性相符合,那么这个表达便具有一个含义"①。而这个"统一直观的可能性",在胡塞尔看来,它仅仅与其观念内容有关,而与表达和充实的偶然行为无关,即"作为观念统一(在这里可以被标示为意指的意向)的含义和在某些关系上以它为标准而充实着的含义"②,显然这种可能性仅仅是指一种观念的可能性,而这种观念关系又是通过那些根据充实统一的行为而进行的观念化抽象被把握到的。反之,我们把握到的便是含义充实的观念不可能性,即"根据对部分含义在被意指的充实统一中的'不相容性'的体验所把握到的含义充实的观念不可能性"③。对此胡塞尔将在后面的研究中继续进行现象学的分析和澄清。

第四,胡塞尔指出,如果将表达回溯到含义意向借助直观而得到充实的认识作用上,人们很容易就会觉得,表达第一次获得的含义仅仅是从充实的行为中获取的。也就是说,人们会倾向于仅仅把充实的直观看作含义,而忽略了同样具有直观性的范畴行为。之所以如此,胡塞尔指出含义意向通过向直观的回溯,使含义在当下的充实中根据一致的直观与充实的行为相合统一,使其获得"清晰性",从而证实自己是"正确

---

① 胡塞尔:《逻辑研究》II/1,A56/B₁56。
② 胡塞尔:《逻辑研究》II/1,A56/B₁56。
③ 胡塞尔:《逻辑研究》II/1,A56/B₁56。

的"和"现实"可行的,由此导致"开给直观的汇票得到了兑现"①。从而使含义作为意指的本质与含义充实的相关性本质达到一致,而意指着的含义就成为通过直观充实而被表达出来的含义。由此就会使人们认为表达的含义是在充实的行为中获得的。

在上述分析的基础上,胡塞尔仍然指出在这里对于"直观"所做的考察还不够深入,因为人们谈论的充实并不总是完善的,人们没有进一步考虑到各种情况的现象学差异,人们总是把表达的一般的意指性,包括那些不能要求得到适当充实的表达的意指性都移植到相伴的直观图像中去,而其中人们关于新的含义概念就来自于对含义和充实直观的相互混淆。根据这一新的含义概念,含义意向只有确实得到充实时,"无论是部分的充实,还是遥远的或非本真的充实"②,表达才具有一个含义;也就是说,我们对表达的理解只有像人们所说的那样,通过某一个"含义表象",即"通过某些描画性的(illustrierend)图像"③,表达才具有一个含义。人们认为表达的本质在于直观充实,但在胡塞尔看来,表达的本质在于含义意向,并不在直观。

对于胡塞尔来说具有重要意义的事情是需要对上述情况做进一步的深入研究和进行更广泛的考察,还需要对与上述观点相对立的和流行的观点进行反驳,这就成为胡塞尔对于无含义的说法进行分析的第五点内容。

3. 含义与共称(胡塞尔关于含义的第五点分析)

胡塞尔在这里继续列举出各种不同的含义概念,他把穆勒关于无含义的说法列为其关于含义分析的第五个部分。(鉴于本文结构的需要,笔者将其单独列出)

---

① 胡塞尔:《逻辑研究》II/1,A56/B₁56。
② 胡塞尔:《逻辑研究》II/1,A57/B₁57。
③ 胡塞尔:《逻辑研究》II/1,A57/B₁57。

(1) 穆勒的共称理论

按照穆勒的理解，共称的名称就是那些称呼一个主语、而且自身包含着一个定义的名称；不共称的名称则是指它们称呼一个主语、但不指明一个定语是这个主语所带有的那样一些名称。在穆勒看来，专名以及属性的名称（例如：白）是不共称的，穆勒把这种专名比作在《一千零一夜》这个神话故事中强盗画在屋子上用于标记的那个粉笔符号。穆勒指出："如果我们给出一个专名，那么我们就进行了一项工作，这项工作与那个强盗用粉笔画所打算做的工作在某种程度上是相似的。尽管我们不是在这个对象本身上做标记，但却可以说是在对这个对象的表象上做标记。一个专名只是一个无含义的符号，我们在精神中将这个符号与对这个对象的表象联结起来，以便这个符号一旦在我们眼前或在我们思想中出现，我们就可以想到这个个体的对象"①。由此可见，穆勒关于无含义的说法是建立在共称的名称的基础上的，他把名称的意指性的本质视为共称，并且据此而提出不被共称的名称是无含义的。

接着穆勒又说："如果我们陈述某一个事物的专名，我们指着一个男人说，这是米勒或迈耶，我们指着一座城市说，这是科隆，那么，仅仅如此，我们除了告知听者这是这些对象的名称以外，并没有告知他关于这些对象的任何的知识……而如果人们在共称的名称中谈及对象，那么情况就会两样。如果我们说：这个城市是用大理石建造的，那么我们就给听者以一个知识、一个对他来说可能是全新的知识，这个知识是通过多词的、共称的名称'用大理石建造'而被给予的。"②这种名称"不只是符号，它们比符号更多，它们是有含义的符号；而共称就是构成它们含义的东西"③。也就是说，在穆勒看来，我们在使用专名的过程中，

---

① 胡塞尔：《逻辑研究》II/1，A58/B₁58。
② 胡塞尔：《逻辑研究》II/1，A58/B₁58。
③ 胡塞尔：《逻辑研究》II/1，A58/B₁58。

除了告知听者关于对象的名称以外，并没有告知他关于这些对象的任何知识；相反，如果人们在共称的名称中谈及对象的情况就会不同，我们就会通过多词的、共称的名称给听者一个对他来说可能是全新的知识。因此共称的名称就不仅仅是符号，它们是有含义的符号，而共称就是构成它们含义的东西。所以穆勒认为共称的名称是有含义的，而不被共称的名称是无含义的。

胡塞尔对穆勒的观点进行了反驳。胡塞尔指出穆勒选用《一千零一夜》中的例子对无含义的问题进行说明本身就存在原则上的混乱。在胡塞尔看来，穆勒首先是混淆了指号与表达的差异，因为强盗画在大门上的粉笔画仅仅是一个指号（记号），而专名是一个表达，表达的本质在于含义意向，而指号的本质则在于指出一个事实、一个此在。

胡塞尔接着分析说，专名像任何一个表达一样首先有着指号的功能发挥着其应有的作用，也就是说专名首先发挥着传诉的作用，这与穆勒提到的关于强盗的粉笔画的作用之间存在着一种相似性。这种相似性就在于一旦强盗看到粉笔画，他就会立刻明了在大门上画着粉笔画的房屋就是他要抢掠的对象，如同我们听到"拿破仑"这个专名时就会产生有关他的表象并且知道这个表象就是说者在自身中进行的并同时想在我们心中唤起的那个表象。无论是粉笔画还是"拿破仑"都在向我们传诉着什么——粉笔画对应着被劫掠的对象，"拿破仑"对应着关于他的表象。胡塞尔指出，专名在这里除了具有指号的作用之外，还具有表达的作用，专名作为指号产生的传诉作用不是含义作用的主要呈现，它仅仅是含义作用的辅助手段。专名作为一个表达，其重点和关键点并"不在于把我们的兴趣引向这个表象或与它有关的任何东西，而是在于把我们的兴趣引向被表象的对象"①，即被意指的或被指称的对象，在于据此而向我

---

① 胡塞尔：《逻辑研究》II/1，A59/B₁59。

们提出的这个对象本身,由此专名"才在陈述句中显现为被陈述的对象,在愿望句中显现为被愿望的对象,如此等等"[1]。正是因为专名具有这一功效,"专名才能和其它名称一样,成为复合的和统一的表达的组成部分,成为陈述句、愿望句以及其它类型句子的组成部分"[2]。

按照胡塞尔的分析,在专名与对象的关系中,专名不是单纯的指号,因为指号的本质在于指出一个事实、一个此在,而专名不会陷于这种当下的对象性的此在的要求,被专名所意指的对象作为意向对象根本不需要被看作是实存着的对象(对此胡塞尔已经做过多次的论述和说明)。胡塞尔指出如果穆勒在比较的过程中把专名与那个人的表象从本质上联结在一起,其效果就如同把粉笔画与被劫掠的对象从本质上被联结在一起一样,这是一种根本性的原则上的混淆。穆勒在下文对这一结合的目的又补充道:"一旦这个符号在我们眼前或在我们思想中出现,我们就可以想到这个个体的对象"[3]。对此胡塞尔认为穆勒在后面所做的这一补充分析非但没有达到穆勒自己所预期的效果,反而恰恰使他"所做的比较从中间断裂开来"[4]。

(2) 胡塞尔的分析与反驳

在胡塞尔看来,穆勒所做的关于不被共称名称(专名)和共称名称之间的区分以及提供"知识"的名称和不提供"知识"的名称之间的区分,实际上都与有意指之物和无意指之物之间的区分没有关系。从根本上说,穆勒所做的这两个区分在逻辑上不仅是等值的,而且恰恰就是同一的,它们之间的区别实际上就是定语的名称和非定语的名称之间的区别。胡塞尔指出,提供一个事物的"知识"和提供关于这个事物的定语

---

[1] 胡塞尔:《逻辑研究》II/1,A59/B₁59。
[2] 胡塞尔:《逻辑研究》II/1,A59/B₁59。
[3] 胡塞尔:《逻辑研究》II/1,A60/B₁60。
[4] 胡塞尔:《逻辑研究》II/1,A60/B₁60。

在这里是一回事。一个名称是直接指称它的事物还是通过它所具有的定语的中介来指称这个事物，这两者之间是有重要区别的，但这个区别是"在表达这个统一的属以内的区别"①。这就如同称谓和含义或者逻辑与表象的区别一样，尽管我们把含义也区分为定语的和非定语的，然而这个区别也是"在含义这个统一的属之内的区别"②。因此穆勒在这里对共称与不共称、提供知识和不提供知识之间的所做的区分并不具有本质性的意义，这也就意味着穆勒的论述并没有为我们提供一个与以往不同的新的含义概念。

当然，胡塞尔认为穆勒本人也"以某种方式感觉到了这个区别"③，所以穆勒一方面谈论专名的含义，另一方面在涉及共称的名称时，他又谈到"本真的"和"严格的"意义上的含义④。在胡塞尔看来，穆勒的这一做法并不算是"好"的做法，对穆勒而言，"更好"的做法就应该是抛弃他之前在共称与不共称、提供知识和不提供知识之间所做的区分，然后在一个全新的意义上来谈含义。但是胡塞尔同时又指出这种做法（即在一个全新的意义上来谈含义）对穆勒而言是绝对不值得提倡的，因为无论如何，如果穆勒在"全新的意义上"来谈含义就会把他对共称名称和非共称名称所做的富有价值的划分引入其中，那么"这位出色的逻辑学家所采取的那种方式会对刚才所接触到的完全另一类的区分造成极大的混乱"⑤。除此之外，胡塞尔提醒我们还要注意穆勒对"一个名称所称呼的东西和它所共称的东西之间的区分"不能混同于"在一个名称所指称的东西和它所意指的东西之间的区别"⑥，并且指出穆勒的阐述尤其

---

① 胡塞尔：《逻辑研究》II/1，A60/B₁60。
② 胡塞尔：《逻辑研究》II/1，A60/B₁60。
③ 胡塞尔：《逻辑研究》II/1，A60/B₁60。
④ 胡塞尔：《逻辑研究》II/1，A60/B₁60。
⑤ 胡塞尔：《逻辑研究》II/1，A60/B₁60。
⑥ 胡塞尔：《逻辑研究》II/1，A61/B₁61。

对这种混淆起到了推波助澜的作用。

胡塞尔通过分析进一步表明，他在现象学研究和分析中所做的这些区分是非常重要的，并且告诫我们"绝不能把它们当作'单纯语法的区别'而以蔑视的和浮浅的态度来对待它们"①；同时指出进一步的研究将会澄清："没有我们所建议的对各个素朴区别的严格划分，就无法可靠地提取出逻辑意义上的表象和判断这两个概念。"②

(3) 专名与通名

鉴于胡塞尔的上述论点，接下来我们简单地回顾一下专名和通名的相关理论。在现代语言哲学的讨论中，专名理论是一个十分重要的主题。我们知道语言哲学是以语言作为其研究对象的，那么它的研究就必然会涉及到构成语言主要成分的词、词项以及词组，而现代语言哲学对词和词项的研究又主要以名词为主，即以名称为其主要的研究对象，其中名称包括专名和通名，对词组的研究以摹状词为主要对象，摹状词又分为限定摹状词和不定摹状词，词和词组、名称和摹状词统称为表达式③，其中分析哲学家侧重于对名称和摹状词的研究，胡塞尔、贝蒂等人则注重于对表达式的细致分析。

在西方哲学史上，对名称（专名和通名）的研究历史悠久。早在古希腊时期，柏拉图就研究了名称和事物的关系，亚里士多德则从种与属的差异研究了通名问题；到了中世纪，唯名论者阿伯拉尔基于个别高于一般的基本论点，研究了专名与通名的区别；在近代，霍布斯把名称看作标志和记号的统一，洛克认为通名的意义是由我们约定的名义本质决定的，从而将名义本质和实在本质区别开来④。在现代语言哲学范围内，

---

① 胡塞尔：《逻辑研究》II/1，A61/B₁61。
② 胡塞尔：《逻辑研究》II/1，A61/B₁61。
③ 涂纪亮：《现代西方语言哲学比较研究》，中国社会科学出版社，1996年，第65—66页。
④ 涂纪亮：《现代西方语言哲学比较研究》，中国社会科学出版社，1996年，第66页。

专名属于指称理论，而关于"指谓的理论主要是探讨语言表达式和外界事物之间的关系"①。现代意义上的专名理论主要涉及三个基本问题：(1) 区别专名和摹状词，二者因逻辑作用不同在人们的认识中所起的作用也不同；(2) 区别并探讨专名的意义和所指，即是说，探讨专名是否有意义以及专名的意义是什么；(3) 探讨专名的意义和所指之间的关系，即它们是如何决定的②。

现代语言哲学家们关于专名和通名问题主要持两种观点：一、名称有内涵论，以弗雷格、罗素等为代表；二、名称无内涵论，代表人物是克里普克、普特南等③。

一方面，弗雷格、罗素等人认为通名具有内涵，专名也有内涵。在弗雷格的论述中对于专名的理解非常广泛，他认为无论是语词、复合符号或者是表达式，只要指称一个单一的对象就可以被看作一个专名。弗雷格认为主要有两种专名：一种是广义的专名，一种是狭义的专名。弗雷格常常使用的是广义上的专名，在他看来，这些"专名"既包括通常所说的专有名词，如"科隆""柏拉图"等，也包括限定摹状词，如"那个红头发的人"等。按照弗雷格的看法，专名的所指就是该专名所指称的对象，而专名的意义就是对其所指的一种表达方式，它可以作为我们把握所指对象的一种描述和一种手段。例如"亚里士多德"这一专名的所指就是那位生活在古希腊的著名哲学家，对于"亚里士多德"，我们可以有多种意指方式，比如"古希腊的著名哲学家""柏拉图的学生""亚历山大大帝的老师""第一本《形而上学》的作者"等等。按照罗素的观点，专名实质上是缩略的限定摹状词或至少与这些限定的摹状词同义。在这里"亚里士多德"这个专名就是这样一组摹状词的缩写，这些摹状

---

① 王路：《弗雷格思想研究》，商务印书馆，2008年，第182页。
② 王路：《弗雷格思想研究》，商务印书馆，2008年，第182页。
③ 涂纪亮：《现代西方语言哲学比较研究》，中国社会科学出版社，1996年，第68页。

词就构成了"亚里士多德"这个专名的意义,凡是能够满足这组摹状词的对象就是这个专名的所指。[1]罗素认为专名和通名的区别在于其指称对象的数量上,专名基本上只能指称一个事物,而通名则能够指称某一类事物中所有的事物。因此弗雷格和罗素认为专名和通名都有意义和所指,而且意义是决定所指的必要充分条件。

然而罗素的意义指称理论与弗雷格的意义指称理论也并非完全相同。罗素并不认同意弗雷格的用法,他在弗雷格的专名里又划分出一类限定摹状词,认为此类摹状词不指称任何对象,它们与专名不同,仅仅是不完全的符号和命题函项。此外,罗素对弗雷格关于意义和所指的区分理论也不完全赞同,尤其是对弗雷格的意义理论。相较而论,罗素比较认可弗雷格的所指,并且把这种所指作为名称唯一的意义。在罗素看来,名称的意义与名称的所指是一回事,名称的意义就是名称所指的对象,罗素把名称的意义完全等同于它所指称的对象,即是说名称的意义就是名称的负载者。对此维特根斯坦曾批评说,如果我们说"A先生死了",那么我们是否就能说"A先生"这一名称的意义也死了?罗素的观点"将会带来很大的理论麻烦"。[2]

另一方面,斯特劳森和克里普克等主张名称无内涵论,认为专名和通名都不具有内涵。斯特劳森的专名就是他所说的纯粹的名称,它不具有任何描述意义,也就是不具有内涵和含义,除了把它作为名称加以使用所获得的那种意义之外。克里普克则认为专名没有意义,摹状词才有意义。进一步地,克里普克不仅认为专名没有内涵和意义,而且认为通名也没有内涵和意义。由此可见,克里普克的观点与弗雷格、罗素和维特根斯坦等人的观点截然不同。

---

[1] 洪汉鼎:《当代西方哲学两大思潮》(上),商务印书馆,2011年,第331—332页。
[2] 洪汉鼎:《当代西方哲学两大思潮》(上),商务印书馆,2011年,第88页。

下面我们重点对穆勒关于专名和通名的观点作一简单的阐述。

穆勒的观点对现代西方语言哲学的名称理论具有直接的影响。在穆勒看来，每个语句的主词都是名称，即使这个主词不是单个的词，而是由若干词组成的词组，这个词组也是名称，即"由若干词组成的名称"[①]。穆勒特别强调名称是具有内涵和外延的，他的这一理论对语言哲学和形式逻辑都产生了重大的影响。在穆勒这里，所谓"名称的内涵"就是名称所指的反映在概念中的对象的本质属性，比如"等边三角形"这一概念反映的对象的特有属性是"三条边相等，并且每个内角都是60°"。作为内涵名词，就是那种指示一个主体并且蕴含一种或数种属性的名词概念的内涵，即概念的含义，就是概念所反映的对象的本质属性；而"概念的外延"则是指具有概念所反映的本质属性的所有事物，即概念的适用范围。

穆勒在此基础上对专名和通名进行了区分，他认为专名与通名的主要区别在于："专名只有外延，而无内涵；通名则既有内涵，又有外延。专名只能在同一意义上被正确地用于某一对象，通名则可以在同一意义上被正确地用于某一类事物中的每一个事物"[②]。也就是说在穆勒看来，专名一般只有外延而没有内涵，而通名或抽象名词既有外延又有内涵，这一观点与胡塞尔在《逻辑研究》中对穆勒关于共称理论所做的陈述相似。例如，穆勒认为"亚里士多德"这个专名，它除了告诉我们这是一个名叫"亚里士多德"的人的名称以外，并没有告诉我们关于"亚里士多德的任何知识"；反之，与专名不同，通名都是内涵名词，它们指示一类主体，并且蕴含一些属性。例如，"三角形"这个通名指示一类主体，如"等边三角形""等腰三角形""直角三角形""锐角三角形"等等，并

[①] 涂纪亮：《现代西方语言哲学比较研究》，中国社会科学出版社，1996年，第66页。
[②] 涂纪亮：《现代西方语言哲学比较研究》，中国社会科学出版社，1996年，第66页。

且它们都蕴含着一些属性,比如,"有三条边""同一平面内不在同一直线上的三条线段'首尾'顺次连接所组成的封闭图形""内角和等于180°"等等。这些属性就是"三角形"这个通名的内涵,而"等边三角形""等腰三角形""直角三角形""锐角三角形"以及其他所有的三角形就是这个通名的外延。再如:"人"这一通名不仅指称世界上所有的人,而且也包含关于人的属性特征,比如"直立行走""哺乳动物""会思维的理性存在"等等,正是因为通名所包含的这些知识,人们才可以判定什么动物属于"人"这一类。

穆勒还指出,专名是单称名词,但并非所有的单称名词都是专名。因为专名没有内涵,但有些单称名词却具有内涵,同时还有另一类名称虽然是单称名词,仅仅意指某一对象,但它却有内涵。穆勒指出专名属于对象本身,但与对象属性是否继续存在无关。按照穆勒的说法,"亚里士多德"这个专名是属于亚里士多德本人的,这个专名的存在不依赖于亚里士多德这个对象的属性的存在而存在。也就是说,即使"亚里士多德"这个人及其属性消失了,"亚里士多德"这个名称依然存在。同时穆勒指出专名(如"苏格拉底")和通名(如"人")二者的区别不仅表现在其所指称的事物的数量不同,即是说,二者的区别首先表现为专名指称一个个体,通名却可指称多个个体,而且也在于内涵方面的不同。

由此可见,按照穆勒的观点,通名的内涵就是该名称所指称的对象共同具有的属性,内涵决定着外延,因此符合某个通名内涵的一切事物都属于这个通名的外延。在这里,穆勒的"内涵"就是我们所说的含义,他口中的"外延"就是我们所说的指称。概言之,穆勒认为专名只有指称没有含义,通名既有含义又有指称,并且含义决定着指称。

综上,关于专名与通名,胡塞尔与诸多现代语言哲学家的观点既有相合之处,也有不同的地方。首先,按照胡塞尔的观点,无论是专名还是通名,它们作为关于名称的表达都是具有含义的。因为在胡塞尔看来,无论是专名还是通名都属于名称，都有着被意指行为所赋予的含义，因而不存在没有含义的专名和通名。胡塞尔的这一认识显然是与穆勒的观点（即认为专名没有含义，通名有含义）和主张名称无内涵论的克里普克、普特南等人的观点都不相同，但却与弗雷格和罗素的观点相合，即认为专名和通名都有意义。其次，胡塞尔认为所有关于专名或者通名的表达不仅具有含义，而且它们都有所指，也就是都有自己的指称对象，并且认为含义决定着指称。胡塞尔进一步指出专名与通名的区别更多地表现在名称的多值性上，即指称对象的数量和范围上。胡塞尔认为无论是个体客体的专名还是总体客体的专名，只有当它可以意指不同的事物时，即只有当它是一词多义时，它才能指称不同的事物，但凡语词只具有一个含义，它也就只能指称一个对象，比如"苏格拉底"这个词就只有一个含义，它指称的对象也是唯一的；与专名不同，通名具有名称的多值性，也就是说通名具有与众多对象发生意指关系的能力。胡塞尔的这一观点与穆勒、弗雷格和罗素的认识相近，弗雷格和罗素主张专名和通名都有意义和所指，而且意义决定着所指；穆勒与罗素都认为专名和通名的区别在于其所指称对象的数量不同，专名基本上只能指称一个个体，而通名却可以指称多个个体。与此同时胡塞尔关于这方面的认识与罗素又并非完全相同，罗素认为专名只有在其所指称的对象存在的前提下才有意义，并且指出人们通常所说的专名因为不是我们亲知的对象因而不是真正的专名，比如"苏格拉底""亚里士多德"等；并且罗素将名称的意义完全等同于它所指称的对象，也就是说名称的意义就是名称的负载者。而胡塞尔的认识则恰恰相反，在胡塞尔看来，语词的含义与其意指的对象是相互区别的，含义决定着指称，但含义与意指对象并无直接的绝对关系，因为胡塞尔认为意指对象是否实存甚至是否可能对含义而言都是无关紧要的；同时胡塞尔指出含义作为观念性的统一，是非时间性的，而意指对象则既可以是实在的直观当下的，也可以是想象的、当下化的，并且还可以是观念的乃至臆造的等等，因此含义的存在并非决定于指称对象的存在，而专名也并非意味着亲知，正如维特根斯坦所批评的：如果"A 先生死了"，那么我们是否就能说"A 先生"这一名称的意义也死了？

（三）胡塞尔与弗雷格的含义与所指

欧洲大陆哲学与分析哲学的发展从某种意义上来说，有过一个非常相近的缘起，那就是关于表达式与被表达对象之间的"含义"层。20世纪的西方哲学"可以被看作以各种方式对这个中间层的方法论和存在论含义的追究"①。在涉及到关于指称和含义的理论考察时，人们往往会把弗雷格和胡塞尔放在一起进行比较。接下来我们就胡塞尔与弗雷格的含义与所指理论做一对比性分析。

1. 弗雷格的意义和所指

弗雷格是一位"对分析哲学的产生和发展做出了奠基性贡献的逻辑学家"②，他作为当代分析哲学的先驱，影响了整个分析哲学的发展过程，"差不多每一个分析哲学家都受过弗雷格的深刻影响，不管这种影响是肯定的，还是否定的"③。如果我们要了解分析哲学，就必须从弗雷格的语言哲学的研究开始，只有这样我们才能对分析哲学的性质和发展有一个比较清楚的基本认识，才能便于我们对胡塞尔和弗雷格进行比较研究。

早在《算术基础》一书的导论中，弗雷格就提出了三条逻辑学的基本原则：第一，"经常要明确区分心理的东西和逻辑的东西，主观的东西和客观的东西"；第二，"从不孤立地探究语词的意义，语词的意义只有在命题的语境中给出"；第三，"从不忽略概念和对象的区别"④。弗雷格之所以提出这样的原则，进行这样的区分主要是为了批驳语言哲学上所谓

---

① 张祥龙：《从现象学到孔夫子》，商务印书馆，2011年，第13页。
② 洪汉鼎：《当代西方哲学两大思潮》（上），商务印书馆，2011年，第43页。
③ 洪汉鼎：《当代西方哲学两大思潮》（上），商务印书馆，2011年，第45页。
④ 弗雷格：《算术基础》，牛津，1956年，第45页。

"联想论"和"心象论"的意义理论。为了认清语言的性质，弗雷格在自然语言和基于现代逻辑的理想语言之间做出了明确的区分。

在弗雷格语言哲学的考察内容中，语言和思想的关系是一个中心议题。弗雷格指出语言的作用是通过语词来表达思想和传达思想，从而让人们认识世界，因此为了使语言能够正确地实现我们认识世界的作用，我们就必须研究意义问题，即研究语言（思想）和世界的关系问题。弗雷格对这个问题的思考就集中表现在他著名的"意义和所指"的理论上，"这一理论对于现代数理逻辑和分析哲学的发展起了不可磨灭的巨大作用"[1]。

《论意义与所指》（Uber Sinn und Bedeutung）[2]是弗雷格在1892年发表的，它作为意义理论的开山之作，对后世产生了较大的影响。这篇论文以一个有关同一性命题的哲学问题为开端，引发了弗雷格对意义（Sinn）和所指（Bedeutung）问题的研究，并且详细地论述了他关于意义和所指的理论。

---

[1] 洪汉鼎：《当代西方哲学两大思潮》（上），商务印书馆，2011年，第60页。
[2] 关于弗雷格在1892年发表的这篇文章，目前已被翻译成多国文字出版发行，中国也有许多版本，其中关于篇名的翻译就有多种，例如《论意义和意谓》（王路《弗雷格思想研究》，商务印书馆，2008年）、《论涵义和意谓》（《弗雷格哲学论著选辑》，王路译，王炳文校，商务印书馆，2013年）、《论意义与所指》（洪汉鼎《哲学的两大思潮》，商务印书馆，2011年）、《意义与指称》（安东尼·肯尼《牛津西方哲学史》，梁展译，吉林出版集团股份有限公司，2016年）等等，据基本判断，前三个中文译名应该是来源于德文版的"Uber Sinn und Bedeutung"，而后一个中文译名则来源于英文版的"Sense and Reference"，本文在这里采用的是《论意义与所指》，即洪汉鼎先生的翻译。

关于"Bedeutung"的译法，王路先生在其作《弗雷格思想研究》一文中专门进行了考察和分析，王路指出"'Bedeutung'（意谓）是一个普通的德文词，表示'意义''意谓'，与之相应的英文词是'meaning'。奥斯丁在1950年的英译本《算术基础》就用的是这个词，弗雷格在1892年发表了著名文章《论意义和意谓》"……"'意谓'（Bedeutung）一词英文最初的译法有'demotation'和'nominatum'。自从1952年，吉奇和布莱克的英译本《弗雷格哲学著作选译》问世以来，这个词的英文通用译法是'所指'（reference），我国学术界以前曾根据'nominatum'采用'所指'这一术语"。也就是说，自1952年出版了吉奇和布莱克的英译本后，"reference"（所指）就成为"Bedeutung"的标准译法。但王路指出意谓和所指显然是不同的，这样翻译的结果是"Bedeutung"在英文文本中成了两个词：一个是"意谓"（meaning），另一个是"所指"（reference）。而弗雷格前后始终都用的是同一个词，即"Bedeutung"。同时王路指出根据相关观点，"在弗雷格尚未区别出意义和所指时，他用'意谓'一词表示一般的意义；而当他做出这种区别以后，他就用'意谓'表示所指，因此'意谓'和'所指'这两个词翻译弗雷格使用的'Bedeutung'是可以的"。但是，王路认为使用"所指存在问题"，因而就其本人而言，其选择使用"意谓"（meaning）这个术语。（王路《弗雷格思想研究》，第158—160页。）

(1) 意义和所指问题

弗雷格研究这一问题的最初动机是想通过对意义（Sinn）和所指（Bedeutung）的区分来解决同一陈述句的问题，所谓同一陈述句就是指具有"a=a"和"a=b"这种形式的句子。弗雷格在《论意义和所指》一文中写道："由于相等涉及许多问题，而且这些问题并非十分容易回答，因此引起人们的思考。它是一种关系吗？一种对象之间的关系？还是对象的名字或符号之间的关系？我在《概念文字》中认为是后一种关系。表面上，支持这种说法的理由如下：a=a 与 a=b 是显然具有不同认识价值的句子；a=a 是先验有效的，根据康德，应该叫作分析的。而具有 a=b 形式的句子常常十分有意义地扩展了我们的认识，并不总是能先验地建立起来。并非每天早晨升起一个新太阳，升起的总是同一个太阳，这大概是天文学中最富有成果的发现。即使今天，重新辨认一颗小的行星或彗星也并非总是一件容易的事情。如果我们现在要把相等看作'a'和'b'名字意谓的东西之间的关系。那么看来，如果 a=b 真，则 a=b 和 a=a 就不能是不同的。这里表达了一事物与自身的关系，而且是这样一种关系，即每个事物处于与自身的关系中，但没有事物处于与其他事物的关系中。a=b 要把表达的似乎是'a'和'b'这两个符号或名字意谓相同的事物，因此说的恰恰就是这些符号；它也陈述了这些符号之间的关系。但是这种关系存在于名字或符号之间，仅因为它们指称或表示某种东西。这是由这两个符号分别与同一个被表达物的结合而形成的关系。但是，这种结合是任意的。谁也无法禁止人们将任意产生的某个事件或对象当作表示随便什么东西的符号，在这种情况下，一个句子 a=b 就不再是事物本身，而仅仅涉及我们的表示方式；我们以此表达不了实际的认识，而表达实际的认识又恰恰是我们在许多情况下的愿望。"[1]

---

[1] 弗雷格：《弗雷格哲学论著选辑》，王路译，王炳文校，商务印书馆，2013年，第95—96页。

弗雷格在此提出：同一性是否是一种关系？像"a=b"这个同一陈述句、同一记号（=）究竟是什么意思？如果它是一种关系，那么它是符号与符号之间还是关于对象的名称与记号之间的关系？对此弗雷格给我们提供了三个答案：其一，同一性是指对象和对象之间的关系以及两个对象相等同；其二，同一关系不是指两个对象之间的关系，而是指两个名称和记号之间的关系；其三是关于弗雷格的意义和所指理论。

在这三个答案中，弗雷格首先认为同一性作为一种关系并非指符号与所指对象之间的关系。因为，如果按照这种解释，当"a=b"为真，那么我们将无法区分"a=a"与"a=b"，因为这样等式两边的"a"和"b"所指称的对象就是同一个对象，因此不管"a=a"还是"a=b"，其都是与对象自身等同的关系，那么同一陈述句就毫无任何认识的意义。实际上在我们的日常生活和科学研究中同一陈述句是有认识价值的，例如发现每天早晨升起的太阳并非是一个新的太阳，而总是同一个太阳，以及重新辨认一颗小的行星或彗星也都是天文学上的一些重大发现。其次，弗雷格也不认为这种同一性是记号与符号之间的关系。因为称谓是约定俗成的，当一个形式为"a=b"的命题表达的是符号之间的某种关系时，我们就是在同记号打交道，我们断言的是这些记号之间的关系，它就不表达任何语言世界之外的事实，这种解释的缺点在于它没有区分名称和记号的意义和所指，因而未能真正指示出同一陈述句的性质，诸如"晨星与暮星是相同的"之类的命题所表达的不是语言上的同义反复，而是天文学上的一个发现。

综上，弗雷格认为同一性作为一种关系既不是对象和对象之间的关系，也并非符号与符号之间的关系，那么它究竟是一种什么关系？弗雷格提出了他的意义和所指理论。

(2) 何谓意义和所指

首先，关于"所指"（Bedeutung），我们需要了解一下指称关系。一般而言，与"指称"同义的词包括"指谓""表示""代表"等等，而指称关系就是记号与其所指称（代表）对象的关系，在这种关系里被指称的对象叫作"所指"，记号在指称关系里是指称、表示或者代表作为其所指的那个对象的语言符号。例如，我们假定有某个记号a，作为记号必然有某个对象b与之对应，那么当a指称、表示或者代表b时，我们就说记号a与对象b有一种指称关系。[1]

其次，关于意义（Sinn）的概念。弗雷格认为，"意义"一词至少有三种意思：其一，"一个表达式在某人心里引起的个人的主观的，因此是可变的联想或观念"[2]；其二，"表达式的涵义，即表达式对其所指的表达方式"[3]；其三，"表达式的所指，即表达式所指称的东西"[4]。其中弗雷格否定了第一种观点，在弗雷格看来，把意义看作表达式在某人心里引起的个人的主观的、可变的联想或观念是一种心理主义的解释，这种解释不适用于科学语言的构造和使用。根据这一依据，弗雷格指出，严格说来，后两种意思即把意义视为表达式对其所指之物的表达方式和表达式所指称的东西，特别对构造逻辑上完善的科学语言是十分必要的。

但是对于弗雷格来说，如果把表达式的所指也笼统地包括在表达式的意义里也有不恰当的地方，因此他采用了较为严格的用法。弗雷格认为"与一个符号（名称、词组、文字符号）相关联，除要考虑被表达物，即可称为符号的意谓的东西以外，还要考虑那种我要称之为符号的涵义的、其间包含着给定方式的东西"[5]。弗雷格首先在这里区别出符号的意义和所指，弗雷格指出"符号、符号的涵义和符号的意谓之间有规律的联系是这样的：相应于符号，有确定的涵义；相应于这种涵义，又有某一意谓；而对于一个意谓（一个对象），不仅有一个符号"[6]。也就是说，

---

[1] 洪汉鼎：《哲学的两大思潮》（上），商务印书馆，2011年，第64页。
[2] 洪汉鼎：《哲学的两大思潮》（上），商务印书馆，2011年，第66页。
[3] 洪汉鼎：《哲学的两大思潮》（上），商务印书馆，2011年，第66页。
[4] 洪汉鼎：《哲学的两大思潮》（上），商务印书馆，2011年，第66页。
[5] 弗雷格：《弗雷格哲学论著选辑》，王路译，王炳文校，商务印书馆，2013年，第96页。
[6] 弗雷格：《弗雷格哲学论著选辑》，王路译，王炳文校，商务印书馆，2013年，第97页。

弗雷格指出一个符号不仅有某种意义，而且还有所指。在弗雷格看来，符号的所指就是指符号明确表达的东西，但符号的意义却并不明确，因为符号中包含着给定方式的联系显然有些含混。当然，弗雷格在这并没有明确指明什么是符号的意义，但他对符号的意义和所指进行了区别。

除此之外，弗雷格还区分出了专名和句子的意义和所指。弗雷格认为专名有意义，但是对于什么是专名的意义，弗雷格在《论意义和所指》中没有像对专名的所指那样做出明确的说明。不过我们可以从他的一个比喻来理解他所说的意义。他比喻说，有人用望远镜观察月亮，就会涉及到三个东西：月亮本身、望远镜上显示的真实图像、观察者视网膜上的影像。观察月亮是通过望远镜中物镜所显示的真实图像和观察者视网膜上的影像实现的。在这里，月亮是所指，它作为观察的对象是通过其投射到望远镜内物镜上的真实图像和观察者视网膜上的影像而成为我们观察的对象的，望远镜内物镜上显示的真实图像被视为意义，观察者视网膜上的影像则被看作表象或直观。对此弗雷格分析指出"望远镜中的图像只是片面的，它取决于观察方位，但是尽管如此，它却是客观的，因为它可供许多观察者使用"[1]。从这里可以看出，他所说的专名的意义是客观的、固定的，不依赖于人的主观意识并可以被许多人所把握和共同使用。他指出专名本身是有意义的，专名的意义不是专名表示的对象，而是句子表达的思想的一部分。

关于专名的意谓（所指），弗雷格明确指出"一个专名的意谓是我们以它所表示的对象本身"[2]，由此可见，专名的意谓（所指），就是专名所指称的那个东西，比如"晨星"这个专名，其所指的就是它所表达的那颗行星。

综上，关于表达式的意义和所指，弗雷格认为表达式的意义仅仅是

---

[1] 弗雷格：《弗雷格哲学论著选辑》，王路译，王炳文校，商务印书馆，2013年，第99—100页。
[2] 弗雷格：《弗雷格哲学论著选辑》，王路译，王炳文校，商务印书馆，2013年，第99页。

指表达式的含义，表达式的所指则指的是该表达式所指称或代表的对象。这样，表达式的意义和表达式的所指就被区别开来。与此同时，弗雷格还指出表达式的意义是对其所指的一种表达方式，它可以作为我们把握所指对象的一种描述和手段，因此在弗雷格看来，意义和所指是有区别的。

（3）意义和所指的关系

按照弗雷格的观点，符号和专名甚至包括句子既有某种意义又有某个意谓（所指），而意义和所指是相互区别的。对此弗雷格用了一个非常著名的例子进行分析说明——"晨星即暮星"。弗雷格分析指出，"晨星"这一表达式表达着某种意义，并且我们早晨在天空中可以找到这样一颗行星；同样"暮星"也表达着某种意义，但是它的意义不同于"晨星"的意义，然而在夜晚我们同样也可以看到那颗行星。可见"晨星"的意义不同于"暮星"，但是它们所指的却是同一颗行星即金星。所以弗雷格通过分析告诉我们，"晨星"和"暮星"这两个表达式虽然表达的意义不同，但它们却指称着同一个对象，即金星这颗行星。与此同时，这也是天文学上伟大的发现之一，而且这一发现并非先天存在而是通过后天的天文观察获得的。由此弗雷格指出，一般情况下当表示同一性关系的符号两边分别有两个指称相同而意义不同的称谓时，这个同一性命题便是真的，它能够提供信息。[1]

弗雷格还举了一个关于"亚里士多德"的例子来说明两个意义不同的表达式虽然指称同一个对象，但却会引起人们对这同一个对象的不同理解。弗雷格说"当出现一个像'亚里士多德'这样的真正的专名时，关于含义的看法当然可能产生分歧，例如有人可能认为它指柏拉图的学生和亚历山大大帝的老师，有人可能认为那位生于斯塔吉拉的、亚历山大大帝的老师是这个专名的含义，持前一种看法的人就会以一种与持后一种看法的人的不同的含义和'亚里士多德生于斯塔吉拉'这个句子联

---

[1] 安东尼·肯尼：《牛津西方哲学史》，梁展译，吉林出版集团股份有限公司，2016年，第138页。

系起来。只要意谓相同，这些意见分歧就是可以忍受的，即使它们在一个进行证明的科学体系中应该避免，在一种完善的语言中是不允许出现的。"①也就是说，有人会认为"亚里士多德"所具有的含义是"柏拉图的弟子和亚历山大大帝的老师"，而另一些人则可能认为"亚里士多德"的含义是"亚历山大大帝的那位生于斯塔吉拉的老师"，鉴于这两种人对"亚里士多德"这一名称被赋予的意义的不同理解，因此他们对"亚里士多德生于斯塔吉拉"这个陈述句的意义的理解也不相同。由此可见，两个所指相同而意义不同的表达，对于我们认识事物具有不同的价值。

弗雷格同时又指出，一般而言，符号、符号的意义和符号的所指之间存在着一种规律的关系，即一个符号有确定的含义并且又有一个所指，但这也有例外，也就是说存在一个符号有意义但没有所指的情况，例如，"离地球最远的天体"，这一表达有一种意义，但它是否具有一个指称的对象，则是令人怀疑的；再比如"最小的收敛级数"，这个表达也有一种意义，但经人们证明它是没有所指的，因为相对于每个收敛级数都可以发现一个更小的，并且还在不断收敛的级数②。由此弗雷格告诉我们：理解一种意义，但并不能由此而得出这个表达就一定会有一个意谓。

这样，弗雷格就区分出符号的意义和符号的所指所具有的两种关系：其一，一个符号有意义，并且有所指；其二，一个符号有意义，但是无所指。

2. 关于胡塞尔与弗雷格的比较

欧洲大陆哲学与分析哲学的发展从某种意义上来说，有过一个非常相近的缘起，那就是关于表达式与被表达对象之间的"含义"层。20世纪的西方哲学"可以被看作以各种方式对这个中间层的方法论和存在论含义的追究"③。

---

① 弗雷格：《弗雷格哲学论著选辑》，王路译，王炳文校，商务印书馆，2013年，第97页，注释1。
② 弗雷格：《弗雷格哲学论著选辑》，王路译，王炳文校，商务印书馆，2013年，第97页。
③ 张祥龙：《从现象学到孔夫子》，商务印书馆，2011年，第13页。

在涉及到关于指称和含义的理论考察时，人们往往会把弗雷格和胡塞尔放在一起进行比较。有人认为胡塞尔的意义理论深受弗雷格的影响，二人的观点存在许多相似之处，比如，达米特就认为随着胡塞尔在1900—1901年《逻辑研究》的发表，我们可以看到他们的观点变得越来越相似；但也有人持不同意见，比如，J.莫汉蒂认为胡塞尔的意义理论并非从弗雷格1892年发表的《论意义与所指》中得到的，相反胡塞尔早在1892年之前就已经在自己的文章中表明他认为有一个不同于表达对象的意义层，比如"被命名对象的表象"。我们可以看出，胡塞尔的意义学说与语言逻辑和数学基础研究都有着很深的关系，并在他最初的分析考察中就与"语言表达式的意义"密不可分。由此可见，胡塞尔的含义理论从一开始就与意向行为及其意向性学说是相辅相成的，这让他在理论方向上就与弗雷格不同，胡塞尔与弗雷格之间的这种差异对大陆哲学和分析哲学不仅在治学风格上而且在关注点等方面都产生了极大的影响。当然除了上述这两种观点之外，我们还可以从以下方面对胡塞尔和弗雷格进行分析比较。

(1) 胡塞尔与弗雷格相合的部分

第一，在部分概念的使用上，胡塞尔与弗雷格有着相似之处。胡塞尔认为一个行为所具有的意向本质是由质性和质料组成的，在区别"表达所表达之物"时，胡塞尔将"质料"与意向行为的内容相等同，并且指出行为只有通过质料才能与对象发生联系。因此，在这个意义上，胡塞尔认为，"以至于通过这个质料，不仅行为所意指的对象之物一般得到了牢固的确定，而且行为意指这个对象之物的方式也得到了牢固的确定"[①]。由此胡塞尔认为不同质性的活动可能会有共同的质料。胡塞尔在这里所说的质性相当于弗雷格附加在一个表达之上被称为"力量"的东

---

① 胡塞尔：《逻辑研究》II/1, A390/B₁415。

西，这种力量使一个断定与一个内容（意义）被区别开来；而胡塞尔的"质料"则相应于弗雷格的"意义"(Sinn)，对此胡塞尔曾解释说，他为了这个目的，尽可能地克制自己不使用"意义"(Sinn) 这个词，因为质料可能会被认为是意义的一部分。

第二，在含义和所指的关系上，胡塞尔和弗雷格都认为含义与指称不同。在胡塞尔看来，质料决定着意向行为的内容（即意向含义），质料规定着整个意向对象，由此意向活动所指对象的区别就意味着质料的区别。因此胡塞尔认为意向行为的含义和对象总是表现出一种不一致。比如，"耶拿的胜利者"和"滑铁卢的失败者"，两个表达式含义不同，意指相同，都指称着同一个对象——拿破仑。胡塞尔的这一主张与弗雷格的相关理论极为相似，因为弗雷格也认为所指与含义并不完全一致，两个表达式所指相同，但其含义却可能是不同的。比如"晨星和暮星"，"晨星"和"暮星"这两个表达式的所指皆为金星，但"晨星"在含义上区别于"暮星"，它们所表达的含义不同。在胡、弗二人看来，同一个意义在不同的语言当中，甚至是在相同的语言当中也可能会有不同的表达方式。

第三，弗雷格和胡塞尔都认同语言的意义独立于指称对象，存在一个无指称对象却具有意义的情况，比如弗雷格的"离地球最远的天体""最小的收敛级数"和胡塞尔的"金山"，这几个表达都有一种意义，但它是否具有一个指称的对象或者经人们证明它是没有所指的，甚至能否找到一个与之对应的实存的对象，都不会影响这些表达式意义的存在；并且在胡塞尔和弗雷格看来，某些甚至在人们看来存在着逻辑矛盾乃至荒谬的无法被表象的东西，比如"方的圆""红的绿"和"木的铁"等等，它们虽然没有指称对象，但它们却都具有意义。

第四，除此之外，胡塞尔对客观意义和主观表象的区分也与弗雷格相同。胡塞尔从《逻辑研究》伊始，就如弗雷格在 1884 年的《算术基础》中所做的那样旗帜鲜明地对二者进行了区分。根据胡塞尔和弗雷格的观点，意义作为理想的终极观念，与个别的感性对象相比，意义具有超越时间的性质，是"纯本质"的观念性存在，而个体的实在意向对象则存在于时空之间，因此，具有个体性的"茶杯"可以消失，但关于"茶杯"的含义却不可能不见，亦如"A 先生死了"，"A 先生"这一名称的意义依然存在。

在胡塞尔的现象学的意向分析中，胡塞尔所做的一层又一层的区分是胡塞尔反对和批判心理主义的一个组成部分，这也与弗雷格的反心理主义的立场相一致。

(2) 胡塞尔与弗雷格不同的地方

显然，胡塞尔与弗雷格之间也有着显著的区别：

第一，在关于指称（Bezeichnung）与含义（Bedeutung）这两个词的使用上（虽然至今相应的术语还没有固定），弗雷格与胡塞尔就有不同。在胡塞尔那里，与"含义"同义、且平行使用的有两个词，一个是"Bedeutung"（含义），一个是"Sinn"（意义），虽然在胡塞尔使用的过程中，二者具有一定的差异，但胡塞尔并未对其进行细致地区分，在很多时候都是作为同义词来使用的；而弗雷格关于"Bedeutung"（含义）一词恰恰是在我们归于"Bezeichnung"（指称）的意义上使用的，它表示的是一种指称关系，与指称的对象相关。在这个意义上，弗雷格的"Bedeutung"与胡塞尔的意向对象有关，但又有不同。关于含义，弗雷格用的是"Sinn"这个词，它的内涵与胡塞尔的"质料"概念较为接近。

第二，尽管胡塞尔注意到了含义与对象的关系，并关注了弗雷格的所指和指称概念的用法，但与弗雷格不同，胡塞尔没有单独分出一个"指称"的层面，没刻画表达的对象关系，而是直接加以分析，由此体现了现象学和描述本质的特点。而弗雷格出于讨论真值将陈述加以演算的目的才要求将所指固定下来，这当然也是弗雷格把一般句子的所指看作真值的原因。在弗雷格看来，一个陈述句的所指就是它的真值，即它非真即假。弗雷格只是把他的理论专门应用于思想和表达思想的句子，因此他只考虑那些能够借助语言传达的心灵活动和态度。

第三，胡塞尔的"含义"（Bedeutung）相当于弗雷格的"意义"（Sinn），但是胡塞尔不仅把它用于被他称为借助语言的言语表述而进行的"表达"活动，并且不加限制地应用于所有的意向活动，就是说应用于所有显示意向性现象的东西。显然在胡塞尔看来，含义是独立于语言的，即使含义是用语词来表达的。同样，对于弗雷格来说，意义也独立于语言，因为弗雷格认为意义的存在不依赖于它们被表达的语词符号，但弗雷格对"意义"（Sinn）的应用范围没有胡塞尔那么宽泛。

第四，胡塞尔区分名称的多义性和多值性以及集合名称，并且指出如果不对含义意向和充实行为进行区分，人们就会认为有关的集合表达具有众多的含义。这与弗雷格对所指和意义的划分明显不同，弗雷格往往会把所指分派到各个单个的对象上去。胡塞尔坚持进行分辨的目的在于要区分出名称的多义性和多值性，而弗雷格的区分方法显然无法灵活地适用于含义与对象的关系分析。

相反，也有国内学者指出胡塞尔对讨论指称或者决定指称的外在因果关系并不感兴趣，胡塞尔始终在意识领域中对意义及其功能进行现象学的描述；他们认为胡塞尔这种观念主义始终不同于英美传统中的经验主义，胡塞尔的意识哲学认识不要求付诸实践经验；胡塞尔关于意义的独特用法可以反映出其现象学的特点。因此有学者（比如庄威）指出胡塞尔在现象学的意识行为背景下所做的主观主义的分析有其独特之处，我们不应该将其纳入到分析哲学的范式内与弗雷格等人进行类比。对此，笔者持不同意见，如前所述，在现代西方哲学尤其是现代西方的语言哲学研究中，对于语言的研究，分析哲学家和胡塞尔在其各自侧重的领域表现出了明显的区别，前者侧重于对名称和摹状词的研究，后者则注重对表达式的分析。这基本属于公认的结论，但这并非就意味着两者不具备可比性。正如在名称问题上，我们还可以把胡塞尔的观点与罗素的观点进行比较，去了解他们之间的分歧，从而使人们更加清晰地认识和理解胡塞尔现象学的内容与特点（对此本书在这里不再展开讨论）。

第三节　表达与含义的区分

胡塞尔在《逻辑研究》中关于语言表达的理论是以一系列原则规定为基础的，胡塞尔在对其意义理论的现象学描述中着重于两个方面，即关于语言表达的性质和表达所表达的意义内容的性质。也就是说，胡塞尔在对表达的意向活动进行现象学考察的过程中，一方面对表达行为本身进行了深入的分析和本质性的区分，另一方面对表达所表达之物给予了现象学的分析；并且对在《逻辑研究》第一研究第一章中出现的诸多与表达和含义相关的重要概念，也进行了层层剖析，胡塞尔把这些概念所具的多层含义一层层地剥离开来，从而彰显出他本人认识中的那个"含义"，并且让这一概念的歧义性得以澄清。这是胡塞尔对意识活动进行意向性分析常用的方法，同时这也是胡塞尔的一贯风格，这一做法作为现象学分析的代表性和典型性案例受到了诸多研究者的高度关注和探讨。

一、表达与含义相关概念的区分顺序

从上述阐述中，我们可以看到胡塞尔在《逻辑研究》第一研究的第一章中安排了 16 节的内容，对表达和含义的相关概念进行了细致的本质性区分，行文篇幅几乎占了整章的一半。这一情况既表明了胡塞尔对"明晰性"的追求，即现象学理想的目标，也体现了胡塞尔对现象学方法的实践，更凸显了表达与含义的本质性区分在第一研究中的重要作用。因为重要，所以我们有必要对胡塞尔在《逻辑研究》第一研究第一章中

的分析进路以及相关概念的区分做一简要回顾：

(一) 关于指号和表达的区分

胡塞尔在《逻辑研究》第一研究的第一章开端，就从现象学的角度研究了符号、指号与表达的关系。在胡塞尔看来，符号、指号和表达三者的概念有区别，又有联系。

指号（信号、记号）和表达都被包括在符号之内，都属于符号的范畴。表达与指号（信号、记号）作为符号的组成部分具有共同之处，其共同点就在于无论是指号（信号、记号）还是表达都具有指示或标志的功能（按照胡塞尔的观点，独白中的表达除外）；但二者也有区别：表达既有指示或标志功能，又有意指的作用，指号（信号、记号）只具有指示或标志的功能，而不具有意指的作用。也就是说，表达是同时具有上述两种功能（指示和意指）的符号，而指号（信号、记号）是只具有一种功能（指示）的符号。胡塞尔通过强调指示和意指这两种功能从而把表达与指号（信号、记号）区分开来。指号（信号、记号）作为具有指示或标志功能的符号，它与其所指示和标志的对象之间没有必然的联系，它只能让人们以为和相信所标志的对象存在着；而表达与指号（信号、记号）不同，表达是有含义的符号，也就是说每个符号都是关于某物的符号，但并非每个符号都有"含义"，都有符号所"表达"的"含义"。根据胡塞尔的观点，我们只把具有含义的符号称为表达。

在此基础上，胡塞尔分析指出手势和表情不同于话语，手势和表情是指号，话语是表达式。两者的区别在于：其一，做出手势和表情的人没有觉得手势和表情与借助于它们表达的经验在现象上是统一的；其二，手势和表情是作为做出手势和表情的人的心理状态的一种记号发生作用的，除非对方对它们做出适当的解释，否则它们本身不表示任何东西。相反，话语在一个语言共同体中具有约定俗成的含义。

在这个意义上，指号（信号、记号）的本质在于其指示或标志的功能，而表达的本质则在于其意指的含义，二者的根本区别就在于其是否具有意指的意向。按照胡塞尔的意向性理论，表达之所以具有含义，是因为含义意向赋予表达式以含义，指号（信号、记号）不具有任何意义是因为它与意指的意向没有联系，因此我们不能把意指的功能看作指示或标志功能的一个要素。

（二）关于表达本身的划分

胡塞尔为了更好地分析和把握关于表达本身的特点，对"在交往作用中的表达"和"孤独心灵生活中的表达"进行了分析。

1. 关于传诉和独白的分析

胡塞尔为了更好地分析和把握关于表达本身的特点，对"在交往作用中的表达"和"孤独心灵生活中的表达"进行了分析。

胡塞尔认为表达的首要任务就是实现交往的作用。胡塞尔通过对传诉的分析发现传诉中的表达与指号或信号的功能特点交织在一起，就是说它既有指示功能，又有意指作用。在交往中，说者对听者进行传诉，听者接受说者"传诉"的东西，但听者却无法直接像说者一样体验到说者所说出的东西，即"我知道"和"我听你说而知道"的内涵大为不同。因此胡塞尔认为在传诉中发生作用的"表达"并不纯粹，不能够表明表达的本质，只有在"与自己交流而不做告知的心灵生活中"的表达才是纯粹的，才能凸显表达的本质。

"与自己交流而不告知的心灵生活"就是胡塞尔所说的在孤独心灵生活中的"表达"。胡塞尔通过分析认为在孤独心灵生活中的"表达"表达的对象是自己，并且这一表达只对自己交流而不进行传诉，因此"孤独心灵生活中的表达"只发挥意指的作用，而未表现出指示的功能。这种"自我交流"虽然不告知，不传诉，但它依然具有含义，其作用的变化并不会改变表达的本质。由此可见，对胡塞尔而言，对表达更加重要的是表达的意指作用，而非传诉功能，表达可以不具有传诉功能，而只具有意指作用，因为表达的本质就在于它是具有含义的符号。因此"表达"无论是在传诉还是在独白中，其本质都没有发生改变，根本原因就在于它的意指作用始终没有变化，由赋义行为赋予表达的含义是客观的、恒定的。

2. 关于表达的现象学划分

之后胡塞尔对"表达"这一概念本身进行层层剥离，给予了现象学的划分：胡塞尔首先分析出表达的物理方面，即能够被我们感知的话语的声音和书写的文字；其次是表达的行为方面，即意向行为——激活表达的一个物理的声音成为语音并赋予其含义的意向行为。意向行为又被区分两层：一是给予含义的含义意向行为，一是给予含义充盈的含义充实行为。

人们通常把"整个表达都理解为那种意义被激活的表达"，也就是被理解为包括物理表达显现、含义赋予行为和含义充实行为的"完整"的表达，其中表达的物质和含义这两个部分彼此独立，完全不同，但这三者通过含义赋义行为相合统一，成为含义意向行为的现象学的统一体。

（三）关于含义的分析

1. 关于"表达所表达之物"的分析

胡塞尔认为关于"一个表达所表达之物"的说法存在多义性，其内涵涉及意向行为、含义和对象。这体现了符号的主观功能和客观功能，即符号作为客观内容的载体和表达主观东西的功能。就胡塞尔而言，他比较看重的是符号的客观功能，并进而认为表达主体的主观体验是无关紧要的。

胡塞尔在对符号的客观功能的区分中，又分出了表达式的含义和指称对象两个方面。

2. 含义和对象的区分

胡塞尔指出含义和对象之间是一种意指关系，含义决定着指称，表达借助于含义意指对象。

根据胡塞尔的分析，含义与对象的关系是多重的，大致包括以下几种情况：二者一致，二者相互区分。含义与对象相互区分的情况又包括：表达式的含义相同，而对象不同；表达式的含义不同，但对象相同。

胡塞尔特别强调意向对象无论是观念的还是实在的，我们既不能把它与意向对象的意向行为相混淆，也不能与作为观念的含义相混淆，含义与对象绝不能等同。

3. 关于含义本身的分析

胡塞尔在对"被表达内容"的分析中，区分出了"主观意义上的内容"和"客观意义上内容"，即"实项内容"和"意向内容"，它们相当于胡塞尔的"作为体验的内容"和"作为对象的内容"。

其中胡塞尔又将"客观意义上的内容"（"意向的"或"观念的"内容）进一步划分为：作为"意指的含义和作为意义、作为含义一般"、作为充实的意义和作为对象的内容。

随之胡塞尔又对有含义和无含义的情况进行了分析，在胡塞尔看来，无含义的情况包括因形式上不适当的无含义（如"Abracadabra"）和由于内容上不适当的无含义（如"绿是或者"）。除此之外，其余的表达一般都可以视为有含义的。有含义的情况除了人们一般认为的有含义的表达外，还包括在现实中无实存对象的表达（如金山），甚至是存在逻辑矛盾、被人们看作荒谬的表达（如"圆的方"）。

胡塞尔强调指出"无含义"和"含义存在矛盾"这两个概念是不相同的，含义和无含义之间的区别不同于含义和含义矛盾之间的区别。胡塞尔在此明确指出，像"金山"这一类表达虽然没有对象与之对应，但它具有观念的存在方式，是有含义的，而"圆的方"虽然既有逻辑矛盾又无对象性，但它依然具有观念的存在方式，也是有含义的；而"Abracadabra"和"绿是或者"是既没有对象也没有含义，属于"无含义"的范畴。这样，"有含义"和"无含义"与"无对象性"和"含义矛盾"就被区分开来。

二、表达与含义的区分

按照胡塞尔的分析，表达与含义的关系具有本质性的意义。表达在胡塞尔看来是具有含义的符号，正是含义把表达与其他的符号区分开来。表达因为具有含义意向意指着某种东西因而成为一种真正意义上的符号，表达与含义的关系是一种符号与符号所标志之物的关系。在这个意义上，表达是一个处在符号与含义之间的因素（从意向相关项的角度看），同时表达也是一个使外感知行为向符号行为过渡得以可能的因素（从意向活动的角度看）。

由此可见，表达与含义的关系是内在相关的，表达的本质在于其表达出来的含义，但是表达与含义又并非是同一的，表达本身与含义存在着诸多差异：

第一，通过胡塞尔的分析，我们知道表达式（无论是书面的还是口头的）由两部分组成：由语音或字迹构成的物理部分与意指行为形成的含义部分，它们构成一种表达的意向行为的现象学统一体。其中语音或字迹作为表达式的物质部分具有物质实在所具有的全部特征，即包括三维性、时间性等等。相反，表达式的含义（即观念部分）却根本不具有任何物质性事物的特征，即含义不具有三维性，它们是非时间性的。例如，当我对你说出"天空"或者用蓝色墨水在白纸上写下"天空"这一语词时，你和我都体验到了一个表达式的物理层面，我们都听见了一个汉语"天空"的语音或者我们都看见了一个写在白纸上的"天空"的蓝色字样；随着我发出的"天空"的话音落下消失，随着那张写有"天空"字样的白纸随风飘散，关于"天空"的表达式随着其物质部分的消失而不复存在；然而伴随表达式一同表达出来的关于"天空"的含义却深入我的脑海挥之不去。也就是说，在胡塞尔看来，含义即使在表达式的物质部分消失以后也仍然存在。由此表达式作为物质性事物不对表达式提供含义，它是由非物质性事物（即含义）赋予生机的，表达式的本质只在于它的含义。根据胡塞尔的主张，某些场合（比如在孤独心灵生活中）的表达，其物质部分虽然可能完全不存在，但是它的含义却依然存在于自我告知的无声"话语"之中。由此可见，含义作为一种观念构成与表达截然不同。

第二，与上述区别相关，胡塞尔提出表达式具有三种功能：指示功能、传诉功能和意指功能。胡塞尔指出在交往的话语中，表达式作为具有含义的符号，不仅具有指示功能，而且具有传诉和意指功能，其中意指功能为表达式本身所固有的，表达式的本质就在于它的意指功能。在特殊情况中表达式往往可能只具有意指作用，而不具有指示和传诉的功能，比如在独白的话语中。相比较而言，含义不具有指示和传诉的功能，而仅仅具有意指的作用。因此，在独白的话语中，含义与表达式的功能将会实现同一。这也许是胡塞尔将"在孤独心灵生活中的表达"视为纯粹表达的一个重要原因。

第三，含义作为一种观念的统一，具有观念性；而表达在某种意义上是非观念性的。例如，我说"一个三角形的三条高相交于一点"，你说"一个三角形的三条高相交于一点"；我用蓝色的墨水在白纸上写下"一个三角形的三条高相交于一点"，你用红色的白板笔在白板上写下"一个三角形的三条高相交于一点"；或者我充满激情地用高亢的声音说"一个三角形的三条高相交于一点"，你谨慎地喃喃说出"一个三角形的三条高相交于一点"。这几种表达活动不仅在物质层面存在差异，而且在表达含义的过程中，它们还表达了一个主观情况，这个主观情况包括表达者自身的思想、情感和意志等个体性因素。然而在这几种表达中，无论是说还是写，无论是我说还是你说，无论是用钢笔写还是用白板笔写，其表达的含义都是同一的——即"一个三角形的三条高相交于一点"。也这就是说，对于这种表达式含义的把握，可以不考虑这个表达式是由谁、在什么时间、什么情况下做出的，其含义不会随着不同形势下说出的话语而改变。根据胡塞尔的分析，表达所表达的含义能够超出任何情境，它与由哪个主体做出的判断无关。由此表明，表达的含义作为观念统一不会根据情况的变化而变化。在这里含义是一，表达行为是多；含义是本质，是观念，表达行为是现象，由此体现了含义的观念性、客观性特征。

对于这一情况，胡塞尔还从另一个角度将此类表达称为"客观的"，它与"主观的表达"相对应。因为在胡塞尔看来，如果一个表达式的含义可以根据它的声音感觉表象加以确定，那么这个表达便是客观的，并且指出数学中的相关表达就属于这种客观的表达。胡塞尔通过分析认为客观表达也可能出现含义模糊的情况，但他同时又指出客观表达的含义的模糊性并不影响含义的观念性。与之相反，胡塞尔认为，如果一个表达在任何一个特殊场合下的具体含义本质上取决于使用它的人和使用它的环境，如带有"我""这个""这里"等语词的表达，这种表达就被称为主观的或偶然的表达。这是胡塞尔从另一个角度对表达所做的进一步考察，对此我们将在下文予以描述。

与上述分析相关，我们也可以将表达和含义区分为：表达是一个主观的意向行为，其意向本质由质性和质料构成；含义是表达所表达的内容，质料在某种意义上成为意向的内容，与含义同义。

第四，表达本身或者陈述是一个当下发生的现象。当我说出"三角形的三条高相交于一点"时，你听了，然后明白了我说出的话语的含义。在我说出这句话时，作为物理层面的语音被当场赋予含义，当我告诉你时，你就把握了这句话的含义。但当我离开以后，甚至没有任何人说出这个判断，但只要你想起这个判断，该判断的含义就会"油然而生"，而且恒久不变。因此含义往往是非当下的，或者是当下化的。

第五，含义和表达作为现象学的统一，在直接的语言表达中也表现出了不同。简单来讲就是同一的含义通常以不同的语言表达方式予以表达，或者说，不同的语言陈述被理解为同一含义内容的陈述。因此，一旦我们涉及到同一含义的不同语言，在翻译的过程中遵循的原则就包括依据单一含义和杂多表达之间的本质区别。包括胡塞尔和一般的近代语言哲学家在内，他们关于含义的同一性和语言表达的差异性的认识通常都是以一种现前哲学为基础的：即不同的语言符号（在场的）为所与者带来同样的含义；只是到了晚近才有思想家，如德里达进而质疑同一性对差别性的优越性以及在场对不在场的优越性问题。这些认识和研究都会促使上述思想家们更好地去思考"语言记号差别"以及"指涉对象的可能不存在"所具有的意义创生功能。

三、表达的意向性分析

根据胡塞尔对表达的现象学分析，我们可以知道表达是有含义的符号行为，其通过含义指向意指对象，从而形成一个现象学的体验统一。胡塞尔对语词澄清的目的就在于对意识和意向行为进行现象学的分析。因此胡塞尔在第一研究中对表达与含义的分析是在"意识"的框架下进行的，其宗旨在于对意识本身的考察分析。但鉴于语言阐述的重要性，胡塞尔首先对表达与含义的问题进行了相关考察。

胡塞尔在分析考察的过程中一方面要面对许多需要澄清的概念，另一方面在阐述中又必须运用几乎所有的相关概念，因而就使胡塞尔的分析阐述面临着一系列的困难。胡塞尔坚持对概念的本质澄清和对意向行为的现象学分析，胡塞尔对意识的考察是在坚持其所特有的"现象学的纯粹描述"的基础上进行的，即"在对体验（即使是在自由想象中臆造的体验）的范例性个别直观的基础上进行的本质直观，以及在纯粹概念中对被直观到的本质的描述确定，并不是经验的（自然科学的）描述，毋宁说它排斥所有自然进行的经验的（自然主义的）统觉和设定"[①]。也就是说，在胡塞尔的意识框架中对表达的意识活动的探讨研究就是对其

[①] 胡塞尔：《逻辑研究》II/1，A18/B₁18。

本质的纯粹把握。

胡塞尔通过对意识活动的意向性结构的分析指出,意识活动往往具有以"意识到……"这样的结构特征,也就是说,所有意识活动都是"关于某物的意识",都有其对象,即都具有意向性。胡塞尔的意向性理论作为其现象学的重要标志,它的形成与发展受到了布伦塔诺的意向性理论的深度影响。下面我们先就布伦塔诺的意向性理论做一些了解。

(一) 布伦塔诺的意向性理论

在德语中"意向性"(intentionalität)一词来自拉丁文"intendere",意思是"指向"或"对准"[①]。一般认为,"意向性"的概念出自中世纪的经院哲学家,经院哲学家认为意向对象就是事物本身。但布伦塔诺将"意向性"的概念一直追溯到亚里士多德,布伦塔诺恢复了意向性理论的传统,把意向性强调为意识的基本特征,即认为意识总是关于某个对象的意识。

布伦塔诺将全部世界现象分为物理现象和心理现象,其中物理事物具有颜色、声音、广延性等特性,但是通过各种观察和感觉,是无法把握物理事物的这些性质的,这类性质只存在于与之有关的意识活动中,也就是说,没有什么颜色和声音,而只有观看颜色和听到声音的人。布伦塔诺指出心理现象是内知觉和自明性知觉的现象,只有心理现象才是真正的存在。在布伦塔诺看来,真理既不存在于客观世界,也不存在于先验的主观世界,而是存在于心理现象中,即具有明证性的直接经验里,因此布伦塔诺把哲学研究归属于心理学的范围之内。

布伦塔诺从心理学出发,认为心理学的方法在于感知。经验的心理学只研究人们感知的东西,而不研究感知的行为。布伦塔诺指出心理现象具有一个总的特征,即它总是"指向一个对象"或者"具有一个内

[①] 张汝伦:《现代西方哲学十五讲》,北京大学出版社,2003年,第205页。

容"。这就是布伦塔诺的"意向性理论"。按照布伦塔诺的观点,意识不仅是对心灵的关系,而且是对某物的关系。例如,我不仅仅说"我感觉""我想象""我判断""我高兴""我爱或者恨",而且会说"我感觉某物""我想象某物""我对某物感到高兴""我爱或者恨某物"。因此,每个心理行为都是一个心灵和一个对象相关联的方式,每个意识都是关于某个对象的意识。布伦塔诺的"对象"是指心灵面前具有的一个作为其行为和内容的东西。

布伦塔诺将心理行为分为三类,即表象、判断和情感现象。布伦塔诺在批判传统理论的基础上,对"表象"和"判断"进行了区分。布伦塔诺认为,"表象"作为简单的心理行为是"赤裸裸地有一个对象在心灵之前"[1],表象为其他心理行为提供对象,因而所有其他的心理行为都以表象为基础,虽然其他心理行为对这个对象持不同态度。例如"天空是蓝色的"和"不是,天空是蓝色的"这两个判断,一个肯定,一个否定,布伦塔诺指出这两个判断无论是肯定的还是否定的,二者都有一个表象,即"蓝色的天空",而表象只有一个对象在我们面前。

但是布伦塔诺的分析也面临着一个难题,例如,我判断"金山"或"圆的方"不存在。在这个判断中,我的否定行为是真实的,我判断的目的本身是要否定"金山"和"圆的方"这些对象的存在,那么当我做出否定时,像"金山"和"圆的方"这个判断行为的内容又从何而来?也就是说,一个真实的行为怎么会有一个不真实的内容?如果按照传统理论,这个问题是能够解释得通的,因为"圆的方"可以作为思想存在物,即具有经院哲学所谓的"客观实在性",而不具有"形式的实在性"的观念[2]。但对布伦塔诺而言,这就是一个难以解决的困难,因为在布伦塔诺看来,内容是独立于思想的客观对象。

---

[1] 洪汉鼎:《当代西方哲学两大思潮》(上),商务印书馆,2011年,第20页。
[2] 洪汉鼎:《当代西方哲学两大思潮》(上),商务印书馆,2011年,第20页。

(二) 胡塞尔的意向性理论

胡塞尔从布伦塔诺那里接受了"意向性"的概念，并在此基础上对布伦塔诺的难题进行了探索，进而对布伦塔诺的观点进行了改良。

关于布伦塔诺的问题，也就是我们在前面提到的关于意识意指的对象并不实存的问题，胡塞尔提出了自己的解决办法。胡塞尔指出我们的意识所意指的对象不必实际存在。例如我意向"金山"，它不存在，我意向"圆的方"，它也不存在。这就意味着意识的内容并不是像自然事物那样的实在的东西，对象是否实存与指向它的意向无关。在这个意义上，意向对象就是胡塞尔所说的"现象"。与布伦塔诺不同，胡塞尔认为以诸多方式表象出来的意向对象与实际事物是相同的，因为在胡塞尔看来没有一个意向对象之外的物自体，意识活动所意指的对象就是世上的事物。因此，我们不能说意识意向的对象不包括不实存的事物、虚构的事物或者荒谬的观念。胡塞尔的意向性理论坚持凡是对我们的意识呈现出来的东西都被看作意向对象，都被视为世界的一部分；至于意识所意指的对象是否客观存在，即是否独立于我们的意识而存在，那是在现象学的反思中才会遇到的问题[①]。胡塞尔不认为心外无物，但其更关注的是一切事物（实存或不实存的事物）向我们的意识呈现的现象以及呈现现象的意识本身。在胡塞尔看来，"独立于我们的意识而存在的事物"或"客观存在的事物"都会以某种形式在我们的意识中出现，没有所谓"绝对的无"。

按照胡塞尔的意向性理论，其主要观点如下：

1. 所有意识活动都有其对象，即是说所有意向活动都是关于某对象的活动。对胡塞尔来说，"每一个行为都意向地关系到一个从属于它的对象性。这一点既对简单行为有效，也对复合行为有效。即使一个行为

[①] 张汝伦：《现代西方哲学十五讲》，北京大学出版社，2003年，第206页。

是由部分行为复合而成的,只要它是一个行为,那么它就会在一个对象性中具有其相关物"①。在对表达进行分析时,胡塞尔也强调"每个表达都不仅仅表达某物(etwas),而且它也在言说某物(Etwas);它不仅具有其含义,而且与某些对象发生关系"②。也就是说,每个意向行为都有其对象。这也就意味着涉及到"金山""圆的方"这些表达,其作为一个有意义的表达行为,也具有对象。胡塞尔指出"这样一个体验当然可以连同它的这个意向处在意识之中,即使是在对象不存在,甚或根本不可能存在的情况下"③,"对于意识来说,被给予之物是一个本质上相同的东西,无论被表象的对象是实在存在的,还是被臆想出来的,甚或可能是背谬的"④,即被表象的对象可以是"不存在"甚至是"不可能"的。

2. 胡塞尔认为意向对象在某种意义上"意向地"处于意向行为之中。意向对象在意识中显现为被给予的"现象",因此意向对象不能脱离意识而被单独考虑。由此胡塞尔指出"现象"不仅指客观地在现象中显现出来,而且是指在现象中显现出来的客观性,也就是在排除了一切经验前提的情况下显现出来的客观性。

按照胡塞尔和布伦塔诺的观点,意识活动所意向的"对象"并不是普通意义上的外在的、实在的、独立于心灵的对象,而是相关于意识并且向意识直接呈现的东西,它们是属于"现象世界"的现象对象,或者就是作为对象的现象。总之,离开了意识世界,一切都无从谈起。

3. 胡塞尔指出,如果所有具有含义的表达行为都有其意向对象,而且意向对象在某种意义上是内在于、依存于意识的现象对象,那么意向行为与其意向对象的关系,就成立于该意向行为与其意指的对象之间,

---

① 胡塞尔:《逻辑研究》II/1,A377/B₁400。
② 胡塞尔:《逻辑研究》II/1,A46/B₁46。
③ 胡塞尔:《逻辑研究》II/1,A352/B₁373。
④ 胡塞尔:《逻辑研究》II/1,A353/B₁374。

也就是胡塞尔所说的意向对象"意向性的内在于"意向行为之中。由此表明，对象作为一种意向性的东西，它在认识中构造着自身，并同时构造了认识，对象在认识中被给予。

由此可见，胡塞尔在现象学理论中主张的意向性不仅是我们对实际存在对象的意识特征的描述，而且是对我们的幻想预测和回忆等意识特征的刻画；被意向的对象本身并不是意识的一部分，也不被包含在意识之内。

就此而论，在胡塞尔看来，对我们的意向行为而言，意识是根本的基础性的东西；现象学的任务是为一切科学奠基，意识就是其研究的主要对象，而意向性理论实际上就是一种意识理论。

第三章　赋予含义的行为及其特征

　　胡塞尔在《逻辑研究》中的"含义"是指语言（包括数学与逻辑的语言）表达式的含义。按照胡塞尔的观点，一般来讲，语言表达式被区分为两个方面：即表达式的物理方面和给予表达以含义的含义意向行为以及可能的直观充实行为。表达式的物理方面呈现出多样性（或者以语音、字迹的形式，或者以不同的语言文字的形式呈现），但由"含义意向"行为赋予的含义却表现出了观念的同一性。表达式的含义，不能被归结为表达式的所指，而只能来自人的表达活动本身的赋义行为。因此，在胡塞尔的早期学说中，这种"行为"扮演着一个极其重要的角色，它不应或被仅仅理解为语言交流中伴生的心理活动。在胡塞尔看来，这一重要的"行为"是将表达式的含义部分和物质部分相统一的活动，它作为一种意识活动被胡塞尔称之为"赋予含义的行为"，同时它也被称为含义—含义意向性活动。胡塞尔指出"赋予含义的行为"是一种意向活动，它把含义赋予符号，从而形成表达的现象学的统一体。含义及含义赋予活动之间的关系进而可简单地表述为含义是非时间性的、观念的，含义赋予活动是时间性的，是附属于时间的意识活动的实在部分。显然，这一点同表达式的物质部分与其含义之间的关系相似。这个含义意向有可能得不到充实，但许多其他的含义却可能在直观中得到充实。"赋予含义的行为"是在认识统一和充实统一中与含义充实相互融合的行为。

　　为了进一步澄清表达的本质，胡塞尔对含义赋予行为的特征进行了更为深入的现象学分析与描述。

第一节 无直观的理解

在第一研究的第一章中，胡塞尔对含义概念和含义意向概念进行了现象学的本质区分，由此确立了与之相关的一个现象学特征，这个特征对于表达本身来说是本质性的，并且使得表达在意识中以描述的方式有别于单纯的语音。按照胡塞尔的学说，这个特性是可能的而且常常是现实的，即使表达不处在认识作用之中，不处在它与感性化直观的松散而疏远的关系中，它依然会具有这个特性，这一特性就是胡塞尔一再强调的关于表达的意向性及其意向的含义。

一、含义意向概念的现象学特征

在人们关于含义赋予行为的认识中有一种与胡塞尔的见解相对立的观点，一种在胡塞尔看来是"即使尚非主导的，但已然流行的观点"[①]，这个观点认为"活的、有含义的表达所具有的全部成就都在于，唤起某种始终被归属于表达的想象图像"[②]。胡塞尔按照他一贯的关于无直观理解的立场对这一对立性观点展开了批判性分析，并以此来阐明含义意向的现象学特征。

（一）对将想象图像本身误认作语词含义的批判

1. 胡塞尔要反驳的观点

在关于表达的各种观点中，有一种观点认为，"理解一个表达就意味着找到隶属于这个表达的想象图像。如果这些想象图像不出现，那么表

[①] 胡塞尔：《逻辑研究》，II/1，A61/B₁61。
[②] 胡塞尔：《逻辑研究》，II/1，A61/B₁61—A62/B₁62。

达就无意义"①，同时我们经常可以听到"人们把这种想象图像本身称之为语词含义，并且自认为这个称呼与通常所理解的表达的含义是相符合的"②。也就是说，这种观点主张语言表达需要伴随与之相关的想象图像，如果没有这些想象图像的出现，那么表达就没有含义，因为在他们看来，这种想象图像就是语词的含义。

对此胡塞尔指出，这一观点在较早的时候就已经受到过"无成见的研究者"的指责，它现在之所以仍然存在，这实际上是表明了描述心理学在当下的落后状态。

2. 胡塞尔的批判

(1) 语言表达伴随想象图像的情况

针对"理解一个表达就意味着找到隶属于这个表达的想象图像"，否则表达就没有意义的观点，胡塞尔分析指出，在很多情况下，语言表达伴随着一些与它的含义相近或相远的想象表象的情况是存在的。比如，假设现在我们正在观看一张印有"故宫"字样和故宫照片的明信片，这时除了"故宫"这两个字和故宫的外貌之外，崇祯皇帝或者康熙大帝的形象也可能在我们的头脑当中显现出来。当下我们不仅看到了语词，还有图像也在我们的意识里呈现出来。与此相应，我们不仅进入了符号性意识，而且还关联了图像性的意向性或者想象的意向性，其中知觉仍然是这两种意向活动的基础。但这一现象的存在并非表明与胡塞尔站在对立面的人所持的观点就是正确的。相反，这一情况却恰好反驳了他们主张的那些所谓最明显的事实，即："要想理解语言表达，就始终需要理解这样一种伴随"③。因为这两种意向活动，即符号行为和图像行为彼此并不相同，我们在符号行为中把某事物当作语词来看和在图像行为中把它

---

① 胡塞尔：《逻辑研究》，II/1，A62/B$_1$62。
② 胡塞尔：《逻辑研究》，II/1，A62/B$_1$62。
③ 胡塞尔：《逻辑研究》，II/1，A62/B$_1$62。

当作图像来看是不一样的,按照胡塞尔的分析,"想象表象的此在并不构成表达的意指性(Bedeutsamkeit)(甚至不构成它的含义本身),想象表象的缺失也不会对表达的意指性造成妨碍"①,比如崇祯皇帝或者康熙大帝的想象表象呈现与否并不妨碍我们对"故宫"这两个字的意指性含义的理解。

(2) 想象图像与语词含义关系疏远

关于胡塞尔的这一论断,只要我们对那些时而被发现的具有想象伴随的情况进行对比考察,我们就会得出较为清晰的认识。胡塞尔指出在"语词含义不改变的情况下,这些想象伴随者会发生多重的变化"②,例如,当我们看到"马"这个语词时,在我们的脑海中可能会浮现出这样一些画面:"一群在草原上奔跑着的骏马""一匹在小河边喝水的小马""两匹在赛场上跳着盛装舞步的赛马"等等,而且这些画面往往与"马"这个语词的含义本身并没有直接的关联,它们之间仅仅有着极为疏远的、非固定的关系。

胡塞尔接着指出"表达的含义意向是在更为本真的直观化中得到充实或增强的"③。对于胡塞尔而言,"直观化"意味着一个对象被直观的过程,也就意味着"真正意义上的充实",在直观化的过程中,一个空乏的含义意向得到充实,因此"直观化"就是一个空乏的意向被充实性证实的过程。胡塞尔认为"真正的直观化在间接意向的每一个充实那里、在这个充实的每一步上都起着本质性的作用"④。胡塞尔在这里所说的"本真的直观化"作为与"非本真的直观化"相对应的概念,是指一种"本真的充实",即一种"直接性的直观化",这种直观是包括"感知表象"

---

① 胡塞尔:《逻辑研究》,II/1,A62/B$_1$62。
② 胡塞尔:《逻辑研究》,II/1,A62/B$_1$62。
③ 胡塞尔:《逻辑研究》,II/1,A62/B$_1$62。
④ 胡塞尔:《逻辑研究》,II/2,A545/B$_2$73。

和"想象表象"在内的"直接的直观",确切地说就是包括"体现性表象"和"再现性表象"的直观①。而胡塞尔在这里所说的:表达的含义意向在"更为本真的直观化"②中得到充实和增强,这种"更为本真的直观化"在笔者看来实际上就是指胡塞尔的"直接直观"中的"感知表象",这种表象作为"本真的体现性表象",胡塞尔将其描述为"现在之中的现在"③,也就是说这种表象的对象是现时的,表象的行为也是现在进行的,即"行为"和"对象"都是当下的。

由此,胡塞尔指出"要想完成这种直观化总要花费一些力气,而且甚至常常会劳而无功"④。为什么胡塞尔会认为要完成使表达的含义意向从中得到充实和增强的"更为本真的直观化"并非易事?因为在胡塞尔看来,一般而言,在我们的言谈所涉及的事态中只有很少的一部分是在我们面前直接存在、让我们直接直观它们的,也就是说,很少存在胡塞尔所说的"现在之中的现在",即"行为"和"对象"都是当下的。实际上大多数情况是,在我们言谈的大部分时间里我们表达的事态都是缺席的,我们通过语言去谈论不在场的东西:"苏格拉底是古希腊时期一位伟大的哲学家"以及"美国40年前发射的'旅行者一号'深空探测器已经快要飞出太阳系了"等等。人类拥有的语言能够让我们到达极为广阔辽远的领域,它的存在让我们不仅能够谈论时间上久远的东西,而且能够谈论空间上遥远的对象,甚至能够谈论距离我们无限遥远的星系以及数亿年前的事情。然而我们的大部分言谈实际上并没有延伸到如此遥远的地方,我们往往谈论的都是距离我们较近的事情,比如"你批评他时,他做何反应"或者"今天哲学老师的课讲得精彩吗"等等。由此可见,

---

① 倪梁康:《胡塞尔现象学概念通释》(增补版),商务印书馆,2016年,第522—523、第539页。
② 胡塞尔:《逻辑研究》,II/1,A62/B₁62。
③ 倪梁康:《胡塞尔现象学概念通释》(增补版),商务印书馆,2016年,第522—523、第539页。
④ 胡塞尔:《逻辑研究》,II/1,A62/B₁62。

我们不管是谈及距离我们遥远的对象，抑或是探讨眼前的事物，这些语言在很大程度上都是指向不在场的东西的。因此，在这种情况下，要使表达的含义意向实现"更为本真的直观化"，即让"行为"和"对象"都是现时、当下的，的确是需要花费相当的力气，而且"甚至常常会劳而无功"，比如"苏格拉底"或"太阳系"。

(3) 关于"超出被理解的语词之外的东西"

胡塞尔指出，在我们探讨某些从抽象知识领域的著作中读到的和观察到的东西时，往往会遇到以下类似的状况，即在我们完全理解作者表达的情况下，总会发现一些"超出被理解的语词之外的东西"[1]。比如，李商隐的《无题其一》："来是空言去绝踪，月斜楼上五更钟。梦为远别啼难唤，书被催成墨未浓。蜡照半笼金翡翠，麝熏微度绣芙蓉。刘郎已恨蓬山远，更隔蓬山一万重。"很多人读了这首诗普遍认为它是一首描写爱情相思的佳作，在很多的诗歌评论中也都把它仅仅当作一次爱情的抒怀；但也有读者指出这首诗不只是描写了爱情，还有隐含于其中的言外之意，认为李商隐在写这首诗的时候，必然有一个心理预设，他把自己当作了那个得不到爱的可怜人，实际在诗中蕴含了有关朝廷的含义，他埋怨令狐绹不肯提携自己，感叹着令狐绹与自己"迹近情疏"。在胡塞尔看来，这种被观察到的状况相对于其对立的观点，即相对于将意指性的本质视为想象之伴随的观点来说，是极为有利的。因为从心理学的角度来看，当我们能够从抽象知识领域的著作中发现一些"超出被理解的语词之外的东西"时，首先需要具备这种希望找到想象图像的兴趣，然后想象图像本身才可能出现，而且，就那些持对立的观点的人来说，他们认为"如果我们想将那些在后补的反思中可以被发现的东西直接就看作是原初的实际组成，那么所有在观察过程中新涌入的想象图像也就应当被

---

[1] 胡塞尔：《逻辑研究》，II/1，A62/B₁62。

视作这个表达所具有的心理学内涵"①。

但是，胡塞尔指出，即使这种受到反驳的观点，即将意指性的本质视为想象之伴随的观点在上述所描述的观察的状况中占有优势，那"它至少也必须在这类事例中放弃在心理学观察中寻找虚假的证实的打算"②。胡塞尔在这里为什么会作出这样一个判断？对此胡塞尔举例分析说：我们以被充分理解的代数符号或整个公式或定律为例，譬如当我们读到关于"任何一个奇数次的代数方程式都至少具有一个实根"③的命题时，我们究竟可以发现什么？胡塞尔分析说，按照这种被反驳的观点，当我读到"任何一个奇数次性的代数方程式都至少具有一个实根"这一命题时，通过对这个方程式的必要观察，会发现命题表达伴随着一些想象图像：我想到的是一本打开的书，并且认出了这本打开的书是法国数学家塞雷的《代数学》，然后我还想到的是这一命题是用陶伯纳字体印出来的代数函数的感性原型，并且在"根"这个词旁边的还有著名的符号"$\sqrt{}$"。然而事实真是如此吗？胡塞尔通过进一步分析告诉了我们真实的情况："在此期间我将这个命题读了十几遍，并且完全理解了这个定律，但我没有找到一丝一毫属于这个被表象的对象性伴随性想象（Begleitende Phantasien）的痕迹"④。也就是说，当我们读到关于"任何一个奇数次的代数方程式都至少具有一个实根"⑤的命题时，在我们的意识里既没有出现那本打开的法国数学家塞雷的《代数学》，也没有出现用陶伯纳字体印出来的代数函数的感性原型，我们只是将这个命题读了十几遍然后就完全理解了这个定律。胡塞尔指出，这种情况同样适用于例如在"文化""宗教""科学""艺术""微分学"等等表达的直观化过程，我们同样也没有

---

① 胡塞尔：《逻辑研究》，II/1，A62/B₁62。
② 胡塞尔：《逻辑研究》，II/1，A62/B₁62。
③ 胡塞尔：《逻辑研究》，II/1，A63/B₁62。
④ 胡塞尔：《逻辑研究》，II/1，A63/B₁62。
⑤ 胡塞尔：《逻辑研究》，II/1，A63/B₁62。

发现属于这些对象的伴随性想象。

胡塞尔最后指出，上述这种情况不仅关系到那些对极为抽象的和通过复杂的关系来中介的对象的表达，而且同样还适用于关于个体对象的名称，比如涉及名人、城市、风景的名称，这些表达也许存在着直观当下化的能力，但这些表达在被我们听到和理解时它们的直观当下化并没有被实现，当然也不要求它们必然如此。

（二）对立双方观点的论据与反论据

在上述分析的基础上，胡塞尔进一步列出了对立方所持观点的种种相关论据，以期通过逐一辨析，使我们的认识更加清晰。

1. 论据 1 和反论据 1

论据 1："人们会指责说，在这些情况中，想象也是出现的，只是出现得极为短促而已，内图像（Inneres Bild）一旦出现便马上消失"①。

反论据 1："我们会回应说：在图像消失之后，对表达以及对表达所具有的完整而生动的意义的整个理解还在持续着，因而这种理解恰恰不可能处在图像之中"②。

按照对立方的观点，当我看到"茶杯"二字，在我的脑海里就会立刻浮现出一个画面：一只蓝色的茶杯，仅仅是一瞬间，茶杯的画面就在我的脑海中迅速地消失了。对此胡塞尔反驳说：按照对立方的观点，在我们理解语词含义时，会有伴随性图像的短暂出现，随即就会消失，可实际情况是在所谓图像消失之后，我们对表达以及对表达所具有的完整而生动的意义的整个理解依然还在持续着，这恰恰就说明我们对语词的理解是不可能处在图像之中的。

2. 论据 2 和反论据 2

论据 2："人们还会指责说：也许是图像变得无法被注意到，或者它

---

① 胡塞尔：《逻辑研究》，II/1，A63/B₁63。
② 胡塞尔：《逻辑研究》，II/1，A63/B₁63。

一开始就无法被注意到,但无论它是否能够被注意到,它都在那里,并且是它使得持续的理解成为可能"①。

反论据 2:"我们也将毫不怀疑地回答说:我们在这里并不想研究这样一个问题,即:是否有必要作出这样一种出于发生心理学理由的假设,以及这种假设是否值得推荐。对于我们的描述性问题来说,这种假设显然是毫无用处的"②。

在对立方看来,想象图像常常是无法被注意到的,但是无论想象图像是否被注意到,伴随性想象图像都是存在的,正是因为有伴随性想象图像的存在,我们对表达的持续理解才成为可能。对此胡塞尔分析说,如果说一个抽象的体验因素,即被认为在想象图像中构成意义的那个因素可以被注意到,却说具体完整的想象表象无法被注意到,"那么这难道不是一种谬误吗?"③并且如果按照对立方的观点,那么关于含义荒谬的情况我们又将如何看待?例如"圆的方""木的铁",对于这些含义荒谬的表达,我们又如何去意向那些与之对应的能够伴随的想象图像?胡塞尔指出,图像在这里之所以无法被注意到,并不是因为心理力量在充实程度上的偶然性,而是由于图像本身根本不可能实存,因为"有关思想的可能性(含义的一致性)始终是靠明见性来担保的"④。

3. 论据 3 和反论据 3

论据 3:"人们当然也可以指出,我们自己就在以某种方式将荒谬性加以感性化,例如自身封闭的直线、内角之和大于或小于两个直角的三角形"⑤。

反论据 3:"我们的确也可以在元几何学的论著中找到对这类构想物

---

① 胡塞尔:《逻辑研究》,II/1,A63/B₁63。
② 胡塞尔:《逻辑研究》,II/1,A63/B₁63—A64/B₁64。
③ 胡塞尔:《逻辑研究》,II/1,A64/B₁64。
④ 胡塞尔:《逻辑研究》,II/1,A64/B₁64。
⑤ 胡塞尔:《逻辑研究》,II/1,A64/B₁64。

的描画。可是决不会有人真的认为，这种类型的直观可以被看作对有关概念的真实直观，而且可以进一步被看作语词含义的拥有者"①。

　　针对对立方提出的关于以某种方式将荒谬性加以感性化的论据，胡塞尔反驳说，在元几何学的论著中，我们的确可以找到对这类构想物的描画，但是不会有人真的认为，这种直观可以被看作对有关概念的真实直观，并进一步地被看作语词含义。胡塞尔指出只有在想象图像作为被意指的实事的图像确实适合于这个被意指的实事时，我们才可以理解在这个图像中去寻找表达之含义的说法。按照胡塞尔的观点，图像意识也被称为图像表象，较之于感知表象，图像表象在其本质结构中包含着多个对象和多种立义，这些对象和立义相互交织，它们随着注意力的变化而得以相互替代地出现。胡塞尔将图像意识分为三种客体：(1)"图像事物"，比如出现在相纸和印刷纸上彩色故宫的图片，在这张图片中作为供打印和印刷之用的相纸和纸，打印或印刷在纸上的颜料、线条和图形等都属于图像事物，当然这种"图像事物"也有可能被画在汽车的车体上，或者被印在衣服上，这种"图像事物"也被称作"物理图像"或"物理事物"②；(2)"图像客体"，即"通过图像事物而被体现和被映像的那个对象"，也被标示为"显现客体""显象"或简称为"图像"③，也就是说，打印或印刷在纸上的颜料、线条等这些感觉材料（图像事物），通过图像客体立义被"激活"，使我们在图像意识中看到了关于故宫的"图像"。此时图像客体在图像意识中被显现出来，图像事物也以其特殊的形式被保留着。对胡塞尔而言，这一图像意识是缺少存在设定的，它在过去和未来都不会实存，我们不能把它看作一个现实之物。因此在这个意义上，这一"图像客体"与物理图像相比又被称作"精神图像"。可见"'图像客

---

① 胡塞尔：《逻辑研究》，II/1，A64/B₁64。
② 倪梁康：《胡塞尔现象学概念通释》（增补版），商务印书馆，2016年，第101页。
③ 倪梁康：《胡塞尔现象学概念通释》（增补版），商务印书馆，2016年，第101页。

体'具有代表性或显像性的功能。在图画或照片上微小的、但'立体的'人物或事物是对'图像主体'的代表或映像①";（3）"图像主体"仅仅指在图像客体中被意指，但本身不在图像之中的"实事"或"实在"②。也就是说"图像主体"是指那个与"图像客体"对应着的现实之物，它通过图像客体中的"图像"被意指，比如"图片中的故宫"对应着"现实故宫"。"现实故宫"上的这个引号表明这个"现实故宫"不是我们所说的物自体意义上的超越之物，即屹立在蓝天下的那个真实的故宫，而是现象学意义上的被给予我们呈现在意识中的"感知对象"。在图像意识中，我们并没有对现实中的故宫进行感知，图像主体本身也并没有在图像意识中显现出来，它只是被"图像"所代表、所映像。正是因为有了图像主体，我们才能够体验图像意识。胡塞尔指出这三个客体构成了"图像意识"的图像本质，也就是说，"图像意识"的本质即在"图像事物"中"图像主体"借助于"图像客体"而被意识到。因此，胡塞尔分析说，依据对方的观点，如果我们将这些具有自身意义的荒谬表达排除掉，那么我们之前提到的那种适合性是否就能构成规则？胡塞尔举例分析说，笛卡尔很早就提出了"千角形"的例子用它来说明想象和智性的区别。在胡塞尔看来，在这一例证中关于千角形的想象表象并不能比想象封闭的直线、相交的平行线那样的图像更适当；在这两者之间，并没有给我们提供对立观点的充足例证，就好比"我们说的是一条封闭的直线，而画出的是一条封闭的曲线，因而我们所做的仅仅是对封闭性的感性化。同样，我们思考的是一个千角形，而想象的是某个具有'许多'边的多角形"③，它们提供给我们的仅仅是"对被思之物的粗糙的和仅仅是部分的图像化"④。

---

① 倪梁康：《胡塞尔现象学概念通释》（增补版），商务印书馆，2016年，第103页。
② 倪梁康：《胡塞尔现象学概念通释》（增补版），商务印书馆，2016年，第101—102页。
③ 胡塞尔：《逻辑研究》，II/1，A65/B$_1$65。
④ 胡塞尔：《逻辑研究》，II/1，A65/B$_1$65。

4. 胡塞尔的进一步论证

反论据4：胡塞尔指出，我们随意挑几个几何的例子就可以证明："在含义一致的情况下直观化也会是不适当的"①。众所周知，没有一个几何学的概念是可以被相即性地感性化的。比如，像我们通常所做的那样，我们想象和描画一条线，并且把它说成或看作是一条直线，因为"图像总是作为支撑而被理智所使用。它并不提供被意指的构想物的真实事例，而只提供那种感性方式的感性构形的事例，这些构形是几何学'观念化'的自然出发点"②。在胡塞尔看来，几何学构想物的观念就是在这种几何学思维的智性过程中构造起自身的，这种观念以可被定义的概念表现在具有固定含义的表达之中。这个智性过程的现时进行不仅是最初构成原始的几何学表达的前提，而且是对这些表达的认识证明，"但这个智性过程却并不是重新唤起对这些表达的理解以及继续有意义地使用这些表达的前提"③。这些短暂的感性图像仅仅是以一种在"现象学上可把握和可描述的方式"④单纯地作为我们理解的辅助工具来发挥作用的，它们并不是"作为含义本身或含义载体本身而发挥作用的"⑤。

胡塞尔指出有人会把他的观点看作唯名论，会指责他把语词和思想加以等同，甚至会认为他的学说是荒谬的。人们之所以会有这样的认识，是因为胡塞尔主张"一个象征、一个语词、一个命题、一个公式被理解，而同时在直观上除了这个思想所具有的无精神的感性躯体（如写在纸上的这一划等等）之外却无物存在"⑥。也就是说，当我们看到一张白纸上用蓝色的印刷体写着"天空是蓝色的"这样一些字样时，这些字样作为

---

① 胡塞尔：《逻辑研究》，II/1, A65/B₁65。
② 胡塞尔：《逻辑研究》，II/1, A65/B₁65。
③ 胡塞尔：《逻辑研究》，II/1, A65/B₁65。
④ 胡塞尔：《逻辑研究》，II/1, A65/B₁65。
⑤ 胡塞尔：《逻辑研究》，II/1, A65/B₁65。
⑥ 胡塞尔：《逻辑研究》，II/1, A65/B₁65。

物理符号不再是作为一个知觉意义上的刺激对象,而是瞬时被立义为一个关于语言陈述的符号意识,从而作为一个词和一个表达式在起作用,这一陈述的被理解是因为我们在这一表达的意指活动中把握了它所表达的观念性的含义,在我们对这一陈述的理解中,我们能够用来直观的对象仅仅是这一表达的物理部分,即那个印刷在白纸上的蓝色字迹,除此之外,别无其他实存之物。因此胡塞尔指出,根据前一章的阐述就已经证明,他并没有把语词和思想相等同。

根据胡塞尔的认识,当我们不借助于想象图像来理解象征时,在此存在的不仅仅是象征,还有理解,"是这个特别的、与表达有关、对表达进行释义(deuten)、赋予表达以含义并因此而赋予表达以对象关系的行为体验"[①]。也就是说,在此存在的是我们对表达意向行为的整体体验。按照胡塞尔的分析,表达行为属于符号意识的范畴,符号意识作为一个复合行为,是建立在直观行为(感知和想象)的基础之上的。符号行为与直观行为(感知和想象)一同构成了客体化的行为,但二者具有明显的区别,首先直观行为和符号行为具有两种不同的意向性,在直观行为中一个对象或是以感知的方式或是以想象的方式被意指,而符号意识因为不具有本己的感性材料而必须借助于直观行为才能进行立义活动构造起自身,因此符号意识奠基于直观行为之中。符号意识不是单纯的外感知,而属于表达性的行为,也就是说当我们进行语言表达活动或对语词符号的表象进行体验时,我们把握的不仅仅是表达的物理现象,比如我们对那个蓝色的印刷体字样的感知,符号意识的本质就在于它是一个建基于直观行为之上的复合的行为。由此表明:我们在符号意识中所意指的东西并非这个语词符号,而是由这个符号所意指的东西,而我们对表达行为的理解和把握就意味着对这个符号所意指的含义中的确定

---

① 胡塞尔:《逻辑研究》,II/1,A66/B₁66。

的东西的把握，这里的表达作为纯粹的物理符号，并不内在地就具有含义，其含义来自于意向行为的赋义。因此，在我们对象征的理解中，更为重要的是对表达具有本质性意义的含义意向行为的体验。由此，我们从本己的经验出发即表明了在"感性复合体的单纯语词"[1]和"有含义的语词"[2]二者之间既有联系，又有区别。"有含义的语词"建基于"感性复合体的单纯语词"之上，"感性复合体的单纯语词"作为"有含义的语词"的物质构成并不形成"有含义的语词"的本质构成，在这里语词的表象功能只在于激发起纯粹的赋义行为，从而指向被表达的对象。因此，导致"感性复合体的单纯语词"与"有含义的语词"分开来的标志就在于那个赋予表达以含义的纯粹的赋义行为，这一赋义行为是一个完全朝向表达对象的、被意向含义所决定的整体性的意向构成过程。

　　胡塞尔分析指出，在对表达的体验中，有时我们可以不去考虑含义而仅仅朝向语词的物理部分，有时我们可能会先注意到语词的感性部分，尔后我们才意识到它作为语词或其象征所具有的特征。胡塞尔指出"当一个客体被我们看作一个象征时，这个客体的感性习性并不发生变化；或者反过来说，当我们不考虑一个通常被看作象征的客体的意指性时，这个客体的感性习性并不发生变化。同样，在这里并没有什么新的心理内容附加到老的、独立的心理内容上去，就好像在这里现在有了平等内容的一个组合或联结似的"[3]。也就是说，那个被我们看到的印在白纸上用蓝色的印刷体字样作为"感性复合体的单纯语词"，其可感的特性，即其感性的材料以及我们看到的蓝色字迹，当我们把它看作一个象征时，其可感的特性亦然如此，即是说感性的材料以及我们看到的蓝色字迹其本身并没有发生本质的变化，然而意指它的行为却发生了本质的变化，

---

[1] 胡塞尔:《逻辑研究》, II/1, A66/B$_1$66。
[2] 胡塞尔:《逻辑研究》, II/1, A66/B$_1$66。
[3] 胡塞尔:《逻辑研究》, II/1, A66/B$_1$66。

这两个意向活动的意向特性（"心理习性"）有着很大的区别。正如胡塞尔在上文中所指出的，这一变化意味着："如果物理语词现象构造于其中的直观表象的对象愿意作为一个表达而有效，那么这个直观表象便经历了一次本质的、现象的变异。构成这个直观表象中对象现象的东西不发生变化，而体验的意向特征却改变了"①，它给我们带来了另一种"感觉"，它"不仅在纸上的一个感性笔画显现给了我们，而且这个物理显现被看作是我们所理解的符号"②。这时的意识活动已经从单纯的感性感知（对蓝色字迹的感知）向符号意识转变（将"天空是蓝色的"立义为一个判断）。也就是说，在我们对它形成理解的过程中，我们进行的是与这个被标志的实事（"天空是蓝色的"）有关的表象和判断。因此，"含义就存在于这个意义给予的行为特征（Aktcharakter）中，随着兴趣指向的不同：或是朝向这个感性符号、或是朝向通过这个符号而被表象的（甚至无须借助于任何想象图像而被图像化的）客体，这个行为特征也是全然不同的"③。

二、无直观的理解

（一）关于"无直观的言说就是无意义的言说"

胡塞尔指出，通过上述论述，我们可以完全清楚地理解一个表达如何能够有意义地、但无描画性直观地发挥作用，但是在这个纯粹象征思维的事实面前，对那些将含义因素误置到直观中去的人来说，无直观的言说就是无意义的。

胡塞尔对此纠正说"真正无意义的言说根本就不是言说"④，因为在胡塞尔看来，被我们称之为"言说"的就是有含义的表达，而这种"无含

---

① 胡塞尔：《逻辑研究》，II/1，A41/B₁41。
② 胡塞尔：《逻辑研究》，II/1，A66/B₁66。
③ 胡塞尔：《逻辑研究》，II/1，A66/B₁66。
④ 胡塞尔：《逻辑研究》，II/1，A67/B₁67。

义的言说"与机器发出的噪音没有区别,与此类似的还有人们对一些熟记的诗句和祈祷句等有口无心地背诵,这种"言说"实际上就是一种机械的、无意识的发声活动。

胡塞尔进一步表明,他在这里进行分析说明的情况不属于那种与机器发出的噪音无异的机械的、无意识的发声活动的"言说",他在这里要做的是对我们表达中常常出现的诸如"鹦鹉学舌"或"鹅的唠叨"等这些常见的比喻以及关于"在缺少概念的地方,语词会及时补上"(一个著名的引文)[①]等这些类似用语的考察分析。胡塞尔指出,通过考察我们就会发现,我们决不能严格地对待类似于上述比喻和引文这样的用语,因为站在人类的角度上,按照我们通常的认识,对处于实在世界具有物质特性的鹦鹉的叫声(它模仿人的发音发出的叫声)或者鹅的鸣叫仅仅是一种与机器噪音的性质无二的物理声响,它们根本就不具有我们人类所拥有的意向性含义,但在人类有含义的表达中却有着诸如"鹦鹉学舌"或"鹅的唠叨"等常见的比喻,这种表达实际上表达的含义显然是不能按照我们对"鹦鹉"或"鹅"的感知经验来予以理解和把握的(指从字面含义与直接的感性经验相对应),这里蕴含着与我们直观的感知经验不同的引申的含义内涵;再比如我们对"在缺少概念的地方,词汇会及时补上"等类似用语的理解也不能回溯到人们所说的那种直接的直观之上。

根据胡塞尔的分析,此时对立的一派就只能紧急地假设存在着无意识的和未被注意到的直观,以此来寻求解释的途径。但是只要我们看看在那些明显存在着奠基性直观的情况中关于这些奠基性直观的实际成效,我们就会发现这些假设往往是无效的,因为在绝大多数的情况中,这种直观根本就与意向含义不相符合。胡塞尔曾多次细致地分析和强调关于

[①] 胡塞尔:《逻辑研究》,II/1,A67/B$_1$67。

表达的背谬或者说"背谬"的表达的情况，比如"圆的方""木的铁"这一类表达，其不仅没有相应性的直观，而且还存在着逻辑矛盾，但胡塞尔指出这些"背谬"的表达也是在意义中构造自身，背谬的表达在其含义中包含着它意指着某些与客观上不相一致的东西，"如果意指性并不处在直观之中，那么无直观的言说并不因此而必定就是无思想的言说。如果直观消失，那么还会有一种行为仍然附着在表达上（或者说，附着在感性的表达意识中），这种行为恰恰与那种在直观未消失的情况下与直观相联系并且有可能提供对直观对象之认识的行为是同一类的"①。因此，在表达的意识活动中，无论是它处在直观之中抑或是直观消失之后，表达的意指活动都存在于表达的含义意向的现象学的统一中，我们对表达的理解并非需要伴随描画性的直观发挥作用，表达的本质不在于直观充实，而在于其意指性及其意向含义，"言说"作为胡塞尔意义上的言说，就是有含义的表达，无直观的言说依然具有含义。

（二）无直观的思维与符号的"代表作用"

胡塞尔指出，我们必须完全弄清楚一点，即直观化的图像性在那个不仅包容着散漫的日常思维，而且包容着严格的科学思维的最广泛的思维领域中所起的作用是非常微小的，甚至根本不起作用，我们也能够在最现时的意义上根据"单纯象征性的"（符号性意识的）表象来进行判断、推理、思考和反驳，就是说即使没有直观的充实，我们也依然能够根据作为"单纯的象征思维"的符号意识来进行符号的表达行为。

1. 对符号的象征思维的解释

胡塞尔通过考察注意到，在对符号意识的认识中，人们的兴趣往往会集中于符号具有的象征性用法，即强调思维中符号的代表作用。胡塞尔指出，如果人们在这里用"符号的代表作用"来描述符号在象征思维

---

① 胡塞尔：《逻辑研究》，II/1，A67/B₁67。

中具有的象征性的作用，而将符号本身视为某种替代物的东西，把在象征思维中的思维兴趣描述为朝向符号本身的意识活动，那么这种描述就是不合适的。

胡塞尔认为，实际上不带有直观的思维领域是十分广阔的，即使这些符号不以任何方式，包括不以代表的方式来思维考察对象，或者说只要我们是完全生活在含义意识或理解意识之中，即便没有伴随性的直观，这种含义意识和理解意识也不可能不存在。根据胡塞尔的认识，在一般意义上，符号的意指作用和符号的象征作用并不相同。在符号的象征作用中，它的"意向性"是与含义意向不同的另一种意向性，它并没有非常明确地具体指定我们如何去意向那个对象，而只是让我们的心灵联想到被指示的对象即象征的或者指示性的意向性；它不强调对符号意向的体验，仅仅使我们指涉对象，并且止步于此；它只是标示对象，并且把对象带给我们的心灵，但是没有对该对象做出任何具体的限定；它不去考虑符号的含义方面，即胡塞尔所说的关于指号与表达所具有的区别。而对于胡塞尔在这里提到的关于符号在象征性思维中的代表作用，他进一步地分析指出象征思维只是因为其具有与含义意向不同的新的"意向"特征或行为特征才是一个思维，这个特征使有含义的符号与"单纯的"符号得以区分开来。这里"单纯的"符号是指在单纯感性表象中作为物理客体构造起来的那个语音，这个"单纯的"语音因为不具有赋义意向所以不具有含义，它先向外标示对象，并且把被指示的对象拉近带给我们的心灵，使它呈现在此时此地，而有含义的符号则使我们的意向向外指向一个缺席的对象，在对无直观的、但被理解的符号体验中表现出其描述性特征。也就是说，人们所说的关于"符号的代表作用"并非仅仅是指"单纯的"符号的象征指示作用，其中还包含着被意指着的含义，因此，人们用"符号的代表作用"来描述"我们能够在最现时的意义上根据'单纯象征性的'表象来进行判断、推理、思考和反驳"[①]这一事态是极为不适当的。

2. 关于替代性的象征思维

当然人们也许会对胡塞尔在这里所做的关于象征思维的解释进行指责。人们会认为胡塞尔在这里所作的解释与那些在符号算术思维的分析中所表现出来的并且被胡塞尔在其他地方（在《算术哲学》中）所强调过的最可靠的事实相违背。按照胡塞尔的认识，在算术思维中，单纯的符号的确在替代着概念，用兰贝特的话来说，就是"每一种计算术的成就都在于：将'实事理论还原为符号理论'。算术符号'被如此地挑选出来并且被如此地完善化，以至于我们可以用这些符号的理论、组合、变化等等来做那些否则必须用概念来做的事情'。"[②]胡塞尔进一步分析指出，在算术思维中的"单纯的"符号并不是在单纯意义上的物理客体，单纯意义上的物理客体的理论和组合对我们是毫无用处的，单纯的物理客体仅仅属于物理科学和实践的领域，而不属于算术领域。当我们把算术运算与有规则的游戏运算，比如与象棋游戏运算进行比较时，这些符号的真正意指才会显示出来。比如，下象棋时，我们并不把我们所使用的象棋棋子看作一个可感的物理对象，也就是说，我们在下象棋时不太会关注这些棋子是否具有这样或那样的形态（大的或小的）、具有这种或那种颜色（白色的或黑色的）、拥有这样或那样的材质（象牙的或是木质的），即这些棋子在现象上和物理上的构造是怎样的；它们的形状、材质、颜色等等在象棋的游戏活动中往往是被忽略的甚至都是完全无关紧要的，并且它们是可以随意变化的。这些棋子之所以能够成为象棋的棋子，或者说，成为象棋这种游戏的筹码，其根源仅仅在于象棋的游戏规则，因为通过象棋的游戏规则赋予了象棋棋子以固定的游戏含义。因此，

[①] 胡塞尔：《逻辑研究》，II/1，A68/B₁68。
[②] 胡塞尔：《逻辑研究》，II/1，A68/B₁68—A69/B₁69。

我们在下象棋时，使用的是符号的象征思维的作用，或者说是所谓"符号的代表作用"，这一作用的发挥与棋子在现象上和物理上的构造毫无关系，而仅仅与象棋的游戏规则以及由象棋的游戏规则所赋予棋子这一符号的含义有关；而这里的棋子也并非属于物理科学和实践领域的单纯意义上的物理客体的符号，它们是具有游戏含义的符号。我们同样也可以说，"算术符号除了它们原本的含义之外还具有它们的游戏含义，这些含义是根据算术运算的游戏及其众所周知的运用规则而制定的。如果人们将算术符号纯粹地看作是这种规则意义上的游戏筹码，那么对算术游戏任务的解决就会导向数字符号或数字公式，在原本的和真正的算术含义的意义上对这些符号和公式的解释同时也就是相应的算术任务的解决"①。

因此，胡塞尔指出在符号算术思维和计算的领域中，人们用来运算的不是上文提到的"单纯的"符号，不是无含义的符号，它们"不是那种物理的、摆脱了所有含义的、作为那些带有算术含义的原初符号之替代物的符号"②，它们被赋予了一定的运算含义或游戏含义，它们在符号算术思维和计算的领域中替代着算术上有含义的符号。这种替代性的符号对在原本的概念序列所要求的那种极其繁重的思维工作而言，对无意识地构成的多重含义系统来说无疑是无限有效的，这种指代或象征可以说使在原本的概念序列中所要求的那种无比庞杂的思维工作能够通过较为简易的"象征性"的运算而得以省略，而这种"象征性"的运算是在相应的游戏概念序列中进行的。例如，常用的运算符号包括："+"（加号）、"—"（减号）、"×"或"·"（乘号）、"÷"或"/"（除号）、"∪"（两个集合的并集）、"∩"（交集）、"√ "（根号）、"log, lg, ln, lb"（对数）、"："（比）、"d"（微分）和"∫"（积分）等等；再比如求总和的

---

① 胡塞尔：《逻辑研究》，II/1, A69/B$_1$69。
② 胡塞尔：《逻辑研究》，II/1, A69/B$_1$69。

符号:"Σ"表示连加、求和,"∏"表示连乘,"C_n^r"表示从 n 个元素中取出 r 个元素所有不同的组合数(n 是元素的总个数;r 是参与选择的元素个数),"a^b"表示幂的计算等等。也就是说,我们在计算领域中常常运用的这些计算符号,它们除了具有其原本的含义之外,在计算中用来替代概念的算术思维,在计算中它们被赋予了有关计算的游戏的含义。对这些在算术思维中的符号,我们并非关注其物理性质,它们作为带有算术含义的原初符号替代物的"单纯符号"在计算中被使用。这样一来,算术的原本含义和符号概念被这些符号替代后就会相对简化我们计算时的思维工作的强度。在这个意义上,这些计算符号作为新的替代符号,具有象征性的特点,并且具有游戏的含义。由此可见,在算术思维中,意识活动也可以不带有伴随性的直观和图像。

不言而喻,按照胡塞尔的观点,我们必须论证这样一种操作的逻辑权利并且精准地规定它的界限,以去除那种由于对数学的"纯粹象征性"思维的误解而容易引起的混乱。如果人们对在上述意义上把在算术中作为算术概念(或者说,作为那些带有其算数术含义的符号)的"替代物"的符号理解为"单纯的"符号,即那种物理的、摆脱了所有含义的、作为那些带有算术含义的原初符号之替代物的符号当作无含义的符号,并且如果人们也能够理解这些符号不是"单纯符号"的说法,那么他们就会明白对算术符号的代表作用的指明实际上根本没有涉及我们所探讨的问题,"即:一个不带有伴随性的——描画性的、例证性的(exemplifizierend)、明见化的——直观的明确思维是否可能"①,并且就此而言,这样一种无直观思维意义上的象征思维和在那种用替代性运算概念来进行的思维意义上的象征思维并不相同。

通过上述分析,我们可以得见在计算领域中的算术思维可以不带有

---

① 胡塞尔:《逻辑研究》,II/1,A70/B₁70。

伴随性的直观或图像；而对于一般的表达的符号，除了我们一再强调的对其而言的本质性的含义意向作用之外，我们还可以谈论其直观意义上的象征思维的作用，但这种象征思维必须与我们在上文中所分析的那种在替代性运算中用以减轻思维强度的具体的象征思维的作用区别开来。

三、赋义行为

胡塞尔在第一逻辑研究第二章的研究主题是关于赋予含义的行为，主要是对符号意识中的赋义行为的特征进行分析与描述。这里首先就涉及到了胡塞尔关于符号意识或者符号行为的理论。

（一）符号行为与直观行为

按照胡塞尔的分析，"符号行为"是指以"符号意向"为行为特征的意识行为[①]。胡塞尔将所有意识行为划分为"客体化行为"与"非客体化行为"，而所有客体化行为，又被划分为"符号行为"与"直观行为"，"直观行为"由感知行为和想象行为组成，因此客体化行为整体包括感知行为、想象行为和符号行为。

胡塞尔在《逻辑研究》中指出，符号行为与直观行为之间的联系具体表现在以下几个方面：

1. 符号行为与直观行为存在着较大的差异，符号行为本身不具有自己的感性材料，直观行为（感知和想象）具有自己的感性材料，"纯粹符号的行为是'空乏的'意向，它们缺少充盈因素"[②]。例如，我对你说"天空是蓝色的"，或者我看到蓝色印刷体的"天空是蓝色的"字样，你听到的声音和我看到的字迹都是符号行为的物质部分（即感性材料），但这个感性材料不是符号行为本身所具有的，它是由直观行为提供的。因此，在这个意义上，符号行为必须借助于直观行为为其提供感性内容。

2. 直观行为有自己的感性材料，直观行为中的感知行为不依赖于其

[①] 倪梁康：《胡塞尔现象学概念通释》(增补版)，商务印书馆，2016年，第469页。
[②] 胡塞尔：《逻辑研究》，II/2, A568/B$_2$96。

他任何意识行为就可以独立存在,想象行为奠基于感知行为;符号行为因为不具有自己的感性材料,因而它必须依赖于直观行为,并奠基于直观行为,具体的符号行为不可能独立存在。至于胡塞尔所说的"单纯符号行为"并非指的是符号行为可以不具有自己的感性材料、可以不借助于直观行为而独立存在。胡塞尔所说的"单纯符号行为"是"一种理论上的抽象,它意味着一种完全空泛的、未得到直观充实的符号性意指。也可以说这是康德意义上的、与'直观'相对应的'思维'"①。比如,胡塞尔在上文中所描述的"在孤独心灵生活中的表达"就是这样一种"单纯符号行为"。

3. 直观行为中(尤其是感知行为中)体现性的内容与质料(意义)之间存在着必然的联系,例如,我听到的声音,你看到的字迹或者他触摸到的白纸等等都属于感知行为,其中声音、字迹、白纸与我的听、你的看、他的触摸必然相联,如果没有前者,后面的这些感知的意向行为就不存在;而在符号行为中,直观的代现性内容与质料(意义)之间不存在必然的联系,"符号行为的质料只是需要一个支撑的内容而已,但我们并不能发现在它的种类特殊性和它的本己种类组成之间有必然性的纽带"②,比如,一个用蓝色粉笔写在黑板上的字母"A",它既可以被视为一个具体的感性事物,也可以被看作一个抽象的代数符号或者一个普通的字母,而那个蓝色的粉笔画和字母"A"的字体、大小与其自身的含义并没有必然的联系。

4. 符号行为和直观行为的另一个差别在于:符号行为是一下子指向作为整体的对象,比如,当我说出"这是一只茶杯",这一陈述将"这是一只茶杯"所表达的含义一次性地给予我,其意指的是一般意义上的作

---

① 倪梁康:《胡塞尔现象学概念通释》(增补版),商务印书馆,2016年,第471页。
② 胡塞尔:《逻辑研究》,II/2,A564/B₂92。

为种类的观念统一的"茶杯",而不是在任何特殊角度下的"这只茶杯"。在直观意识中,比如我对"一只茶杯"的知觉:我的面前摆放着一只茶杯,我在一个瞬间只能从一个视角来观看这只茶杯,我不可能在同一时间一次性地从所有的侧面去观察这个茶杯,我对于一个茶杯的经验知觉是局部性的,在任何时候被直接给予我的仅仅只是茶杯的一个或几个部分,我对茶杯的知觉是一个持续的变换过程。当然,当我知觉这只茶杯时,我经验到我在当下的视角能够看到的这些侧面的同时,我也在共同意向着那些不在场的侧面。也就是说,我实际"看"到的比直接进入我眼帘的东西要多,当我看见直接进入我眼帘的茶杯的那个侧面时,其他的那些潜在的实际缺席的部分也一同被共现,由此形成我对这只茶杯的整体知觉。在客观方面,被给予我的茶杯是个混合物,它是由在场的和缺席的、但是被共同意向的侧面形成;在主观方面,我的观看活动是由充实的意向和空乏的意向所构成的混合物。同时我们关于符号的意识体验是静态的,而我的知觉活动是呈连续的动态的变换过程,在场和缺席、潜在的知觉和实际的知觉,空乏的意向和充实的意向,彼此相互转换,图像性意向也与此类似。相比较而言,直观行为更加具体,而符号行为更加抽象。

(二) 符号意识和图像意识

1. 符号意识和图像意识的相似性

胡塞尔在《逻辑研究》之后,以及在《纯粹现象学与现象学哲学的观念》的第一卷中又把符号行为和直观行为作为整个表象划分为"本真的表象"与"非本真的表象",其中"本真的表象"包括"体现"(感知)和"再现"(想象);"非本真的表象"包括"图像表象"和"符号表象"[1]。由此可见,符号意识和图像意识既有联系又有区别。

胡塞尔在《逻辑研究》时期,把图像意识等同于一种想象行为,甚

---

[1] 倪梁康:《胡塞尔现象学概念通释》(增补版),商务印书馆,2016年,第539页。

至把整个"想象"都称作广义上的"图像意识"。在这个意义上，想象行为和图像意识的共同特征就在于其所构造的并非事物本身而是关于事物的图像。图像意识一方面包括通过物理客体而被体现的"精神图像"，另一方面又包括在这个"精神图像"当中被意指但本身又不在其中的"实在"，其中感知构造起事物本身，而想象则构造起关于事物的图像。

根据胡塞尔的划分，符号意识和图像意识作为"非本真的表象"，它们具有本质的相似性，这种本质的相似性就在于它们的非本真性和象征性，在这个意义上，胡塞尔也把"图像意识"称作"图像象征的表象"，将"符号行为"称作"符号象征的表象"[1]。

2. 符号意识和图像意识的区别

如前所述，符号意识和图像意识二者之间存在一些共性，它们都属于非直观行为的范畴，都奠基于感知的直观行为之上。同时胡塞尔把图像意识区分为"图像事物""图像客体"和"图像主体"，因此在图像意识中不能缺少"图像事物"，即一个物理图像；而对于一个符号意识而言，一般来讲，符号的物理现象也是必不可少的，在符号意识中我们对这个物理表述现象的立义（统觉）与我们对其他物理事物的立义（统摄）是一致的。

此外符号意识和图像意识还存在许多差别，具体表现如下：

（1）在图像和图像所描绘的东西之间具有某种必然的相似性，而符号与被标示之物之间并不需要这种相似性。胡塞尔指出"图像事物""图像客体"与"图像主体"共同构成了"图像意识"的图像本质，因此图像意识一方面受到图像客体和图像主体之间的可类比性的制约，也就是说，它们二者必须相似，才能相互连接，另一方面二者又不能完全统一。比如，分布在世界各地的拥有不同的语言体系和文化背景的人都会

---

[1] 倪梁康：《胡塞尔现象学概念通释》（增补版），商务印书馆，2016年，第470页。

在梵高的《星月夜》中看到"浩瀚的星空";而符号意识与图像意识不同,在符号中符号与符号所标识的东西之间并不需要我们之前所说的那种相似性。比如,作为指号,燃起的烽火可以用来庆祝,也可以用来代表危险;"A"既可以被看作一个字母,也可以用来代表一个人、一个物或者任意一个数字;如果"A"被看作一个字母,那么对于一个不认识符号"A"的人来说,他是无法"看"到那个"A"的"被标示之物"的。因此,从这个意义上讲,图像不同于符号,符号的范围比图像的范围更广,因为什么都有可能成为符号,并且符号与它的被标示之物之间没有必然的关联性。当然这是就一般意义上的符号而言的,我们在这里要强调的并非一般意义上的符号,而是一种特殊的符号,即与具有表达特征的含义意向发生联系的符号,一个在胡塞尔看来真正的符号,一个具有含义的符号,也就是说能够用来进行表达的符号。

(2) 符号意识和图像意识这两种意向行为的意向方向不同。符号意识的意向性往往会穿过语词而指向缺席的对象,其往往是指向我们之外的地方,它是向外的,即是说表达的语词往往会离开主体的境遇,延伸到别的地方,甚至是在时间上非常久远和空间上异常遥远的某一个事物,比如我们说"嫦娥奔月""神舟十六号载人飞船";而图像意识却恰恰相反,在图像意识中被意向的对象被带给我们,被进入到我们自己的面前,它与符号行为相反,是反向指向我们的,比如我面前的一张极光星空的照片或者梵高的那幅《星月夜》油画,那充满运动与变化的星空在我面前被具体化和当下化,又或者当我看到《流浪地球》的电影海报时,在脑海中浮现出的相关画面。因此,符号意向是向外指向事物,而图像意向则把事物拉到我们的近前,在图像意识里,我意向此时此地呈现在我面前的"星月夜",而彼时彼地的"星月夜"被呈现于此时此地的我的面前。

(3) 符号意识和图像意识的又一个差别与我们之前对符号行为和感知行为做出的比较相近,那就是符号意识是一次性指向作为整体的意向对象的，而图像意识与感知行为近似，它是在一定的视角下按照一定的顺序连续性地呈现对象。比如当我看到印有"星月夜"字样的油画印刷品时，"星月夜"这三个字意指的就是梵高的那幅闻名于世的油画作品《星月夜》，接着我看到了大片的蓝和许多旋涡状的黄以及一个柱状的黑，接着我走近一步细细地观察，我看到了旋涡状的星空、寂静的山脉、村庄、直入云霄的大树，我"看到了"在天空中舞动的星云像烟花一样怒放，直入云霄的大树奋力地伸展着枝叶……当然图像意识与感知行为在充实方面也存在着一定的差异，根据胡塞尔的分析，图像意识属于直观行为的范畴，被包含在想象之中，但尽管感知和想象都以直观的内涵为基础，都被非符号性地把握，但感知所具有的是感知性体现内容，而想象所具有的是想象性的再现内容；前者被胡塞尔称为体现性的和自身展示的内容，后者被称为类比性的和再现性的内容，想象是一种再现，而感知则是一种现时的体现。因此，想象给予我们的并不是事物本身，而只是图像，虽然图像被给予的方式与事物本身被给予的方式有诸多相似之处。

3. 符号意识与图像意识的相互作用

符号意识和图像意识尽管是两种不同的意向行为，但是它们两者之间却可以互相作用。首先，我们可以用语词谈论一幅图像或者一张照片。我们既可以谈论图像的物质材料——比如关于《流浪地球》的电影海报的材质和印刷情况，我们也可以谈论图像意识的客体（图像行为的客体包括"图像事物""图像客体"和"图像主体"）——例如，我们谈论那幅享有盛誉的达·芬奇画的肖像画"蒙娜丽莎的微笑"，我们可以谈论关于被描绘对象的意向"蒙娜丽莎"；我们也可以将意向指向图像的主体，即那个被意指的"实在"，比如那个传说中的新贵乔孔多的年轻妻子丽莎·乔孔多，再比如说她的丧子之痛等等；当然我们也可以谈论这幅杰作的艺术价值，或者它的市场现值……其次，图像与符号可以相互转换。任何一个图像都可以转换为"符号"，这是由符号的指号功能形成的。比如在我们常见的少儿认识数字的读物中，一只苹果、两只苹果、三只苹果的图像最后转化成了"1""2""3"这样一些数字符号；符号在特殊情况下可以转换为图像，比如中国书法。符号意识和图像意识的这种相互作用之所以可能，正是因为我们把各种符号意识指向我们直观的对象。与此同时，符号意识和图像意识之间的作用还表现在图像意识对符号意识的直观充实中，关于这一论题，我们放在后面讨论。

（三）赋予含义的行为

胡塞尔在对表达的现象学的描述中试图通过对意向活动的赋义行为的分析来阐明表达具有含义并指向其对象的原因。那么，什么是赋义行为？赋义行为的作用和特点分别是什么？我们作一简要阐述。

1. 什么是赋义行为

在胡塞尔看来，表达作为纯粹的物理符号，并不内在地就具有含义，符号之所以能够代表被标识之物就是因为符号被相应的意指行为赋予了含义，其含义来自意向行为的赋义，或者说，一个表达通过一个行为而被赋予了含义，这个行为就被称作"赋予含义的行为"或"含义意向行为"，简称为"赋义行为"或"含义意向"。

2. 赋义行为的作用

关于"表达"，胡塞尔指出，它包括物理方面和行为方面；而关于"表达所表达之物"，胡塞尔认为表达既表达了主观的情绪和信念活动，又表达了客观的内容和含义，并且认为表达的意向行为和表达所表达的含义并不相同。胡塞尔强调关于表达的含义分析，因此就需要我们从客观性的含义回溯到主观性的表达行为，由此来追问和阐明表达的含义来源，这也是胡塞尔现象学研究的主题和进路。

根据胡塞尔的分析，表达作为纯粹的物理符号，并不具有我们所要研究的"含义"，如果我们立足于纯粹描述的基础上，具有含义的表达便可以分为物理现象和行为意向，表达在物理现象中根据其物理方面构造起自身；意向行为给予表达以含义，而且有可能给予表达以直观的充盈，并在行为中构造起与被表达的对象性的联系。正是由于这些意向行为的缘故，表达才较一个单纯语音的物理层面又多出来一个含义层面，表达因为含义意向而意指某物，并且正是因为它意指某物，才与对象性的东西发生联系。无论这个对象性的东西或者由于有直观相伴而显现为现时当下的或者被当下化的，或者没有伴随性的直观，表达都是具有含义的，它也仍然比一个空乏的语音更多。表达与对象的关系是包含在单纯的含义意向之中的①。也就是说，是含义意向或赋义行为赋予了表达以含义，表达通过含义指向意向对象，是赋义行为使得我们的言说成为有别于"机械的噪音""鹦鹉的'语言'"和"鹅的鸣叫"，从而使我们的表达成为有意识的言说。

与此同时，我们需要明确并非是赋义行为创造了含义，然后将含义呈现出来或者给予表达；它也并非意味着我们先感知到物理方面的表达，然后再将意义附加给表达，按照胡塞尔的认识，表达的意向体验是含义意向行为的现象学的统一。

3. 赋义行为的特点

在胡塞尔看来，在表达活动中的"语词表象与给予意义的行为，这两者都被体验到了；但我们在体验语词表象的时候，我们完全不生活在对语词的表象中，而是仅仅生活在对语词的意义、对语词意指活动的进行中。……语词的作用（或者毋宁说，直观的语词表象的作用）恰恰就在于，引发我们的意义赋予的行为，指出那些在此行为'中'被意指的并且也许是通过充实的直观而被给予的东西，迫使我们的兴趣仅仅朝向这个方向"②。也就是说，当我们进行表达的意向活动时，语词的表象

---

① 胡塞尔：《逻辑研究》，II/1，A37/B₁37。
② 胡塞尔：《逻辑研究》，II/1，A39/B₁39—A40/B₁40。

并不直接行使语言功能，它仅仅激发起纯粹的赋义行为，从而指向被表达的对象，所以当我们体验关于语词的表象时，我们是完全的活在对于语词的含义及其意指的贯彻实行之中，由此体现了赋义行为的纯体验性以及当场的被构成性。

语言的物理特性不具有语言表达的赋义特征，其仅仅是作为引导我们进入表达的意向行为的一个媒介（当然在特殊的表达行为中，比如独白中就不需要这一媒介），但是如果这一表象的对象开始作为表达式而起作用的话，那么表达的物理显像构成的直观表象就会经历一种根本的现象变换，在这一变换中，对象的显现没有变化，而意向活动的意向特性却发生了改变。此时我们的意识活动已经不是单纯的感知活动，而是已经由感知意向向符号的意指作用转变。

因此，在表达的意向活动中，赋义行为既不同于单纯的心理行为，也不同于抽象的概念行为，含义意向完全地"活在"表达经验的构意活动之中，它穿过语词的物质层面直接朝向被表达的对象（含义）。表达的意向行为的第一意向就在于含义，在于意指的含义中存在的确定而同一的东西，由此赋义行为以及含义就获得了一个非主非客而又贯通主客的居中身份。

就表达而言，赋义行为构造了表达的本质性特征，即意向行为赋予表达以作为观念种类同一的含义，从而使表达与其他符号区分开来。

第二节　回溯与运用相应性直观的必要性

胡塞尔分析指出，无论是算术思维还是一般表达的符号都可以不带有伴随性的直观或图像。想象表象的存在并不构成表达的意指性，甚至不构成其含义本身，想象图像的存在与否，对表达的意指而言无关紧要。

但胡塞尔同时又指出为了澄清含义和为了建立在含义中的真理，我们有必要回到相应性直观上去。

这样就产生了一个问题：既然胡塞尔告诉我们那些纯粹象征性起作用的表达的含义处于含义意向的行为之中，含义意向使我们对语词符号的理解与无含义的符号的理解区别开来，我们把表达的本质限于含义和含义意向，因此是否带有伴随性的直观或图像对表达而言是无关紧要的，意指并不依赖于直观就能够独立进行，那么胡塞尔为什么还要在这里强调直观？既然胡塞尔在这里主张的对含义概念的理解是正确的，那么为了明察那些纯粹地建立在概念之中的认识，或者说，为了明察那些仅仅通过对含义分析而产生的认识，我们为什么还要回溯与运用相应性直观？我们要弄清楚这些问题，就必须了解胡塞尔关于"带有伴随性直观的理解"的认识，具体认识胡塞尔现象学理论中关于含义充实活动以及真理概念等方面的观点。

一、含义充实

(一) 含义意向和含义充实

胡塞尔的现象学认为，表达行为是个意指活动，表达的意指离不开语言符号。表达和表达所表达之物之所以能够联结在一起，主要在于表达的意指活动，意指活动就是给予意义的活动，也就是通过含义意向行为赋予表达以含义的活动，即含义意向。含义意向或者是空乏的，或者是充实的，空乏的含义意向打开的意向空间有待于直观加以充实，这就是所谓的含义充实。

在《逻辑研究》中，胡塞尔对赋义活动（含义意向）与含义充实活动做了区分。胡塞尔指出，每一个表达本质上都意指一个含义，因此每一个表达都与一个对象发生关系，含义意向通过直观使其与所意指的对象关系得以现时化，因此直观对于表达本身来说是非本质的，但直观却

"与表达处于一种在逻辑上基本性的关系之中"①,即通过直观可以让表达的意向得到充实。在含义意向被直观的过程中,含义赋予行为与含义充实行为融为一体,从而形成完整的表达的意向体验的现象学的统一。

按照胡塞尔的观点,质性和质料作为意向性经验不可缺少的成分构成了意识活动的意向性本质,这个意向性本质决定了哪个对象被意向,并且也决定了这个对象被如何意向以及以哪种方式被意向。但胡塞尔又指出由质性和质料组成的意向性本质并不能构成一个具体完整的意识行为,至少不能构成一个具体完整的客体化行为。这也就意味着此时的我们仍然未能穷尽对象被意向的不同方式。我们在关注意向行为的意指能力的同时也要阐明对象的被给予性,即对象对意识的不同呈现方式。因此,我们对完整的客体化行为的考察,除了要分析构成意向性本质的质性和质料外,还必须认真对待意识的体现性内容,因为"每一个具体完整的客体化行为都具有三个组元:质性、质料和代现性内容"②,其中质性与对象不具有直接的关联,这些只有通过质料才能建立与对象之间的关系,才能够进入到完整的意向体验之中,并因此而进入到具体的意向体验本身,也就是说只有通过质料才可以与对象直接建立联系并因此使意识的意向性得以可能。因此意识意指这个或那个对象,在某种意义上就是让意识带着特定的质料去朝向这个或那个对象。就此我们可以说,在胡塞尔这里,意指就等于给予意义,就等于赋予意识以质料。

除去质性和质料这两个元素,我们在这里提到的关于完整的客体化行为的"体现性内容"在胡塞尔那里与"充盈"和"感性材料"同义,"充盈"就意味着直观的意识行为所具有的"感性材料"。与"充盈"对立的概念是空乏,一个空乏的意识就是没有充盈的意识。"充盈"在意识行为中与"质料"对立,"充盈"作为体现性的内容指的是在直观中的

---

① 倪梁康:《胡塞尔现象学概念通释》(增补版),商务印书馆,2016年,第83页。
② 胡塞尔:《逻辑研究》,II/2,A562/B$_2$90。

被给予之物,比如像"红、蓝""长、高""冷、暖"等这一类的感觉材料;"质料"作为被体现的内容指的是意向中被意指之物,比如"天空""茶杯"等等。一旦充盈被赋予质料,就意味着感性材料被立义、被统摄、被赋予含义,从而使意识对象得以构造,因此胡塞尔说"客体化行为或对象化行为的形成必须以感性材料的被给予为必要的前提"[①]。例如,情况一:我的茶杯不在我的面前,我说:"我的茶杯是蓝色的";情况二:我的茶杯在我面前,我说:"我的茶杯是蓝色的"。这两种情况都属于判断活动,这两个意识行为的质性相同,我都是对同一个对象——"茶杯"做出了判断,但在第一种情况中,我有的只是一个意指性的、但没有充盈的意向;在第二种情况中,我有一个直观的意向,或者说我有一个被意向对象("茶杯")亲自在场时的知觉意向,此时我的意向对象是被"茶杯"亲身的直观充分地充盈了,我获得了一个关于"茶杯"的充分认识。

(二) 真理概念与含义充实

由此可见,"充盈"这个概念与充实和直观直接相关,而含义意向与含义充实之间并非一种本质性的关系,二者在现象学的认识中形成了一个动态的统一。当空乏的意向在直观行为中得到充实,单纯的被意指的同一个对象在直接的直观中呈现出来,认识就是含义意向的充实,因此胡塞尔的真理学说是以直观充实概念为基础的,其真理论的核心概念就是直观充实概念。认识活动只有在与此相关的现象学的充实过程中才能实现其明证性,真理等概念才能被更准确地规定。每一次充实就会形成一次认知行为,其中空乏的含义意向与相应的直观所予性形成了一种动态的综合的关系,意识对象并因此而被肯定、否定或确证。这一认识过程或者说这一复合性的意向体验包括:有待充实的含义意向或部分空乏的意向行为、直观中的充盈、得到充盈的充实含义三个部分,因此认

[①] 倪梁康:《胡塞尔现象学概念通释》(增补版),商务印书馆,2016年,第184页。

识就成为由表达式、含义意向、直观活动和充实组成的一个整体结构。在这一整体结构中,认识对象因为含义赋予和含义充实而被认为是构造的,在有待充实的意向行为和直观的充实行为的动态的综合性关系中,对象如我所意向的那样被直观地、明见地给予了,并且具有了一种同一化的综合形式。于是我的信念被证明是真的,并因此得到了辩护,我拥有了知识。

在胡塞尔那里,知识"被刻画为意向之物和被给予之物之间的认同或者综合"[1],并且真理"被刻画为所意谓者与所给予者之间的同一"[2]。但是我们在这里谈论的是在含义意向和含义充实这两个不同的活动里被意向的东西之间的重合的综合,而不是一个意识与一个独立于心灵的对象的符合的综合;我们在这讨论的符合是两个意向之间的符合,而非"一种经典的符合论的真理理论"以及"两个分离的本体论领域之间的符合"[3]。胡塞尔在此引入了"明证性"的概念,在胡塞尔严格意义上的"明证"指的是一个充分充盈、完美综合的理念。意向行为被相应的直观充分地充实并因此向我们呈现对象的自身被给予性,此时的对象不仅仅是被意向的,而且是被直观的,于是它被明见地给予了我们。

根据胡塞尔的观点,当一个东西绝对地自身被给予时,就意味着明证性的获得,也就是说只有一个含义意向被相应的直观完全充实时,这个对象如其所是地被给予了,我们就获得了关于它的明证性。但胡塞尔同时又指出"这样的情况很少发生",即是说一个含义意向被相应的直观完全充实的情况很少见,因为它就像我们在上文中所提到的那样:直观行为的对象不是一次性整体地被给予的,它是在一定的角度下连续地被给予的,因此一个含义意向被直观完全地充实也不是一下子就能够完成

---

[1] 丹·扎哈维:《胡塞尔现象学》,李忠伟译,上海译文出版社,2007年,第28页。
[2] 丹·扎哈维:《胡塞尔现象学》,李忠伟译,上海译文出版社,2007年,第28页。
[3] 丹·扎哈维:《胡塞尔现象学》,李忠伟译,上海译文出版社,2007年,第28页。

的。这一事实与直观行为的对象被认知的方式有着直接的关系,并由此导致我们关于物理对象的知识就往往成为意向者与所与者之间的一种重合的缺乏。关于感知对象我们从来都不会知觉到它的完整构成,我们总是从某个具体的角度去知觉,因此呈现于我们面前的总是关于该对象的某个面,而我们所意向的却是与缺席部分一同共现的对象本身,于是在直观行为中,我们对直观行为的对象,尤其是关于感性直观行为的对象的意向性指向总是能够超越被给予的东西,从而实现我们对对象本身的把握。

因此明证性被胡塞尔区分为不同的种类:"确然的(不可怀疑的)明证,充分的(完全的)明证、不充分的(部分的)明证"[①],并由此表明不同的对象具有不同的显现方式,也就意味着不同的对象具有不同的被给予方式。直观对象的有角度地被给予性,一方面是因为我们的感觉器官受到其自身物理结构的限制从而导致我们的知觉表现具有有限性;另一方面根源于事物本身的属性,即直观对象所具有的时空性。只要直观的、被给予的东西充实了我们的含义意向,我们就拥有了关于这个对象的知识,并且我们的知识就会随着这一对象的更多侧面的直观被给予而逐渐增加,由此使含义充实以及意识活动的动态性特征得以凸显。

胡塞尔指出含义充实是一个不断上升完善的过程。在这一上升过程中,充实活动使单纯的意向越来越接近事情本身,认识对象充分地表现自我,思想与事物在直观中完全一致,从而实现对对象含义的最终地、确然地、完全地充实,从而形成绝对知识,绝对知识就是明见的真理。如上所述,胡塞尔认为对象之物作为被意指的东西是现实"当下的"或"被给予的"。所以,胡塞尔指出真理不是主观认识与外部事物的符合一致;相反,它是一个事物绝对的自我给予的体验,即意向对象在直观中

---

① 丹·扎哈维:《胡塞尔现象学》,李忠伟译,上海译文出版社,2007年,第31页。

自我明见地体验。因此在这个意义上,关于真理我们可以进行如下描述:真理首先是对象性的东西,它对应于明见;真理是事物与思想绝对相应的观念,这一观念属于意识活动形式;我们也可以把意向理想的充实称为真理、真或存在,真理意向具有正确性特征。①

(三) 直观充实的不同形式

在前面的分析中,我们已经知道认识任务的完成和真理的获得是经过含义在直观中的充分充盈来实现的。就直观充实而言,在胡塞尔那里被区分为"感性直观"和"本质直观"。胡塞尔指出本质直观必须以感性直观为基础,奠基于感性直观之中,但本质直观可以超越感性领域而提供本质性的认识;感性直观和本质直观的共同之处就在于它们是一种能够把握原本的意识行为。也就是说,我们之所以将其称为"直观",根本原因在于"直观"首先意味着一种对事物的直接把握。胡塞尔把"直观"的具体特征归纳为一种"作为需要充实的意向"②,并且原则上也具有"真正充实成就"③。

1. 感性直观

感性直观是指对感性对象的感知,感性直观能在当下直接地对某一事物或某些事物的知觉领域中起作用,例如"这里有一只白鸟和一只黑鸟",如果我看见离我不远处的树枝上有一只白鸟和一只黑鸟,那么这一判断中关于"白鸟"和"黑鸟"的意向就可以通过感性直观,也就是通过我对"白鸟"和"黑鸟"的当下直接感知而得到充实。

2. 范畴直观

在"这里有一只白鸟和一只黑鸟"的判断中,除了"白鸟""黑鸟"通过感性直观得到充实以外,其中的"这""一""和"却无法通过感性

---

① 张汝伦:《现代西方哲学十五讲》,北京大学出版社,2004年,第209页。
② 胡塞尔:《逻辑研究》,II/2,A511/B$_2$39。
③ 胡塞尔:《逻辑研究》,II/2,A520/B$_2$48。

直观予以充实，那么我们又是如何获得关于这一判断的认识的？胡塞尔指出我们的意识不仅要把握事物，而且还要把握事态、集合、分离等复杂的情况，这些情况包含了非感性的范畴因素，它们处于一个更高层次的综合。因此对于这种非感性的范畴因素就不能由感性直观来充实其含义，我们在这里需要的就不仅仅是纯粹的知觉。胡塞尔在《逻辑研究》中扩展了直观的概念，根据这种扩展，"可以在一个充实的直观中成为自身被给予性的不仅有'感性对象'，而且还有对感性材料进行构型的'范畴形式'"①，于是胡塞尔在这里引入了范畴直观的概念。

按照胡塞尔的分析，感性直观与范畴直观作为两种基本的直观形式，二者的区别在于：感性直观是对外在于意识的事物的直观，其所感知的是感性对象，在直观中现实的知觉把对象直接地给予我们，这是唯一一种活生生将对象完全地给予我们的意向；而范畴直观"是那些根据范畴含义因素而在综合性的行为进行中构造出自身的'事态'。这种表象的范畴形式例如有：存在、一、这、和、或、如果、如此、所有、没有、某物、无物、量的形式和数的规定"②。充实感性直观与范畴直观作为直观的两种基本形式，它们共同具有"充实功能的同类性"③，而"范畴形式在其中得到充实直观的那些行为奠基于素朴感性直观之中。它们是多层次的，并且提供相对于奠基性感性直观而言的'新型客体性'。"④

范畴直观在《逻辑研究》中被胡塞尔区分为狭义上的对范畴形式的直观和广义上的包括对形式范畴和质料范畴的直观，其中"形式范畴直观"主要用来发现逻辑真理的意义，而"质料范畴直观"则是为了弄清本质的知识。因此，在胡塞尔那里，"范畴直观"又被称为本质直观，本质直观的可能性是作为本质科学的现象学得以成立的前提。在《逻辑

---

① 倪梁康：《胡塞尔现象学概念通释》(增补版)，商务印书馆，2016年，第46页。
② 倪梁康：《胡塞尔现象学概念通释》(增补版)，商务印书馆，2016年，第47页。
③ 倪梁康：《胡塞尔现象学概念通释》(增补版)，商务印书馆，2016年，第47页。
④ 倪梁康：《胡塞尔现象学概念通释》(增补版)，商务印书馆，2016年，第47页。

研究》中，胡塞尔主要分析了形式范畴直观，相对而言对本质知识描述得不多。胡塞尔认为范畴活动包括结合、区分、关联、计算等等不同种类的活动，它们是具有复合质料的综合的意向活动，范畴活动既不是感知活动，也不是物理活动，与之对应，范畴活动的意向对象既不是感性对象，也不是物理对象，范畴活动的对象被称为观念对象，是一种不同于感知对象的高层次的对象。

3. 范畴意向如何被充实

关于被充实的对象，胡塞尔区分了两种类型，即实在的（知觉的）对象和观念的（范畴性的）对象，其中范畴性的对象超越了感性的范围，因而不能通过感性直观予以充实。

与康德不同，胡塞尔既认可感性直观也承认理智直观，但在胡塞尔这里理智直观或者说范畴直观是如何实现的呢？

我们以"在那张白色的桌子上有一只蓝色的茶杯"这一事态为例。在这一事态中，作为一个事态意义的形式的或者范畴的元素，如"在……上""有"等没有知觉相关物，人们不能看见"在……上"或者"有"。也就是说，能够被意向的东西中有很大一部分不能通过知觉的方式被经验到，还比如，观念性的对象"观念""9 的平方根""能量守恒定律"等等，这些对象都不能被我们直接知觉到。胡塞尔指出直观的特征是能够直接地亲自呈现对象，被直观的对象是直接给予的意向对象。在"在那张白色的桌子上有一只蓝色的茶杯"这一事态的含义是一个命题，一种诸如数字一样的观念。在这一命题中，"白色的桌子"和"蓝色的茶杯"作为实在的对象可以被感性直观，而"在那张白色的桌子上有一只蓝色的茶杯"这一命题作为一种观念对象，不能通过感性直观被感知，只能通过范畴直观被充实。在范畴直观中我们对对象的直观正如我们具有的对感性对象的直观一样，仅就形式而言，直观就是一个将对象自身亲自带给我们的活动，这个活动通常要求复杂的知性运作，即使是理论论证或者概念分歧,只要它能够带给我们达到了本源的、给予新的事态本质特征或者抽象证明,就能被看作直观,正如胡塞尔所说的直观"不必然的是感性的、素朴的,或者非推理的,而仅只是非意指的"①。

按照胡塞尔的认识,范畴活动被区分为综合的和观念性的,就直观而言,与之对应的是空洞的意向和范畴直观。两种范畴活动,前者指向基础性的对象(比如"在那张白色的桌子上有一只蓝色的茶杯"),后者则指向观念性的或者本质性的活动(比如"9的平方根为-3和3")。在直观充实中,综合对象包括了像感知对象这样的奠基性元素,如果离开这些奠基性元素,我们就不能意向这些综合性对象。胡塞尔指出在这一综合的范畴活动中,我们不能把范畴直观视为没有经验的关于对象的特别的直观范畴,这里的直观是以感性经验为基础的;而观念性的或本质性的范畴活动是通过个体抽象把握不变的观念。我们知道直观与范畴活动对应或者是空洞的意向,或者是范畴直观,而含义(范畴的语义意向)就属于某种空洞的和符号的范畴活动。如果意向对象是直观地被给予的,那么我们就实现了对这一对象的某种范畴直观,而这一区分则是建立在意向对象的特征之上的。由此可见,在胡塞尔这里,符号意识是一种空乏的范畴活动。符号活动只有在赋义活动被合适的范畴直观充实时,其才能获得认知的相关性,当充实发生时,"赋意活动的参照物才不再是空洞的直观,而是直观中自我给予的东西"②,比如"在那张白色的桌子上有一只蓝色的茶杯"这一事态的直观充实。

二、带有伴随性直观的理解

由上述分析可知,我们的意识活动通过直观充实才能获得真理性的认识,因此带有伴随性的直观对于理解而言意义重大,对此胡塞尔进行了举例分析。

---

① 丹·扎哈维:《胡塞尔现象学》,李忠伟译,上海译文出版社,2007年,第33页。
② 维克多·维拉德—梅欧:《胡塞尔》,杨福斌译,中华书局,2014年,第53页。

(一) 回溯到直观理解的必要性

胡塞尔指出，为了使含义的区别得到确定，使其多义性得到明见地显露，或者使含义意向的偏差得到限定，我们需要回溯到直观上去。这实际上就意味着："为了能够'明确地意识到'一个表达的意义（一个概念的内容），人们必须进行一个相应的直观；人们在此直观中把握到这个表达所'本真意指的'东西。"①

根据胡塞尔的分析，作为有含义的符号，表达的意向体验既包含指示功能，也具有意指作用，这两种意向活动本质不同，意向性也不同。符号的指示作用，或者说，起象征作用（"象征"与"指示"的特征近似）的符号，只是因为它所具有的新的意向特征和行为特征的缘故，它才是一个思维，符号的意指性特征使有含义的符号与单纯的符号区分开来，其中意指功能对表达而言，是本质性的；符号的指示作用，或者说起着象征作用的表达也在指示着某些东西，在这个意义上，这种表达的象征所指示的对象在直观上得到澄清；但表达的意指并非是借助于直观才得以进行，否则对于表达，我们就只能说"我们在极大部分的话语和读物中所体验到的东西只是一种对声音和光线组合的外部感知或虚构而已"②。对此，现象学被给予性的内容已经清晰地对这种说法提出了反对，也就是说，我们用声音符号和文字符号来意指这些或者那些东西，但这种意指是作为一种纯粹象征性的指示或标志存在的，这种象征性虽然仍然具有理解性的特征，但它并不是胡塞尔完整意义上的"理解性的说与听"③。

1.直观化使含义的区别得到确定

胡塞尔指出，由于象征不是稳定的、恒常的，其仅仅具有偶然性和

---
① 胡塞尔：《逻辑研究》,II/1,A71/B₁71。
② 胡塞尔：《逻辑研究》,II/1,A71/B₁71。
③ 胡塞尔：《逻辑研究》,II/1,A71/B₁71。

随意性，因此，"各种单纯象征的含义意向彼此之间常常没有清楚的区别，这使我们无法轻易地和可靠地对它们进行认同和区分"①。例如，如果我们仅仅要认识"蚊子"和"大象"这样的语词含义之间的区别，我们不需要伴随性的直观就能把握"蚊子"和"大象"这两个语词的含义。但是，"只要含义在流畅地相互过渡，而且只要含义的不被注意的偏差抹去了那些要想做出一个可靠的判断所必须坚持的界限，那么直观化便提供了清晰化的自然手段"②。根据胡塞尔的观点，语言表达作为符号行为属于范畴意识，它奠基于直观意向的基础之上，是一种被建立的意向，也就是说知觉意向与表达行为的意向相比较，其更加本源和根本。因此语言性的含义是通过与世界前语言和前述谓的联系建立起来的，在这个语境下，语言奠基于经验之上，我们对世界的知觉经验成为语言含义的恒久的条件和来源。因此在现实中我们尽管理解很多语词的含义，但如果因为一些原因使我们不能够通过感觉直观到这些语词意指的事物，那么我们便会对这些概念缺少合适的知识。例如，我们许多人可能在字面上都能够理解"褐红""梅红""紫红""猩红""桃红""珊瑚红""玫瑰红""暖茶红"或者"珍珠粉红""粉紫"等这些用来表示颜色的语词，但是如果有一天，一位女士要求一位从未关注过化妆品的男士去帮忙取一只"珊瑚红""玫瑰红"或者"珍珠粉"的口红时，这项任务不出意外地就会成为这位男士有生以来所面对的"史上最难的难题"，但是如果这个时候有人把这几种颜色的口红——找出并展示给他，那么当他再次承担这一任务时，就有可能顺利地完成了；又或者这位女士拜托的是一位熟悉化妆品并且深谙化妆之道的人，那么这项任务就会变得轻而易举。这实际上是说，我们关于这些颜色的语词的知识只要通过相应性的直观，也就是通过我们的直观体验，无论是当下的直观感知还是当下化的事物

---

① 胡塞尔:《逻辑研究》,II/1,A71/B₁71。
② 胡塞尔:《逻辑研究》,II/1,A71/B₁71—A72/B₁72。

的相关图像,我们就能够获得清晰的认识。因此,面对这类知识的理解恰恰就需要与之相应的伴随性的直观,因为"直观化便提供了清晰化的自然手段"①。

2. 直观化使含义意向的偏差清晰化

同时,胡塞尔指出由于表达的含义意向在各种不同的和概念上不互属的直观中得到充实,由此随着充实方向的明确划分,含义意向的差异性同时也就明确地显示出来。根据胡塞尔的分析,我们研究意识活动意向对象的方式时,我们不仅可以变换活动的特质和质料,也可以变换被意向对象的给予方式,胡塞尔在《逻辑研究》中区分了意指的、想象的(图画的)以及知觉的被给予性。通过区分,我们可以看到这些意向方式并不相同,对于同一个对象,我们既能够以感知的方式意向它,也可以以想象或判断的方式意向它。同样在直观充实中,我们也可以让表达的含义意向在各种不同的和在概念上不互属的直观中得到充实。例如,关于"一只蓝色的茶杯",我既可以以感知的方式意向它,如"我看见一只蓝色的茶杯";我也可以以想象的方式意向它,如"我想起了那只蓝色的茶杯";同样我也可以以范畴的形式意向它,我说:"这是一只蓝色的茶杯。"与之对应,相应的充实也可能通过感知、想象的直观形式或者通过范畴形式的直观得以进行。而我说"这是一只蓝色的茶杯",这指的是一个判断,这个判断是一个空洞的意向,这一空洞无物的断言可以通过我们对该"茶杯"的知觉活动的综合关系被证实。当然我们的感官知觉对预言性断言的充实是有限的,我们对"茶杯"的知觉是不足以充实这一预言性的论断的,比如"这只茶杯会破碎"。我们关于某物的知觉永远是以某种透视的方式连续地被给予的,我们只能感知到对象的一面,因此在充实的过程中,我或者以"茶杯"作为待充实的意向对象,或者以

---

① 胡塞尔:《逻辑研究》,II/1,A71/B₁71—A72/B₁72。

"蓝色"作为待充实的意向对象，或者以"蓝色的茶杯"作为待充实的意向对象以及或者以"这是一只蓝色的茶杯"作为待充实的意向对象。前三种情况都是以该"茶杯"的相同感知为基础，而我们得出的论断却可能是大不相同，并且显示了极为不同的含义。以我们对这只茶杯的感知为基础，我们可以说"这是蓝色的"，或者说"这是一只茶杯"以及"这是一只蓝色的茶杯"等等。这些不同的充实含义是基于个人感知的差异而形成的。当然我们也可以对"这是一只蓝色的茶杯"的这一整个的陈述行为进行充实，那么这一空洞的预言性的论断就可以通过范畴直观来充实，而不是由感性直观来充实，并且通过范畴直观，那种空洞的意向能够指向感知对象。"意向的"这个词在胡塞尔那里具有"意指的"和"被意指的"双重含义，其意向概念也可以得到双重的解释，它既可以指行为带着意义指向一个或多个对象，又可以说它意味着整个行为[①]。也就是说，我们关于意识行为的充实既可能是对意向对象的，甚至是对意向对象的某一部分的充实，也可能是对整个意向行为的充实，随着充实方向的明确划分，含义意向的差异性也就同时显示出来。

（二）含义分析中运用相应性直观的原因

范畴活动被胡塞尔区分为综合的和观念性的，胡塞尔在上述描述中主要是关于伴随性感性直观在认识活动中的充实作用，也就是对范畴活动的综合关系中的伴随性的感性直观进行了举例分析。

与此同时胡塞尔指出，当我们谈到那些"产生于对单纯语词含义之分析"[②]的认识时，我们所指的"恰恰不是那些由语词所引起的东西"[③]，我们所指的是"那种只需对'概念本质'进行当下化便可以获得的认识"[④]。这里与之相关的就是胡塞尔提出的与综合的范畴活动相对应的观念性的

[①] 倪梁康：《现象学及其效应》，商务印书馆，2014年，第46页。
[②] 胡塞尔：《逻辑研究》，II/1，A72/B₁72。
[③] 胡塞尔：《逻辑研究》，II/1，A72/B₁72。
[④] 胡塞尔：《逻辑研究》，II/1，A72/B₁72。

范畴活动。在胡塞尔看来，观念性的范畴活动是指向观念性的或者本质性的活动，而我们对"产生于对单纯语词含义之分析"的认识就需要对本质进行直观的范畴形式来获得。在范畴直观中这些具有"概念本质"的普遍的语词含义完整地得到充实，而那些与概念相符合的对象，或者说，那些从属于概念本质的对象是否实存则是无关紧要的。这与胡塞尔狭义上的范畴直观理论，即关于范畴形式的直观是相对应的，而在这种狭义的范畴直观中或者说关于范畴形式的直观中，它仅仅指的是纯粹范畴的或分析的直观，而不是与经验相混合的直观。同时胡塞尔指出这种概念本质绝不是语词含义本身，因而，"纯粹建基于概念（或本质）之中"以及"仅仅通过对含义分析而产生"这两个短语只是由于其多义性而可以表达同一件事情[1]，而这种在范畴直观中被充实的概念本质就是充实性的含义。

我们要注意到在充实过程中含义意向和含义充实这两种意向活动的综合关联，就是说在这一充实过程中，那种"必须被充实的意向活动"与"充实活动"的对象指的是同一个对象[2]，但是其各自的意向方式不同。"必须被充实的意向活动"（实际上就是含义意向活动）意指那种对象，但是它并不"亲自"呈现该对象；"充实活动"，即含义充实是指"亲自"呈现该对象的那种行为，它把该对象带给直观的给予。如果"必须被充实的意向活动"与"充实活动"这两种意向活动并非指向同一对象，那么充实就变得不可能。充实过程把含义意向和含义充实这两种意向活动通过它们共同的意向对象而被带到一种综合关联之中。在这个意义上，充实过程也就是含义意向与含义充实共同的意向对象被综合关联的过程。因此"通过对含义分析而产生"的认识，是在直观充实中"被给予的""因为语词含义（更确切地说，语词的含义意向）最终落实在各

---

[1] 胡塞尔：《逻辑研究》，II/1，A72/B₁72。
[2] 维克多·维拉德—梅欧：《胡塞尔》，杨福斌译，中华书局，2014年，第52页。

种相应的、素朴直观性的表象中，以及最终落实在某些对这些表象的思维加工和构形中"①。随着"通过对含义分析而产生"的"概念本质"的普遍的语词含义被完整地直观化，我们就实现了关于这一观念性语词含义的认识。

当然，"这些考虑向我们指明了一个已经一再被看作是不可或缺的现象学分析的领域，这种现象学分析使那些在含义和认识之间，或者说在含义和澄清性直观之间的先天关系得以明见化，这样，这些分析便必定能够通过对充实性意义的区分以及通过对这种充实的意义的研究而完满地阐明我们的含义概念"②，也就是说判断活动的明见性是以在直观上充实了的含义为前提的。

(三) 其他关于伴随性直观理解的必要性

在这里我们除了谈论意向的空洞性和充实性，我们还可以谈论被意向对象的缺席与在场。一般情况下，我们的大部分言语都指向缺席的事物，但是它却能够通过在场的事物来确证或驳斥有关缺席事物的言论，也就是说通过在场和缺席事物之间的一种同一性综合：即一方面是我们曾经意向过的缺席状态上的事态，另一方面是我们对其当下在场状态的意向；然后通过两者之间所具有的同一性去确证缺席的那一个事态，由此我们认定现在被给予的情况与我们谈论它时所意向的情况是同一个。这就好比有时候我们可能仅仅通过谈论近旁的对象就能够知觉到其他的对象；有时候我们自己并不清楚我们关于缺席事物的言谈是否真实，同时也有人可能会质疑我们所说的事情，因此这就需要我们提供直观充实来予以验证，打消疑问；有时候我们也可以通过其他人的见证、档案材料和其他形式的间接确证来予以证实。

然而通过直观充实予以证实的结果往往不仅有充实的情况，而且也

---

① 胡塞尔:《逻辑研究》,II/1, A72/B₁72。
② 胡塞尔:《逻辑研究》,II/1, A72/B₁72—A72/B₁73。

包括失实的可能。在胡塞尔的理论中，充实与失实相对。如果一个意向得到充实，那么就意味着该对象在充实的过程中与直观达到了一致，即是说被展示的内容（质料）与展示性的内容（充盈）相符合。在胡塞尔看来，一个最理想的充实，即一个得到最完满充实的意向"不仅所有被展示的东西都已被意指（这是一个分析命题），而且所有被意指的东西都得到了展示"①；与之相反，一个意向的失实就意味着该对象在充实过程中与直观不一致，即是说被展示的内容（质料）与展示性的内容（充盈）不相符合，二者发生了"争执"②。因此，我们可以说如果充实意味着认同，那么失实就意味着分歧，即展示性的内容（充盈）与被展示的内容（质料）的分歧。

此外，伴随性的直观充实还可以用来检验一个表达是否存在逻辑矛盾。例如"金山"这一表达的意向对象虽然并不实存，但在逻辑上并不矛盾，因此我们可以通过想象使这一含义意向得到充实；然而像"圆的方""木的铁"这一类表达也有含义，人们也能够理解它的含义，但是通过充实活动，我们发现它不仅没有实存的对象与之对应，而且还存在逻辑矛盾，因而不能获得含义的充实。这是与胡塞尔广义上的充实观念相对应的。因此伴随性的直观也与一种证实有关：一个意向可以通过直观得到证实，它既可以被证实为现实合理的，也可以被证实为不现实、不合理的，甚至是包括存在逻辑矛盾的或者说荒谬的。

综上，一个含义意向只有通过直观而得到充实或者被直观所证实时，我们的理解才得以可能，真正的认识才得以形成。

---

① 胡塞尔：《逻辑研究》，II/2, A553/B$_2$81。
② 胡塞尔：《逻辑研究》，II/2, A514/B$_2$42。

第三节 不同理解的特征与"相识性质性"

胡塞尔在分析中曾多次强调含义意向作为表达的本质就其本身而言直观是无关紧要的，但是胡塞尔在这里又指出，我们分析含义与认识以及含义与澄清性直观的关系、讨论和研究充实性含义对于完满阐明含义问题意义重大；并且胡塞尔进一步指出"我们的观点是以一种对含义赋予的行为特征的虽不完全明确、但却可靠的划分为前提的，即使在那些缺少这种直观化含义意向的情况中"[1]，即在空乏的含义意向中，我们对含义赋予行为特征的可靠划分也是我们分析的前提。

根据我们的考察，在胡塞尔的现象学中尤其是在他对表达这一意向行为的实际描述与分析中，胡塞尔采取了层层剖析的方法，对表达与一般性符号、表达本身、表达与含义、含义本身、含义与对象、含义和认识、含义和直观等等进行了一层又一层地区分和描述，其目的就是要让与之相关的概念得到现象学的澄清。因此面对人们在现实中存在着的诸多概念混淆与认识中的含糊不清，胡塞尔都不遗余力地进行了批判和反驳，并在此基础上阐明了自己的观点。

一、语词相同，含义不同、行为质性不同

在上述分析的基础上，胡塞尔对人们将"那些主宰着对符号的理解或对符号的有意义使用的'象征表象'"[2]的描述视为等值的做法提出了反驳。胡塞尔指出，人们认为所有的表达都具有一种无区别的同一的特征，而它们的差别仅仅在于那些"单纯的语音"和那些"偶然的感性含

---

[1] 胡塞尔：《逻辑研究》，II/1, A73/B₁73。
[2] 胡塞尔：《逻辑研究》，II/1, A73/B₁73。

义载体"①。对此，胡塞尔认为通过多义性表达的例子，我们就能够轻易地提供驳斥这一观点的相反论据，并予以证实"我们无须丝毫伴随性的直观化活动便可以进行突然的含义变化并认识这种变化"②。胡塞尔进一步指出在这里所表现出来的含义变化必定是由那种发生特别变化的行为特征引起的，而与同一个感性符号无关。比如，我判断"天空是晴朗的"、我怀疑"天空是晴朗的"以及我希望"天空是晴朗的"。在这几个意识行为中，我的表达所使用的都关乎同一个感性符号，在这里也没有丝毫伴随性的直观化活动，但其含义却发生了变化，即语词相同，而含义不同。究其原因，这是由意识行为的质性变化所导致的，由此证明含义变化在很多时候是因为意识行为的质性变化引起的，它与表达的物质载体（单纯的语音、偶然的感性含义载体）的差异无关。据此我们可以进一步地推论：人们对那些主宰着对符号的理解或对符号的有意义使用的"象征表象"在描述上视为等值的做法是不适当的。

二、含义相同，语词不同，行为质性相同

与此同时，胡塞尔指出在这里还存在着与上述分析相反的情况，即含义相同，而语词不同。例如，在那些存在着语言差别的案例中——"伦敦""Landon""Londres"；"二""zwei""deux""duo"。在这里，我们看到的是感性上各不相同的符号，但这些不同的符号却被我们看作同义的，并且也不存在质性差异，也就是说我们有可能言说属于"同一个"含义的不同语种的语词。对于这些语词，我们在具有再造特性的想象为我们提供有关含义的当下化的图像之前，这些符号就已经被我们直接地把握成了"同一个"。

三、理解的特征并非"相识性质性"

有人把理解的特征归纳为被里尔称为"相识性特征"以及被赫夫玎

---

① 胡塞尔：《逻辑研究》，II/1，A73/B₁73。
② 胡塞尔：《逻辑研究》，II/1，A73/B₁73。

称为"相识性质性"的东西，对此胡塞尔给出了否定的意见，指出这种想法实际上是不可取的。因为在胡塞尔看来，没有被理解的语词也可以像老相识一样出现在我们的面前，比如那些被熟记的希腊诗句。胡塞尔指出这些希腊诗句在我们的记忆中保留得比我们对它们意义的理解更为持久，即这种情况往往是：一方面我们对这些希腊诗句依然在记忆中保持着熟识的状态，很容易就能够做到朗朗上口；但是另一方面我们实际上已经无法理解这些希腊诗句了。也就是说，我们常常能够熟悉并流畅地诵读这些古老的希腊诗句或者吟诵那些古老的希伯来文，然而我们却不解其意。从某种意义上说，这一种情况与那种"有口无心"地机械发音（比如许多咿呀学语的小孩子在那摇头晃脑地吟诵国学经典的情况）类似。因此，在胡塞尔看来，早在用我们的母语翻译这些诗句或者其他含义依据出现之前，我们对这些诗句的理解是缺失的，或者说，我们没有形成关于这些诗句的理解。通常我们很可能是在能够熟读这些诗句的很长一段时间之后，才突然想起这些诗句，想起关于这些诗句的含义。此时关于这些诗句，我们除了具有之前因"有口无心"所形成的这种"相识性特征"之外，我们现在又增添了一种理解特征，即将这些诗句作为新的理解对象的理解特征。此时这些诗句在感性上的内容并没有发生改变，我们也还是能够一如既往地流畅地诵读，但是当我现时再次诵读时，我开始有意识地意向这些诗句的含义，现在我的兴趣已经不在那些单纯的语音，而在于那些诗句所意向的含义。因此，此时的意识被赋予了一个新的意向特征，一个关于诗句的含义的意向特征。人们通过回忆也可以发现，"当我们在偶尔不假思索地阅读或朗诵早已熟悉的诗作时，这种阅读或朗诵会以一种方式转变为理解"[①]，随着这种理解特征的出现，就意味着我们的意向性体验的转变，意味着我们的意向性体验已经

---

① 胡塞尔:《逻辑研究》,II/1,A74/B₁74。

由单纯的感知体验转换成了一种复合的关于符号意识的范畴活动。当然这类例子还有很多，它们使理解所具有的特性成为明见性。

第四节　表达中的统觉和直观表象中的统觉

在《逻辑研究》中，胡塞尔提出了一个他经常使用的核心概念——"立义"，胡塞尔用它来标识意识的意向性特征，胡塞尔指出每一个立义在某种意义上都是一个理解或意指，即它意味着一种将某些东西理解为某物的能力，是一个对象或客体得以形成的先决条件，因此立义活动在胡塞尔的现象学中构成了意向性概念的基本内涵。

一、立义

（一）立义的含义

"立义"（Auffassen）这个语词包含着两层含义：前缀"auf"是"向上"的意思，词干"fassen"具有"把握""理解"的意思[①]。"立义"就是赋予杂多的感觉材料以意义从而形成一个统一的对象并对我显现出来，也就是说，根据胡塞尔的观点，"立义"就是一个赋义的或含义意向的活动，即一个带着意义或含义指向材料的活动。在胡塞尔那里，"立义"概念基本上是一个与"赋义""意指""赋予意义"等表达同义的术语。在胡塞尔看来，"立义"是"行为特征"，是"意识方式""情绪方式"。因此"立义"意味着一个将杂多的感觉材料聚合为一个统一的对象的能力。在这个意义上，我们说"立义"从属于意向活动的范畴，胡塞尔将立义简称为意指，将立义的过程称之为"赋予灵魂"（beseelen）和"激活"（beleben）的过程。[②]此外，胡塞尔还将立义定义为"贯穿在立义形式中

[①] 倪梁康：《胡塞尔现象学概念通释》（增补版），商务印书馆，2016年，第64页。
[②] 倪梁康：《胡塞尔现象学概念通释》（增补版），商务印书馆，2016年，第64页。

的质料与代现内容的统一"①,进一步地说,"我们在每一个立义上都可以现象学地区分:立义质料或立义意义,立义形式与被立义的内容"②。这里就包含了对立义本身的各种因素的分析。

(二) 立义活动的组成

胡塞尔在他的现象学意向分析中通常使用的一个模式是"立义内容—立义",由此立义活动被分为两个部分:一是赋予含义的行为,一是被赋予的含义。其中与立义相关的意识因素包括:立义质料或立义意义、立义形式或被立义的内容。

1. 立义行为中的本质要素

胡塞尔在对立义活动的意向分析中,划分出了"立义质料""立义形式"和"立义质性"三个要素。

(1) 立义质料(立义意义)

"立义质料"的概念在胡塞尔的术语中与"立义意义"基本同义,正如"质料"或"意义"的概念在胡塞尔那里基本同义一样③。胡塞尔在《逻辑研究》中明确指出"立义质料"是行为中的一个本质因素,它决定着"对象究竟是在这个还是在那个'意义'中被表象"④,也就是说,"立义质料"决定着对象被赋予了哪个意义。

(2) 立义质性

立义质性属于意识行为中包含着的另一个本质因素,它意味着"信仰的各种方式,单纯的搁置、愿望、怀疑等等"⑤,是"在立义过程中自我对对象之存在问题所持有的一种态度,胡塞尔也将它简称为'质性'"⑥。

---

① 胡塞尔:《逻辑研究》,II/2,A476/B₂4。
② 胡塞尔:《逻辑研究》,II/2,A563/B₂91。
③ 倪梁康:《胡塞尔现象学概念通释》(增补版),商务印书馆,2016年,第70页。
④ 胡塞尔:《逻辑研究》,II/2,A566/B₂94。
⑤ 胡塞尔:《逻辑研究》,II/2,A566/B₂94。
⑥ 倪梁康:《胡塞尔现象学概念通释》(增补版),商务印书馆,2016年,第70页。

(3) 立义形式

"立义形式"在胡塞尔现象学的意向分析中指的是"代现的形式",它与"立义质料"和"立义质性"一同构成了立义行为的本质因素。"立义形式"在行为中决定着"对象究竟是单纯符号性地、还是直观性地、还是以混合的方式被表象"①。由此胡塞尔将"立义形式"划分为三类：符号性的、直观性的和混合性的，其中直观性的"立义形式"本身又包括感知性的和想象性的，因此所有客体化行为的"立义形式"就可以划分为四类，即："符号意识、想象、感知和混合表象"②。

由此可见，在"立义质料""立义形式"和"立义质性"这三个要素中，"立义形式"决定了一个意义以何种方式被给予，即是说"立义形式"决定了一个意义是以感知的意向方式还是以想象的意向方式或者以其他的什么方式被给予；"立义质料"和"立义质性"则规定了何种意义被给予，比如，是"茶杯"还是"天空"等等。

2."立义内容—立义"

在胡塞尔的意识分析中，采用的基本模式表现为"立义内容—立义"，"立义内容"作为其中的一环指的是我们原初具有的感觉材料，它是我们意识体验的实项内容；立义内容在胡塞尔那里被区分为狭义的"立义内容"和广义的"立义内容"：狭义的"立义内容"，即直观行为中的立义内容，指的是感性材料和充盈；广义的"立义内容"，则包括被判断、被理解的内容等等。"立义内容"通常被胡塞尔称为"被立义的内容""须立义的内容"或"立义内涵"等等，它与"立义材料"（Auffassungsstoff）基本上是同义词。③立义内容是行为中的一个本质因素，它决定着"对象究竟是单纯符号性地、还是直观性地、还是以混合的方

---

① 胡塞尔：《逻辑研究》，II/2，A566/B₂94。
② 倪梁康：《胡塞尔现象学概念通释》（增补版），商务印书馆，2016年，第67页。
③ 倪梁康：《胡塞尔现象学概念通释》（增补版），商务印书馆，2016年，第68页。

式被表象"①,也就是说一个对象是借助于哪个展示性内容被表象。

"立义"作为我们意识活动的功能被胡塞尔称为意识体验的意向内容。在立义活动中,一堆杂多的感觉材料("内立义容"或"被立义的内容")被激活并被赋予意义,使其成为一个面对意识而立的对象客体,也就是说意指活动之所以能够构造出意识对象,就是因为意识活动具有立义的功能,即通过对杂多的感觉材料赋予含义,从而将其统摄成为一个意识对象。被立义后的对象是超越意识的对象,它在被立义之初是作为最内在的材料内容,通过立义之后而成为超越的对象。因此,胡塞尔说"我们在这个意义上把'立义'称之为超越的统觉,它标志着意识的功效,这个功效赋予感性素材的纯内在内涵,即所谓感觉素材和原素素材(hyletische Daten)的纯内在内涵以展示客观的'超越之物'的功能"②,因此胡塞尔也将"立义"称为"超越的统摄"。

通过胡塞尔的分析,我们知道"立义"是一个对象或客体得以形成的先决条件,因此立义活动在胡塞尔的现象学中构成了意向性概念的基本内涵。在此基础上,胡塞尔将"立义"区分为:"第一立义"(即"对象化的立义"或"客体化的立义")、"第二立义"(即"理解立义")。在胡塞尔那里,"立义"一般指的是"对象化的立义",因此"理解立义"(第二立义)奠基于"对象性的立义(第一立义)"之中③。

胡塞尔在《逻辑研究》中指出"客体化的立义"(第一立义)和"理解立义"(第二立义)就其作为一个理解或意指而言,二者之间是很接近的,然而这二者作为两种立义,它们的现象学结构却是根本不同的。

---

① 胡塞尔:《逻辑研究》,II/2,A566/B₂94。
② 倪梁康:《胡塞尔现象学概念通释》(增补版),商务印书馆,2016年,第64页。
③ 倪梁康:《胡塞尔现象学概念通释》(增补版),商务印书馆,2016年,第65页。

二、直观表象中的统觉——第一立义

(一)"客体化的立义"

按照胡塞尔的观点，"客体化的立义"就是"对象性立义"，就是被胡塞尔称为"第一性立义"的立义，通常也被简称为"立义"[①]。在胡塞尔那里，"对象性立义"就意味着"感知表象"的产生，而"感知表象"之所以得以形成，是因为被体验到的感觉复合是由某个行为特征、某个立义、意指所激活的；正因为感觉复合被激活，被感知的对象才显现出来，而这种感觉复合本身却显现得极少，就像这个被感知的对象本身构造于其中的行为也显现得极少一样。胡塞尔进一步分析指出，感觉内容可以说是为这个通过感觉而被表象的对象的内容提交了一个类似于建筑材料的东西：因而我们一方面谈到被感觉的颜色、广延、强度等，另一方面谈到被感知的（或者说，被表象的）颜色、广延、强度等等。但这两方面相应的东西并不是一个同一之物，而只是一个在种类上很接近的东西，我们可以通过胡塞尔的这个分析来证明这一点："我们看到的（感知到的、表象到的等等）这个球的均匀的色彩并没有为我们感觉到"[②]。也就是说"感觉表象"通过"对象性立义"而得以产生，具体来讲，就是意识通过对杂多的感觉材料的加工赋予其含义并将其统摄为一个对象，使其在直观中产生面对意识而立的东西，即一个对象在直观表象的统觉中得以构造。

(二) 一个对象在"客体化立义"中的构造

根据胡塞尔的分析，我们关于一个对象（例如"一个外部"事物）的直观表象（感知、虚构、反映）可以借助于一个被体验到的感觉复合而对我们产生出来，但这个感觉意识不感知树木和房屋，不感知鸟的飞翔或狗的吠叫，它不直观任何事物或事物性的事件。对于这种状况，人

[①] 倪梁康：《胡塞尔现象学概念通释》（增补版），商务印书馆，2016年，第66页。
[②] 胡塞尔：《逻辑研究》，II/1，A76/B₁76。

们将其表达为:"对于这样一种意识来说,感觉不意指任何东西,感觉不被看作一个对象特性的符号,感觉的复合不被看作这个对象本身的符号;感觉始终被体验到,但却缺少一种(产生于'经验'之中的)客体化释义(Deutung)"①。也就是说,一个没有立义的感觉意识,就无法直观到任何事物和事物性事件,那么它对任何事物的感觉就不被看作一个意向性的符号,这些事物虽然能够被感觉到,但仅仅是一堆杂乱的感觉材料,这些感觉材料没有被赋予意义(即被立义)并被统摄为一个面对意识呈现的统一的对象,从而也无法将其描述为一个统一的对象。

例如,我们关于"一棵树"的立义活动。根据胡塞尔的分析,我们关于"一棵树"的立义活动属于"对象性立义"("客体化立义"或"第一立义"),在这一意识活动中,立义的感性的意向结构表现为"将某物立义为某物"。因此,在立义尚未实施之前,我通过感官感知到的是一堆被胡塞尔形容为"建筑材料"的东西:"绿色的叶子""坚实的枝干""庞大的根系""矗立在土地之中"等等,我的被体验到的感觉复合通过某个立义、意指所激活,这些"建筑材料"("绿色的叶子""坚实的枝干""庞大的根系""矗立在土地之中"等等)被对应性地"摆放"在不同的位置,并进行相应的"搭建",此时这些感觉材料被统摄为一个具有同一性的对象,于是关于"这棵树"的表象得以形成,也就是说被感知的"这棵树"对我们显现。在这一基本结构中,被立义的"绿色的叶子""坚实的枝干""庞大的根系""矗立在土地之中"等作为被立义的感觉材料,通过直观表象的统觉而被立义为"一棵树"。

胡塞尔强调指出,"感觉显然只是在心理学的反思中才成为表象客体,而它在素朴直观性的表象中尽管是表象体验的组成部分(是其描述性内容的部分),但决不是表象体验的对象"。②感知表象之所以得以形

---

① 胡塞尔:《逻辑研究》,II/1,A75/B₁75。
② 胡塞尔:《逻辑研究》,II/1,A75/B₁75。

成，是因为感觉复合被激活，被感知的对象才显现出来，而"这个感觉复合本身却显现得极少，就像这个被感知的对象本身构造于其中的行为也显现得极少一样"①。

在这里我们对"客体化立义"的分析主要是针对典型的外感知的本质状况而言的，外感知是在感知过程中对外在于和超越于意识对象的构造；相应的，内感知是对内在于意识的对象的构造。因此这一分析对作为现象学反思的内感知并不具有普遍的有效性。当然，我们在"客体化立义"中仍然可以谈论含义与符号，但表达的现象学结构显然与对象性的感觉立义不同。

三、表达中的统觉——第二立义

(一)"理解的立义"

胡塞尔指出我们关于感知的情况的说法不能被误解为："意识先看到感觉，再使感觉本身成为一个感知的对象，然后又成为一个建立在感知基础上的释义的对象；这种过程发生在实际上已被对象性地意识到的客体那里，这些客体，例如语音，在真正的意义上是作为符号而起作用的"②。因此，胡塞尔认为作为表达的符号与客体化的感觉直观中的符号不同，但二者却有相近之处，比如符号在客体化时具有的带有物理意义的与对象相关的指示作用，所以我们仍然可以在客体化立义的行为中谈论含义和符号，但是需要注意的是在这里表达与客体化的立义之间存在的区别。

在胡塞尔那里，"表达中的统觉"作为"理解的立义"是与"客体化立义"相对应的概念，它也被胡塞尔称为"第二立义"。胡塞尔认为"在这种理解的立义中进行着对一个符号的意指，因为每一个立义在某种意义上都是一个理解或意指，这种理解的立义与那些（以各种形式进行的）

---

① 胡塞尔：《逻辑研究》，II/1，A75/B$_1$75。
② 胡塞尔：《逻辑研究》，II/1，A75/B$_1$75。

客体化的立义是很接近的,在这些客体化立义中,对一个对象(例如'一个外部'事物)的直观表象(感知、虚构、反映)借助于一个被体验到的感觉复合而产生给我们"①。

因此,符号意识作为一个复合行为是奠基于感知行为之上的,对符号的物质部分的感知是符号行为的一个组成部分,例如,我看见写有"天空"的蓝色字迹或听到你发出"天空"的语音等,而这些表达的物理表象是在"客体化立义"时被统摄形成的,使其带有物理意义。除此之外,这个新的对象性在一个新的意指行为中被意指,但并不在感觉中被体现。这个意指、这个表达性符号的特征恰恰是以符号为前提的,而这个意指就显现为对这个符号的意指,或者,"纯粹现象学地说:这个意指是一个被染上了这样或那样色彩的行为特征,它将一个直观表象的行为当作必然的基础。在这个直观表象的行为中,表达作为物理客体构造起自身。但是,这个表达只有通过被奠基的行为才会成为完整的、真正的意义上的表达"②。此时的表达已经不同于单纯的外感知,不仅仅在于对物理表述现象的把握,即在符号意识中对符号的单纯感知,比如对一个用蓝色墨水书写的"天空"的字迹的感知,此时的表达意识已经表现出新的意指性,也就是对"天空"这一语词所标识的东西的意指。由此可见,符号意识的特点就在于它必须是一个复合的行为,一个建基于直观行为之上的行为。这一点明确地表现在胡塞尔在第一逻辑研究的相关描述中:"尽管语词(作为外在的个体)对我们来说还是直观当下的,它还显现着;但我们并不朝向它,在真正的意义上,它已经不再是我们'心理活动'的对象。我们的兴趣、我们的意向、我们的意指——对此有一系列适当的表达——仅仅朝向在意义给予行为中被意指的实事。纯粹现象学地说,这无非意味着:如果物理语词现象构造于其中的直观表象

---

① 倪梁康:《胡塞尔现象学概念通释》(增补版),商务印书馆,2016年,第67页。
② 胡塞尔:《逻辑研究》,II/1,A76/B₁76。

的对象愿意作为一个表达而有效,那么这个直观表象便经历了一次本质的、现象的变异。构成这个直观表象中对象现象的东西不发生变化,而体验的意向特征却改变了。无需借助于任何一个充实性的或描画性直观的出现,意指的行为就可以构造起自身,它是在语词表象的直观内涵中找到其依据的,但它与朝向语词本身的直观意向有着本质的差异。与这个意指行为特殊地融合在一起的常常是那些新的行为或行为复合体,它们被称作充实性的行为,而且它们的对象显现为在意指中被意指的对象,或者说,借助于意指而被指称的对象"①。在这一描述中,我们意识体验的意向性质已经从单纯的感性感知向符号意识发生了转变,此时我们已经开始把对蓝色钢笔字迹的感知转向了在这个符号意识中用钢笔书写的语词"天空"所具有的含义。在这里,符号的感性部分并没有发生本质的变化(依然还是那个用蓝色钢笔书写的字迹),但意指它的行为却发生了本质的变化(转变成了符号意向)。我们说这里发生了第二个立义,即将蓝色钢笔的划痕理解为了语词"天空",因此符号意识中的第二个对象被构造出来,这个对象就是符号的含义或意义。含义由此被意指的对象作为被给予的对象而构造出自身,即那个在意识行为中"被意指的实事"或者被符号"标识的东西",而认识对象也正因为少不了含义赋予和含义的充实而被认为是构造的,在这里构造的意思当然不是说意识制造事物,而是说它赋予事物以含义。

(二)**"客体化立义"与"理解的立义"**

"客体化立义"与"理解的立义"作为"立义"的两种基本形式,它们之间既有区别又有联系。

首先,两种立义之间的现象学结构的区别可以归纳为:"客体化立义"("直观表象中的统觉"或"对象性的立义""第一立义")是指在直观行

---

① 胡塞尔:《逻辑研究》,II/1,A40/B₁40—A41/B₁41。

为中进行的立义;"理解立义"("表达中的统觉""第二立义")则属于符号行为的范畴。"对象性立义"与一个感性客体在直观中的被构造有关,而"理解立义"则意味着一个抽象的符号在符号意识中的被理解、被把握[1]。

其次,正是在这个意义上,体现了"客体化立义"和"理解的立义"二者之间的联系。符号意识是一个复合行为,但复合行为并不是说有两个行为外在的并列在一起并且同时进行,而是说有两个构造活动,两个行为通过连接而产生出一个统一的整体行为。在符号意识的构造活动中,既包括"客体化立义"行为,也包括"理解的立义"行为,其中"理解的立义"行为奠基于"客体化立义"行为之上,即胡塞尔所说的"第二立义"奠基于"第一立义"之上。"客体化立义"("第一立义")作为"理解的立义"("第二立义")的基础,使"理的解立义"得以进行,但在包括这两种立义活动的符号意识中,我们的兴趣则在于符号所意指或标识的东西,因此赋予含义的"理解的立义"就发挥了主导作用并表现出赋义的主动性。因此,在这个意义上,使表达的含义得以被构造的"第二立义"对表达而言是具有本质性的。

胡塞尔指出,上述分析是针对无直观被理解的表达最简单的情况而言的,它必定也对最复杂的情况有效。因为在最复杂的情况中,表达是与相应性的直观相互交织在一起的。如果一个表达时而伴随着描画性的直观、时而不伴随着这种直观而被有意义地使用,那么这个表达也就无法从各种不同的行为中获得其意指性的来源[2]。

据此,胡塞尔进一步指出就目前他所做的这些分析"根据这里尚未顾及到的更为细微的层次划分与支脉划分来分析这个描述性的事态,这并不是一件轻而易举的事情。尤其困难的是对直观化表象之作用的

---

[1] 倪梁康:《胡塞尔现象学概念通释》(增补版),商务印书馆,2016年,第67页。
[2] 胡塞尔:《逻辑研究》,II/1,A76/B$_1$76。

正确把握，确认甚至阐明它们所成就的含义意向、它们与那些已经在无直观的表达中作为意义赋予的体验而起作用的理解特征或意指特征的关系"①。但胡塞尔同时也指出这一充满困难和挑战性的工作恰恰就是现象学分析的广阔领域，它也是逻辑学家所无法回避的领域，因为只要逻辑学家想要澄清在含义与对象、判断与真理、模糊的意见与确凿的明见之间的关系就绕不开这一领域。下面我们将会通过阐述胡塞尔的有关分析来进一步证实他的观点。

---

① 胡塞尔:《逻辑研究》，II/1，A77/B₁77。

第四章 语词含义的偏差与统一

胡塞尔在第一逻辑研究的第一章中分别分析了表达（Ausdruck）与含义（Bedeutung），并对其进行了本质性的区分，在第二章探讨的是意指（Bedeuten）的行为。在第一章的区分中，胡塞尔就把含义本身（Bedeutung selbst）与作为行为的意指（Bedeuten als Akt）区分开来。按照胡塞尔的观点，各种可能的行为意指相对于含义本身而言，是多；含义本身相对于各种行为的杂多性而言，是一——一种观念的同一性；与此同时，胡塞尔还对在主观意义上和在客观意义上的被表达的内容、在客观意义上的作为含义的内容和作为名称的内容进行了区分。胡塞尔通过分析指出：上述种种区分不仅存在于无数的情况中，而且也存在于所有那些与某个合适地被阐述的科学理论相关的表达情况中。

在上述描述的基础上，胡塞尔认为除去上述分析的情况，还有一些"其他的不同情况"①。对此胡塞尔强调指出"我们需要格外地注意这些情况，因为它们带有一种将这些已经获得的区分重新搅乱的趋向"②。这些在胡塞尔看来带有一种"重新搅乱的趋向"的情况，具体而言，就是指一些在"含义上有偏差的表达"③，尤其是那些带有机遇性和模糊性的会给我们造成极大困难的表达。因此胡塞尔认为我们有必要在有偏

---

① 胡塞尔：《逻辑研究》，II/1，A77/B₁77。
② 胡塞尔：《逻辑研究》，II/1，A77/B₁77。
③ 胡塞尔：《逻辑研究》，II/1，A77/B₁77。

差的意指行为与观念统一的含义之间作出区分，以此来解决这些困难。

第一节 传诉内容与名称内容之间的相合关系

在上述现象学的考察中，胡塞尔就符号与符号所表达的东西之间的关系进行了详细的分析与描述，尤其是重点强调了符号的意指功能，就是说符号是有所指谓，从而使其成为客观内容的载体，而符号的这一功能又被称为符号的"客观"功能；与之对应，符号还可以表达某些主观的东西，比如表达者的当下心理体验等等，我们把符号的这种功能叫作"主观"功能。因此符号可以被区分出两种功能："客观"功能和"主观"功能，"正如表达可以涉及其它对象一样，它们同样也可以与表达者的当下心理体验有关联"[①]。

据此，胡塞尔指出我们可以将表达分为两种："一种表达是那些同时也传诉着它们所指称的（或者就是它们所标示的）对象之物的表达，而在另一种表达那里，被指称的内容和被传诉的内容是分离开来的"[②]，也就是说，我们可以把表达分为传诉的内容与指称的内容相合以及传诉的内容与名称内容不相合这两种情况来进行考察。

一、传诉的内容与指称的内容相合

所谓"传诉内容和名称内容相合"就是指表达所传诉的内容与其所指称的（或者就是它们所标示的）对象一致。在第一逻辑研究的第一章，胡塞尔关于传诉的分析是通过对在交往作用中的表达的考察完成的。胡塞尔指出，传诉的内容是由被传诉的心理体验构成的。狭义上，胡塞尔将传诉限定于只向听者传诉由赋义行为赋予表达式的有关的心理经验上；

[①] 胡塞尔：《逻辑研究》，II/1，A78/B₁78。
[②] 胡塞尔：《逻辑研究》，II/1，A78/B₁78。

在广义上，胡塞尔则把"所有那些由听者根据说者的话语（并且也可能通过这话语对这些行为所做的陈述）而附加给说者的行为"①包含在内，即把归诸于说话者的全部心理经验都包括在传诉的范围之内。对此胡塞尔举例说"疑问句、愿望句、命令句便提供了第一类表达的例子"②，例如，有人说出这样一个愿望"我想要一杯水"，那么这对于听者来说这个表达就是说者愿望的一个指号，这个指号也在意指着某物，因此这个愿望同时也是陈述的对象，这样被传诉之物与被指称之物在这里达到了相合，但这一"相合"仅仅是局部的，之所以是"局部的相合"，这是因为在传诉之中还包含着"我想要"等这些语词中所表达出来的判断。与此相同的还包括那些关于说者的表象、判断、猜测等陈述的情况，即"如果我们陈述（aussagen）一个愿望，那么对愿望的判断便在狭义上得到传诉，而愿望本身则在广义上得到传诉。同样的情况也适用于通常的感知陈述，它属于现时的感知，听者可以轻易地理解它。在这里，感知行为是在广义上被传诉，建立在这个行为之上的判断则是在狭义上被传诉"③，也就是说，具有"我表象，我认为，我判断，我猜想，等等"④这些形式的表达在通过"我表象""我认为""我判断""我猜想"这些语词表达出来的判断在狭义上得到传诉的同时，在广义上被一起传诉的还包括愿望本身、感知行为本身等等。

那么表达所传诉的内容与其所指称的对象是否存在完全相合的情况？对此胡塞尔指出有些情况初看起来似乎是完全相合的，例如，"在我现在正表达的语词中所传诉的心理体验"⑤，但是我们在进一步的观察中可能会发现对这个例子的解释是不可信的。也就是说，在表达中传诉的

---

① 胡塞尔：《逻辑研究》，II/1，A33/B₁33。
② 胡塞尔：《逻辑研究》，II/1，A78/B₁78。
③ 胡塞尔：《逻辑研究》，II/1，A33/B₁33—A34/B₁34。
④ 胡塞尔：《逻辑研究》，II/1，A78/B₁78。
⑤ 胡塞尔：《逻辑研究》，II/1，A78/B₁78。

内容与其所指称对象之物不存在完全相合的情况。因为在胡塞尔看来，我们对于传诉的理解首先仅仅在于将说者直观地统摄为一个进行表达的人，我们所接受的传诉实际上就是对传诉的感知。对此胡塞尔指出我们通常可以去感知陌生人的心理体验，其前提仅仅在于只要我们把感知的事物限定在外在的物体事物，并且还不能把感知限制在最严格意义上的"相即感知"的层面上，因为"相即感知"就意味着感知与被感知的对象构成一个无中介的完全相应的统一。但是胡塞尔指出这种无中介的完全相合的情况是不存在的，因为胡塞尔认为在感知说者的体验和体验到说者的体验之间，即在"我知道"和"我听你说而知道"之间的区别很大，传诉中的"那些使此人成为此人的心理现象作为它们之所是并不可能落实为对一个他人的直观"①，传诉既有指示功能，又有意指功能，听者对传诉的接受就是对"传诉"的感知，但听者却无法直接像说者一样完全体验到说者自己说出的东西，在接受和传诉之间的相互理解中展开的心理行为的两个方面的相互关系不具有完全的相同性。因此，在传述中听者能够把握表达所指称之物，但却不能完全体验说者所传诉的内容。

二、传诉的内容与名称内容不相合

胡塞尔指出在表达中还存在着一种传诉的内容和名称内容相反的情况，那就是被指称的内容与被传诉的内容是完全分离的。对此胡塞尔分析说这是由"那些与外部事物、过去的本己心理体验、数学关系等等有关的表达所提供的"②。例如，像在"2×2=4"这一类陈述中，其传诉对象与被陈述出来的事态是完全分离的，因为当我们听到"2×2=4"这一类陈述时，它可能实际意味着"我判断2×2=4""我猜想2×2=4"或者"我认为2×2=4"。因此，胡塞尔认为"2×2=4"和"我判断2×2=4"是不等值的，前者可以为真，后者可以为假。

---

① 胡塞尔:《逻辑研究》,II/1,A34/B₁34。
② 胡塞尔:《逻辑研究》,II/1,A78/B₁78。

胡塞尔进一步指出，如果我们对传诉概念作出较为狭窄的理解，也就是将狭义上的传诉限定于意义给予的行为，即只向听者传诉将意义赋予表达式的有关的心理经验。如果我们在这一意义上来理解传诉概念，那么在上文列举中所说的那些对象便不再属于被传诉的体验的领域。根据胡塞尔的观点，如果我对自己的瞬间心理体验进行陈述，那么同时就意味着我通过这个判断也传达了我现存的心理体验，比如"我想要一杯水"，除了传诉"一杯水"的含义之外还传达了我当下的急切愿望。听者之所以能够接受这样一个内容的判断，即他希望、期望这个或那个等等，正是因为我在传诉这个判断时，听者把我统摄为一个希望者或者期望者，从而使相互交流的我和听者之间具有了彼此互属的物理体验和心理体验。这样，一个陈述的含义就呈现在这个判断之中，而与这一陈述相关的内心体验则属于那些被判断的对象。据此胡塞尔得出结论"如果现在仅仅在狭义上将那些自身带有表达含义的被指示的体验算作传诉，那么传诉的内容和指称的内容在这里和所有地方一样，都始终是被分离开来的"①，也就是说，在胡塞尔看来，就狭义上的传诉而言，传诉的内容和指称的内容始终都不会相合。

第二节 主观表达与客观表达

胡塞尔在前面的分析中指出表达是具有含义的符号，它不仅具有含义，而且还与某些对象发生联系，并且指出对象与含义永远不会完全一致，因为很多时候不同的表达可以具有同一个含义，但却具有不同的对象；或者多个表达可以具有不同的含义，但却具有同一个对象。

---

① 胡塞尔：《逻辑研究》，II/1，A79/B₁79。

胡塞尔通过进一步的分析认为传诉的内容和指称的对象始终是不相合的,"那些与传诉的瞬间内容具有指称关系的表达属于表达的更广泛的组成,它们的含义随情况的不同而变化"[①],而其传诉的内容和指称关系的变化是以一种"极为特别的方式"发生的[②],以至于让人们觉得它们在这里存在着多义的情况,例如,现在我对你说"我希望您幸福",以此来表达我对你的祝愿。这句话也可以由你对我说,或者由我对其他人说,或者由其他人对你和我说。无论是你说还是我说,或者其他什么人来说,这些语词始终是同一个,用来表达的是具有"同一个内容"的愿望。但是在不同的情况中这些愿望本身会随着情况的不同而变化,而且这些愿望所陈述的含义和指称关系也会随着情况的变化而变化:比如,"这一次是 A 这个人面对 B 这个人,而另一次则是 M 这个人面对 N 这个人。如果 A 对 B 做出与 M 对 N '同样的希望',这个愿望句的意义显然仍是各不相同的,因为在这个愿望句中还包含着面对面的人的表象"[③]。也就是说,"我希望您幸福"只要由不同的人面对同一个人或不同的人说出,这些愿望本身以及愿望所陈述的含义和指称关系都会有所变化,比如我对你说"我希望您幸福",表达的是我对你的祝愿;你对我说"我希望您幸福",表达的就是你对我的祝愿,其他人对你说或者其他人对其他人说,则表达的是他人对你和他人的祝愿等等。

根据胡塞尔的分析,上述情况可以被看作一种多义性,但这种多义性与"Hund"这个词所具有的多义性完全不同。在德语中"Hund"这个词既可以指一种动物——狗,也可以指在矿山作业中常用的那种小矿车。胡塞尔指出人们在谈及多义性时,往往首先指的就是在上述例子中表现出来的这种多义性表达。对此维特根斯坦在《哲学研究》中分析意义的

[①] 胡塞尔:《逻辑研究》,II/1,A79/B$_1$79。
[②] 胡塞尔:《逻辑研究》,II/1,A79/B$_1$79。
[③] 胡塞尔:《逻辑研究》,II/1,A79/B$_1$79——A80/B$_1$80。

不确定性时，也对一词多义的现象进行了考察：例如，"Bank"一词在德语的一些意境中意指"银行"，而在另一些意境中意指"长凳"。"Er sitzt auf einer Bank in der Bank"，这句话的意思是"他坐在银行里的一张长凳子上"，它不应被理解为"他坐在长凳里的一张银行上"[①]；另外像德文"weiche"这个词作为动词使用时意思是"走开"，作为形容词使用时意指"柔和的"等等。像这种一词多义的事例举不胜举，这都说明同一个词在不同的语境中可能有不同的用法，从而具有不同的含义。但胡塞尔指出这种多义性并不能动摇我们对含义的观念性和客观性的信念，因为我们在使用这些多义词时可以随意地将这种表达限制在其中的某一个含义上，并且虽然这种表达所具有的各个含义被附以同样的称呼，但是"这个偶然的状况并不会影响到这些含义中的任何一个含义的观念统一"。[②]

我们又该如何理解前面所说的那种表达，即可以被多人使用的具有"同一个内容"的愿望句？关于这种表达的多义性，胡塞尔指出，"相对于人及其体验的变化而言，它们的含义统一是同一的，但由于现在含义恰恰随着人及其体验的变化而改变，那么在这些表达那里，我们还能坚持说，它们具有同一的含义统一吗？"[③]明显地，在胡塞尔看来，这里所涉及的多义性不是偶然的多义性，而是一些不可避免的多义性，因此，这种多义性就必然会影响含义的观念同一，但同时胡塞尔又指出这种多义性无法通过人为的措施与协定而从语言中删除。

基于对这种无法消除的多义性的探讨，胡塞尔将表达区分为本质上主观的或机遇性的表达与客观的表达，并对它们进行考察以作出更明确的定义。为简单起见，胡塞尔把对这两种表达的分析限定在正常起作用

[①] 维特根斯坦：《维特根斯坦文集》（第十卷），涂纪亮、张金言翻译，河北教育出版社，2003年，第68页。

[②] 胡塞尔：《逻辑研究》，II/1，A80/B₁80。

[③] 胡塞尔：《逻辑研究》，II/1，A80/B₁80。

的表达上。

一、主观表达和客观表达

(一) 客观表达

就客观表达而言，胡塞尔指出："我们将一个表达称之为客观的，如果它仅仅通过或能够仅仅通过它的声音显现内涵而与它的含义相联系并因此而被理解，同时无须必然地考虑（Hinblick auf）做陈述的人以及陈述的状况。"[①]也就是说，如果一个表达式的含义可以根据它的声音感觉表象加以确定，这个表达式便是客观的，那么我们对这种表达式的含义的理解便可以不考虑是谁在使用它们以及在什么场合下使用的，例如，我说"三角形的内角和是180°"，你说"三角形的内角和是180°"，我用汉语说"三角形的内角和是180°"，你用德语说"三角形的内角和是180°"，以上无论是哪种表达，其表达的含义都是"三角形的内角和是180°"，它的含义不取决于由谁说出以及怎么说。按照胡塞尔的认识，一个客观的表达虽然有可能以不同的方式而表现出多义性，这样它就与多个含义处于上文所描述的那种关系中，即许多人运用同一个陈述，但是因为表达者、听者、语境等情况的不同，这个表达实际上每一次所引起的或意指的究竟是诸多含义中的哪一个，这往往要"取决于听者的偶然思想方向，取决于那些已经处在流动状况中的语序以及由语序引起的倾向等等"[②]。胡塞尔指出尽管我们关于说者及其境况的考虑对这个意指关系可能具有有益的影响，"但语词究竟能否在这些含义的一个含义中被理解，这并不是以那种必不可少的条件（conditio sine quanon）的方式取决于这种考虑"[③]，即是说对在客观表达式中可能存在的意义模糊的含义的理解，我们只需要考虑根据这些符号的使用情景就可以确定并理解这一表

---

① 胡塞尔：《逻辑研究》，II/1，A80/B₁80。
② 胡塞尔：《逻辑研究》，II/1，A80/B₁80—A81/B₁81。
③ 胡塞尔：《逻辑研究》，II/1，A81/B₁81。

达式在每个特殊场合下具有的特定的含义,而关于表达者及其表达环境乃至听者的情况并不影响含义同一的观念性。

那么,我们通常所接触的表达有哪些是可以被包括在客观表达的范围之内的?对此胡塞尔指出,所有理论的表达,即"抽象"科学的原理和定理、证明和理论建立于其上的那些表达都被包含在客观表达之中。其中数学表达式就属于这一类表达,比如"2×2=4",再比如"一个三角形的三条高相交于一点"等等,关于这一类表达,"现时话语的状况丝毫不会影响到例如一个数学表达意味着什么"①。也就是说,对于这一类被胡塞尔称之为"客观的表达",无论谁读到它或提出这个陈述,无论他在什么情况下和在什么时间里读到它或提出这个陈述,这个数学表达式所意谓的和这个陈述所陈述的都是同一个东西,即"2×2=4"或"一个三角形的三条高相交于一点",并且"不比这更多,也不比这更少"②。因此胡塞尔说,我们读到它并且理解它而无须去思想某个说者。胡塞尔同时又指出"那些被用来满足日常生活之实际需要的表达则与此完全不同,而且,那些在理论科学中被一同用来为科学结论做准备的表达也与此完全不同"③。根据胡塞尔的观点,"那些在理论科学中被一同用来为科学结论做准备的表达"与那些理论的表达,即"'抽象'科学的原理和定理、证明和理论建立于其上的那些表达"④虽然都与理论科学及其研究相关,但前一种表达的情况是"这些表达或是伴随在研究者自己的思维活动之中,或是研究者通过它们来向其他人传诉他的思考和努力、他的方法上的措施和暂时的信念"⑤,因此,在胡塞尔看来,它们不被包含在胡塞尔所说的"客观的表达"的范围之中。

---

① 胡塞尔:《逻辑研究》,II/1,A81/B₁81。
② 胡塞尔:《逻辑研究》,II/1,A43/B₁43。
③ 胡塞尔:《逻辑研究》,II/1,A81/B₁81。
④ 胡塞尔:《逻辑研究》,II/1,A81/B₁81。
⑤ 胡塞尔:《逻辑研究》,II/1,A81/B₁81—A82/B₁82。

(二) 主观表达

关于"主观表达",被胡塞尔定义为"我们将这样一种表达称之为本质上主观的和机遇性的表达,或简称为本质上机遇性的表达,这种表达含有一组具有概念统一的可能含义,以至于这个表达的本质就在于,根据机遇、根据说者和他的境况来确定它的各个现时含义"①。也就是说,如果一个表达在任何一个特殊场合下的具体意义本质上取决于使用它的人和使用它的环境,那么这种表达式就被称为"主观的"或"偶然的"表达。虽然这些表达虽然拥有"一组具有概念统一的可能含义"②,但是每一次表达都必须依据其实际的陈述状况,即根据说话者以及说话者说话的环境"在诸多互属的含义中才能最终有一个确定的含义"③构成给听者。由此胡塞尔指出,由于我们对这一类"主观表达"的理解在正常的情况下必须结合说话者及其环境的具体情况来说明其含义,因此我们的理解随时都需要进行必要的调整,然而"在对这些状况的表象中以及在它与表达本身的有规则的关系中便必定包含着对于每一个人来说都可把握到的而且是充分可靠的支撑点"④,这些支撑点能够在不同的情况下将听者引导到这种情况中被意指的含义上去。

那么在胡塞尔看来有哪些表达属于"主观的表达"?

1. 含有人称代词的表达

胡塞尔分析指出"每一个含有人称代词的表达都缺乏客观的意义"⑤。比如"我"这个词在不同的情况下指称的对象并不相同,并且它的指称会随着不断更新的含义而变化,也就是说"我"在每一次的表达中的具体含义是什么,只有从陈述的实际情况以及它所包含的直观状

---

① 胡塞尔:《逻辑研究》,II/1,A81/B₁81。
② 胡塞尔:《逻辑研究》,II/1,A81/B₁81。
③ 胡塞尔:《逻辑研究》,II/1,A81/B₁81。
④ 胡塞尔:《逻辑研究》,II/1,A81/B₁81。
⑤ 胡塞尔:《逻辑研究》,II/1,A82/B₁82。

况中才能得知。比如，张三说"我口渴"，李四说"我口渴"，王五说"我口渴"，在这三个表达式中，"我"这个词分别指称的是"张三""李四""王五"，根据这三个表达式的实际语境，其所表达的含义分别是"张三口渴""李四口渴"以及"王五口渴"。由此，我们可以看出"我"的具体含义在不同的表达式中是由其所处的实际的直观情况所决定的。胡塞尔指出我们之所以能将这三个表达式中的"我"分别理解为"张三""李四"和"王五"，就在于我们知道"我"是一个语词，并且是"一个当时的说者为了标示自己所用的语词"①。也就是说，我们每一个使用"我"或听到"我"这个词的人都知道它是说者标示自己的语词，而不会猜测它是一个"随意的阿拉贝斯克"②③；如果"我们读了'我'这个词而不知道，写这个词的人是谁，那么这个词即使不是一个无含义的词，也至少是一个脱离了它的通常含义的词"④。

但是，胡塞尔同时又指出"这个被引起的概念表象并不是'我'这个词的含义"⑤，即"这个当时标示着自己的说者"并不是"我"这个词的含义。因为如果"我"这个词的含义是"这个当时标示着自己的说者"，那么我们在表达中就完全可以用"这个当时标示着自己的说者"来替代"我"这个词。比如，通常情况下，我们说"我很愉快"，而这时我们就可以说"这个当时标示着自己的说者很愉快"，显然这个替代不仅看起来非常奇怪，而且会导向一些具有不同含义的表达。胡塞尔分析指出，"标示出当时的说者"仅仅指的是"我"这个词的普遍含义作用，以此我们用来表达普遍含义作用的概念"并不是直接地和本身地构成这个词的含义的概念"⑥。

---

① 胡塞尔:《逻辑研究》,II/1,A82/B₁82。
② 胡塞尔:《逻辑研究》,II/1,A82/B₁82。
③ 胡塞尔在这里注释:阿拉贝斯克是一种阿拉伯风格的装饰图形。
④ 胡塞尔:《逻辑研究》,II/1,A82/B₁82。
⑤ 胡塞尔:《逻辑研究》,II/1,A82/B₁82。
⑥ 胡塞尔:《逻辑研究》,II/1,A82/B₁82。

以上分析是针对在交往的话语中进行传诉的表达而言的,那么在孤独的话语中,"我"这个词的含义又是怎样的?对此胡塞尔分析指出,在孤独的话语中,"我"这个词的含义"本质上是在对本己人格的直接表象中完成的"①,因而在孤独的话语中,"我"这个词的表象中也包含着在交往的话语中的"我"这个语词的含义。

在交往的话语中,每一个说者都具有他自己的"我"的表象以及他的个人的关于"我"的概念,因此在每一个说者那里,"我"这个词的含义都是不同的。但因为每一个谈论自己的人都说"我",所以"我"这个词就具有一种对当下事实而言普遍有效的指号特征。在交往的话语中,听者借助于"我"的这一指号特征,从而形成对"我"的含义的理解,此时听者不仅将这个与他直观相对的人立义为"这个说者",而且将"我"理解为这个说者所言说的直接对象。"我"这个词不像"狮子"这个词那样能够自在自为地唤起我们关于狮子的表象,"我"这个词仅仅有一个指示性的功能在发挥作用,"它好像在对听者呼唤:你的对立者指的是他自己"②,因此胡塞尔指出"'我'这个词的自身并不具有那种能够直接唤起特殊的、在有关的话语中规定着'我'的含义的'我'表象的力量"③。

与此同时胡塞尔还补充道,即使我们不知道"我"这个词是谁说出的或者是在什么情况下说出的,这个词也并不是完全没有意义,它不同于任何一个随意拼凑的字,比如"Abcodem"等等。我们知道这个词指某个说话的人,而且这个人用这个词来称呼他自己。诚然,人们并不能把上述分析理解为"仿佛对说者的直接表象自身便具有'我'这个词的完整含义"④,即是说这并没有构成这个词的全部意义,我们也不能将

---

① 胡塞尔:《逻辑研究》,II/1,A82/B₁82。
② 胡塞尔:《逻辑研究》,II/1,A83/B₁83。
③ 胡塞尔:《逻辑研究》,II/1,A83/B₁83。
④ 胡塞尔:《逻辑研究》,II/1,A83/B₁83。

"我"这个词看作一种其各个含义必须借助于所有那些可能的人的专名才能被辨认出来的多义词。胡塞尔说,"在这个词的含义中显然还以某种方式一同包含着这个自身意指的表象,以及在其中进行的那种指向(Hindeuten)对说者的直接个体表象的表象"[1]。按照胡塞尔的分析,在含有"我"的表达中,胡塞尔把"我"这个词的全部含义分为两个层次:第一个含义被胡塞尔标示为"指示性的含义"[2],即"与普遍作用有关的含义"[3],它仅仅指的是"我"这个词的一般的意义功能,也就是标示出当时的说者,这是一种指示性的作用,这种指示性的作用在胡塞尔看来是与含义相关联的;第二个含义被胡塞尔标示为"被指示的含义"[4],这一含义使这种一般意义功能确定化,也就是使它变为现实的、具体的意义的那种功能,就是把"我"标识为"一个此时此地(hic et nunc)被意指之物"[5]。由此可见,在胡塞尔这里,关于"我"的含义的分析与胡塞尔对在传诉作用中的表达所做的分析类似,即"我"的含义有两个:一个是与这个语词符号的指示功能联系在一起,即"我"指示着什么,另一个是由这个语词符号的意指功能所赋予的含义,即"我"意谓什么,按照胡塞尔的分析,与之对应,这两个含义我们可以把它分别理解为:"标示出当时的说者"和"一个此时此地(hic et nunc)被意指之物",并且二者联系在一起,彼此互为基础。

2.含有指示代词的表达

胡塞尔进一步指出,上述关于人称代词所做的有效分析对指示代词也同样有效。例如,有人说"这个",那么说者在听者那里所直接引起的首先是这样一个表象或信念,即说者在指某个处于他直观领域或思维领

---

[1] 胡塞尔:《逻辑研究》,II/1,A83/B₁83。
[2] 胡塞尔:《逻辑研究》,II/1,A83/B₁83。
[3] 胡塞尔:《逻辑研究》,II/1,A83/B₁83。
[4] 胡塞尔:《逻辑研究》,II/1,A83/B₁83。
[5] 胡塞尔:《逻辑研究》,II/1,A83/B₁83。

域中的东西，他要将这个东西指给听者看，而非其指称对象的表象。根据胡塞尔的认识，在实际的话语表达中，"这个"能够充分指明真正被意指之物的依据就是说者在听者那里所引起的那个思想，即说者将直观领域或思维领域中的东西指给听者看。胡塞尔指出，当我们孤立地读到"这个"词的时候，"这个"一词仍然缺乏其真正的含义，但我们却能够理解它，根本原因就在于它具有我们之前多次提到的那个被称为语词的指示性含义的东西，也就是语词符号的指示功能所引起的它的指明性作用的概念。而如果我们要想让"这个"词的完整的和真正的含义得到阐明，就不能对"这个"词进行孤立的考察，而只有将这个词放在一般的实际陈述中，在其发挥正常作用的情况下，以及在对其意指对象强行表象的基础上才能完成。

关于指示代词发挥作用的方式，胡塞尔作了如下的说明："我们可以将这种方式当作与客观方式相等值的东西来加以运用"①。例如，在数学关系中，一个"这个（dies）"以一种在概念上固定的方式指明了一个被确定了的东西，而此时我们不要求对象相关物的强行表象就可以将它理解为一个被意指的东西。比如，在数学的阐述中，我们在明确地提出一个定理之后，通常会继续这样表述："由此而得出这个，即……"②我们可以看到在这一表述中，"即"后面表述的内容就是"这个"要指明的有关的定理本身，比如"由此而得出这个，即 2×2=4"或者"由此而得出这个，即一个三角形的三条高相交于一点"等等，其中"2×2=4"或"一个三角形的三条高相交于一点"就是"这个"所指明的内容，在这里"2×2=4"或"一个三角形的三条高相交于一点"在不改变意义的情况下就可以替代"这个"，并且胡塞尔认为"从阐述本身的客观意义来看，这一点是自

---

① 胡塞尔：《逻辑研究》，II/1，A84/B$_1$84。
② 胡塞尔：《逻辑研究》，II/1，A84/B$_1$84。

明的"①。胡塞尔指出我们还可以对这个表述中的指示性的联系予以考察。按照胡塞尔的分析，此时在这一表达中，"这个"指示代词自身所包含的并不是"这个指明的被意指的含义"②，即这一定理本身所意指的含义，"这个"在这里仅仅指示着关于这个定理的思想，即这个定理本身。胡塞尔告诉我们"通过这个指示性含义来进行的介绍只是对思想性意指之主要特征的简称以及对此特征的较为简易的管理"③，就是说进行这样的阐述是为了避免表达中出现重复的话语。

按照胡塞尔对人称代词所作的相关分析，在这里对指示代词也同样有效。那么，指示代词（比如"这个"）在这里也可以被区分为两个含义：第一个就是"用于表示的意义"，即在现时表达中完成的指示性的作用，比如在"由此得出这个，即……"这一表达中"这个"的指明性的作用；第二个是"已被表示的意义"，即将"这个"标明为"一个此时此地被指称的对象"，比如"这个房子""这个鸟"，"这个"用来指称说者面前的房子或飞翔的鸟。可见在这两种表达中，"这个"的作用并不相同。在胡塞尔看来，在前一种表达中——"由此而得出这个，即……"，其中的"这个"实际上已由后面指明的定理所确定，在这里它也发挥着指示性的作用，但却不要求对象相关物的强行表象，仅仅是对思想性意指特征的简称和较为简易的管理；而在后一种表达中——"这个房子""这个鸟"，这里的"这个"是用来指称呈现在说者面前的房子或鸟。因此胡塞尔指出我们在这里仅仅回顾以前所陈述的客观思想是不够的，还必须假设伴随情况的不同而变化的个体直观。

3. 包含着与主体有关的规定的表达

此外，胡塞尔指出与上述本质上机遇性的表达类似的还有"这里"

---

① 胡塞尔：《逻辑研究》，II/1，A84/B₁84。
② 胡塞尔：《逻辑研究》，II/1，A84/B₁84。
③ 胡塞尔：《逻辑研究》，II/1，A84/B₁84。

"那里""下面",或者"现在""昨天""明天""后来"等等,在这些领域中它们包含的那些规定都与主体相关。比如"这里"一词,其标志着说者所具有的范围模糊的空间环境。根据胡塞尔的观点,谁运用这个词,这一指示代词就根据对使用者这个人及其地点性的直观性表象和设定来意指他所处的位置,这个地点会随着情况和人的不同而变化。鉴于这个语词的普遍作用,我们每一个人都可以用"这里"来指称这个说者的空间环境,使指称如此进行:"这个词的本真含义是根据在当时对这个地点的表象才构造起来的。"①。按照胡塞尔的分析,只要"这里"始终是指称一个地点本身,那么这个含义的一部分就是普遍概念性的含义;而与普遍概念性的含义相衔接的是一个直接的地点表象,"这个直接地点表象在已有话语的状况中通过对这个'这里'的指示性的概念表象而得到理解性的强调,并且被归属于这个指示性的概念表象"②。

根据胡塞尔的描述,上述分析的表达所具有的这个本质上机遇性的特征也可以转移到所有那些部分带有这些表象或类似表象的表达上,以及所有那些杂多的说话形式上。首先,胡塞尔指出所有那些在感知、信念、思考、愿望、希望、担忧、命令等方面的表达也具有这种本质上机遇性的特征。在这些表达中,"说者以这种说话形式将某种与他有关的或者通过与他本身的关系而被思考到的东西正常地表达出来"③。其次,胡塞尔认为所有与定冠词相联系的表达也具有本质上机遇性的特征。在这些联系中,定冠词只是通过种类概念或属性概念而与个体之物发生联系,比如,德国人说"这个"皇帝(dem Kaiser),那么其所指的当然是当今的德国皇帝;再比如,晚上要用"这个"灯(die Lampe),那么每

---

① 胡塞尔:《逻辑研究》,II/1,A85/B₁85。
② 胡塞尔:《逻辑研究》,II/1,A85/B₁85。
③ 胡塞尔:《逻辑研究》,II/1,A85/B₁85。

个人指的都是他自己的灯①②。

由此可见，在胡塞尔的分析中，本质上机遇性的表达包括：含有人称代词的表达式和包含指示代词的表达式。就"我"这一类的人称代词的表达式和"这个"或"这里"等指示代词的表达式而言，它们在表达中不仅具有一般的指示功能，而且具有一种充分规定的意义，二者互为基础。除此之外，包含"现在""今天""明天""今后"等时间副词的表达式和所有的知觉、信念、思考、愿望、希望、担心、命令的表达式，以及所有与定冠词相连的表达式，也属于"主观的表达"。在胡塞尔看来，只有精确的表达式才是客观的表达式，其余表达式的含义都是千变万化、多种多样的。但与此同时，胡塞尔也指出这种本质上机遇性的表达在其千变万化、多种多样的含义中仍然保持着一种始终同一和固定不变的成分。

（三）其他类型的有偏差的表达

胡塞尔认为，我们在区分主观表达与客观表达时常常与一些新形式

---

① 胡塞尔：《逻辑研究》，II/1，A85/B₁85。

② 另外，胡塞尔在第一逻辑研究的第26小节的论述结束后，在文后的注释中将自己的认识与H.保罗的《语言史原理》中的观点进行了简要比较，鉴于笔者对H.保罗的《语言史原理》所知有限且对其文本亦无处可寻，因此不能展开必要的解读，现仅将这部分注释展示如下：在这一段落中所探讨的那些带有本质上机遇性含义的表达并不能被纳入到保罗所做的那种有益的分类中去，他将表达分为具有通常性含义的表达和有机遇性含义的表达。他的分类理由在于，"语词在每次被使用时都具有一个含义，这个含义并不必须与这个语词通常自在自为地所具有的那个含义相一致。"①但保罗也考虑到了在我们的意义上本质上机遇性的含义。他说②："有一些[在机遇性使用中的]语词，它们在本质上是被用来标志某些具体事物的，但尽管如此，与一个特定的具体事物自身的关系并不附着在它们身上，而是必须通过个别的使用才能被给予它们。人称代词、物主代词、指示代词以及指示副词便是这种语词，像'现在''今天''昨天'这类语词也是如此。"③但我觉得，在这个意义上的机遇性事物已经脱离出这个定义上的对立之外。表达所具有的这种通常性含义是根据机遇来获得其含义统一的，因而在某种其他的意义上也是机遇性的。人们完全可以将具有通常性含义的表达分为具有通常单义性的表达和具有通常多义性的表达；通常多义性的表达又可以分为通常在确定的含义与事先可指定的含义之间摇摆不定的表达（如偶然性的多义词"Hahn""acht"④等等）和不发生这种动摇的表达。只要后者是根据个别情况来确定它们当时的含义，而它们确定其含义的方式则是通常性的，那么这种表达就是我们所说的具有本质上机遇性含义的表达。（①H.保罗的《语言史原理》，第3版，第68页。②同上书，最后一个段落。③这种限制在具体事物上的情况当然不是本质性的，例如指示代词也可以指明抽象事物。④在德语中，"Hahn"具有公鸡、开关等多种含义；"acht"具有八、注意等多种含义——中译注。见胡塞尔：《逻辑研究》，II/1，A86/B₁86。）

的区分交叉在一起，比如，完整的表达与省略性的表达的区分，正常起作用的表达与非正常起作用的表达的区分，精确的表达与模糊的表达的区分等等，而这些新形式的区分同时又被标示为多义性。因为本质上机遇性的表达常常把说者的意见不完整地表现出来，而且这种不完整性又进一步提高了这类表达的偏差，所以在胡塞尔看来，要进一步地澄清这一类表达并不是一件容易的事。

在此，胡塞尔又列举了一些其他类型的主观的或者说有偏差的表达。

1. 省略性的表达

根据胡塞尔的分析，那些由于省略性的简称而看上去固定和客观的表达实际上是一些主观的和动摇的表达，比如没有人称动词的情况："有蛋糕"。胡塞尔分析说"有蛋糕"这句话与数学定理"有多面体"在我们的理解中大不相同，数学定理"有多面体"指的是一种固定和客观的表达，指的是一种普遍绝对的存在；而"有蛋糕"并非指蛋糕普遍绝对地存在，而是指"此时此地"——"在喝咖啡时"——"有蛋糕"①存在。同样，我们说"在下着雨"所指的不是我们生活的这个世界普遍地在下着雨，而是指"现在"，我们的居所的"外面"在下着雨。与此类似的在表达中省略掉的东西，比如"此时此地""在喝咖啡时"和"现在""外面"等等这些内容不是被隐瞒不说，而是说没有被明确地考虑到，但胡塞尔指出"它肯定属于那个在此说法中被意指的东西"。明显地，这些补充被加入之后，按照胡塞尔对本质上机遇性的表达的定义和描述，这些省略性的表达也可以被归属于主观表达的范围。

但胡塞尔认为，"如果表达极为简略，以至于它们没有偶然性的机遇就不能够表达一个完整的思想"②，也就是说，如果一个表达过于简略，那么它要表达一个完整的思想就必须依赖于偶然性的机遇，否则它

---

① 胡塞尔:《逻辑研究》,II/1,A87/B₁87。
② 胡塞尔:《逻辑研究》,II/1,A87/B₁87。

的完整的思想就无法表达。在这种情况中，胡塞尔指出，"在一个话语的真正被表达的内容，即通过有关词语的始终相同的含义作用而被显示出的和被把握的话语内容与它们的机遇性意指之间的差异就会更大"①，即是说在表达的含义与意指的对象之间存在着较大的差异。例如，"走开！""喂，这位！""哎呀！""可是——可是！"等等②，可以看出这些表达一部分是残缺不全的，一部分是主观不定的含义通过说者和听者身处的直观事态而得到相互补充或相互区分，它们使这些简略到欠缺的表达成为可以理解的表达。

2. 模糊的表达

在那些表达的多义性区分中，模糊的表达与精确的表达相对立。胡塞尔指出，在日常生活中的大多数表达都是模糊的，比如在日常生活中我们对"树"和"灌木""动物"和"植物"等语词的使用常常就是模糊的。我们通常会把各个种类的树或者类似于树的东西都笼统地称之为"树"，包括"灌木"，同时会把各种各样的花花草草都归于"植物"，而把各种可见的蹦蹦跳跳的活物（人除外）都叫作"动物"。相反，植物学理论一般将"乔木"称作"树"，并将"灌木"与"乔木"区别开来；在动物学科中，动物分类学家则是根据动物的各种特征（形态、细胞、遗传、生理、生态和地理分布等）进行分类，将动物依次分为6个主要等级，即门、纲、目、科、属、种等。由此胡塞尔指出所有在纯粹理论和规律中作为其组成部分出现的陈述都属于精确的表达。模糊表达的特征在于它不具有一个在任何使用情况中都同一的含义内涵，它们往往根据一些典型的、但仅仅是部分清晰的和不确定的被立义的事例来决定它们的含义，而这些事例在各种不同的情况中甚至在同一个思想进程中都会发生多重变化，这些多变的事例却产生于一个在实事上统一的或者至少

---

① 胡塞尔：《逻辑研究》，II/1，A87/B₁87。
② 胡塞尔：《逻辑研究》，II/1，A87/B₁87。

看上去是统一的领域之中,"它们规定了各种不同的、在通常是相近的或密切相关的概念,随话语状况的不同以及话语所经历的思想引发状况的不同,从这些概念中便显露出这个概念或那个概念"①。对此胡塞尔同时指出对于这些事例我们大都不能进行有效地认同或区分,因而就不能够防止相关概念的暗中混淆。

3. 含混性的表达

胡塞尔接着分析指出与上述模糊表达的含混性有关的是另一种表达的含混性,即"对那些显现出来的规定性的相对简单的种属的表达"②,这些关于属性的典型特征及其相互间的过渡通过我们的感知和经验而显现出来,并以空间形态和时间形态、颜色形态和声音形态等规定着有含义的表达,由于这些种属的规定性往往是以空间的、时间的、质性的、强度的规定性的方式处于流畅的相互过渡之中,因此这些表达本身也必定是处于变化之中的。比如,关于时间范畴的表达:"过了一会""不久""片刻之后""霎时""刹那间""转眼到了"等等;再比如带有空间属性的语词:"走过""转过""在其后面""上面""左面""顶上"等等;还有表示颜色属性的表达:"朱红""枣红""酱红""深红"等等。这些关于种属特性的表达在我们的直观感知中较为清晰,我们在一定的距离和界限的范围内也能够可靠地予以运用,也就是说,在这样一些领域中,那些类型能够清楚地被表现出来,它可以明见地被认定并且明见地区别于其他相距甚远的规定性,就好比"鲜红"与"乌黑""行板"与"急板",其中"鲜红"与"乌黑"作为两种颜色,它们之间有着明显的差异,我们通过直观感知就能很容易地将二者区分开来;"行板"与"急板"作为乐曲节拍的速度,与之对应的速率分别是:"行板"——66,"急板"——132,大致的情况是分别表示适中("行板")和快("急板"),因此在我们的直观

---

① 胡塞尔:《逻辑研究》,II/1,A88/B₁88。
② 胡塞尔:《逻辑研究》,II/1,A88/B₁88。

感知中也是比较容易被辨别的。但是胡塞尔认为关于这些种属特性的表达所涉及到的领域的边界往往是模糊的,"它们溢入到广泛种属的相关性领域之中,并且制约着那些过渡领域"①,在那里,我们对这些表达的运用就会产生偏差并且是不可靠的。

综上,我们可以看出,胡塞尔在将表达区分为客观表达和主观表达的同时,又把表达区分为理论的表达和实践的表达。胡塞尔在分析中指出,关于理论的表达,比如数学的表达式作为抽象的理论科学的基本成分,它们的含义不受其实际的使用环境和陈述情况的影响,因此我们在理解这些理论表达式的时候可以无须考虑这些表达式的陈述者以及具体的陈述状况;相反,用于日常生活实践的表达式,它们的含义就会受到实际的陈述状况及其使用环境的影响,因此我们如果想要理解它们的含义,就必须考虑说者及其现时的语境。根据胡塞尔的观点,在某种意义上,我们可以把理论的表达称为客观的表达,而把实践的表达归于主观的表达。

二、含义的偏差:作为意指的偏差

通过胡塞尔的分析,我们认识了各种类型的表达,其中有些表达的含义总是随着话语的偶然状况的变化而变化,因而它们总的说来是主观的和机遇性的;与之对立的一些表达,它们的含义通常不具有任何偏差,不会因为说者和话语的情况的变化而变化,因此它们被看作在广泛意义上的客观的和固定的表达。在众多表达中,只有精确的表达作为无任何偏差的表达才属于严格意义上的客观表达,而其他因为各种原因随机变化的表达,则属于模糊的本质上机遇性的表达。

由此胡塞尔抛出了一个需要我们深入思考的问题:"含义偏差的这些重要事实是否会动摇我们对含义的理解,即:含义是观念的(并且因此

---

① 胡塞尔:《逻辑研究》,II/1,A89/B₁89。

而是固定不变的）统一，或者，它们是否会在这种理解的普遍性方面造成根本性的限制？尤其是那些在前面被我们标志为本质上主观的或机遇性的多义表达以及在模糊表达和精确表达之间的区别有可能在这方面给我们带来怀疑。"①对于这一问题我们又该如何回答呢？因为在胡塞尔的分析中，无论是客观表达还是主观表达，他始终强调在每一个表达中（包括"这个""我"）都有一种客观的含义。那么胡塞尔的这一论点对胡塞尔把含义看作理想统一体的认识又将会带来什么样的影响？

对此胡塞尔告诉我们，这里的问题在于：我们把表达分为客观的表达和主观的表达，那么是否就意味着含义也可以被区分为客观含义和主观含义或者固定的含义和随机变化的含义？因为两两相互对应：即客观的表达——客观含义和主观的表达——主观含义。对此我们是否也可以这样来理解："一些含义以固定种类的方式体现了观念的统一，它们始终不为主观表象和思维的变化所动；而另一些含义则处在主观心理体验的变动之中并且作为暂时的事件时而在此，时而又不在此？"②对此胡塞尔分析说，人们必定会认为这样一种观点是不确切的，因为与一个固定的表达所具有的内容一样，那些被主观的、其含义随机而定的表达在特定情况中所意指的内容恰恰在这个意义上是一个观念统一的含义。

要弄清楚这个问题就需要我们对主观表达与客观表达之间的关系作进一步的考察。

（一）主观表达与客观表达的关系

关于客观表达和主观表达之间的关系，胡塞尔指出，从"观念上说，在同一地坚持其暂时具有的含义意向的情况下，每一个主观表达都可以通过客观表达来代替"③。也就是说，胡塞尔主张每一个主观表达都可

---

① 胡塞尔：《逻辑研究》，II/1，A89/B₁89。
② 胡塞尔：《逻辑研究》，II/1，A89/B₁89。
③ 胡塞尔：《逻辑研究》，II/1，A90/B₁90。

以被一个客观表达来替代,但同时他又指出这种替代意味着一种"客观理性的无局限性"①。具体地说就是"所有存在着的东西都是'自在地'可认识的,它们的存在是在内容上被规定了的存在,它们在这些和那些'自在真理'中表明自己。所有存在着的东西都具有自在地确定不变的属性与关系,而且,如果它是在事物性自然意义上的实在存在,它便都具有它在空间和时间中确定不变的广延和位置,它的确定不变的保持方式和变化方式。"②胡塞尔指出,一般而言,所有自身确定不变的东西都必然会受到客观的规定,而所有可以受到客观规定的东西从观念上说都可以在确定不变的语词含义中被表达出来。因此在胡塞尔看来与自在存在相符合的是自在真理,而与自在真理相符合的又是固定的和单义的自在陈述。那么为了始终能够真实地表达出自在真理,我们不仅需要有足够多的、各不相同的语词符号,而且首先需要有足够多的精确的、有含义的表达,即在这个词的完整意义上被理解的表达。所以这就需要我们必须有能力构造所有与理论有关的精确的有含义的表达,并且"有能力明见地辨认或区分它们所具有的与这些含义相关的含义"③。

但是接着胡塞尔又告诉我们用客观表达代替主观表达的想法仅仅是一种理想,而且"这个理想离我们还无限遥远"④。对此胡塞尔分析指出"我们在这里必须承认,这种可替代性不仅是因为实践要求的缘故而未得到实现,例如由于它的复杂性的缘故,而且这种可替代性事实上在最广泛的程度上也是无法实现的,而且甚至永远无法实现"⑤。在胡塞尔看来,关于这种可替代性的无法实现,我们"只要想一想在时间规定和地点规定上的缺陷性就够了"⑥,因为我们只能通过已有的个体实存

---

① 胡塞尔:《逻辑研究》,II/1,A90/B₁90。
② 胡塞尔:《逻辑研究》,II/1,A90/B₁90。
③ 胡塞尔:《逻辑研究》,II/1,A90/B₁90—A91/B₁91。
④ 胡塞尔:《逻辑研究》,II/1,A91/B₁91。
⑤ 胡塞尔:《逻辑研究》,II/1,A90/B₁90。
⑥ 胡塞尔:《逻辑研究》,II/1,A91/B₁91。

的关系来规定这些表达,而已有的个体实存本身又会受到主观表达的影响,从而使这些表达的个体实存本身就成为了混浊的、不精确的。除此之外,我们别无他法。当然,人们也可以将那些本质上机遇性的语词从我们的语言中删除,并且可以试图用单义的和客观固定的方式来描述某个主观体验,"但任何一种尝试显然都是徒劳的"①。

(二) 含义的偏差是意指的偏差

那么关于含义方面的情况又如何呢?我们是否可以按照胡塞尔所提出的那样,将含义分为客观含义和主观含义或固定的含义和随机变化的含义?

对此,胡塞尔的回答是:"这一点是明白无疑的"②,也就是说胡塞尔给予了明确的否定,因为胡塞尔认为就含义本身而言,它们之间不存在本质区别。在我们对语词的实际使用中,语词的含义是有偏差的,它们在同一个思想序列中常常是变动不居的,并且就其本性来看,它们大部分是随机而定的。但是,确切地看,"*含义*(Bedeutung)*的偏差实际上是意指活动*(Bedeuten)*的偏差*"③。这就是说所谓"含义的偏差"不是指含义本身是主观的、随机的,而是说发生偏差的是那些赋予表达以含义的意指行为,并且,"这些行为在这里不仅发生个体性的变化,而且它们尤其还根据那些包含着它们含义的种类特征而变化"④,但是含义本身却没有发生变化。

针对上述论述胡塞尔指出"这种说法的确有些背谬"⑤。胡塞尔在这里提出他的这一分析"有些背谬",意思是说他的说法在有些地方讲不通,但却没有办法只能如此。这里实际上表现出了胡塞尔的一种矛盾心

---

① 胡塞尔:《逻辑研究》,II/1,A91/B₁91。
② 胡塞尔:《逻辑研究》,II/1,A91/B₁91。
③ 胡塞尔:《逻辑研究》,II/1,A91/B₁91。
④ 胡塞尔:《逻辑研究》,II/1,A91/B₁91。
⑤ 胡塞尔:《逻辑研究》,II/1,A91/B₁91。

理。对此有人认为胡塞尔的这种矛盾心态显露了他的意义理论的认识论动机,也就是他对认识的绝对可靠性和确定性的执着追求(周国平),也有人认为胡塞尔质疑的说法隐藏着一个危险的东西,这其中的不一致有点儿像维特根斯坦早期和晚期对意义的不同看法,即维特根斯坦早期认为一个命题的意义完全是独立的,与它的情境无关,但是到了维特根斯坦后期,维特根斯坦却认为意义从根本上是一种与人的生活形式、与说出话语的局面以及根据这个话语在这个局面中扮演的角色有关系(张祥龙)。关于这一点胡塞尔有自己的一番认识,胡塞尔在《逻辑研究》第二版的前言中曾说:"'含义'作为观念所具有的根本性的双重意义未能得以突出",并且认为自己"只是片面地强调了意向活动方面的含义概念,而在某些重要的地方实际上应当优先考虑意向相关项方面的含义概念"[①]。

总体而言,胡塞尔认为他的整个分析首先是出于胡塞尔现象学分析的主导目的,同时提出"这种关于同一含义的说法要求我们这样来理解含义"[②],我们要像"在统一的和客观固定的表达那里一样,也在多义的和主观混浊的表达那里始终坚持将含义理解为观念的统一"[③]。在胡塞尔看来,含义作为观念的统一始终是同一的、观念的,无论谁来说出同一个表达,含义都始终是同一个;而那些赋予表述以含义的主观行为的情况却恰恰相反。因此我们可以说主观的意指活动因为缺乏客观的含义而表现为主观的,客观的表达因为具有客观的含义因而是客观的,含义的偏差并非含义本身的偏差,而实际上是意指活动的偏差。

(三) 关于含义的不确定性

关于语言表达式是否具有确定的含义,这是西方语言哲学家热烈讨论的一个问题,对此主要有两种观点:其一,主张大多语言表达式应当

[①] 胡塞尔:《逻辑研究》,I,第二版前言,BXV。
[②] 胡塞尔:《逻辑研究》,II/1,A92/B$_1$92。
[③] 胡塞尔:《逻辑研究》,II/1,A91/B$_1$91—A92/B$_1$92。

具有确定的含义,持这一立场的主要包括弗雷格、罗素和早期的维特根斯坦等;其二,认为语言表达式的意义是不确定的,主要以后期的维特根斯坦为代表。

弗雷格、罗素和早期的维特根斯坦主张大多语言表达式应当具有确定的含义,他们认为自然语言的含义通常是含混的、不精确的,它们需要借助于形式逻辑的手段构造一种逻辑上完善的形式语言和逻辑语言,以实现语言意义的确定性,以此来适应哲学研究和科学研究的需要。其中弗雷格认为自然语言的日常用法不具有精确性,因而自然语言既不适用于数学也不适用于逻辑以及其他科学。相反,所有在形式语言中的表达式都具有精确的含义,指称每个单一对象的名称,具有一种确定的含义。因而弗雷格试图通过他的数理逻辑手段来提高语言的确定性,从而把意义中的不确定因素都排除出去,形成一个明确的固定不变的含义。

在关于自然语言和日常语言所具有的模糊不清的认识上,罗素与弗雷格的观点一致,罗素主张用逻辑上完善的语言来取代自然语言和日常语言,从而使语言表达式具有确定的意义。但是罗素又与弗雷格不同,罗素用他的亲知理论和逻辑原子论来论证意义和知识的确定性。罗素认为我们通过自己的感觉经验获得的知识是关于我们亲知的对象的知识,因而是最可靠的和高度确定的;而我们通过描述获得的知识或者通过推理获得的知识则是不可靠的,我们往往需要借助于逻辑手段加以分析和检查,才能确定这类知识具有多大的确定性。因此知识被罗素区分为具有可靠性的亲知的知识和不具有确定性的推理的知识。

早期维特根斯也认为日常语言缺乏确定性,并希望能够构造一种理想的形式语言以实现语言和意义的确定性。在维特根斯坦看来,语句和事态、语言和现实是严格一一对应的,我们可以通过逻辑分析揭示语言中的共同逻辑形式,并使语言中的这种逻辑形式充分表现,以此来达到语言意义高度的确定性。然而维特根斯坦在后期却抛弃了他早期所持的认为语言表达式应当具有确定意义的观点，转而强调语言表达式的意义是不确定的。后期维特根斯坦的这种观点与奎因和德里达等人的观点一致，奎因提出语言翻译的不确定性原则从而论证语言表达式不可能具有确定的意义，而德里达则根据他的延异理论认为意义是一种可以抹去的痕迹，并据此来论证意义的不确定性。

可以看出在现代西方语言哲学的研究中，关于语言意义的认识有着一种从追求意义的确定性到强调意义的不确定性的发展趋势，而这一趋势是与现代西方意义理论中的转变相一致的①。

第三节 纯粹逻辑学与观念含义

胡塞尔在第一逻辑研究的首段就指出"我们现在已经处在纯粹逻辑学的范围之中了"②，由此表明我们接下来要讨论的问题又将我们带回到逻辑学的相关认识上来。胡塞尔认为只要纯料逻辑学涉及概念、判断、推理，那么"它所从事的便仅仅是这些在这里被我们称之为含义的观念统一；而且，由于我们竭力想从心理学的和语法的结合之中发掘出含义的观念本质；由于我们此外还致力于澄清那种建立在这种本质之中的、先天的相即关系，即与被意指的对象性的相即关系"③，这样我们就处于纯粹逻辑学的范围之中了。

一、关于逻辑学的定义

关于纯粹逻辑学，胡塞尔在《逻辑研究》第一卷就将其引入并进行了相关的描述，其目的就在于要确定逻辑学的观念的科学性质并维护设

---

① 涂纪亮：《涂纪亮哲学论著选》（第二卷），武汉大学出版社，2007年，第75页。
② 胡塞尔：《逻辑研究》，II/1，A92/B₂92。
③ 胡塞尔：《逻辑研究》，II/1，A91/B₁91—A92/B₁92。

定观念性对象的必要性,以此来使哲学获得独立的研究领域。由此胡塞尔强调哲学要从自然的科学思维方式中解放出来而去朝向作为"普遍科学"的纯粹逻辑学。为此胡塞尔在《逻辑研究》第一卷对常规逻辑和纯粹逻辑进行了区分,对心理主义和相对主义进行了批判,阐明了纯粹逻辑学的观念和任务,并对其进行了系统地建构。

在《逻辑研究》第一卷,胡塞尔将纯粹逻辑学描述成了一门新的、纯粹理论的科学,它相关于一般理性思维的观念的、客观的条件,是有关观念、真理和观念法则的纯粹的先天性科学。

在《逻辑研究》第二卷的第一研究,胡塞尔对逻辑学又有了进一步的分析。胡塞尔指出,逻辑学就其学科地位而言,"它是一门以科学本身的观念本质为目的的法则论(nomologisch)科学"[1];就其理论内涵和联系而言,"它是一门关于科学思维一般的法则论科学"[2]。并且胡塞尔指出,就一门科学的理论内涵而言,它是指那些与所有判断者和判断机遇的偶然情况相分离的理论陈述的含义内涵,而这种理论的含义内涵在不同的判断活动中,其理论形式是一致的,因此这一理论的统一就作为含义统一与被意指的对象性在观念规律上的统一被给予我们,从而使理论内涵成为客观有效的。据此我们可以肯定的是,在这个意义上被称作"含义"的东西完全具有观念的统一,而这些观念统一在杂多的表达中得到了表达,并且在杂多的行为体验中被我们思考。由此可见这些作为观念统一的含义是有别于偶然的表达行为的,它们也同样有别于思维者偶然的意识体验。我们可以进一步得到以下认识:逻辑学作为观念本质的科学有别于其他学科,含义作为观念的统一有别于偶然的意识体验。

胡塞尔在上述关于确定的、客观的观念的含义分析的基础上进一步

---

[1] 胡塞尔:《逻辑研究》,II/1,A92/B₁92。
[2] 胡塞尔:《逻辑研究》,II/1,A92/B₁92。

推出了关于逻辑学的定义,其表述具体如下:"如果所有现有的理论统一按其本质都是含义统一,而且如果逻辑学是关于理论统一一般的科学,那么同时也就很明显,逻辑学必定是关于含义本身的科学,是关于含义的本质种类和本质区别以及关于纯粹建基于含义之中的(即观念的)规律的科学"①。胡塞尔在这里的分析思路可以简化为:如果所有的理论统一都是含义统一,如果逻辑学是关于理论统一的科学,那么逻辑学就是关于含义本身的科学,即:所有的理论统一(M:中项)都是含义统一(P:大项),逻辑学(S:小项)是理论统一(M),所以逻辑学(S)是含义统一(P),一个典型的三段论推理,由此得出的结论是:逻辑学是含义统一。

胡塞尔之所以认为逻辑学是关于含义本身的科学,是"因为在那些本质区别中也包含着那种在对象性的和无对象的含义之间的、在真的和假的含义之间的区别,并且因而在这些规律中也包含着纯粹的'思维规律',它们所表达的是含义的范畴形式与含义的对象性或真理性之间的联系"②。

二、传统逻辑学与纯粹逻辑学的区分

(一)对传统逻辑学的批判

在对逻辑学定义的基础上,胡塞尔对传统逻辑学进行了批判,并将其与纯粹逻辑学区分开来。在胡塞尔看来,关于传统逻辑学的一般表达方式和探讨方式与他所理解的逻辑学(纯粹逻辑学——关于含义的科学)的观点是相互对立的:传统逻辑学往往用心理学的术语或者可用作心理学解释的术语,比如表象、判断、肯定、否定、前提、结论等等来进行表达和探讨,而且传统逻辑也会因此认为,"它所确定的是真正单纯的

---

① 胡塞尔:《逻辑研究》,II/1,A93/B₁93。
② 胡塞尔:《逻辑研究》,II/1,A93/B₁93。

心理学区别，它所探讨的是与这些区别有关的心理学规律性"①，也就是说传统逻辑在逻辑学的规律性与心理学的规律性之间画了一个等号。显然这与胡塞尔所理解的"纯粹建基于含义之中的（即观念的）规律的"纯粹逻辑学是大相径庭。对于传统逻辑学的这些理论陈述，在胡塞尔看来并不会对我们造成任何困扰，因为在《逻辑研究》第一卷的《导引》中，我们就已经对传统逻辑学进行了批判性研究，因此，"传统逻辑的这种观点无法再迷惑我们"②；传统逻辑的这种观点仅仅表明，"逻辑学距离对那些构成它本已研究领域的客体的正确理解还多么遥远"③，并且，它要打算从理论上对其本质加以澄清，还需要从"客观科学那里学会多少东西"④。

（二）"客观科学"的客观性

1. 客观研究者研究对象的客观性

根据胡塞尔的观点，"客观科学"显然是与客观的研究者紧密地联系在一起的。胡塞尔指出只要科学不是陈述主观性的研究和论证过程，而是阐释系统理论和展示客观统一的真理，那么像传统逻辑学所运用的判断、表象等心理学的术语对其它心理行为进行表达和探讨的活动便无从谈起，由此使这一科学便表现出不同于传统逻辑学的特点并与之区分开来。对此"客观的研究者"就会这样定义该科学的理论陈述："人们将活力、质量、积分、正弦等等理解为这个和那个。"⑤根据"客观的研究者"的定义，尽管在区域真理的"概念"上被打上了客观的研究者的个体性"标签"⑥，但他在此所做的定义仅仅指明了其所表达的客观的含义。

---

① 胡塞尔：《逻辑研究》，II/1，A93/B₁93。
② 胡塞尔：《逻辑研究》，II/1，A93/B₁93。
③ 胡塞尔：《逻辑研究》，II/1，A93/B₁93。
④ 胡塞尔：《逻辑研究》，II/1，A93/B₁93。
⑤ 胡塞尔：《逻辑研究》，II/1，A93/B₁93—A94/B₁94。
⑥ 胡塞尔：《逻辑研究》，II/1，A94/B₁94。

明显地，"客观的研究者"感兴趣的不是对"概念"的理解，而是被他"看作是观念的含义统一的概念以及这个本身由概念构成的真理"①。鉴于对概念和真理的兴趣，"客观的研究者"尔后会提出命题②，因为在这里他要提出他的主张并作出判断，但是在这里他要探讨的是有关对象的状况和对象之间的联系（事态），而不是想谈论任何人的判断行为。在胡塞尔看来，如果"客观的研究者"在批判性的思考中涉及命题，那么他所指的是关于观念的陈述含义；他称之为真或假的不是判断行为，而是关于对象性的陈述；命题对他而言，既是前提，也是结论。胡塞尔指出，"命题不是由心理行为构成的，不是由表象行为或认之为真的行为构成的；相反，即使命题不重又由命题所构成，它们最终也是由概念所构成"③。

命题作为前提，其本身是推论的基石，在这里也存在着"推理行为和这种行为的统一内容之间的区别"④，"行为的统一内容"也就是推论，就是某些复合陈述的同一含义。而那个由推论形式所构成的必然结论的关系不是判断体验的经验心理学联系，而是可能的陈述含义的观念关系，是命题的观念关系。这一可能的陈述含义的观念关系的"实存"或"存有"就意味着它具有有效性，"而这种有效性是一种与经验判断者无任何

---

① 胡塞尔：《逻辑研究》，II/1，A94/B194。
② 这里被倪梁康先生译为"命题"的语词在德文版的《逻辑研究》中与之对应的德文是"Satz"，"Satz"一词在倪梁康先生的《胡塞尔现象学概念通释》（增补版）一书中被译为"定句""定理"或"语句"，它具有多重复合的意义，在《逻辑研究》中，"定理""语句"是"Satz"所包括的两个含义，其主要被限定于以事态为对象的述谓判断领域，后来胡塞尔在《纯粹现象学与现象学哲学的观念》第一卷对"Satz"这一概念做了特别的扩展，由此被译为"定句"，它与"设定"的概念相对应，因此在《纯粹现象学与现象学哲学的观念》第一卷中，"Satz"一词已经不再局限于以事态为对象的述谓判断领域，而是延伸到前述谓判断的经验领域。更确切地说，胡塞尔所划分出的两种"定句"可以出现在所有行为领域之中，"定句"不只是"语句"和"定理"，而是最宽泛意义上的"命题"和"设定"，它既可以是存在设定，也可以是价值设定；既可以是对实事的设定，也可以是对事态的设定（倪梁康：《胡塞尔现象学概念通释》（增补版），商务印书馆，2016年，第455—456页）。
③ 胡塞尔：《逻辑研究》，II/1，A94/B₁94。
④ 胡塞尔：《逻辑研究》，II/1，A94/B₁94。

本质关系的东西"①。也就是说,"行为的统一内容"不同于具有主观性的推理行为,"行为的统一内容"作为陈述的同一含义,与推论形式的关系是一种含义的观念关系,而这一观念关系的存在就说明"行为的统一内容"是有效的。例如,"如果自然研究者从杠杆定律、重力定律等等出发推导出一个机器的作用方式,那么他当然在自身中体验到各种主观行为。但他统一地思考的并加以连结的东西则是概念和命题,连同它们的对象关系"②。在这里,与这种主观的思想联结相符合的是在那个在明见性中"被给予的"含义统一,"无论是否有人在思维中将这种含义统一加以现时化(aktualisieren),它们都仍然是它们所是"③,就是说,这种含义统一是否能够在直观中被充实,对含义本身而言都是无关紧要的,都不会改变含义统一在明见性中的自身"被给予"的本质所在。

2. 含义的客观有效性

胡塞尔指出,上述分析中谈论的情况具有普遍性。在胡塞尔看来,"即使科学研究者在这里没有机会将语言性的东西和符号性的东西与客观性的东西和含义性的东西明确地分离开来"④,他却肯定知道,表达是主观的、偶然性的东西,而思想、观念同一的含义是客观的、本质性的东西;他也知道,他既不能制造出思想和思想联系的客观有效性,也不能制造出概念和真理的客观有效性;相反,"他是在明察、发现这种客观有效性"⑤。在科学研究者看来,这种客观有效性的观念存在不具有心理学的实在性,因为所有实在的存在,包括主观的存在,都能用真理和观念

---

① 胡塞尔:《逻辑研究》,II/1,A94/B,94。
② 胡塞尔:《逻辑研究》,II/1,A94/B,94。
③ 胡塞尔:《逻辑研究》,II/1,A94/B,94。
④ 胡塞尔:《逻辑研究》,II/1,A95/B,95。
⑤ 胡塞尔:《逻辑研究》,II/1,A95/B,95。

之物的真正客观性予以扬弃。在这个意义上，客观科学可以不涉及判断表象，而只讨论概念定律和其他逻辑内涵，即使有个别的研究者会作出其他的判断，那也是在专业科学联系之外和后来进行的反思中发生的。胡塞尔指出，"如果我们可以像休谟那样判断说，人的行为能够比人的话语更好地证明人的真实信念，那么我们就必须批评这些研究者说，他们自己不能理解自己。他们没有做到无成见地注意那些他们在其素朴的研究和论证中所意指的东西；他们听任那些逻辑学的冒牌权威用心理主义的虚假推论以及主观主义的错误术语将他们引入歧途"①。这里实际上也表达了胡塞尔对科学研究者的期望和告诫，那就是科学研究者要避免受到心理主义和主观主义的影响和误导，坚持明察和发现概念与真理的客观有效性。

三、逻辑学的任务

胡塞尔分析指出，就科学的客观内涵来看，所有科学的客观内涵都是含义的观念复合体。我们甚至还可以说，"这整个被称为科学理论统一的杂多含义交织物本身又归属到一个包含着它的所有组成部分的范畴之中，它本身在构造着一个含义统一"②。

因此，根据胡塞尔的分析，"如果在科学中具有本质决定意义的东西是含义而不是意指，是概念和命题而不是表象和判断，那么它们在那门探讨科学本质的科学中便必定是一般的研究对象。实际上，所有逻辑事物都包含在含义和对象这个互属的范畴中"③。也就是说，尽管在科学中具有本质决定性的是客观的含义，而不是主观的意指活动，但是科学，包括最客观的科学都会涉及含义本身与意向行为之间的观念联系，涉及

---

① 胡塞尔：《逻辑研究》，II/1，A95/B₁95。
② 胡塞尔：《逻辑研究》，II/1，A95/B₁95。
③ 胡塞尔：《逻辑研究》，II/1，A96/B₁96。

到与含义与对象这个互属关系，那么这就要求我们把推理行为和行为的统一内容区分开来的同时，并不能将二者截然分开。所以，"如果我们以复数的形式谈到逻辑范畴，那么这只能是指那些在含义这个属(Gattung)之内相互区分的纯粹的类（Artung），或者是指那些范畴性地被把握的对象性本身的互属形式①，那么需要由逻辑学来实现的任务就具体包括："一方面是那些不去顾及含义意向和含义充实之间的观念联系，即不去顾及含义的可能认识作用，而是与含义的单纯复合有关的规律，即复合为新的含义（无论是'实在的(real)'，还是'虚象的(imaginär)'新含义）。另一方面则是在更确切意义上的逻辑规律，它们在含义的对象性和无对象性、含义的真与假、含义的一致性和背谬性方面与含义有关，只要它们受含义的单纯范畴形式所规定"②，即是说前者要求逻辑学对有关含义复合规律或者说较为重要的概念予以科学地澄清，后者要求逻辑学对更确切意义上的逻辑规律进行陈述，只要这些规律被设想为是通过范畴而被规定的东西，同时还包含所有那些能够在对各种认识质料的抽象中根据单纯含义形式而被提出的、关于存在和真理的有效陈述。

逻辑学的任务需要它澄清逻辑范畴中的规律，但实际来看，其实践的困难则在于具有客观内涵的逻辑规律总是与主观活动（表象判断）相联系，这就需要我们在阐述、澄清规律的同时必须顾及主观的意识活动，否则我们将永远无法把握到纯粹逻辑学的基本概念和观念规律的源泉，这也是胡塞尔在分析客观观念时一再向主观的意向活动回溯的客观原因所在。

综上，逻辑学成为"客观科学"的特性通过其研究对象和研究内容的客观性而得以确定。对此，胡塞尔还需要作进一步的说明使其成为胡塞尔现象学意义上的纯粹逻辑学。

---

① 胡塞尔:《逻辑研究》, II/1, A96/B₁96。
② 胡塞尔:《逻辑研究》, II/1, A96/B₁96。

第五章　含义体验的现象学内容和观念内容

在前面的分析中，胡塞尔将纯粹逻辑学描述成了一门新的关于含义本身的纯粹理论的科学，含义被视为观念意义上的种类的同一，因而是客观的、本质性的东西，与含义直接关联的表达则被看作主观的、偶然性的东西。胡塞尔在上述分析的基础上，进一步分析了表达和含义体验的现象学内容和观念内容。

第一节　心理学意义上的与观念意义上的含义体验的内容

胡塞尔在现象学的意向分析中反复指出，表达活动的本质在于含义的赋义行为，而含义的本质不在于含义意向的体验，而在于行为体验的统一内容，即客观同一的观念关系。因此在胡塞尔看来，在这种观念意义上的有关含义体验的"内容"与心理学所理解的有关含义体验的那种内容完全不同，并对此进行了分析。

一、在统一含义意义上的含义体验的内容

胡塞尔指出，在统一含义意义上的含义体验的内容相对于说者和思者的现实体验和可能体验的散乱杂多性而言，是一种同一的、意向的统一。也就是说，这种含义体验的"内容"是一，含义意向行为是多。含义体验的内容不是作为一个含义意向行为的某个实在部分或某个方面而

存在。具体而言，如果我们理解一个名称，无论这个名称指称的是物理之物还是心理之物，是存在之物还是非存在之物，是可能之物还是不可能之物，或者，如果我们理解一个陈述无论这个陈述在内容上是真还是假，是一致的还是背谬的，是被判断的还是被臆造的，"（一言以蔽之，那个构成逻辑内容并在纯粹逻辑联系中恰恰被标志为表象或概念、判断或定理等等的含义）就决不是那种在实在的意义上能够被看作有关理解行为之部分的东西"[①]。也就是说，我们理解一个名称或者一个陈述，无论这个名称指称的是什么或者这个陈述在内容上如何，这个名称和陈述所表明的内容并不是具有实在意义的理解行为的组成部分，它是一种客观的观念统一，它与杂多的主观的理解行为的意识体验不同。

二、在心理学意义上的含义体验的内容

通过分析，我们知道在统一含义意义上的含义体验的内容是一种同一的、意向的统一。同时胡塞尔又告诉我们，这种关于含义的体验当然也具有它们的心理学成分，并通常在心理学意义上把这种体验看作内容并且由内容组成（这是指在通常的心理学的意义上的内容）。在这个含义体验中首先包含着体验的感性组成部分——比如语词在纯粹视觉、听觉、动觉内容方面的显现（我们看到的字迹、听到的话语）和包含着对象性的释义的行为。也就是说我们理解一个表达，首先要通过我们的感官看到、听到或者说感知到表达的物理显现（看到的字迹、听到的话语），尔后由包含着对象性的释义的行为将语词纳入到空间和时间之中从而形成我们对表达的含义的意向体验。从这方面来看，胡塞尔认为这种体验的心理学组成"是一个非常繁杂的、随个体的不同而变化很大的组成"[②]，但是对于同一个个体而言，它也会随着时间的不同而变化，并且这种变

[①] 胡塞尔：《逻辑研究》，II/1，A97/B₁97。
[②] 胡塞尔：《逻辑研究》，II/1，A98/B₁98。

化"是在'同一个'语词方面的变化"①。比如我在这些伴随着并支持着我的语词表象中想象各种由我的声音说出的语词：少年时期用充满活力干净清透的嗓音喊出"超能力"，中年阶段用刚毅爽朗富有磁性的声音感悟着"守心"，黄昏暮年用柔和沉稳的声音诉说着"平和"；在这些想象中也时而出现由我速记的龙飞凤舞的字迹和正常书写的工整的文字等等，这些体现的都是我个人的特性，并且它们只属于我的表象体验的心理学内容。

此外，在心理学的意义中"还包含着杂多的和无法通过描述而轻易把握的、在行为特征方面的区别，这种行为特征构成在主观方面的意指或理解"②。例如，我听到"俾斯麦"这个名字，如果我要想理解这个词的统一含义，那么我就要将这个伟人表象为一个戴着宽边软呢帽、穿着长大衣的人，或者在想象中根据这个和那个图像描绘的标准来表象他。对此胡塞尔指出"这是完全无关紧要的"③，并且认为"甚至直观化的或间接激活含义意识的想象图像是否是当下的，这也是无足轻重的"④。

三、在心理学意义上的与在统一含义意义上的含义体验的内容

根据上述分析，这种在心理学意义上的含义体验的内容包括：体验的感性内容显现、对象性的释义行为以及带有主观性的意指或理解行为，这一体验的内容表现出来的特点是杂多的、变化的；在统一含义意义上的含义体验的内容是指陈述或表达的含义，它具有观念性和非实在性的特点。

此外，根据胡塞尔的观点，我们在对含义的体验中并不需要直观的表象或直观化的伴随性的想象图像。胡塞尔曾多次指出，"表达活动的本质存在于含义意向之中，而不存在于那些有可能在充实过程中加入到这

---

① 胡塞尔:《逻辑研究》,II/1,A98/B₁98。
② 胡塞尔:《逻辑研究》,II/1,A98/B₁98。
③ 胡塞尔:《逻辑研究》,II/1,A98/B₁98。
④ 胡塞尔:《逻辑研究》,II/1,A98/B₁98。

个含义意向之中的、或多或少完善的、或较为切近或较为遥远的图像化（Verbildlichung）之中"①。但胡塞尔同时又指出，只要这些图像化存在着，它们就会与含义意向密切地交融在一起。由此我们可以看出，按照含义发挥作用的表达的统一体验根据各种不同的情况也同样在含义方面表现出重大的心理学差异，尽管如此，这个表达的含义却始终不变。胡塞尔也曾经指出，"确实有某种东西与含义在所属行为中的所具有的这种同一性（Selbigkeit）相符合"②。因此，被我们称之为含义意向的东西不是一种没有差异的、需要通过与之相应的充实性直观的联系才能被外在区分的特征。进一步地说，在不同的含义中，包含着不同的含义意向，而所有被同义地理解的表达都带有同一个含义意向，也就是具有一个同样规定的心理特征。由于这一特征，我们的表达体验虽然在表达的心理学内涵方面存在着极大的差异，但是这一体验首先成为了对同一个含义的体验。不言而喻，含义意向的偏差决定了在这里会对我们的表达体验产生某些限制，但这些限制不会改变含义作为观念的统一始终是同一的、观念的本质特征。由此可见，理解一个表达的体验的心理学组成并非易事，因为对于每一个个体而言，其各自都存在着差异，而表达的本质却在于其含义意向，并且与在心理学意义上的含义体验的内容有着极大差异的情况下，这个表达的含义却始终不变。

由此可以看出，与含义的同一性形成差别的不仅仅有多样的语言符号，而且关系到对同一个含义的不同的表达体验。在理解活动中，含义与关于含义的体验彼此在时间上交融着。每一个陈述蕴含的含义内容都能够在不同的认知行为中进行语义重复，在这种重复中又构成着含义的同一性。因此一种语言表达的含义永远具有差别中的同一性结构，并且

---

① 胡塞尔：《逻辑研究》，II/1，A98/B$_1$98。
② 胡塞尔：《逻辑研究》，II/1，A98/B$_1$98—A99/B$_1$99。

含义同一性的每一特征化描述也都将具体化为"可翻译者、可重复者及可交流者"①，并随着不同差别性规定的变化而变化。一个表达的含义或一个陈述的内容之所以是可翻译的，因为"它并非在任何语音的或图形的系统中均专门连接于其物质性现实化过程"②；表达的含义之所以能够重复，就在于含义具有的超时间性、客观性和同一性；而含义内容之所以可供人们进行交流，就是因为在原则上它可以被我们这些无限多样化的、不同的理智思维主体能够以同一的方式来对待这一逻辑"思想"③。关于这些内容的具体认识主要体现在胡塞尔对同一性的含义与个别化的含义意向的综合关系的进一步分析中。

第二节 意指的多样性与含义的同一性

通过上述分析，胡塞尔向我们指明了相对于具有差异的表达性体验而言的不变的含义，但是胡塞尔指出我们还没有标明和澄清我们在各个表达或各个表达性行为那里想要澄清的心理学内涵和它们的逻辑内容之间的差异。那么接下来我们就要作一些简要的分析与澄清。

一、对表达的心理学内涵和逻辑内容的澄清

在胡塞尔看来，在杂多的表达的心理学内涵中既包含着在任何情况中都相同的东西，同样也包含着随机变化的东西，因此我们不能就此认为始终保持不变的行为特征本身就已经是含义了。比如，陈述句"π 是

---

① 鲁多夫·贝尔奈特、依索·肯恩(耿宁)、艾杜德·马尔巴赫：《胡塞尔思想概论》，李幼蒸译，中国人民大学出版社，2011年，第156页。
② 鲁多夫·贝尔奈特、依索·肯恩(耿宁)、艾杜德·马尔巴赫：《胡塞尔思想概论》，李幼蒸译，中国人民大学出版社，2011年，第156页。
③ 鲁多夫·贝尔奈特、依索·肯恩(耿宁)、艾杜德·马尔巴赫：《胡塞尔思想概论》，李幼蒸译，中国人民大学出版社，2011年，第156页。

一个超越数"，这一陈述句所表明的东西包括了我们在读这个句子时所理解的东西和在说这个句子时所意指的东西，但它并不具有我们思维体验的一个个体的、仅仅随时可重复的特征。在不同的情况中，我的思维体验的可重复的这种特征与你的和他的也各不相同，而我们所获得的这个陈述句的意义却应当是同一的。正如胡塞尔所言："如果我们或某一个其他人带着同一个意向来重复同一个命题，那么每个人都具有他自己的现象、他自己的语句和理解因素。但与个体体验的这种无限杂多性相对的是在这些体验中被表达出来的东西，它始终是一个同一之物，是在最严格词义上的同一个。命题含义并不随人和行为的数量而增多，在观念的逻辑的意义上的判断是同一个判断"[①]。显然，表达的心理学内涵和逻辑内容是两个不同层次、具有不同特质的东西。由此表达的含义和关于含义的表达作为两个不同的东西，需要我们在含义的"客观性"及其体验之间进行必要的区分。胡塞尔通过分析告诉我们，在表达或者陈述同一个命题时所伴随的个体体验可能是不同的，但通过不同的体验表达出来的含义却是严格意义上的同一。

胡塞尔指出，"我们在这里坚持含义所具有的这种严格同一性，并且将它区别于意指所具有的那种恒固的心理特征，这种做法并不是出于一种对细微差异的主观偏好，而是出于这样一种可靠的逻辑信念，即：人们只有用这种方式才能正确地理解逻辑的基本事态"[②]。按照胡塞尔的分析，我们在这里所做的不是一个要通过大量说明才能论证的单纯假设；相反，我们把它作为一个直接可以把握的真理来运用并且遵循明见性的原则，"我明见到，我在重复的表象行为、判断行为中所意指的或所能意指的是同一个东西，即同一个概念或同一个命题；我明见到，在谈到例

[①] 胡塞尔：《逻辑研究》，II/1，A99/B$_1$99—A100/B$_1$100。
[②] 胡塞尔：《逻辑研究》，II/1，A100/B$_1$100。

如'π是一个超越数'这个命题或这个真理的地方，我所看到的绝非某个人的个体体验或体验因素。我明见到，这句反思性的话语的确是以在素朴话语中那个构成含义的东西作为其对象的。我们最后还明见到，我在这个命题中所意指的东西，或者，（如果我是听到这个命题的话）我在这个命题中作为其含义而把握到的东西，始终是同一的，无论我是否在思考，无论我是否存在，无论所有思维的个人和思维的行为是否存在"①。在这里我明见到的是与个体体验的杂多性相对的在体验中被表达出来的同一之物，即具有严格同一性的含义。这是从逻辑层面上来谈论同一性的陈述。这样，表达在逻辑学的观念意义上是直接的、明见的，表达的心理学内涵则是随机的、多变的。

当然，胡塞尔认为上述分析的情况同样也适用于任何一个含义，它不仅适用于主语含义、谓语含义，而且适用于关系含义和联结含义等等。它首先也适用于那些原初属于含义的观念规定性，诸如在这些观念规定性中包含着"'真的'与'假的'、'可能的'与'不可能的'、'总体的'与'单个的'、'确定的'与'不确定的'等等谓语"②。

二、含义的同一性与意指行为的个别性

胡塞尔指出，他在这里主张的这种真正的同一性是种类的同一性。只有这样，"它才能作为观念的统一性包容个体个别性的散乱杂多性（ζυμβάλλειν εἰς ἕν）。当然，这些与观念—同一的含义相关的杂多个别性就是各个相应的意指行为因素，就是各个含义意向"③。因此，含义与各个意指行为的关系，包括逻辑表象与表象行为的关系、逻辑判断与判断行为的关系、逻辑推理与推理行为的关系与"种类的'红'与这里放着

---

① 胡塞尔：《逻辑研究》，II/1，A100/B$_1$100。
② 胡塞尔：《逻辑研究》，II/1，A100/B$_1$100。
③ 胡塞尔：《逻辑研究》，II/1，A100/B$_1$100—A101/B$_1$101。

的纸条都'具有'同一种'红'的纸条的关系一样"①。由此可见，具有同一性的含义和个别化的含义意向之间的关系被理解为本质普遍性和特殊个别化之间的关系。这里的"特殊个别化"就是对个别的含义意向或者说个别行为的"意向性本质"而言的。也就是说，同一性的含义在个别化的含义意向中被个别化了：含义的同一性是"种类的同一性"，与之相对的是杂多个别性的意指行为因素，即含义意向。因此，含义与每一个个别的意指行为之间的关系就相当于作为种类的"红"与个别的红色纸条之间的关系。每一张纸条除了其他构造因素之外（广延、形式等等）都具有它的个体的"红"，也就是"红"这个颜色种类的个别情况，就是说每一张红纸条都"分有"了这一种类的红色，但胡塞尔告诉我们"红"本身既不实在地存在于这张纸条之中，也不实在地存在于任何世界之中，而且"也更不存在于'我们的思维之中'"②，因为"这个思维也一同属于实在存在的领域，一同属于时间性的领域"③。在胡塞尔看来，含义是一个类似"属性"的"种的同一性"，而各种意向行为是对该属性的例式，那么抽象意义上的含义也必须存在于属于每个意指行为的个体的含义之中，每个意指行为都有其具体的个别的含义因素。因此，同一性的含义作为含义意向的种类是一（行为种），而个别化的含义意向相对于作为种类同一的含义是多，即是说含义的同一性相关于多样化的有含义的意指行为的实行。

根据胡塞尔的观点，我们也可以说，含义构成了一组在"普遍对象"意义上的概念。"它们因此而不是那种若不在'世界'的某处实存就会在一个天国中或在上帝的精神中实存的对象；因为这种形而上学的假设

---

① 胡塞尔：《逻辑研究》，II/1，A101/B$_1$101。
② 胡塞尔：《逻辑研究》，II/1，A101/B$_1$101。
③ 胡塞尔：《逻辑研究》，II/1，A101/B$_1$101。

是荒谬的"①。就是说在胡塞尔那里,含义既非外在的实存之物,也不是精神中实存的对象。我们知道胡塞尔通常通过时间性来定义"实存",时间性是实在性的特征标志,与"实在"的时间性相对的是观念之物的非时间性。因此,胡塞尔指出"谁习惯于将存在仅仅理解为'实在的'存在,将对象仅仅理解为实在的对象,他就会认为有关普遍对象及其存在的说法是根本错误的"②;但对于胡塞尔而言,却"不会感到有任何不妥"③,因为胡塞尔首先用这种说法来指示某些判断的有效性,即一些关于数字、命题、几何构成物等判断的有效性。并且我们现在可以思考:"在这里是否像在其他任何地方一样,必须给作为判断有效性之相关物的被判断之物赋予'真实存在的对象'的称号"④?对此胡塞尔举例分析说"实际上,从逻辑上看,七个多面体是七个对象,七首曲子也同样是七个对象;力的平行四边形定理是一个对象,巴黎城也同样是一个对象"⑤。也就是说,如果我们对上述问题给出的答案是肯定的,即认为必须给作为判断有效性之相关物的被判断之物赋予"真实存在的对象"的称号,那么按照逻辑的观点,我们对具有七个对象的"七个多面体"和"七首曲子"以及具有一个对象的"力的平行四边形定理"和"巴黎城"又该如何理解呢?

对于胡塞尔而言,含义既不是外在的实存物,也不是精神中的实存物。当然,胡塞尔也不把含义等同于臆想之物和背谬之物,胡塞尔认为观念之物不只是一个单纯的意向、一个单纯的想法、一个实际上的虚无,而是一个在思维行为之外但同时也被思维行为明见地把握到并因此而与

---

① 胡塞尔:《逻辑研究》,II/1,A101/B₁101。
② 胡塞尔:《逻辑研究》,II/1,A101/B₁101。
③ 胡塞尔:《逻辑研究》,II/1,A101/B₁101。
④ 胡塞尔:《逻辑研究》,II/1,A101/B₁101。
⑤ 胡塞尔:《逻辑研究》,II/1,A101/B₁101。

思维发生联系的东西。正是因为这一点才使我们对作为观念之物的同一含义的意指的认识有别于对臆想和虚构之物的意指。

按照胡塞尔的认识，同一性的含义与个别性的意向行为之间相互关联。胡塞尔指出如果我们以同一方式（在同一规定上）相关于同一对象做同一陈述，那么复多性陈述就具有同一的、统一性含义。据此我们是否可以说具有本质普遍性的同一性含义在多样化的、有含义的意向行为的真实内容中被个别化了？或者反过来说，一个个别的表达行为对其同一含义内容的意指是否与观念化的逻辑运作过程相联系？对此胡塞尔在《逻辑研究》中给了了肯定性回答。胡塞尔指出一个陈述的同一性含义是与其含义本质相符合的含义，在一个别的陈述中实行的同一性含义的内容被看作是类似于将逻辑法则"应用于"心理学的思维过程，具有本质普遍性的同一性含义在多样化的意识中是通过一种在相互比较的行为之间的综合性关联的观念化或者本质直观而被理解的，因此含义的同一性是相关于多样化的有含义的意指行为的实行。

第三节 对观念含义的再分析

胡塞尔在上文分析中曾将表达区分为主观的表达和客观的表达，并提出是否有必要将含义也区分为主观的和客观的，或者以客观的表达来替代主观的表达。对此胡塞尔给予的回答是：作为种类的含义的观念统一不会受到本质上机遇性的和有偏差的表达的影响，并指出机遇性的表述所意指的内容是一个观念统一的含义，含义的偏差是意指的偏差，即含义的偏差在于赋义行为的主观性和偶然性。胡塞尔对含义的考察是放在本质的普遍性的层面上，直接谈论含义的观念统一，对表达中存在的机遇性和偏差则忽略不计，对含义只作一种静态的逻辑规律的考察，把含义看作一种观念的统一。在此基础上，胡塞尔对含义观念又展开了进一步的现象学澄清。

一、含义的观念性

胡塞尔分析指出"含义的观念性（Idealität）是种类一般观念性的一个特殊情况"[①]，因此在胡塞尔看来，含义的观念性不具有规范的理想性的意义。含义的观念性与规范意义上的理想性之间不是一种极限的理想值和与理想切近的现实化的个别情况之间的关系。

胡塞尔指出"逻辑概念"作为规范逻辑意义上的术语，就其意指活动而言仅仅是一个理想，因为认识工艺的要求在于："在绝对同一的含义中使用语句；排斥所有的含义偏差。区分各种含义并在陈述性思维中通过在感性中有明确差异的符号来维持这些含义的差异性"[②]。这些规定在胡塞尔看来是没有办法服从的，它所涉及的仅仅是那些只能服从于这些规定的东西，比如有含义的术语的构成、对主观选择的关注以及对思想的表达。胡塞尔在前面的分析中就已经指出无论意指活动发生何种偏差，含义"自身"不会发生任何变化，始终是种类的统一；但同时它们本身也并非理想。因为胡塞尔认为，一般规范意义上的理想性不排斥实在性，"理想是一个具体的范例（Urbild），它甚至可以作为现实事物存在，并且可以矗立在人们眼前"[③]，例如，一个初步接触艺术的人往往会将一位艺术大师的作品设定为他在创作中所仿效和追随的理想目标，在追随的过程中，即使理想无法实现，这位大师的作品在表象意向中至少也是一个个体，然而作为种类的观念性的含义则是实在性和个体性的唯一对立面；种类是不可能成为追求目标的，因为"它的观念性是'在杂多

[①] 胡塞尔：《逻辑研究》，II/1，A101/B₁101。
[②] 胡塞尔：《逻辑研究》，II/1，A102/B₁102。
[③] 胡塞尔：《逻辑研究》，II/1，A102/B₁102。

中的统一'的观念性"①。因此根据胡塞尔的观点，规范意义上的理想是具有实在性的，即具有实践性和实现性，与之相反，种类的观念性作为实在性和个体性的对立面，是不具有实践性和具体性的，所以说"有可能成为一个实践理想的不是种类本身，而只是它所包含的一个个别之物"②，由此表明含义的观念性不是在规范意义上的理想性。

二、"含义"与种类意义上的"概念"不相合

胡塞尔曾指出，各种含义构成一组"普遍对象"或种类。由此胡塞尔分析说"当我们想要谈论种类时，每个种类都预设了一个它在其中被表象出来的含义，而这个含义本身又是一个种类"③。那么，一个种类在其中被思考的那个含义，以及这个含义的对象，即这个种类本身，这两者是否是同一个东西？对此胡塞尔告诉我们被思考的"含义"和这个"种类本身"不是一回事，这个"种类本身"就是作为"普遍对象"的"概念"。也就是说，胡塞尔在此指出在种类意义上的"含义"和在种类意义上的"概念"不是同一个东西。

例如，我们在个体领域中可以对"俾斯麦"以及他的各种表象进行区分，比如"俾斯麦——最伟大的德国政治家、卓越的外交官"等；在这里"俾斯麦"是"普遍对象"或种类，他由各种含义形成的表象所构成——"最伟大的德国政治家""卓越的外交官"等等；这其中"政治家"或"外交官"又作为"普遍对象"或种类，它们又由各种含义形成的表象所构成。与此相同，我们在种类领域中以数字"4"为例，我们也尝试着对这个数以及关于这个数的各种表象进行区分，如"数字4——在数列中的第二个偶数"等，同样，在这里"4"是"普遍对象"或种类，它也

---

① 胡塞尔:《逻辑研究》,II/1,A102/B₁102。
② 胡塞尔:《逻辑研究》,II/1,A102/B₁102。
③ 胡塞尔:《逻辑研究》,II/1,A102/B₁102。

是通过各种含义形成的表象所构成——"在数列中的第二个偶数"。也就是说，在这里一方面是我们思考的普遍性，另一方面是我们思考它时所置身于其中的含义的普遍性，这两方面的"普遍性"不是同一个东西，但是普遍性的概念并不会消解在含义的普遍性中。

在《逻辑研究》中胡塞尔区分了"概念"的三个含义：普遍的语词构成；本真普遍表象的种类；普遍对象。其中被胡塞尔称为"种类"的就是在"普遍对象"这个意义上的概念，"它包括'纯粹感性概念'（如颜色、房屋、判断、意愿等等）、'纯粹范畴概念'（如一、多、关系、概念）以及'范畴混合概念'（如色彩性、德行、平行公理等等）"①。在这里胡塞尔所说的"概念"，即我们所思考的种类，是指这一种类的意指本身的普遍性；这里所说的"含义"，无论其本身是不是普遍对象，我们根据它所意指的对象可以将其区分为个体含义和种类含义，我们也可以将种类含义称作总体含义，其中作为含义统一的个体表象是总体性的，而它们的对象作为个体的表象则是个体性的。因此，"概念"在这里是作为一个中心的含义核心，它是由各种含义构成的，"概念"作为种类是就意向相关项②而言的，而"含义"作为种类则是针对意向活动方面来说的。

---

① 倪梁康：《胡塞尔现象学概念通释》（增补版），商务印书馆，2016年，第87页。
② 关于意向相关项（Noema），倪梁康先生在《胡塞尔现象学概念通释》中作了如下解释：胡塞尔通过对纯粹意向体验的分析认为，所有意向活动作为非实项的意向的成分自身都带有意向相关项即被意指的对象性意义。一般而言，每一个意向相关项中都包含着一个中心的意义核心，作为在意向相关项中被意指的规定性内涵，这个规定性内涵本身就是在其充盈样式中的意义，而且在每一个意向相关项中还包含着杂多变化的意向相关项特征，它们作为可能的被给予方式或存在特征能够附加给统一的内涵。胡塞尔认为在每一个意向相关项方面的意义核心自身都具有对象关系，在每一个意向相关项中以某种方式被意指的内容本身是关于某物的谓语判断。这个某物是所有意向相关项意义核心的载体，是杂多意义内涵的中心点。因此，在意向相关项方面可以区分为两个基本概念：其一，"处在其规定性的如何之中的对象"作为"内容"（意向相关项的意义）；其二，对象作为不确定的，但可确定的基质构成杂多意向相关项意义内涵的统一点和载体。各种不同的意向相关项意义，根据这个统一点而达到统一的相合（对象极）。后来胡塞尔在"1908年的夏季演说"中表明：他一方面在一门现象学的认识理论中运用意向相关项，被确切地称之为"意向相关项的显现"，而在含义学说中运用意向相关项的概念，则意味着"意向相关项的含义"。（倪梁康：《胡塞尔现象学概念通释》（增补版），商务印书馆，2016年，第336—338页。）

三、意指行为中的含义

胡塞尔认为，在现时的含义体验中，与统一的含义相符合的是作为种类的个别情况的个体特征，比如在红的对象中，与种类的"红"相符合的是红纸条中的红的因素。并且胡塞尔进一步分析指出"如果我们进行这个行为，而且如果我们仿佛就生活在这个行为中，那么我们所指的当然是它的对象而不是它的含义。如果我们例如做出一个陈述，那么我们所判断的是有关的实事，而不是这个陈述句的含义，不是在逻辑意义上的判断"①。因为在胡塞尔看来，对我们而言，在逻辑意义上的判断要在一个反思的行为中才能成为对象。

根据胡塞尔的认识，在这个逻辑反思的行为中，我们不仅要回顾这个陈述，而且要进行必要的抽象，或者说进行观念直观使之观念化。但是这种逻辑反思作为逻辑思维的正常组成部分，并不是在人造的条件下形成的行为，即它不能在例外的情况下进行；相反，这种逻辑反思的特征"在于理论联系和对此联系的理论思考"②，这种思考是在对刚刚进行的思维行为的内容的反思中逐步进行的。例如："S 是 P 吗？"，对此胡塞尔说，我们通常作出的分析是：如果我们认为这是可能的，那么我们从这个命题中就会导出 M；如果我们认为这是不可能的，那么我们在开始时认为可能的那个东西，即 S 是 P 就必定是错误的，如此等等。通过对这一认识过程的考察，我们发现"S 是 P"这个命题作为课题贯穿于这个思考之中，但它显然不仅仅是我们的思想出现于其中的第一个思维行为中的一个短促的含义因素；在进一步的发展中，第一个思维行为反思的对象——逻辑反思得以进行，而此时"那个被我们在统一思维联系中观念化地和认同化地立义为同一个东西的命题含义还在继续被意指"③。也就

---

① 胡塞尔：《逻辑研究》，II/1，A103/B₁103。
② 胡塞尔：《逻辑研究》，II/1，A104/B₁104。
③ 胡塞尔：《逻辑研究》，II/1，A104/B₁104。

是说，当我们问"S 是 P 吗？"我们首先要去观看"S"的含义内涵，然后还要了解"P"的含义内涵，然后在逻辑反思中去判断"S 是 P 吗？"胡塞尔指出只要我们进行一个统一的理论论证，情况便总是如此。因为如果我们不去观看前提的含义内涵，我们就不能进行陈述，"由于我们对前提进行判断，所以我们不仅生活在判断中，而且我们也对判断内容进行反思；只有在观看到这些内容的情况下，结论句才显得是有理由的"①。就是说，如果我们要对判断的含义进行认同，就必须进行反思，但这并不是说在判断中不存在含义因素，只是我们是站在了反思含义的认同层面来进行考虑的。判断和表达作为一个意向行为，其本身是具有含义（因素）的。正因为如此，并且仅仅因为如此，"前提句的逻辑形式（不过它没有得到那种普遍的、概念的强调，这种强调是在结论式中才表达出来的）才能成为对结论句之推论的明见规定"②。在胡塞尔看来，任何一种反思都具有一种意识变样的特性，任何反思基本都是态度改变的结果。现象学反思或者是一种回忆性反思，是一种经历了意向性变化的反思，它不是以原本的体验为对象，而是以变化了的体验为对象。因此含义在意指的行为中并不对象性地被意识到，而判断只有在反思中才能成为意向的对象。

此外，胡塞尔还告诉我们含义"自身"与表达性的含义也不相同。

根据胡塞尔的观点，含义是表达的含义，"但在那些作为含义而实际起作用的观念统一与它们所联结的、即那些使它们在人类心灵生活中得以现实化的符号之间并不自在存在着一个必然联系"③。也就是说在观念统一的含义和表达的含义（现实化的符号）之间并不存在必然联系，因

---

① 胡塞尔：《逻辑研究》，II/1，A104/B₁104。
② 胡塞尔：《逻辑研究》，II/1，A104/B₁104。
③ 胡塞尔：《逻辑研究》，II/1，A104/B₁104—A105/B₁105。

此我们就不能主张：所有这类观念的统一都是表达性的含义。

胡塞尔分析指出每一个新概念的构成情况都告诉我们，一个原先从未实现过的含义是如何实现自身的。例如在算术所设定的那种观念意义上的数字不是在计数行为中产生和消失的，因此，无穷数列具有一个客观确定的、由观念规律性所严格划定的总体对象的总和，任何人都无法将这个总和增加或减少；再比如观念的、纯粹逻辑的单位、概念、命题、真理等逻辑含义，它们也构成了一个观念完整的总体对象的总和。无论是无穷数列还是这些逻辑含义，它们与现实的符号之间没有必然联系，对于这些对象来说，"它们的被思考和被陈述是偶然的"[①]。如我们所见无穷数列中被表达出来的含义仅仅是偶然的、有限的，逻辑含义中有无数个含义在通常相对的词义上仅仅是可能的含义，但它们从来没有被表达出来，并且因为人类认识能力的局限性而永远无法被表达出来。

据此我们可以说含义"本身"是客观存在的，它是非时间性的，它的存在与表达者以及表达的情况无关；但表达性的含义往往是有限的，它随着人们认识的发展而发展，在很多情况中，它仅仅是可能的含义，它们从来没有被表达出来甚至因为人类认识能力的局限性而可能永远无法被表达出来。所以胡塞尔说含义"自身"与表达性的含义并不是一回事。

[①] 胡塞尔:《逻辑研究》,II/1,A105/B₁105。

结　语

　　胡塞尔的《逻辑研究》的问世对于20世纪西方哲学的意义重大。这部公认的经典作品不仅推动了整个20世纪的哲学发展，更为重要的是，它为人们提供了认识问题和分析问题的现象学的新思维和新方法。

　　现象学的任务就是如实地分析意识活动的本质特性，主张对意识和事情本质的把握。我们对本质的把握是通过现象学的分析和描述来实现的，现象学描述的是意识的本质，关心的是事物如其所是的向意识显现的方式。在胡塞尔那里，现象学的描述经过悬置排除了所有的经验与主观、权威和理论以及传统的观点，要求"回到实事本身"，也就是回到纯粹的"现象"，由此不仅表明了现象学的基本态度、原则和方法，而且告别了形而上学的主客体的分离，让现象学为一切科学奠基。

　　现象学的描述为人们提供了不同于近代以来流行的以概念演绎和归纳为主要特点的哲学方法，它以具体描述代替抽象论证，在现象中直观本质、把握本质。现象学方法体现在胡塞尔的著作中，表达于现象学的概念术语中，如悬置、直观、还原以及明证性等等，理解和把握了这些术语和概念基本上就等于了解了胡塞尔的现象学方法和思想。现象学的描述为我们提供了一种开放的视角，在胡塞尔的描述中不断揭示出新的问题，不断拓展我们认识的深度和广度，使我们永远保持着对新的可能性的开放；这种方法更能激发思想的活力，推动我们进行新的探索，不断开启新的思想领域。现象学的描述可用来描述一切对象和事物，它被许多研究者和探索者直接或间接地加以运用，使人们对它的应用远远超出了哲学的范围，它作为现象学最主要的思想贡献，成为人们普遍接受的现象学方法。

胡塞尔对"纯粹现象"的描述是通过语言得以完成的，语言与现象学交织在一起，构成了我们的世界境域。人类的智慧通过语言积淀，我们通过语言感知世界，通过语言描述现象，我们通过语言进行着传诉与交流；是语言让表达具有了含义，是语言让表达与其他符号区别开来，从而具有了本质性的特征，是语言让我们对生活世界的感知得到了清晰的描述。语言问题已经成为当代分析哲学和其他哲学流派共同感兴趣的话题，在这一背景下，当代西方哲学完成了它的"语言转向"，语言在当代理论意识中扮演着重要的角色，"语言问题已在本世纪的哲学中处于中心地位"（伽达默尔）。

现实中，我们的周围充满了语言，充满了关于语言的符号意识，我们总是生活在语词之中，我们与语词亲密相拥：无论是在我们与他人的交流交往中，抑或是出现在公共场所中，还是用于媒介传播中，以及内在于我们的想象生活中……它总是赋予我们更多的含义，使我们变得更加清晰，它往往又会激发起我们更多的意向，让我们充满了各种向往和困惑。

语词的存在对应着符号性意向的出现，它使我们有可能以一种特别属人的方式来认识事物，我们既可以用语词来描述现实的世界，也可以用它意向充满各种可能性的未知领域，语词的超时空性能够让我们的思维和意识突破时空的限制而延伸到恒久的观念领域。各种可能或不可能的东西，在场与缺席的事物，能被我们知觉或者范畴性的对象，都通过语词在我们的意识中汇聚在一起，在确立人的理性过程中相互作用，表现出最严格意义上的属人的意向性特征。语词作为一种工具，一种"中介"，展示了人类生活的一种整体性，关于人类对象性的每一部分都可以被语词对象化，都可以由语言来指导，包括科学或者哲学。在语词的"诉说"中，让我们生活的世界变得可以理解，并充满了意义。

我们在受语词支配和引导的同时，也在不断地研究、探索着语词和关于语词的表达。在对语词以及语词表达的探索中，我们的兴趣主要集中在语言的交往和思维的作用上，以及语言在寻求真知识和探索真理的征程中所表现出来的影响力，而这一切都与我们在表达中如何使用语言以及在语言中如何识别、获取和确保含义的存在紧密相关。显然胡塞尔本人在这一领域所进行的相关探讨和研究在现当代人类思想史的发展中有着独树一帜的价值。

语言表达在胡塞尔的意识现象学中占有特殊的位置，这不仅仅是因为语言问题与胡塞尔在《逻辑研究》第一卷中所阐述的逻辑学观念密切相关，而且是基于成熟科学的发展需要——较高层次的理论研究、思维、判断都必须在语言符号和语言表达中进行。因此，胡塞尔在《逻辑研究》第一研究中的研究主题主要集中于对语言表达与表达的含义的现象学的分析与描述，其目的在于从研究含义和表达开始对纯粹逻辑学的相关构造性的概念和形式进行澄清。由此在意识框架下进行的这门纯粹逻辑学就被理解为关于含义本身以及含义规律的科学。

胡塞尔在《逻辑研究》第一研究的现象学分析中，分别从主观和客观两个方面对语言表达进行了现象学的分析与考察。胡塞尔把语言表达区分为主观的表达行为和客观的表达之物，其中主观考察主要包括对表达过程中人们的物理体验（语词、语音方面）和心理体验中的实在因素的考察；而所谓客观考察主要是指对表达所表达的东西的观念关系的考察。在这里现象学的任务就是要对表达本身和表达的东西进行本质性的区分并澄清它们之间的关系。通过现象学的考察与分析，胡塞尔把表达这一真正意义上的符号与一般的指号区别开来，指出表达的本质在于其所具有的意指功能以及被赋予的观念性的含义。胡塞尔将语言表达看作一种内在的意指过程和思维过程之外的、以语言符号为中介的符号意识行为，语言符号的含义本质上取决于主观的含义意向行为的意指功能的实行。胡塞尔进一步地把表达现象学地划分为物理显现以及含义意向与含义充实的行为。表达在其整个的意向体验中根据其所具有的物理方面（语音或文字）构造起自身，并且通过含义意向和含义充实实现了含义意向的现象学统一。

在对主观的表达行为进行本质性区分之后，胡塞尔又转向了关于表达含义的性质及其关系的分析。胡塞尔指出含义作为观念的统一，既不是外在的实存物，也不同于精神中的实存物。含义与对象相互区别，含义与对象之间是一种意指关系，含义决定着指称，语言的含义独立于指称对象。胡塞尔在此基础上又进一步将"表达的内容"划分为作为意向含义、充实的含义和对象。通过层层剖析，胡塞尔指出了含义意向对表达具有的本质性特征，并同时表明含义充实对表达而言所表现出来的非本质性特征。因此我们对含义的理解并非需要伴随性的描画性直观，作为观念统一的含义能否在直观中被充实，对含义本身而言是无关紧要的，明见地自身"被给予"才是含义统一的本质所在。

胡塞尔指出含义作为观念之物不只是一个单纯的意向，而是一个在思维行为之外但同时也被思维行为明见地把握到并因此而与思维发生联系的东西。因此在实际的语言表达中存在着的诸多的含义偏差实际上是一种意指的偏差。逻辑学需要对逻辑范畴中的规律予以澄清，其困难则在于具有客观内涵的逻辑规律总是与主观的表达活动相联系，这就需要我们在阐述、澄清规律的同时必须顾及主观的意识活动，否则我们将永远无法把握到纯粹逻辑学的基本概念和观念规律的源泉，这是胡塞尔在分析客观观念时一再向主观的意向活动回溯的客观原因。

人类对语词所要追求的超越主观心理任意性的含义的客观性和自在性的向往由来已久。截至目前，人类的追求固然仍处于一种"理想"状态,但它并未阻挡人类实践与探索的步伐,而在这其中必然蕴含着"胡塞尔们"对客观性真理的坚定追求与执着,因为真理问题的最终解决是需要在语言意义问题得到彻底澄清的基础上来实现的。

参考文献

一、胡塞尔的著作

[1]Hua XVIII, XIX 1/2, XIX 2/2: *Logische Untersuchungen*. Den Haag: M. Nijhoff, 1975.

[2]Hua II: *Die Idee Der Phánomenologie*. Den Haag: Martinus Nijhoff, 1950.

[3]*Ideas Pertaining to a Pure Phenomenology and to a Phenomenological Philosophy*, translated by F. Kersten and Fred, The Hague, Nijhoff, 1982 (First Book).

[4]*Ideas Pertaining to a Pure Phenomenology and to a Phenomenological Philosophy*, ranslated by R. Rojcewics and A. Schuwer, The Hague, Nijhoff, 1989 (Second Book).

[5]*Vorlesungen über Bedeutungslehre. Sommersemeser*(1908). Hrsg. Von Ullrich Melle, 1984.

[6]*Experience and Judgement: Investigation in a Genealogy of Logic*, translated by J.S. Churchill and K. Ameriks, London, Routledge & Kegan Paul, 1973.

[7]*Logische Untersuchung. Ergänzungsband Zweiter Teil. Texte für die Neufassung der VI. Untersuchung. Zur Phänomenologie des Ausdrucks und der Erkenntnis*(1893/94-1921). Herausgegeben von Ullrich Melle, 2005.

[8]*The Phenomenology of Inner Time-Consciousness*, translated by J. S. Churchill Bloomington, Indiana University Press, 1964.

[9]埃德蒙德·胡塞尔.逻辑研究(三卷本)[M].北京:商务印书馆,倪梁康译,2015.

[10]埃德蒙德·胡塞尔.现象学的观念[M].北京:商务印书馆,倪梁康译,2016.

[11]埃德蒙德·胡塞尔.现象学的方法[M].上海:上海译文出版社,倪梁康译,2016.

[12]埃德蒙德·胡塞尔.哲学作为严格的科学(1911)[A].见倪梁康.胡塞尔选集(上)[M].上海:上海三联书店,倪梁康译,1997.

[13]埃德蒙德·胡塞尔.纯粹逻辑学的观念(1900—1913)[A].见倪梁康.胡塞尔选集(上)[M].上海:上海三联书店,倪梁康译,1997.

[14]埃德蒙德·胡塞尔.经验与判断:逻辑谱系学研究[M].北京:生活·读书·新知三联书店,兰德格雷贝编,邓晓芒、张廷国译,1999.

[15]埃德蒙德·胡塞尔.现象学心理学[M].北京:中国人民大学出版社,李幼蒸译,2015.

[16]埃德蒙德·胡塞尔.形式逻辑和先验逻辑[M].北京:中国人民大学出版社,李幼蒸译,2012.

[17]埃德蒙德·胡塞尔.纯粹现象学通论——关于纯粹现象学和现象学哲学的观念(第1卷)[M].北京:中国人民大学出版社,李幼蒸译,2014.

[18]埃德蒙德·胡塞尔.现象学的构成研究——纯粹现象学和现象学哲学的观念(第2卷)[M].北京:中国人民大学出版社,李幼蒸译,2013.

[19]埃德蒙德·胡塞尔.现象学和科学基础——纯粹现象学和现象学哲学的观念(第3卷)[M].北京:中国人民大学出版社,李幼蒸译,2013.

[20]埃德蒙德·胡塞尔.欧洲科学的危机与超越论的现象学[M].北京:商务印书馆,王炳文译,2012.

[21]埃德蒙德·胡塞尔.逻辑学与认识论导论(1906—1907年讲座)[M].北京:商务印书馆,郑辟瑞译,2016.

[22]埃德蒙德·胡塞尔.胡塞尔文集(第七卷):文章与讲演(1911—1921年)[M].北京:人民出版社,倪梁康译,2009.

[23]埃德蒙德·胡塞尔.笛卡尔式的沉思[M].北京:中国城市出版社,张廷国译,2002.

[24]埃德蒙德·胡塞尔.内时间意识现象学[M].北京:商务印书馆,倪梁康译,2014.

[25]埃德蒙德·胡塞尔.现象学(1927)[A].见倪梁康.面对实事本身[M].北京:东方出版社,2000.

二、关于胡塞尔的研究及其他论作

(一)外文部分

[26]Saul A. Kripke: *Naming and Necessity*, Cambridge. MA: Harvard University Press, and Oxford: Blackwell Publishers, 1980.

[27]Dagfinn Føllesdal: "*Mind and Meaning*", Philosophical Studies: An International Journal for Philosophy in the Analytic Tradition, 94(1999).

[28]Dan Zahavi: *Husserl's Phenomenology*. Stanford, CA: Stanford University Press, 2003.

[29]David Woodruff Smith: *Husserl*. Routledge Tayler & Francis Group. Landon and New York, 2008.

[30]Dieter Münch: *Intention und Zeichen: Untersuchungen zu Franz Brentano und zu Edmund Husserls Frühwerk*, Frankfurt: Suhrkamp Verlag, 1993.

[31]E. Marbach: *Mental Representation and Consciousness: Towards a Phenomenological Theory of Representation and Reference*, Dordrecht: Kluwer Academic Publishers, 1993.

[32]Edmund Husserl. *Phenomenology Article for the Encyclopedia Britan-*

nica[A].见韩水法、张祥龙、韩林合.西方哲学名篇选读[M].北京:北京大学出版社,2014.

[33]Herbert Spiegelberg:*The Phenomenological Movement*,Springer Netherlands,1982.

[34]*Husserl's Ideas:General Introduction to Pure Phenomenology*[A].见韩水法、张祥龙、韩林合.西方哲学名篇选读[M].北京:北京大学出版社,2014.

[35]John Drummond:*Husserlian Intentionality and Non-Foundational Realism:Noema and Object*. Dordrecht:Kluwer Academic Publishers,1990.

[36]Michael Dumment:*Origins of Analytical Philosophy*.Cambridge,Mass:Harvard University Press,1993.

[37]Robert Sokolowski:*Husserlian Meditations:How Words Present Things*.Evanston,IL:Northwestern University Press,1974.

[38]Ronald McIntyre,and David Woodruff Smith:*Husserl and Intentionality:A Study of Mind,Meaning,and Language*. Boston:D. Reidel,1982.

[39]Rudolf Bernet,Iso Kern,and Eduard Marbach:*An Introduction to Husserlian Phenomenology*. Evanston,IL:Northwestern University Press,1993.

(二)中文译本

[40]A.D.史密斯.胡塞尔与《笛卡尔式的沉思》[M].南宁:广西师范大学出版社,赵玉兰译,2007.

[41]J.M.鲍亨斯基.当代思维方法[M].上海:上海人民出版社,童世骏等译,1987.

[42]L.汉肯森·内尔森、杰克·内尔森.蒯因[M].北京:中华书局,张力锋译,2014.

[43]M.麦金.维特根斯坦与《哲学研究》[M].南宁:广西师范大学出版社,李国山译,2007.

[44] W.V.O.蒯因.语词和对象[M].北京:中国人民大学出版社,陈启伟等译,2012.

[45] 阿兰·巴丢.维特根斯坦的反哲学[M].桂林:漓江出版社,严和来译,2015.

[46] 奥斯汀.我们如何以言行事[A].见陈启伟.现代西方哲学论著选读[M].北京:北京大学出版社,1992.

[47] 保罗·利科.胡塞尔与历史的意义(1949)[A].见倪梁康.面对实事本身[M].北京:东方出版社,2000.

[48] 保罗·利科.诠释学与人文学科——语言、行为、解释文集[M].北京:中国人民大学出版社,J.B.汤普森编译,孔明安、张剑、李西祥译,2012.

[49] 保罗·利科.哲学主要趋向[M].北京:商务印书馆,李幼蒸、徐奕春译,2004.

[50] 丹·扎哈维.胡塞尔现象学[M].上海:上海译文出版社,李忠伟译,2007.

[51] 道恩·威尔顿.另类胡塞尔——先验现象学的视野[M].上海:复旦大学出版社,靳希平译,2012.

[52] 德尔默·莫兰、约瑟夫·科恩.胡塞尔词典[M].北京:中国人民大学出版社,李幼蒸译,2015.

[53] 德穆·莫伦.现象学导论[M].台湾:"国立"编译馆与桂冠图书公司,蔡铮云译,2005.

[54] 弗雷格.弗雷格哲学论著选辑[M].北京:商务印书馆,王路译,2006.

[55] 弗雷格.论概念和对象[A].见陈启伟.现代西方哲学论著选读[M].北京:北京大学出版社,1992.

[56] 弗雷格.论意义和所指[A].见陈启伟.现代西方哲学论著选读[M].北京:北京大学出版社,1992.

[57]伽达默尔.科学时代的理性[M].北京:国际文化出版公司,薛华、高地等译,1988.

[58]伽达默尔.哲学解释学[M].上海:上海译文出版社,夏镇平、宋建平译,2004.

[59]伽达默尔.哲学生涯[M].北京:商务印书馆,陈春文译,2003.

[60]汉斯·D.斯鲁格.弗雷格[M].北京:中国社会科学出版社,江怡译,1989.

[61]赫伯特·施皮格伯格.现象学运动[M].北京:商务印书馆,王炳文、张金言译,2011.

[62]贾可·辛提卡.维特根斯坦[M].北京:中华书局,方旭东译,2014.

[63]卡尔—奥托·阿佩尔.哲学的转变[M].北京:光明日报出版社,胡万福等译,1992.

[64]赖尔.意义理论[A]. 见陈启伟.现代西方哲学论著选读[M].北京:北京大学出版社,1992.

[65]鲁多夫·贝尔奈特、依索·肯恩(耿宁)、艾杜德·马尔巴赫.胡塞尔思想概论[M].北京:中国人民大学出版社,李幼蒸译,2011.

[66]罗伯特·索科拉夫斯基.现象学导论[M].武汉:武汉大学出版社,高秉江等译,2009.

[67]罗素.罗素文集(第六卷)[M].北京:商务印书馆,贾可春译,2012.

[68]罗素.罗素文集(第十二卷)[M].北京:商务印书馆,温锡增译,2012.

[69]迈克尔·达米特.分析哲学的起源[M].上海:上海译文出版社,王路译,2016.

[70]迈克尔·达米特.形而上学的逻辑基础[M].北京:中国人民大学出版社,任晓明、李国山译,2013.

[71]迈农.对象理论[A].见陈启伟.现代西方哲学论著选读[M].北京:

北京大学出版社,1992.

[72]皮尔士.怎样使我们的观念清晰(1878)[A].见江怡.理性与启蒙[M].北京:东方出版社,汪堂家译,2004.

[73]乔治娅·沃恩克.伽达默尔——诠释学、传统和理性[M].北京:商务印书馆,洪汉鼎译,2009.

[74]让·格朗丹.诠释学真理?——论伽达默尔的真理概念[M].北京:商务印书馆,洪汉鼎译,2015.

[75]让—弗朗索瓦·利奥塔.话语,图形[M].上海:上海人民出版社,谢晶译,2012.

[76]让—吕克·马里翁.还原与给予——胡塞尔、海德格尔与现象学研究[M].上海:上海译文出版社,方向红译,2009.

[77]施太格穆勒.当代哲学主流[M].北京:商务印书馆,王炳文等译,1986.

[78]斯绰逊.论指称[A].见陈启伟.现代西方哲学论著选读[M].北京:北京大学出版社,1992.

[79]斯蒂芬·哈恩.德里达[M].中华书局,吴琼译,2014.

[80]苏珊·哈克.逻辑哲学[M].北京:商务印书馆,罗毅译,2003.

[81]索尔·阿伦·克里普克.命名与必然性[M].上海:上海译文出版社,梅文译,2016.

[82]索绪尔.普通语言学教程(1906—1911)[A].见江怡.理性与启蒙[M].北京:东方出版社,汪堂家译,2004.

[83]唐纳德·戴维森.真理、意义与方法——戴维森哲学文选[M].北京:商务印书馆,牟博选编,2008.

[84]威廉·狄尔泰.历史中的意义[M].南京:译林出版社,艾彦译,2014.

[85]维克多·维拉德—梅欧.胡塞尔[M].北京:中华书局,杨富斌译,2014.

[86]维特根斯坦.逻辑哲学论[M].北京:商务印书馆,贺绍甲译,1996.

[87]维特根斯坦.维特根斯坦论感觉材料与私人语言[M].杭州:浙江大学出版社,江怡译,2011.

[88]维特根斯坦.哲学研究[M].南昌:江西教育出版社,蔡远译,2014.

[89]雅克·德里达.胡塞尔哲学中的发生问题[M].北京:商务印书馆,于奇智译,2009.

[90]雅克·德里达.声音与现象[M].北京:商务印书馆,杜小真译,2010.

[91]雅克·德里达.书本的终结和文字的开端(1967)[A].见江怡.理性与启蒙[M].北京:东方出版社,汪堂家译,2004.

[92]约埃尔·魏因斯海默.哲学诠释学与文学理论[M].北京:中国人民大学出版社,郑鹏译,2011.

[93]约翰·斯图亚特·穆勒.逻辑体系(一)[M].上海:上海交通大学出版社,郭武军、杨航译,2014.

(三)中文论著

[94]安道玉.意识与意义——从胡塞尔到塞尔的科学的哲学研究[M].北京:中国社会科学出版社,2007.

[95]蔡铮云.从现象学到后现代[M].北京:商务印书馆,2012.

[96]陈波.分析哲学——回顾与反省[M].成都:四川教育出版社,2001.

[97]陈嘉映、邵敏.维特根斯坦读本[M].上海:上海人民出版社,2012.

[98]陈嘉映.语言哲学[M].北京:北京大学出版社,2004.

[99]陈鑫.两种思想视域中的意识与对象问题[M].北京:中国社会科学出版社,2014.

[100]陈志远.胡塞尔直观概念的起源——以意向性为线索的早期文本研究[M].南京:凤凰出版传媒集团,2009.

[101]杜占涛.逻各斯、现象与人的自我认识——胡塞尔、海德格尔与马里翁现象学研究[M].北京:中国政法大学出版社,2013.

[102]方向红.时间与存在——胡塞尔与海德格尔现象学的基本问题[M].北京:商务印书馆,2014.

[103]高秉江.胡塞尔与西方主体主义哲学[M].武汉:武汉大学出版社,2005.

[104]高建民.胡塞尔先验现象学的解释学维度[M].北京:知识产权出版社,2013.

[105]高新民、储昭华.心灵哲学[M].北京:商务印书馆,2002.

[106]洪汉鼎.当代西方哲学两大思潮[M].北京:商务印书馆,2010.

[107]洪汉鼎.现象学十四讲[M].北京:人民出版社,2008.

[108]洪谦.现代西方哲学论著选辑[M].北京:商务印书馆,1993.

[109]靳希平、吴增定.十九世纪德国非主流哲学——现象学史前史札记[M].北京:北京大学出版社,2004.

[110]雷德鹏.回返人性——论胡塞尔对科学合理性的重建[M].北京:人民出版社,2011.

[111]雷德鹏.自我、相互主体性与科学——胡塞尔的科学构造现象学研究[M].北京:人民出版社,2015.

[112]李朝东.表述与含义的现象学分析[J].西北师大学报(社科版),2007(05):16—22.

[113]李朝东.纯粹逻辑学与理论哲学的奠基作用[J].哲学研究,2006(05):88—93.

[114]李朝东.欧洲科学的危机与先验现象学思考[J].兰州大学学报(社科版),2000,(05):76—80.

[115]李朝东、姜宗强.现代西方哲学思潮[M].北京:高等教育出版社,2011.

[116]李朝东.形而上学的现代困境[M].兰州:甘肃人民出版社,1995.

[117]李朝东.知识起源的前述谓经验之现象学澄清[J].哲学研究,

2005(03):72—79.

[118]刘钢.真理的话语理论基础:从达米特、布兰顿到哈贝马斯[M].北京:人民出版社,2015.

[119]马亮.卡尔纳普意义理论[M].北京:社会科学文献出版社,2006.

[120]倪梁康.胡塞尔现象学概念通释(增补版)[M].北京:商务印书馆,2016.

[121]倪梁康.胡塞尔选集(上下册)[M].上海:上海三联书店,1997.

[122]倪梁康.胡塞尔与海德格尔——弗莱堡的相遇与背离[M].北京:商务印书馆,2016.

[123]倪梁康.面向实事本身——现象学经典文选[M].北京:东方出版社,2006.

[124]倪梁康.现象学的始基——对胡塞尔《逻辑研究》的理解与思考[M].广州:广东人民出版社,2004.

[125]倪梁康.现象学及其效应——胡塞尔与当代德国哲学[M].北京:生活·读书·新知三联书店,1996.

[126]倪梁康.意识的向度[M].北京:北京大学出版社,2007.

[127]倪梁康.自识与反思——近现代西方哲学的基本问题[M].北京:商务印书馆,2002.

[128]宁晓萌.表达与存在——梅洛—庞蒂现象学研究[M].北京:北京大学出版社,2013.

[129]苏德超.哲学、语言与生活——论维特根斯坦的语言哲学[M].长沙:湖南教育出版社,2010.

[130]孙周兴.海德格尔选集(下)[M].上海:上海三联书店,1996.

[131]唐清涛.沉默与语言:梅洛—庞蒂表达现象学研究[M].北京:中国社会科学出版社,2013.

[132]涂纪亮、Nicholas Bunnin、John R. Searle 等.当代英美哲学概论[M].

北京:社会科学文献出版社,2002.

[133]涂纪亮.西方著名哲学家评传(第一卷)[M].济南:山东人民出版社,1996.

[134]涂纪亮.涂纪亮哲学论著选(第三卷)[M].武汉:武汉大学出版社,2007.

[135]涂纪亮.分析哲学及其在美国的发展[M].武汉:武汉大学出版社,2007.

[136]涂纪亮.现代西方语言哲学比较研究[M].北京:中国社会科学出版社,1996.

[137]涂纪亮.英美语言哲学[M].北京:中国社会科学出版社,1993.

[138]王航赞.迈克尔·达米特的哲学语义学研究[M].北京:科学出版社,2012.

[139]王路.弗雷格思想研究[M].北京:商务印书馆,2008.

[140]王路.走进分析哲学[M].北京:中国人民大学出版社,2009.

[141]王现伟.重读先哲胡塞尔[M].长春:长春出版社,2013.

[142]现象学在中国——胡塞尔《逻辑研究》发表100周年国际会议[C].上海:上海译文出版社,2003.

[143]谢劲松.20世纪的西方哲学[M].武汉:武汉大学出版社,2009.

[144]杨玉成.奥斯汀:语言现象学与哲学[M].北京:商务印书馆,2013.

[145]叶秀山、王树人.西方哲学史(学术版)[M].北京:人民出版社,2011.

[146]叶秀山.思·史·诗——现象学和存在哲学研究[M].北京:人民出版社,1999.

[147]张鼎国.诠释与实践[M].北京:商务印书馆,2016.

[148]张浩军.从形式逻辑到先验逻辑——胡塞尔逻辑学思想研究[M].北京:首都师范大学出版社,2010.

[149]张隆溪.阐释学与跨文化研究[M].北京:生活·读书·新知三联书店,2014.

[150]张庆熊.熊十力的新唯识论与胡塞尔的现象学[M].上海:上海人民出版社,1996.

[151]张汝伦.20世纪德国哲学[M].北京:人民出版社,2008.

[152]张祥龙、杜小真、黄应全.现象学思潮在中国[M].北京:首都师范大学出版社,2011.

[153]张祥龙.朝向事情本身[M].北京:团结出版社,2003.

[154]张祥龙.从现象学到孔夫子[M].北京:商务印书馆,2011.

[155]张祥龙.现象学导论七讲——从原著阐发原意(修订新版)[M].北京:中国人民大学出版社,2011.

[156]章启群.意义的本体论——哲学诠释学[M].上海:上海译文出版社,2002.

[157]赵猛.胡塞尔的具身化知觉理论研究[M].北京:中国社会科学出版社,2016.

[158]郑辟瑞.胡塞尔的意义理论[M].北京:中国社会科学出版社,2012.

[159]中国现象学与哲学评论(第一辑)[C].上海:上海译文出版社,1995.

[160]中国现象学与哲学评论(第二辑)[C].上海:上海译文出版社,1998.

[161]中国现象学与哲学评论(第十二辑)[C].上海:上海译文出版社,2012.

[162]朱刚.开端与未来——从现象学到解构[M].北京:商务印书馆,2012.

[163]庄威.胡塞尔哲学中的意义问题研究[M].北京:中国社会科学出版社,2016.

后 记

　　这篇后记初写于博士论文答辩之前,因为某种原因,该文彼时未能面世。今天读来,发现它依然符合我现时的心境,遂用之。

　　文讫之时,我并未体会到之前所设想的轻松与愉悦,反倒内心有一种无法释然的惆怅与沉重。这种体会究竟从何而来,短时间内却没有答案。将其告知好友,好友一本正经,一脸严肃,曰:"你成长了!"我闻之,一怔,竟无言以对。眼下已经过了不惑之年的我居然又和"成长"联系在了一起?看惯了好友的插科打诨、嬉笑怒骂,今时却一改往日那副不正经的做派,恍惚间不知所从。看着那鲜有的表情,听闻那严肃的口气,短短四字,意思清晰,而我却无从把握真义。

　　因性格使然,我一以贯之地欢喜"纯粹"——纯粹的人、纯粹的物、纯粹的事。我喜欢春天的绿、夏季的雨、秋天的云和冬日的雪——这些自然之物总是呈现出一种生命的意志,肆意洒脱而无所顾忌,令人向往;我热爱诚挚的听者、亲密的朋友和纯粹的爱人——这些有情之人总是怀有一种温暖,清新温润而悄无声息,使人难忘;我崇尚深沉地爱、沉静地思、全力以赴地做能力所及之事——这些生活中的要素总是拥有一种力量,催人向前而无法懈怠,让人坚定。

　　曾经试想,若将胡塞尔对意识现象的纯粹分析之法用于生活,何如?不难推断,人生若此又将增添一道困难至极的题目。此题目令人头痛的程度一点也不逊于所有被世人公认的难题,其难不仅仅关涉题目是否有解、探索是否有价值,而且包含着只能用"刻骨铭心"来描述的痛。观与不观,思与不思,短短一瞥,即知是一条不归之路。

奈何?为之?弃之?智者曰:"做己能及之事。"故,无需再彷徨和纠结,眼下之事急在本文。释然乎?

此时脑海却不解风情地飘过一段曾经看到的话语:"你是一座孤傲的岛,拥有自己的城堡;我是那个上不了岸的潮,只能将你围绕。"竟能如此诗意!但这种感慨也仅仅是一触即逝,因为"你"我都清晰地知道:我的问题是不能依靠"你"之外的"ta"来诗意地解决。

此时的我只能带着一份诚挚向我的父母、家人、师长、同学和朋友以及为我提供帮助和支持的出版社的编辑们道一声:"感谢!"